ジュリストBOOKS

JURIST BOOKS

Professional

債権法改正と実務上の課題

PRACTICAL ISSUES ON THE REFORM OF
THE LAW OF OBLIGATION

道垣内弘人・中井康之 編著

有斐閣

はしがき

　民法（債権関係）の改正については，その施行時期が近づき，もはや紹介の段階を終え，実務のために細かな理解・詳細な検討が求められるようになってきた。本書は，この要請に応えようとするものである。

　本書では，法制審議会民法（債権関係）部会に委員・幹事として参加した弁護士・研究者を中心に，必要に応じて，当該分野の専門家にも加わっていただきながら，対談・鼎談のかたちをとって，幅広く，かつ深い検討を行っている。本書に登場する弁護士・研究者は，様々な研究会や講演会の場で，これまで，改正法についていろいろな質問を受けてきた。委員・幹事であった者の中には，「議論をした当事者であるのにわからないとは何事か」「あなたも賛成したではないか」と叱責されたことがある者も多いが，そのような詰問によって，多くの実務的な問題の存在について教示を受けてきた。本書では，そのような厳しくも，刺激的な経験によって考えを深めた点も含め，施行後，実務が直面するであろう問題について積極的に議論をした。詰問を糧として成立しているわけである。

　各章には，冒頭に設問があげられている。この設問について原案を作成したのは，編者の一人である中井であるが，各章の担当者によって，その内容は適宜修正された。実務上の重要な問題点がうまく埋め込まれた設例を提示できたと考えている。もっとも，対談・鼎談は，その設問の回答を求めることだけを目的としてされたものではない。条文の文言やその背後にある理念などの分析をおろそかにしないように留意した。問題点自体は，これからもたくさん発見され，生じてくると思われるが，本書における検討が，そのような新しい問題についても，一定の示唆・方向性を与えるものでありたいと考えたからである。

　なお，本書における対談・鼎談の多くは，ジュリスト1514号から1526号にかけて12回にわたって連載されたものである。1年の連載にするため，12回にまとめたわけだが，その結果，議論すべきだと思われる論点をいくつか落としてしまうことになった。そこで，単行本としてまとめるにあたり，

新たに山本和彦教授（一橋大学）と高須順一弁護士との対談を本書にオリジナルなものとして収録するとともに，共編者による，まとめの対談を付加した。また，すでにジュリストにおいて公表されていた対談・鼎談についても，適宜の修正を施した。これらのことによって，本書は，雑誌連載にプラスした価値を有することになったと思う。「ジュリスト連載中にすでに読んだ」という読者には，心から感謝しているが，もう一度，本書にも目を通していただけると大変うれしい。

　最後となったが，ジュリストへの連載にあたり，また，その後の本書の編集にあたり，有斐閣法律編集局雑誌編集部のみなさんに大変お世話になった。亀井聡さん（現・雑誌編集部長）には，2015 年 10 月 12 日に金融法学会の昼休みに行われた企画会議の段階から最後まで，編者の議論とお酒にお付き合いいただいただけでなく，丁寧な編集作業をしていただいた。山宮康弘さん（ジュリスト編集長）には，雑誌連載時に大変お世話になった。さらに，浦川夏樹さん（雑誌編集部から書籍編集部）は，ジュリスト連載において様々にお世話くださり，さらに単行本化の編集も，ほとんど終わりに至るまで担当してくださった。心から感謝したい。

　2019 年 9 月

道垣内弘人・中井康之

目次

	page
序．実務上の問題と学理上の問題	1
Ⅰ．改正法の理念	1
Ⅱ．これからの課題	4
Ⅲ．本連載の趣旨	6
Ⅳ．扱えなかった問題	8
Ⅴ．おわりに	11
01．法定利率	12
Ⅰ．はじめに——改正法の内容	12
1．固定制から変動制へ	12
2．なぜ3％か	14
3．3つの法定利率が同じに	15
4．緩やかな変動制の採用	17
Ⅱ．改正法の個別論点	20
1．利息の生ずべき債権の利率	20
2．遅延損害金の発生時期について	22
3．中間利息控除の利率について	24
4．不法行為構成と債務不履行構成	27
5．遅発性損害の場合	28
6．施行日と関連する問題	29
Ⅲ．おわりに	32
02．消滅時効	33
Ⅰ．主観的起算点の導入が与える影響	33
1．客観的起算点の位置づけ	33

	page
2. 設例の検討	35
Ⅱ. 不法行為との統一的理解	**36**
1. 統一的理解が一部にとどまったことの評価	36
2. 従来の判例をめぐる議論	37
3. 設例の検討	39
Ⅲ. 短期消滅時効の規定の削除	**40**
1. 特別法との関係	40
2. 商事消滅時効との関係	43
Ⅳ. 時効障害事由	**44**
1. 訴訟実務に与える影響	44
2. 民事執行をめぐる判例法理の帰趨	47
3. 保全処分を完成猶予のみとしたことの影響	49
4. 協議による完成猶予の使い勝手	53
Ⅴ. おわりに	**53**

03. 解除と損害賠償 … **55**
Ⅰ. 債務不履行者の帰責事由と契約解除 … **55**
1. 帰責事由の非要件化 … 55
2. 設例の分析——不能か遅滞か … 56
Ⅱ. 履行不能の定義と実務 … **57**
1. 履行不能の概念——改正法412条の2 … 57
2. 〈債務の発生原因である契約に照らして〉の意義 … 57
3. 「取引上の社会通念に照らして」の意義 … 57
4. 他からの調達可能性と履行不能 … 59
5. 設例(1)の回答 … 60

	page
6. 経済的な履行不能 ……………………………………………………	60

Ⅲ．損害賠償債務の免責事由 …………………………………… **62**

1. 免責事由の定式の意義 …………………………………………………	62
2. 免責事由の具体的判断——備えるべき事象 …………………………	63
3. 同種業界の標準的行動 …………………………………………………	65
4. 契約締結後の当事者間のやりとり ……………………………………	65
5. 在庫の準備等の他の対応措置 …………………………………………	66
6. 「想定外」の大規模火災による工場焼失 ……………………………	67
7. 金銭債務の不履行による損害賠償と帰責事由 ………………………	68

Ⅳ．損害賠償の範囲 ………………………………………………… **69**

1. 「目的とする」（416 条 1 項）の意味 …………………………………	69
2. 通常生ずべき損害と債権者の行動，損害拡大防止義務・過失相殺 ……	69
3. 改正法 416 条 2 項——「特別の事情によって生じた損害」 …………	73
4. 特別損害（改正法 416 条 2 項）と過失相殺（改正法 418 条）	
——債権者の異例な行動の扱い ………………………………………	73
5. 設例(2)の回答 …………………………………………………………	75

Ⅴ．一部の履行不能に基づく契約全部の解除権 …………………… **75**

1. 契約目的不達成の要件 …………………………………………………	75
2. 信頼の喪失と契約目的不達成 …………………………………………	76
3. 不履行部分を超える代替的取引 ………………………………………	77
4. 設例(3)の回答 …………………………………………………………	79

Ⅵ．受領拒否に基づく損害賠償請求・解除 ………………………… **79**

04. 解除と危険負担 ……………………………………………… 81

Ⅰ．はじめに …………………………………………………………	81

	page
Ⅱ．解除と帰責事由，危険負担と解除との関係	83
1．解除中心の実務	83
2．設例の検討——現行法による処理	85
3．前提としての改正法の理解	87
4．設例の検討——改正法による処理	91
Ⅲ．催告解除と無催告解除	96
1．解除一元論との関係	96
2．「契約をした目的」と「軽微」との関係	98
Ⅳ．おわりに	100

05．債権者代位権　　101

Ⅰ．はじめに　　101

Ⅱ．改正法423条の5の規律の検討　　102
　1．判例法理の変更——経緯の確認　　102
　2．権利不行使要件の要否　　103
　3．事案の検討　　105

Ⅲ．事実上の優先弁済の否定の議論の顚末
（論点1から派生して）　　105
　1．法制審議会における議論　　105
　2．事案の検討　　108

Ⅳ．必要的訴訟告知の規律（論点2）　　109
　1．訴訟告知を要することとした趣旨　　109
　2．原告が訴訟告知を怠った場合の取扱い　　110
　3．訴訟告知による手続保障の意味　　112
　4．事案の検討　　113

		page
Ⅴ. 訴訟参加の在り方及び参加がなされた場合の 判決の効力（論点3）		114
1. 別訴提起が民訴142条（重複訴訟の禁止）に抵触することの確認		114
2. 訴訟参加の在り方		114
3. 訴訟追行の在り方		117
4. 参加がなされた場合の判決主文の内容		119
5. 事案の検討		122
Ⅵ. 原告の債権者性を争うための債務者の訴訟参加の態様（論点4）		123
1. 現行法の理解と改正法下での扱い		123
2. 事案の検討		125
Ⅶ. おわりに		125

06. 詐害行為取消権 …… 126

- Ⅰ. はじめに …… 127
- Ⅱ. 詐害行為取消権の制度設定（論点1） …… 127
  - 1. 事実上の優先弁済を認めたことの評価 …… 127
  - 2. 相殺処理の可能性 …… 129
  - 3. 折衷説を維持したことの評価及びこれに基づく解決手法 …… 131
  - 4. 仮差押えの可能性と有効性 …… 133
- Ⅲ. 特殊な詐害行為類型の新設（論点2） …… 135
  - 1. 要件論の改正について …… 135
  - 2. 支払不能基準と通謀的害意の要件 …… 137
  - 3. 事案の検討 …… 139
  - 4. 424条との関係 …… 140
- Ⅳ. 判決効の拡張（論点3） …… 142

		page
	1. 必要的訴訟告知と取消認容確定判決の効力の債務者への拡張 ………	142
	2. 論点3に記載した事案の検討及び他に想定される場面 ………………	145
Ⅴ.	債務者及び他の債権者の訴訟参加の類型（論点4） ………………	147
	1. AD間の詐害行為取消訴訟に，債務者であるBが訴訟参加する場合の参加形態 …	147
	2. AD間の詐害行為取消訴訟に，Eらが訴訟参加する場合の参加形態 ………	149
Ⅵ.	おわりに ………………………………………………………………	150

07. 多数当事者の債権債務関係 ……………………………………… 152
Ⅰ. 多数当事者間の債権債務の概念整理 ……………………………… 152
Ⅱ. 連帯債務者の1人に生じた事由の効力の見直し ………………… 156
Ⅲ. 連帯債務者間の求償関係 …………………………………………… 160
Ⅳ. 設例の検討 …………………………………………………………… 163

08. 保証 …………………………………………………………………… 172
Ⅰ. 「事業のために負担した（する）債務」とは？ ………………… 173
Ⅱ. 極度額の定めが必要となる個人根保証契約とは？ ……………… 174
  1. 根保証を根抵当と同じに考えてよいか？ …………………………… 174
  2. 賃借人保証が根保証に当たる理由 …………………………………… 177
Ⅲ. 事前の公正証書作成が不要な「取締役」とは？ ………………… 178
Ⅳ. 事前の公正証書作成が不要な「配偶者」とは？ ………………… 180
  1. 限定解釈の必要性，特別解約権 ……………………………………… 180
  2. 表明保証によるリスク転嫁の可否 …………………………………… 182
Ⅴ. 個人保証人の新しい保証契約取消権 ……………………………… 183
  1. 情報提供義務の対象 …………………………………………………… 183
  2. 「誤認」要件及び「誤認による保証契約締結」要件 ……………… 191

		page
	3. 債権者の悪意・有過失	193
Ⅵ.	事例検討	
	——主債務者が粉飾決算をして債権者も保証人も騙した事例	197
	1. 改正法465条の10に基づく取消し	197
	2. 改正法95条に基づく錯誤取消し	200

09. 相殺 203

- Ⅰ. はじめに 203
- Ⅱ. 相殺に関する主要な改正点 204
- Ⅲ. 差押えと相殺 204
  - 1. 改正法511条の概要 204
  - 2. 「差押え前の原因」について 208
- Ⅳ. 債権譲渡と相殺 213
  - 1. 改正法469条の概要 213
  - 2. 相殺できる債権の範囲の拡張が実務に及ぼす影響 215
  - 3. 債権債務に客観的牽連関係がある場合とない場合 217
  - 4. 差押えと相殺の場面における債権債務の牽連関係 219
- Ⅴ. 設例の検討 223

10. 債権譲渡制限特約 225

- Ⅰ. 従前の規律・実務上の問題点 226
- Ⅱ. 改正法の概要 227
- Ⅲ. 設例の検討——譲渡制限特約違反の法的効果 230
  - 1. 譲受人の請求権 231
  - 2. 譲渡制限特約違反と解除 231

	page
3. 譲渡制限特約違反と損害賠償	234
4. 譲渡人の破産手続開始決定	237
5. 金融機関のコンプライアンス	241
Ⅳ. おわりに――譲渡制限特約付債権による資金調達は活性化するか	244

11. 将来債権譲渡と抗弁の対抗 … 248

Ⅰ. 将来債権譲渡の規律の導入 … 249
1. 将来債権譲渡と譲渡制限特約（466条の6） … 249
2. 対抗要件としての通知と承諾 … 250

Ⅱ. 債権譲渡と相殺に関する規律 … 252
1. 従来の理解 … 252
2. 改正法の内容（469条） … 253
3. 設例の検討 … 254

Ⅲ. 異議をとどめない承諾の改正 … 259
1. 現行法下の規律（論点2-1） … 259
2. 設例の検討 … 261
3. 改正による法理の変更（論点2-2） … 262

Ⅳ. 抗弁放棄の意思表示の規律 … 263

Ⅴ. まとめ … 267

12. 定型約款 … 270

Ⅰ. はじめに … 270

Ⅱ. 従前の議論の確認 … 270

Ⅲ. 改正法の概要の確認 … 272
1. 定型約款の定義 … 272
2. 定型約款の組入要件 … 275

3. 定型約款の組入除外要件 …………………………………… 278

　　4. 定型約款の内容の表示義務 …………………………………… 280

　Ⅳ. 設問の検討 ………………………………………………………… 282

　　1. 定型約款の不当条項規制と公序良俗違反又は信義則違反との関係 ……… 282

　　2. 不当条項規制は，不意打ち条項に及ぶか ………………………… 285

　　3. 定型約款の内容の表示義務を怠った場合の効果
　　　（合意前の不履行と合意後の不履行の違い） …………………… 289

　　4. 定型約款に含まれない約款の存在とそれら約款に対して定型約款規制は及ぶか … 291

　　5. 定型約款規制による具体的影響 ………………………………… 294

　Ⅴ. おわりに ………………………………………………………… 296

13. 売買 …………………………………………………………………… 298

　Ⅰ. はじめに ………………………………………………………… 298

　Ⅱ. 改正法562条の対象 ……………………………………………… 299

　Ⅲ. 特定物の契約不適合 ……………………………………………… 299

　　1. 特定物と改正法483条 …………………………………………… 299

　　2. 特定物における品質性能 ………………………………………… 300

　　3. 追完請求権の内容 ………………………………………………… 302

　　4. 契約不適合を理由とする解除 …………………………………… 303

　　5. 契約不適合を理由とする損害賠償 ……………………………… 305

　　6. 代金減額請求権 …………………………………………………… 306

　Ⅳ. 改正法566条の期間制限 ………………………………………… 310

　Ⅴ. 改正法567条――危険の移転 …………………………………… 311

　Ⅵ. 不特定物の契約不適合 …………………………………………… 313

　　1. 追完方法の選択 …………………………………………………… 313

　　2. 不特定物に契約不適合がある場合の解除や損害賠償 ………… 315

	page
3. 不特定物売買の危険の移転 ………………………………………	315

14. 請負契約の契約不適合責任 …………………………………… 322
Ⅰ. 修補に代わる損害賠償請求権 ……………………………… 322
1. 改正法415条2項の適用の有無 …………………………… 323
2. 請負人が合理的な修補計画を提示した場合の取扱い ……… 326
3. トラブルを避けるための特約の具体例 …………………… 329
4. 設例(1)の回答 ……………………………………………… 330
Ⅱ. 請負契約の解除権 …………………………………………… 330
1. 催告解除（改正法541条）の要件である「非軽微性」…… 330
2. 設例(2)の回答 ……………………………………………… 333
3. 改正法634条の「仕事の完成」と同636条の「仕事の目的物の引渡し」……… 333
4. 改正法634条の「可分な部分の給付によって注文者が利益を受けるとき」…… 336
5. 改正法634条の「注文者が受ける利益の割合に応じて」… 337
6. 改正法634条は請負契約解除の要件を緩めるか …………… 339
Ⅲ. 請負人の契約不適合責任の消滅時効——客観的起算点 …… 340
Ⅳ. おわりに ……………………………………………………… 343

結. 振り返り，及び残された課題 …………………………………… 344
Ⅰ.「合意の重視」再論 ………………………………………… 344
Ⅱ.「債務者の責めに帰することができない事由」をめぐって …… 350
Ⅲ. 解除について ………………………………………………… 354
Ⅳ. その他の問題——とくに消滅時効と保証 ………………… 359
Ⅴ. 改正が実現されなかった点 ………………………………… 364
Ⅵ. おわりに ……………………………………………………… 365

編著者・座談会参加者紹介 (50音順)

参加者

井上　聡
INOUE Satoshi

弁護士／
長島・大野・常松法律事務所
［参加項目］10

岡　正晶
OKA Masaaki

弁護士／
梶谷綜合法律事務所
［参加項目］03, 08, 14

沖野眞已
OKINO Masami

東京大学大学院
法学政治学研究科教授
［参加項目］03

鹿野菜穂子
KANO Naoko

慶應義塾大学大学院
法務研究科教授
［参加項目］02

黒木和彰
KUROKI Kazuaki

弁護士／
黒木・内田法律事務所
［参加項目］08

潮見佳男
SHIOMI Yoshio

京都大学大学院
法学研究科教授
［参加項目］08

高須順一
TAKASU Junichii

法政大学大学院
法務研究科教授・弁護士／
法律事務所虎ノ門法学舎
［参加項目］02, 04, 05, 06, 11

能見善久
NOMI Yoshihisa

東京大学名誉教授
［参加項目］01

編著者

道垣内弘人
DOGAUCHI Hiroto

東京大学大学院
法学政治学研究科教授
[参加項目] 序, 04, 14, 結

中井康之
NAKAI Yasuyuki

弁護士／堂島法律事務所
[参加項目]
序, 01, 09, 13, 結

野村豊弘
NOMURA Toyohiro

学習院大学名誉教授・
弁護士／
虎ノ門南法律事務所
[参加項目] 09

松岡久和
MATSUOKA Hisakazu

立命館大学大学院
法務研究科教授
[参加項目] 11

松本恒雄
MATSUMOTO Tsuneo

国民生活センター
理事長
[参加項目] 07

深山雅也
MIYAMA Masaya

弁護士／深山・小金丸
法律会計事務所
[参加項目] 07, 10, 12

山野目章夫
YAMANOME Akio

早稲田大学大学院
法務研究科教授
[参加項目] 10, 13

山本和彦
YAMAMOTO Kazuhiko

一橋大学大学院
法学研究科教授
[参加項目] 05, 06

山本敬三
YAMAMOTO Keizo

京都大学大学院
法学研究科教授
[参加項目] 12

山本健司
YAMAMOTO Kenji

弁護士／
清和法律事務所
[参加項目] 12

凡例

■ 裁判例の表示

本文（地の文）

　例／最高裁昭和 45 年 6 月 24 日大法廷判決（民集 24 巻 6 号 587 頁）

　　＊法廷名は最高裁大法廷についてのみ表示する。

本文の括弧内

　例／最大判昭和 45・6・24 民集 24 巻 6 号 587 頁

　　＊最高裁の法廷名は，大法廷判決（決定）についてのみ「最大判（決）」として表示し，小法廷判決（決定）については単に「最判（決）」とする。

■ 判決文・条文の引用

判決文・条文を「　」で引用してある場合は，原則として原典どおりの表記とするが，以下の点を変更している。また，解説文中では「　」を用いて判決文・条文の趣旨を書いているものもある。

・漢数字は，成句や固有名詞などに使われているものを除き算用数字に改める。
・漢字の旧字体は新字体に改める。
・促音や拗音を表すひらがなは原文にかかわらず小書きとする。
・カタカナ表記で濁点・句読点の用いられていない判決文・条文について，執筆者によってひらがな表記に改められたものや濁点・句読点が補われているものがある。

■ 法令名の略語

法令名の略語は，原則として有斐閣刊『六法全書』巻末掲載の「法令名略語」による。

■ その他の略語

部会資料 …………… 法制審議会民法（債権関係）部会資料

一問一答 …………… 筒井健夫＝村松秀樹編著『一問一答　民法（債権関係）改正』（商事法務，2018 年）

実務上の問題と学理上の問題

道垣内弘人　DOGAUCHI Hiroto

中井康之　NAKAI Yasuyuki

I. 改正法の理念

道垣内　平成29年5月26日に民法（債権関係）の改正法が国会で成立し，6月2日に公布されるに至りました。この立法にあたりまして，中井さんと私は法制審議会民法（債権関係）部会に加えていただいておりましたが，部会の開始から成立まではずいぶんと長い期間がかかりました。部会の第1回が平成21年11月24日で，要綱案をとりまとめたのが平成27年2月10日ですから，ここで，もう5年以上経っているわけですね。そして，同年3月に国会に法案が提出された後も，他の法案との関係もあり，審議入りは翌年の国会となりました。先ほど述べましたように，成立は平成29年5月26日ですので，部会での議論が始まってから7年半を要したことになります。さて，中井さんは，このような長期間にわたり，ずっと改正の第一線に立たれ，議論をリードしてこられましたが，改正について全般的にはどのような感想をお持ちでしょうか。

中井　今回の改正点は多岐にわたりますが，ポイントは，「合意の重視」ではないかと思います。具体的には，原始的不能の契約を有効としたこと，消費貸借は唯一の例外ですが，要物契約であったものを諾成契約とし，諾成契約を基本としたこと，特定物売買でも当事者の合意で契約の内容が定まるとしたこと，目的物の瑕疵については契約内容の不適合と整理したこと，このような中に現れているように思います。同時に，契約の不履行に対しては免責事由がない限り損害賠償責任を認め，契約の拘束力を高めていますし，反対に，債務の履行ができないときには債務者の帰責事由を問うことなく契約を解除できるとしたことも，「合意の重視」の反映だと理解しています。

私としては，そのような合意を重視する前提と言うのでしょうか，合意の拘束力を正当化するためにいくつかの制度を設けたこと，もしくは部会審議の過程で設けようと努力したことに注目したいと思います。これもたくさんあるのですが，具体的には保証契約における契約締結時の情報提供義務，第三者保証人に対する公証人による保証意思の確認制度，定型約款における不当条項規制，そして売買・請負などに見られる代金減額請求権や割合的報酬請求権などが一例です。つまり，契約の拘束力を重視して「契約は守るべきだ」と言うのであれば，契約当事者が対等に契約を締結できる環境が整えられるべきですし，当然のことながら当事者の真意が確保される必要があると思うわけです。

　他方で，定型約款に見られるように，希薄な合意なのに拘束力を認めるとすれば，不当な条項は契約内容から排除されるべきです。また，契約締結後に対価的な不均衡が生ずれば，その是正が図られるべきです。このように「契約を守れ」と言うためには，「契約に対する信頼」を高めることが大事だと思うのです。そのためには，契約交渉の前提条件が整っていること，当事者の真意が確保されていること，契約内容の正当性・合理性が担保されていることなどが必要になると思うのですが，今回の改正はそのような考え方を基礎としていると思いますので，改正の基本的な方向性は評価できると思います。

　道垣内　中井さんは「合意の重視」がポイントだとおっしゃったのですが，私は必ずしもそうは考えていないのです。たしかに，ドイツ法学などを基本とした我妻栄先生などの，いわゆる「通説」とされてきた見解においては，「合意の重視」が正面に掲げられていたわけではないかもしれません。しかしながら，判例法理において，例えば，瑕疵担保責任における「瑕疵」に該当するか否かは，当該契約がどういう目的のものであったかということに照らして判断するとされていたわけですし，債務不履行における責めに帰すべき事由の問題にしても，その事由の存在を認め，債務者を免責することはほとんどなく，ほとんどが契約の解釈の問題として処理されてきました。そうすると，今回の改正が，とりたてて「合意の重視」に舵を切ったとは評価できないと思っています。

　しかし，中井さんがそのような評価をされる理由もよくわかります。判例

も実務も合意を重視しており，それが本来，現行民法典が持っていた姿であるところ，今回の改正の本来の趣旨は，そのことを明確に書こうというだけであり，それを変更しようというものではなかったのですが，しかし，伝統的な学説，あるいは，その学説に対する一般的理解を正そうとするあまり，研究者の側には「合意の重視」という理念を突き詰めようとする態度が強すぎたのだと思うのです。そうなると，あまりに合意を強調することによって，これまで裁判所あるいは裁判外の交渉などでうまく調整できていたのに，その調整ができなくなってしまって，合意が全てになってしまうではないかという懸念あるいは批判が出てくる。「合意の重視」というのは，実は現行の判例や学説からの変化ではないかもしれないけれども，その理念だけを強力に押し出すと副作用が生じてしまうというわけですね。そこで，部会の審議においては，色々な調整が図られたわけですが，しかし，それは「合意の重視」という理念を承認した上での調整であるから，やはり改正法は現行法よりも「合意の重視」が表に出てきていると評価されるということなのだろうと思います。

　したがって，中井さんの評価に結論として反対するつもりはないのですが，実は，理念自体は現行法下から存在しており，改正にあたっての研究者側の行きすぎが，審議の過程でだんだん調整されていったというところかなと理解しております。

中井　ご指摘のとおり，これまでも契約の世界で合意が重視されていなかったわけではありませんが，部会審議の過程で，合意は尊重しましょう，との考え方のもとに用意された枠組みが，典型的ないくつかの場面で改正法に盛り込まれたことは間違いないように思います。道垣内さんがおっしゃった，合意を重視するとかえって弊害が生じる，という場面は，むしろ実務家の弁護士こそが「裸の合意」に対する危惧として表明していたところです。

　部会審議の過程でそれが最も端的に現れたのが，契約を文言だけで解釈するのではなく，契約当事者の属性，契約の目的，契約締結に至る交渉過程，そして取引上の社会通念などを考慮して，成立した合意内容を解釈しましょうという点で一致したことだと思います。その前提としては，できあがった書面上の合意だけを見て判断すると危ないことを弁護士側が表明し，規範的な評価を取り込むために社会通念を考慮するべきではないかと言ってきたつ

もりです。それは，合意の重視一本で走ることには，リスクがあり，そのリスクを防ぐための制度を備えることによって初めて，合意の重視が，それは契約の重視と言ってもよいと思いますが，真正面から認められる，正当化されると理解しています。先ほど申し上げた情報提供義務にしても，真意の確保も，希薄な合意の場合に契約内容が不当であれば排除するというのも，いずれも合意の重視を支える制度的担保と理解して申し上げたわけです。

道垣内 契約の解釈において「社会通念」が考慮されるということは，どの教科書にも書いてある事柄です。合意を重視するからといって，契約書の文言だけが全てだとはならないというのは当然の話であり，したがって，書くほどのことはないとも言えます。もちろん契約解釈の方法について明文規定を置き，そこに書くというのは，また別問題ですが。

ただ，弁護士会を中心として危惧されたのは，契約の解釈において，取引上の社会通念とか，信義則とか，交渉過程とか，そういうものが色々考慮要素とされて解釈すると一般的に言われているとしても，それは現行法下での議論である。しかるに，議論の前提状況が「合意の重視」ということに変わったときには，これまでどおりの考え方がされないで，文言重視という方向に流れが行ってしまうかもしれないということなのだろうと思います。

II. これからの課題

道垣内 少し話を進めますと，中井さんが指摘されたように，「合意の重視」という理念はあるとしても，改正法は様々な箇所に安全装置を置いており，そのことをなるべく明確な条文で示そうとしています。また，判例などによって確立した解釈が存在している部分については，それを条文に明確に書くことによって，その解釈ないし法理を示そうとしています。しかし，それによって全てが明らかになり，改正法は一義的な運用ができるようになったというわけでないのは当然です。判例・学説による解釈論で補充しなければならないのはもちろんです。これまでは，どのような条文にするかという議論だったわけですが，これからはできあがった条文を，どのように解釈・運用していくかが重要になっていくと思います。

中井 その点は，道垣内さんのご指摘のとおりだと思います。いくつか例を考えてみますと，錯誤の規定に動機の錯誤が明示されたわけです。これは判

例法理として形成されてきたことを条文化したもので，特に新たな考え方を提案したものではありませんし，この条文が積極的に従来の考え方を変えることを意図したものではないと思います。それでも，改正法95条1項が動機の錯誤を，「表意者が法律行為の基礎とした事情についてのその認識が真実に反する錯誤」という言葉で整理したとすると，それが動機の錯誤の内容や範囲に影響するかもしれないと思います。

　また，部会審議でさんざん議論された結果，95条2項で「その事情が法律行為の基礎とされていることが表示されていたときに限り」取り消すことができるとしたわけですが，近時の最高裁判例（最判平成28・1・12民集70巻1号1頁や最判平成28・12・19金法2066号68頁）は，保証協会の保証をめぐる事例において，錯誤無効となる場合を「動機が相手方に表示されて法律行為の内容」になるときと度々指摘していますので，これら最高裁判例と条文との関係が，今後問題になるだろうと思います。そういう意味では動機の錯誤について新しい条文ができたから解決するということではなく，今後も動機の錯誤の成立範囲を広げて表意者の保護を図るという立場もある一方で，錯誤取消しが認められることは当然相手方のリスクとなるわけですから，相手方の利益を考慮すれば，動機が表示されているだけではなく，動機が契約内容になる必要があると考える立場もあり，できあがった動機の錯誤に関する95条の解釈論が今後展開されていくことになると思います。

　もう1つ例を挙げれば，売買目的物に瑕疵，改正法でいう契約不適合があった場合に買主はどういう追完請求ができるかです。これも従来から議論があって，種類物や特定物についても契約責任説の立場から認められていたことを改正法562条1項で明文化しました。これも新たな権利を創設したわけではなく，従来の理解を整理したに留まります。それでも追完請求として，修補を請求するのか代物を請求するのか，また，修補を請求する場合も，修補の仕方は色々あるのですが，原則として，それらを買主側が選択して請求することを認めました。しかし，その選択された追完の方法が，場合によっては，売主，債務者側に酷な結果になる場面もあることから，562条1項ただし書に，「売主は，買主に不相当な負担を課するものでないときは，買主が請求した方法と異なる方法による履行の追完をすることができる」という条文を置くこととしました。この点も，従来からあった解釈問題を改正法が

引き継ぐことになり，この条文の解釈論が今後展開されることになると思います。

道垣内 以前から存在していた解釈問題がそのまま残ったというところも，もちろんありまして，今回の民法改正によって全てが解決されたわけではないことは当然です。また，中井さんがおっしゃった錯誤もその例の1つですが，現行法でも存在していた解釈論だけれども，文言が変わった，あるいは，明確な形になったことによって，いままでの判例法理や解釈論が引き継がれるかどうかが問題になるところもあります。実は，昨日も錯誤について講義をしていたのですが，「法律行為の基礎とした事情についてのその認識が真実に反する錯誤」という類型において，これまでの明示・黙示の表示を介して法律行為の内容となるというのと同じように解釈されるのか。中井さんは，反社会的勢力の債務を保証するという例を出されましたが，その判例においては，表示をしていてもある種の事情は法律行為の内容にはならないとされているわけですね。しかし，「『法律行為の基礎とした事情』ではあるよね」という解釈論によって，絶対に拡大しないのかというと，そうとは言い切れません。部会の取りまとめにあたって，動機の錯誤が認められる場合を拡大しようという意図があったわけではないのですが，文言を変えてしまうと，やはり文言は独り歩きして解釈されますので，どうなるかわからないということはあろうと思います。

そのような意味で，今後の実務において，学説・判例によって明らかにされていかなければならない点も多いわけです。各実務家・裁判官・研究者の役割は大きいと思います。また，『ジュリスト』等の実務雑誌の意義も大変大きいと思います。

III. 本企画の趣旨

道垣内 そこで，私どもとしては，改正法を踏まえ，新たに考えなければならない事柄について検討していこうということになったわけです。この企画にあたっては，中井さんに色々な事例を作っていただきました。問題を発掘して作成されたことに関連して，何か感想はございますか。

中井 たくさんの改正点があるのですが，今回取り上げた14の論点は，実務で議論になるだろうと思うものばかりです。しかも，できるだけ論点がわ

かりやすいように設例を考えました。例えば，消滅時効については主観的起算点が導入されました。改正法166条1項1号は，「権利を行使することができることを知った時」としています。この文言に至る経過を見ると，不法行為における起算点の表現ぶりと平仄を合わせるように，「債権の発生原因と債務者を知った時」とする提案などもあったのですが，結論としては「権利を行使することができることを知った時」という，ある意味で極めて単純な形に落ち着いたわけです。逆に言えばこの「知った時」というのが，具体的事案においていつなのか，例えば，安全配慮義務違反に基づく請求の場合に，義務違反・違法性の認識が必要なのか，それがどういう事実に基づいて評価・判断されるのか，今後，そのことを明らかにする必要があるという問題意識から設例を作っています。

また，相殺と差押えについて511条が改正され，同条2項で，差押え後に反対債権を取得しても，それが基準時前の原因に基づいて生じたものであるときは相殺できることとなりました。従来の無制限説を更に拡張したわけですが，この「前の原因」が何を指すのか，それを明らかにする作業が必要だと思います。設例を作るについても，「前の原因」を具体的にイメージできるようにしたつもりです。

個人保証について部会審議の過程で議論になったのは，配偶者問題です。第三者保証の例外に当たる経営者と認められる配偶者について，改正法465条の9第3号では「主たる債務者が行う事業に現に従事している」配偶者と定義したわけです。この「事業に現に従事している」というのが，どういう実態を表すのか。個人保証をするときは公証人の意思確認が必要という制度設計にした上で，取締役などの経営者は除外することとした関係で，この「現に従事している」をどのように解釈するのか。これは大変重要な問題ではないかと思います。

債権者代位権については，当初，研究者の皆さんから廃止論が主張されました。結果として，効力を大幅に弱めながらも存続させることになったわけですが，部会審議の過程で，実務的要請があるという実務家意見と，理論的正当性がないという研究者意見が衝突した，1つの面白い例だったと思うのです。改正法423条の5では，債権者代位権を行使しても，債務者は被代位権利の行使ができることになりました。従来の判例では制限されていたわけ

ですが，それが変わったことで，実務的な使い方に相当大きな影響を及ぼすであろうと思います。その新たな使い方は議論してみたい論点です。

　詐害行為取消権については，倒産手続における否認権との連続性を意識し，平仄を合わせるように改正したわけです。最も重要な改正ポイントは，改正法425条が，取消しの効果が債務者にも及ぶことを認めた点です。これによって取消判決が認容されると，受益者ないし転得者に対して，債務者も取消権者と同じ請求ができることになります。そのため，攻める債権者側も守る債務者側も，訴訟対応は大きく変わるようになると思います。

　ほかの事例もそうですが，できあがった条文について具体的事案を通じて理解を深めていくことが大事で，本書で読者の皆さんにその場を提供できれば，大変意義があると思います。

道垣内　作成していただいた問題を拝見したとき，どれも簡単には回答できないものだな，と思いました。例えば，法定利率を変動制にしたけれども，債務が発生したときに利率を固定することにして，その後の変動は考慮しないことを明文で規定した。そうすると，錯綜した問題は生じないかのようにも思えるわけですが，実際に具体的な事例に当てはめていきますと，様々な問題が生じます。相殺について中井さんが指摘された「前の原因」というのも，なかなか面白い論点です。代金減額や一部解除は相殺なのか，相殺だとするならば，それらが「前の原因」によるといえるか否かが問題になるが，どうなのか。考えていきますとわからない問題は，多々あるように思います。

　私も部会に加えていただいていたものですから，色々な方から「改正法ではこういう場合はどうなるんだ」と，よく聞かれるのです。それに対しては「わかりません」と答えると，「なぜ君はメンバーなのにわからないのか」と言われるのです。今回の企画においては，部会の議論に参加した人を中心に対談・鼎談をしていただきますので，読者の皆さんには部会に参加していても意見がこんなに違うのだ，道垣内だけがわからないわけではないのだ，ということを認識していただければと思います。

IV. 扱えなかった問題

道垣内　いくつかの論点は中井さんと私の相談の結果，扱わないことにしたのですが，取り上げたテーマにも考えだすとわからなくなるところは多々あ

ります。債権譲渡は扱うテーマに含まれておりますので，対談者の議論に委ねるべきなのですが，一言だけ申します。「異議をとどめない承諾」という制度を廃止するにあたって，「抗弁の放棄で対応する」と言われたのですが，現在，異議をとどめない承諾をしてしまうと，債務者は弁済をしていても，それによる債権の消滅を主張できなくなると解されています。そして，確かに弁済は抗弁であると整理されていますから，今後は，その抗弁を放棄したか否かの問題になるということでよいのかもしれません。しかし，既に弁済して消滅した債権の譲受人に対して，「弁済していません」と述べることは，弁済の抗弁を放棄するということなのだろうか，それとも債務を承認するということなのだろうかという問題は，本当はよくわからないなという気がしています。そして，承認としますと，単独行為である承認によって，消滅している債権が発生するのだろうか，債権を発生させるようなものならば，それは合意がないとできないのではないか。こういったことを最近，考えています。抗弁の放棄で対応できる，そうすべきだ，というわけですが，実際には，抗弁の放棄とは何か，はよくわからないのではないかと思っている次第です。

中井 ご指摘のように，それぞれの論点について問題が多々あると思いますが，本書を契機に，皆さんが関心を持って議論していただければ大変ありがたいわけです。

　この機会ですから一言付け加えさせていただきたいと思います。部会審議で合意が調うと，それを条文化する作業があるわけですが，部会は，条文化作業に直接には関わりません。そのためか，できあがった改正法には，審議の結果の合意内容と条文の表現ぶりが必ずしも一致しない点があるように思います。

　その中で，私が一番気になっていると言いますか，残念に思っているのは，改正法のキーワードである「契約（その他の債務の発生原因）及び取引上の社会通念」です。改正法の核心の1つで，このキーワードは多くの場面で登場します。415条1項の帰責事由，412条の2第1項の不能，400条における特定物の善良な管理者の注意義務，483条の特定物の品質，541条の催告解除の軽微性といったところです。それぞれの概念の判断基準として用いられています。契約債権について言えば，「契約及び取引上の社会通念」に照ら

して考えると読めるわけですが、条文だけから見ると、「契約」と「取引上の社会通念」が二元主義的な形、2つの対立項目のように表現されています。

　これは、最初に道垣内さんに問題提起していただいた「合意の重視」について議論した点に関連しますが、本来、「契約の趣旨」に従って理解しましょうというのが部会審議における合意です。その「契約の趣旨」の中身は、部会資料の言葉で言えば、契約の文言だけでなく、契約の目的、契約締結に至る経緯、その他の事情を基礎として、取引上の社会通念も考慮に入れて導かれる契約の趣旨と言うのでしょうか、そういう契約の趣旨に照らして、先ほど申し上げた各概念について、評価していきましょうというのが合意だったと思います。しかしできあがった条文は、必ずしもそれが適切に表現されているとは思えません。このあたりについては今後、部会審議に関与した者として、法律家だけでなく国民の皆さんにも正しく理解していただくように、少なくとも誤った理解にならないようにお伝えする責務があると思っています。

道垣内　契約ではこうなっているけれども、取引上の社会通念がこうだから契約は歪められるということではなくて、当該契約がどういうものなのかということを、取引上の社会通念を踏まえて考えるという話だろうと思います。私はその限りでは中井さんのおっしゃるとおりだと思いますが、そのように解釈すると、帰責事由が存在しない場合とは、結局、債務不履行がない場合ではないか、ということになってきます。しかし、そうすると、改正法541条において、解除については債務不履行があれば足り、帰責事由の存否は問題にならない、とされたこととの関係が問題になります。

　ある種の文言を経緯と全く切り離して、こういうふうになったんだと主張することによって趣旨が歪められてくることは避けなければならないと思います。そして、そのような事態にならないようにすることは、中井さんをはじめとする実務家の役割でもありますし、研究者・教育者の役割でもあろうかと思います。ただ、民法を論理一貫したものとして説明することも重要ですし、部会で完全な議論ができたわけでもありませんので、そのバランスは難しいですね。

V. おわりに

道垣内 イントロダクションとしての対談はそろそろ終わりにしたいと思います。中井さんから，最後に一言お願いします。
中井 今回の民法改正の立法作業に携わったというか，関与させていただいた者として，改正法が，改正の意図や趣旨を踏まえて解釈ないし活用され，実際の取引社会で有効に機能することを，私としては期待していますし，そのようになればよいなと思っています。この度は，このような貴重な対談の機会を与えていただき，ありがとうございました。
道垣内 お忙しいところ，ありがとうございました。

［2017年10月6日収録］

法定利率

能見善久　NOMI Yoshihisa
中井康之　NAKAI Yasuyuki

設例　労災事故の後2年経過して後遺障害の症状が固定し，かつ，事故から1年経過後に法定利率が3%から4%に変動した場合に，後遺障害症状固定後に，被災者が使用者に対して，損害賠償請求をした。

☞ 休業損害に対する遅延損害金の始期と利率は？
☞ 後遺障害の逸失利益の現在価値算定のための中間利息控除の利率は？
☞ 後遺障害の逸失利益に対する遅延損害金の始期と利率は？
☞ 不法行為構成と債務不履行構成による違いは？
☞ 労災事故が施行前，症状固定が施行後の場合は？

I. はじめに——改正法の内容

中井　第1回のテーマとして「法定利率」を取り上げたいと思います。能見善久さんと対談するかたちで検討していくことにします。よろしくお願いいたします。

能見　よろしくお願いします。

1. 固定制から変動制へ

中井　現行法の法定利率が機能する場面が3つあります。1つは，利息を生ずべき債権で利率の定めがない404条の場面，第2が，遅延損害金について

法定利率が適用される419条1項の場面，第3は，判例実務で法定利率が適用される中間利息控除の場面です。いずれの場面でも一律5％が適用されており，市中金利が変動しても利率は変わらない完全固定制です。

　改正法は，現行法の5％固定制という基本的な枠組みを大きく変えることになりました。ここでは，改正法の内容を確認するとともに，具体的事案においてどのような問題が生じるか能見さんと議論したいと思います。最初に，現行法の完全固定制が変動制に変わったわけですが，その理由について能見さんから説明をしていただけるでしょうか。

能見　私は，次のような背景と理由があると思います。まず，前提問題として現在の市中の一般的な金利と比べると，法定利率が5％というのは非常に高い。そういう状況の中で，このような乖離は望ましくないので，いっそ乖離が生じないように変動制にしたほうがよいのではないかと考えられたのだと思います。

　このような一般的な感覚を前提にしてのことですが，理由となった事情を3点ほど申し上げたいと思います。1つは中間利息に関連してです。変動制にすべきだと考えていた人たちの最大の理由はこれだったと思います。現行法では中間利息を法定利率の5％で控除するわけですが，これは預金金利が1％にも満たず，貸出金利もせいぜい1％から2％の間ぐらいだというときに，明らかに控除しすぎで，損害賠償額が大幅に減ることになる。これは適当ではないということです。そこで，市中金利に法定利率が連動するようにして，この利率で中間利息を控除すべきだというのが，1番目の理由です。

　2番目は，遅延損害の場面においてです。金銭債務の遅滞の場合に，市中金利よりも高い法定利率で遅延損害金が発生することは，債務者からすれば負担が大きいのでその弁済を促すことにつながります。弁済を促すという機能を遅延損害金に求めるのであれば，法定利率のほうが高い状況はそんなに不都合ではない。しかしながら，いまの市中金利と比べて法定利率の5％というのはやはり高すぎで，損害賠償として正当化するのが困難なだけでなく，こういう高い法定利率で遅延損害金を支払わなければならないことになると，債務者が請求が不当だとして争う場合に必然的に支払が遅れますから，その分，遅延損害金が嵩んできます。その結果，債務者の抵抗が正当な場合にも，それを押さえ込んでしまう危険がある。これは適当でないというのが2番目

の理由だと思います。

　3番目は，具体的な場面における不都合というよりは，もっと一般的な理由です。そもそも民法が制定された当時の起草者は，法定利率は市中の利率に相当するような利率とすべきだという考え方を持っていました。起草者の説明によると，欧州は市中金利が3％くらいだが，日本は5％くらいであり，日本の市中金利に近い5％が法定利率として適当だと説明しています。このようにして決まった法定利率だとすると，一般論として，法定利率が市中金利とあまり乖離してはおかしい。以上の理由から，両者があまり大きく乖離しないように，固定制から変動制に変わることになったのではないかと理解しています。

中井　ありがとうございます。部会審議の過程でも申しあげたことですが，法定利率を変動制に変えることが適切なのか，さらに現在の5％が高すぎるからそれを下げるべきではないかという問題提起に対しては，私は元々消極的な意見で，逸失利益の計算は損害賠償額の1つの計算方法にすぎず，20年，30年と長期的に見れば5％という水準も，それほど高すぎるわけではないし，遅延損害金についても，現状の金利水準に比べて高くても支払を促すという意味がある上，現実に合意している遅延損害金利というのは10％を超えるのが通常で，5％は本当に高いのかという疑問もあります。

　市中金利については，現在，確かに1％から2％ですから，利息支払の合意はあるが利率の合意がない場合に5％というのは確かに高すぎますが，それは当事者が合意で解決すればよい問題でしょう。そういう理由から，大きな影響を及ぼす改正が本当に必要か，審議の過程で疑問を呈していた次第です。しかし，能見さんがおっしゃったような理由で，部会審議の結果としては，現状の5％は高すぎるし，市場の金利情勢に合わせて法定利率も変わるのが本筋だということで，私も納得させていただいた次第です。

2. なぜ3％か

中井　それであっても，改正法は，施行時点で，まず5％を3％にするわけですが，なぜ3％なのか，あまり詰めた議論ができなかったように思います。能見さん，3％と定めたことについてご意見をお聞かせください。

能見　私も，この3％が，なぜ出発点としての法定利率として適当なのかと

いうことについて，十分な理由づけを考えるのは難しいと感じています。また，法制審議会で議論されていた委員，幹事の皆さんも，ここら辺の理解は必ずしも同じではなかったのではないかと思います。

　3％を正当化するというより，3％で仕方がないというのが私の考えです。その背景だけ申し上げます。改正法の施行時の市中の一般的な金利がどうなるかわからないのですが，現在の市中金利とそれほど大きく変わらないと考えるならば，3年後の施行時においても市中の貸出金利はせいぜい1％から2％の間ぐらいでしょう。それよりは少し上のところにこの3％というのがセットされているところに意味があると思います。すなわち，市中の貸出金利よりちょっと高いところに法定利率があるというのは，特に遅延損害金のことを考えるとそれなりに合理的な数値であり，このことから，出発点として3％というのはありうる利率だと思います。

　しかし，中間利息の控除のことを考えると，市中金利，とりわけ預金金利よりも相当高いところに設定された3％が合理的なのかについては，私は疑問を感じます。その意味で3％を積極的に正当化することはできない。ただ，この問題の根元は遅延損害金の利率と中間利息控除の利率を，無理やり同じにしている点にあるのではないかと思います。

中井　改正法で3％となったのは，現状の市中金利は1％から2％程度であるから5％は高いし，長期的な中間利息控除も5％では高すぎる，しかし，遅延損害金利は市中金利より高くすべきだから，途中の部会資料あたりから5％と1％の間をとって暫定的に3％として審議が進み，結果として，この3％に落ち着いたという経過だと思います。それは，能見さんがおっしゃったように，法定利率が適用される3つの場面は違うから法定利率も違ってよいのではないかという議論のある中で，同時に，それを1つにするという決断をしたからだと思います。

3. 3つの法定利率が同じに

中井　逆に言えば，3つの場面の法定利率を1つにしたことの当否が問われることになると思いますが，その点，能見さんのご意見をお聞かせください。

能見　これは大問題です。法定利率が問題となる場面は，遅延損害金，中間利息の控除，その他の場合の3つに分けることができると思いますが，これ

ら全ての場面で適用される統一的な法定利率を考えるのか，場面ごとに複数の法定利率を考えるのか，私も確たる考えはありません。ただ，少なくとも遅延損害金の場面と逸失利益の損害額算定の際の中間利息の控除の場面は，分けて考えたほうがよいと思います。逸失利益の賠償の際になされる中間利息の控除の問題は，損害賠償の仕組み全体の中で考えるべき問題だと思います。もう少し踏み込んで言うと，遅延損害金の場合には，貸出金利をベースに定まる法定利率でよいと思いますが，中間利息控除の場合は，むしろ一般人が金銭を運用できる目安となる預金金利をベースに法定利率を考えるべきではないかと思うのです。なお，中間利息の控除と言っても，破産法などに出てくる将来債権の現在価値を算出するための中間利息の控除は，逸失利益の賠償の際の中間利息の控除とはかなり意味が違いますので，この２つも分けて考えたほうがよいでしょう。

中井 確かに，遅延損害金の利率と中間利息控除の利率は，本来，異なって然るべきものというご意見は，私もそうだと思う面もあるのですが，実務家の感覚からすると，中間利息は例えば5％で割り引くのに，遅延損害金がそれと異なるというのは理解しにくいし，国民にも説明しにくいように思います。中間利息は長期的であり，遅延損害金はそのときどきの話ですが，そうであっても一定の割合で割り引くなら同じ割合の遅延損害金が付くというほうが，納得感があるのではないかと思います。

　併せて，利息について定めがない場合も同じ利率を使うのですが，仮に同じ利率が不適切であると当事者が考えれば，別途の合意をすれば足りるので，結論としては，３つを同じにすることもやむをえない選択だったと思います。これも実務家的発想になりますが，これを変えたときの実務に与えるインパクトが非常に大きいという点も，背景にあったと思います。

能見 中井さんのご意見はよくわかります。しかし，問題は，中間利息の控除は，30年とか40年といった長い期間にわたるものであり，しかも，ライプニッツ方式で複利で控除しますので，その利率が与える影響は大変大きく，賠償額がそれによって減らされているのが現実だと思います。

　遅延損害金のほうは，それほど長期にわたることはないでしょうし，仮に数年にわたったとしても，複利で計算されるわけではない。そういう意味で，そもそも中間利息控除の利率の問題と，遅延損害金の利率の問題は区別して

考えるべきだと思います。同じにすることはかえって公平でないのではないかと思います。

4. 緩やかな変動制の採用

中井 公平性の確保か，わかりやすさの確保かという違いかもしれません。改正法は，決断として3つの利率はいままでどおり同じ法定利率とすることで決着し，その上で，金利情勢が変化すれば法定利率を変動させる変動制を採用することにしましたが，変動制にもいくつかの方法がありえます。部会審議の過程でも，金利情勢の変動に合わせて，金利が低い期間は低い金利，高い期間は高い金利で変動させる，1つの債権でも金利情勢によって時期ごとに利率が異なるという考え方，これを「完全変動制」と呼びますが，そのような考え方も提案されました。しかし，改正法は，完全変動制は採用せずに，一定の基準時を設けて，それぞれの債権について，一定のルールによって決まる，その時点の法定利率を適用し，その後，法定利率が変動しても当該債権に適用される法定利率，例えば遅延損害金利は変えない，私は「自動変動型の固定制」と呼んでいるのですが，こういう考え方を採用しました。このような方法を採用したことについてご意見をお聞かせください。

能見 広い意味での変動制の中で，完全変動制と「自動変動型の固定制」のどちらがよいのか，確たる意見は持っていませんが，この問題を考える際には，どういう制度が，どの程度実務にとって負担になるかということも考えなくてはいけないと思います。この観点からすると，完全変動制の場合には，いつ債権が発生したかに関係なく，ある時期をとってみると全ての債権が同じ利率になっている状態になりますが，1つの債権の一生の間に何度も利率が変動し，その度ごとに計算をし直すという面倒がある。これに対して，中井さんの言われる「自動変動型の固定制」のもとでは，利息が発生した時の法定利率によって，それぞれの債権の一生の法定利率が固定することになるわけですが，いつ発生した債権かによって適用される法定利率が違ってくる可能性がある。そのため，ある時期で見ると，ある債権は3％，別の債権は4％，さらに別の債権は5％というように，色々な法定利率の債権が存在することになる。債権・債務を管理する立場からするとどちらが負担が大きいのかという問題です。パブリックコメントでは，完全変動制は負担が大きい

という意見が多かったかと思います。そう言われると私もそうかなという気がしますが，現在ではコンピュータで管理できますので，利率が途中で変動するというタイプの完全変動制であっても，そんなに負担は大きくないし，同じ時期で見ると，全ての債権に同じ法定利率を適用されているほうがわかりやすく，事務負担も少ないかもしれないと思いますが，そこははっきり言ってわかりません。

中井 ご指摘のとおり，自動変動型の固定制を採用した場合，変動制のルール次第で，事務負担の程度が変わるように思います。つまり，金利情勢に応じて法定利率を頻繁に変動させると，一定の時期に存在する複数の債権の法定利率が異なり，債権管理が大変になります。だから，金利情勢の変動に合わせて，あまりビビッドに利率を変動させるのは適切ではないと思い，部会審議でもそういう意見を述べさせていただきました。他方で，金融に関連する皆さんからは，元々金利に敏感だからか，市中金利が変われば当然法定利率が変わってよいのではないかという意見が強かったように思いますが，結論として改正法は，極めて緩やかな変動制を採用しました。

具体的には，見直しの間隔について，半年ごと，1年ごとという案もありましたが，3年ごとに見直すことになりました。見直しの基準となる金利ですが，ある特定の時点の市中金利を基準にするという考え方もありましたが，60カ月の貸出金利の平均値を採用しました。さらに，変動率についても，ビビッドにすれば0.1％単位とか0.5％単位で変動させる提案もあったのですが，1％単位で変動させることになりました。このように，緩やかな変動制を採用したわけですが，この点，能見さんはどのように評価されているでしょうか。

能見 債権の遅滞の時期とか，損害発生時期とか，そのときの法定利率でそれぞれ債権に適用される利率が固定されるという制度をとるとしても，変動制をとる以上は，出発点の違う債権の間では適用される利率が変わってきます。あまりビビッドに変動させると，例えば，0.1％刻みで適用利率の異なる債権が色々あるというのは多数の債権を有する者，あるいは多数の債務を負っている者からすると，管理が大変なので，やはり緩やかな変動制をとるべきだというのは同感です。

ただ，この変動の仕組みについて，私の誤解があるのかもしれませんが，

少し疑問に思うところがあります。それは，1％未満の変動率は考慮しないということからくるのですが，現在は法定利率のほうが市場利率よりも高いところにありますが，それが逆転するという現象が生じるのではないかということです。逆転することがあるとすると，先ほど法定利率はどのくらいが適当なのか議論し，遅延利息は市中金利より少し上のところがよいと言いましたが，そうでない状態が生じうるのかと思ったのです。そこで，404条の変動のメカニズムを確認したいと思います。

　施行時の法定利率が3％，そのときの市中金利が1％だったと仮定します。この時点では2％の差があります。法定利率は，3年ごとに見直すわけですが，その際，「当期の基準割合」と「直近の基準割合」の差を法定利率に反映させ，1％未満の差は切り捨てることになっています。そこで，仮に3年後の基準割合の差が1.9であったとすると，1％未満の0.9％の部分は切り捨てて，1％だけが法定利率に上乗せされます。その後も同様のことが生じる可能性があり，法定利率の変動の可否を検討すべき期において，再び基準割合の差が1.9％あったとすると，法定利率に反映するのは1％だけです。その結果，法定利率が2％上がっているのに対して，実際の市中金利は，1.9％の2倍の3.8％上がっていて，こうして当初は2％の差があったのに，市中金利がだんだんと法定利率に近づき，さらにそれを追い越すという状態が生じる可能性があるのではないかと思ったのです。私の404条の理解が間違っているのかしれませんが，少なくとも，私には，このように読めました。

中井　なるほど，そういう事態が起こりうるかもしれませんね。改正法404条4項で，変動制の計算式の考え方が示されていて，基準割合の差に相当する割合を加算又は減算するわけですが，そのときの差が1％未満のとき，括弧書で，これを切り捨てると定めています。このことによる問題と理解しました。少数点以下を四捨五入とするのが1つの解決方法だったかもしれませんが，将来，能見さんの予測が現実化するかどうか実際に検証して，必要であれば考え直さなければならない問題と認識しました。

能見　仮に，市中金利が法定利率を超えることがありうるとすると，そこから市中金利が下がる場面で，法定利率がマイナスになることもありうるかと思ったのですが，私の404条の読み方が正しくないかもしれないので，これ以上は深入りするのはやめます。

Ⅱ. 改正法の個別論点

1. 利息の生ずべき債権の利率

中井 改正法の法定利率の考え方について，法制審議会における部会審議の経過も踏まえて議論させていただきました。ここからは，具体的な事例を参考に，改正法の法定利率が実務に与える影響や課題について議論を続けたいと思います。

　まず，どの時点の法定利率が適用されるか，という問題です。利息については，404条1項で，利息が生じた最初の時点の法定利率となります。貸金の場合，利息が最初に発生するのは，改正法589条2項で明記されているように金銭が交付された日ですので，現実に金銭が借主に交付された日の法定利率が適用されます。

　そのほか，個々の法律に基づいて利息の支払が必要となる場面があります。例えば民法442条2項で，求償権が発生した場合，647条で受任者が金銭の消費についての責任を負う場合，650条1項の受任者による費用等の償還請求権，702条の管理者による費用の償還請求権，704条の悪意の受益者の返還義務などですが，いずれもその基準日の法定利率が適用されることになりそうです。404条1項の適用関係で留意すべき点などがありましたら，ご説明いただけますか。

能見 ご説明のとおりだと思います。ただ，確認しておきたい点が2つあります。1つは，404条1項の適用範囲についてです。例えば金銭債務の不履行の場合の遅延損害金については，419条1項によって，そのときの法定利率が適用される。この場合に，法定利率が適用されるのは，直接419条の規定によってであって，404条1項によってではない，という考え方でよいか，という点です。2点目は，これも404条1項の適用範囲に関係します。具体的に言うと，連帯債務者が負担部分を超えた弁済をしたことで取得する求償権については，442条2項で，弁済その他の免責があった日以後の「法定利息」を求償できることになっています。この法定利息については，404条1項が適用され，法定利率の3％が適用されるということですね。求償権が遅滞になっているから419条の法定利率による遅延損害金が発生しているということではなく，求償権の遅滞は，別途ありえて，連帯債務者が求償したと

きなのでしょうか。この時点からは，法定利息を加算した額の求償権について，419条による遅延損害金が発生するということでよいかということです。自分で調べてくるべきだったのですが，よくわからないので，もしお考えがあれば教えていただきたいと思います。

中井 ご指摘の問題について考えたことはなかったのですが，最初の問題について申し上げると，404条の対象になるのは，1項に記載しているとおり利息を生ずべき債権についての規律で，419条1項は，条文にあるとおり金銭の給付を目的とする債務の不履行の問題です。したがって，419条の対象となるのは金銭給付を目的とする債務であれば足りて，利息を生ずべき債権である必要はないので，404条の対象債権よりも広い債権債務を予定している。そして，その債務が遅滞に陥れば当然，419条1項が直接適用されて法定利率に基づく遅延損害金の請求ができるが，そのときの法定利率は404条に定める利率がそのまま使われる。このように理解しています。逆に404条は，利息を生ずべき債権が何かが問題で，単純に金銭給付を求める債権ではなくて，その中の一定のものに限られる。具体的には金銭消費貸借であれば利息の支払を約束している貸付金債権であり，委任契約における647条ないし650条に基づく請求権などで，これらは利息を生ずべき債権なので404条1項の対象になる。このように考えています。

　加えて言えば，647条にしても650条にしても先ほどの442条2項にしても，これは利息を生ずべき債権で，404条1項が適用されますが，それは利率について別段の合意がない場合のことであり，契約で別段の合意があれば，それが優先適用されると思います。これが，1つ目の問題についての私の理解です。

　2つ目の問題は，求償権について言うならば，代位弁済した日から利息を払うべきものです。442条2項で「包含する」と書いていますが，求償できるのが元本プラス利息であることを示しているだけで，それをきちっと払わなかったら，催告によって，遅滞に陥らせることができ，そのとき遅延損害金利を別に合意していれば，その金利を請求できることになるのではないか。保証協会の実務でも，元本プラス利息の請求ができるけれども，債務者が遅滞に陥ったら，遅延損害金利は14％で請求できるという定めになっているのではないかと思います。

同じように，委任契約で勝手に金銭を費消したときには利息を払うこととし，それを払わなかったら，催告することにより，別途，遅延損害金を請求でき，その利率について合意があればそれが適用され，合意がなかったら，結果として利息も遅延損害金も法定利率によりますから，同じ利率で請求できるだけで，その場合，適用は419条でも404条の利率と変わりませんので，議論する実益がなくなるということかと思いました。

能見 大変よくわかる整理をしていただき，ありがとうございました。ただ，その上でもう一度，損害賠償債務の場合について確認したいと思います。不法行為による損害賠償債務の場合は，404条1項でいう「利息を生ずべき債権」に係る債務ということではなく，不法行為による損害賠償債務は不法行為のときから直ちに遅滞になることから，419条によって法定利率による遅延損害金が発生するということですね。法定利率と言っていますから，404条2項が適用されて3％になるわけですが。

中井 私の理解も同じです。

2. 遅延損害金の発生時期について

中井 次に，事故による休業損害と後遺障害に基づく逸失利益の問題に移りたいと思います。まず，休業損害について，遅延損害金が発生しますが，その発生時期と利率について，現行法の理解も踏まえると，改正法のもとではどのようになるのでしょうか。

能見 これは難しい問題だと思っています。まず，休業損害はいつ発生するのかです。休業損害は事故が原因となって発生する損害ではありますが，事故時に休業による収入喪失という損害が具体的に発生しているわけではありません。事故の時点から見れば将来の損害です。この点は，実は後で議論することになる後遺症による損害と似たところがあります。ただ，休業損害については，将来の損害ではありますが，不法行為があった時点で休業損害が発生していると扱われ，不法行為の時点から遅滞になると考えられています。それゆえ，休業損害に関しても，事故時の法定利率を適用するというのが，判例・学説の考え方だと思います。ただ，改めてこの問題を法定利率について少しセンシティブな視点で考えてみますと，色々な問題が浮かび上がってきます。そもそも，不法行為に基づく損害賠償債務はなぜ不法行為のときか

ら遅滞に陥るのでしょうか。安全配慮義務違反を理由とする債務不履行責任の場合には，412条3項が適用されて，催告をしたときからです。この違いが生じる理論的根拠が実ははっきりしていません。私は，この結論には賛成ですが，それを説明する理論を十分に持ち合わせていません。書物には悪意の不当利得とのバランスなどに言及されていますが，もっと不法行為の損害論から説明したいところです。それこそ中井さん，何かよいお知恵があれば伺いたいと思っているところです。

中井 不法行為に基づく損害賠償請求権については，不法行為時，つまり事故時から遅滞に陥るという理解が一般的であり，かつ明文規定がないにもかかわらず特段疑われていません。その理由としては，不法行為による被害者を救済するという観点から早期に損害の填補がなされるべきだから，事故時から遅延損害金を付していると説明できるように思うのですが，理論的に正当化できるのでしょうか。

能見 私も理論的な説明かどうかは別として，実感としては全く共通の感触を持っています。ただ，そうだとすると安全配慮義務違反などの債務不履行で人身損害が生じた場合にも，同じように考えるべきだと思いますし，さらに先ほど触れたように，人身損害の治療費などは，おっしゃることが当てはまりますが，実質は将来の損害である休業損害については説明が苦しいように思います。遅滞の時期に関しては，不法行為と債務不履行の異同が問題となりますね。

中井 部会審議でも，人身損害に関する不法行為債権と債務不履行債権について，現行法では時効も違う，遅滞に陥る時期も違うという問題意識から，少なくとも時効については，主観的起算点からいずれも5年，客観的起算点からいずれも20年と平仄を合わせました。それは，同じ損害に対して法律構成を変えることによって違いが生じることの不適切さ，不合理さを解消するための改正であったと言えますので，将来的には，同じような規律になりうる可能性を秘めているのだろうと思います。

　遅延損害金の遅滞時期についても，不法行為構成では事故時，契約構成では催告時として，いずれも期限の定めのない債権であるにもかかわらず異なる結果となることについて，確かに公平を欠くという印象は拭えません。しかし，現行法を弁明するとすれば，契約債権については，ありとあらゆる契

約に基づいて債権が発生しているわけで，当事者が合意して弁済時期を定めることができたのに，当事者が弁済時期を定めなかったとすれば，一般的規律として催告があって初めて遅滞に陥るとしないと債務者に酷という感じがしますので，契約債権一般の理論として，催告を前提とする考え方はやはり正当だろうと感じます。そうすると，人身損害であっても契約に基づく請求をする以上は，その規律が適用されるのはやむをえないように思います。

能見 確かに契約関係のある当事者間の事故ですから，ある程度は契約で対応はできます。しかし，事故はいつ起きるかわからない。それでも不法行為の場合には，不法行為時から遅滞になる。契約関係のある当事者間では，事故に気がつくのが早いはずなのに，催告時から遅滞というのは，やはり不均衡感は残るように思います。

3. 中間利息控除の利率について

中井 休業損害については，事故時から遅滞に陥って，事故時の法定利率に基づく遅延損害金を請求できることに異論がないと思います。議論があるのは，事故後，相当期間を経て後遺障害が症状固定したときに，当該後遺障害に基づく逸失利益について，中間利息控除をする場合に適用される法定利率と，当該逸失利益に対する遅延損害金がいつから発生し，いつの時点の法定利率になるのかという問題です。改正法は，中間利息控除の利率は，722条と417条の2で損害賠償請求権の発生時点，つまり事故時の法定利率と定めています。また，遅延損害金も不法行為の場合は事故時の法定利率になると思います。能見さんはどのように整理されているのでしょうか。

能見 私は，後遺障害に基づく逸失利益についての中間利息控除をする場合の法定利率を不法行為時の利率とする417条の2には疑問を持っていますが，この問題と不法行為の損害賠償債務の遅延損害金を事故時の法定利率で算定する問題とは，まずは分けて検討すべきだと思います。その上で，両者を揃えるべきか，別々にすべきかを考えるのがよいと思います。

不法行為の遅延損害金の発生時については，先ほど議論したところですが，不法行為時から遅滞になるという考え方が後遺障害の場合についても当てはまると思います。もう少し詳しく言えば，後遺障害というのは，症状固定したときに労働能力がどれだけ喪失したかが確定し，これをもとに稼働年齢の

67歳までの将来の逸失利益を計算し，中間利息の控除をしてその現在価値を算出し，その損害が不法行為時に発生したと考えて，不法行為時に遅滞になるということです。

　中間利息については，どの時点の法定利率を使うかが問題となります。それは後で述べるとして，中間利息に関しては，次のように問題を整理したいと思います。第1に，中間利息を控除することによって，後遺障害によって生じる将来の逸失利益を，どの時点の現在価値に直しているのかという問題です。現在価値に換算するときの基準時の問題です。第2は，どの時点の法定利率を用いるべきか，という問題です。症状固定時の法定利率なのか，不法行為時の法定利率なのかです。現行法のもとでは，どちらも5％ですから実益のない議論ですが，法定利率が変動する制度のもとでは，重要な問題です。第1の点については，多数の裁判例は，症状固定時の現在価値を計算していたと思います。裁判所は，症状固定時の年齢から稼働年齢67歳までの年数を基にしたライプニッツ係数を使っていますので，症状固定時の現在価値を計算していると考えられます。

　そこで次に，どの時点の法定利率で中間利息を控除すべきかですが，私の個人的な見解としては，中間利息を控除するときの法定利率は，現在価値を計算する基準時，すなわち症状固定時の利率であるべきだと思うのです。しかし，417条の2では，その損害賠償の請求権が生じた時点における法定利率としているので，私の見解とは異なり，不法行為の時点の法定利率によることになります。条文ではっきりと書かれたので，しょうがないとは思いますが，その内容については疑問を持っております。

中井　この問題は見解が分かれると思います。私の理解は，現在の実務では，休業損害と後遺障害に基づく損害を二分論的に分析して計算していますが，それはフィクションにすぎず，本来は事故時に観念的には損害が発生し，直ちに損害賠償請求権を取得する，しかし，問題は，その評価が容易ではないことで，その計算のための便宜で，休業損害と後遺障害に基づく逸失利益に分けているにすぎないように思います。大きな怪我をした場合，どこかの時点で後遺障害について症状が固定しますが，事故時に全ての損害は発生しており，その評価の問題が残っているだけで，それは時間の経過を見ないとわからない。そこで，症状固定時で区別して，それまでの休業損害とそれから

先の症状固定した後遺障害に基づく逸失利益を分けて計算する，こういう実務になっているのではないでしょうか。

このように，損害賠償請求権は事故時に発生しているので，その時点から遅延損害金が付されることになりますし，後遺障害による逸失利益も症状が固定してから計算しますが，症状固定時に損害が発生するわけではないので，中間利息控除も事故時の法定利率で計算するのが相当と考えたのではないかと思います。

さらに言うと，症状固定時の法定利率を仮に使うとなると，その症状固定時をいつにするかによって損害額が異なることになり，被害者側が，法定利率が変動する可能性を考慮して機会主義的行動をとりかねません。

能見 おっしゃるとおり，裁判例（大阪高判平成21・3・26交民集42巻2号305頁，東京地判平成21・11・16交民集42巻6号1487頁）は，人身事故による逸失利益を，症状固定時までは休業損害として，症状固定の後は後遺障害による逸失利益の賠償として計算し，いずれも不法行為時に発生する損害として見て，不法行為時から法定利率による遅延損害金を認定しています。そして，賠償額の計算は，全体がフィクションといえばフィクションなのですが，裁判例は恣意的な要素を排除するためだと思いますが，かなり細かい計算方法を決めています。賠償額がどんぶり勘定で決まったりするのは困るのですが，恣意性を排除するための計算方法が独り歩きして，あまり硬直的になっても困るところがあります。さて，問題の後遺障害の逸失利益の計算は，私は，厳密な計算をしているようでありながら，かなりフィクション性の大きい，その意味で恣意的な要素が入りやすいところがあると思っています。基礎となる収入もそうですが，中間利息の控除もそうです。特に，利率は損害額の算定に大きく影響するので重要ですが，中井さんのおっしゃるように，症状固定時というのは客観的に厳密に決まるものではなく，操作される危険がありますので，これを避けるという政策的な観点から法定利率を不法行為時の法定利率とするという考え方はわかります。しかし，繰り返しになりますが，人身損害の逸失利益の賠償を休業損害と後遺障害の逸失利益に分けて，それぞれを計算するという枠組みを採用し，症状固定時の現在価値を計算するのであれば，症状固定時の法定利率を使うのが理論的には自然であると思います。その上で，政策的に不法行為時の法定利率とするということはあり

えます。その意味で，417条の2は政策的な規定だと考えています。

中井 ありがとうございます。理論的には症状固定時の法定利率が適切であると考えるが，改正法417条の2と722条1項で，中間利息控除は，損害賠償の請求権が生じた時点における法定利率によるという規律を置いた以上，事故時の利率を使わざるをえないことになり，能見さんとしては，若干，不本意な改正ということになるでしょうか。

能見 そのとおりです。若干補足すると，この規定のもとでも，損害賠償請求権がいつ発生するかについて，後遺障害については事故時ではなくて，症状固定時であるという立場をとれば，中間利息に適用される法定利率もそのときのものになりますね。遅発性損害と同じように考える立場です。しかし，それはそれで問題があり，後遺障害についての損害賠償請求権は不法行為時に発生すると考えるべきでしょう。私の中では，417条の2は理論的に落ち着きの悪い規定ということになります。

4. 不法行為構成と債務不履行構成

中井 さらに議論を進めたいのですが，労災事故を想定して，被害者が即死した場合を考えたとき，不法行為構成と債務不履行構成がありうるわけです。不法行為構成をとると，中間利息控除も遅延損害金も事故時，これで問題はないと思います。しかし，債務不履行構成をとると，中間利息控除については損害賠償請求権が生じた時点ですから，事故時の法定利率となりますが，遅延損害金については412条が適用されて催告があった時点の法定利率になります。そうすると，たまたま事故時と催告時で法定利率が変動している場合に，法律構成によって異なった利率になりうる事態が生じます。このような事態は条文上避け難いように思いますが，この点，能見さんとしてもやむをえないとお考えでしょうか。

能見 私は，先ほども述べましたが，人身損害については，債務不履行の場合にも，不法行為と同様に，遅滞になる時期は事故時とすることができればよいと思います。この説にとって障害となるのは，損害賠償債務は期限の定めのない債務であり，412条によって催告のときから遅滞になると一般に解されていることです。しかし，不法行為についても，412条があるにもかかわらず，事故時に遅滞になるとすることができるのであれば，債務不履行の

場合にもできるはずです。「事故時」に支払うという，ある意味で法定の確定期限が定まっているというような解釈ができるのではないかと思います。しかし，このような解釈は難しいとなると，債務不履行の場合には，いつ催告をしたかによって遅滞の時期が変わってくる。したがって，法定利率が変動する制度のもとでは，それぞれ適用される利率が自分に有利かどうかを考えて，催告の時期を遅らせるなどという問題が生じる。これは適当ではありませんが，現在の法律解釈を前提にすると，仕方がない。

中井 後遺障害における逸失利益の計算においてどの時点の法定利率を使うか，これを被害者側が選択できる制度は好ましくありませんが，遅延損害金について，もう少し待てば法定利率は上がるかもしれないから待とうという問題については，待つ間は遅延損害金が発生しませんので，バーター取引的なところがあり，容認できる余地はあるのかなと思います。

能見 そういう見方もできますね。ただ，遅延損害金はそんなに長い期間支払い続けることはないということも考えると，債権者が1％上がるということで催告を遅らせるということは考えにくいですね。

5. 遅発性損害の場合

中井 事故時が基準になる点は，基本的に異論はないわけですが，最近，問題になっている事例として，例えばアスベストやじん肺のように，加害行為があってから障害が発生するまで相当時間がかかる，いわゆる遅発性損害があります。これらも事故時基準説でよいとは言えない印象を持ちますが，ご意見があればお聞かせいただけるでしょうか。

能見 これもなかなか難しい。不法行為の時期がいつなのかについては，一方では，事故があったときに不法行為があったと言ってもいいような気もしています。もっとも，事故時には不法行為はまだ完成はしていない。将来，徐々に被害が出てくる。当初は軽い健康被害，その後，より重篤な健康被害，そして最後は死亡という被害が連続的に出てきます。これを，損害ごとにいくつもの不法行為に分断して，別々の不法行為があると考えるのはおかしいと思います。本当は，1つの不法行為で，それが色々な被害ないし損害を生じさせていると見るのがよいと思います。しかし，最後のほうで具体化する，例えば死亡という被害について，最初の事故時から死亡の逸失利益について

の遅延損害金が生じると考えるのも適当でない。不法行為は事故時に発生し、それが継続しており、遅発性損害については、それが具体化した時点で、損害賠償請求権が具体的に発生し、その時点から遅延損害金が付されると考えることができるとよいのではないかと思います。

中井 アスベストであれば、アスベスト起因の疾病が発症し、それが例えば行政的に認定された日とか、じん肺であれば管理区分に関する認定がされた日などが、遅延損害金の起算点であると同時に、消滅時効の起算点にもなると理解するのがよいのかなと思いますが、これは検討課題とさせていただければと思います。

6. 施行日と関連する問題

中井 改正法は、5％の法定利率を、施行日において3％に変更することになりました。施行日は2020年4月1日ですが、その前日の死亡事故では逸失利益の計算において中間利息控除は5％となり、施行日に亡くなると3％になる。これによって成年年齢に近い被害者だとすれば、従来の方法で単純に計算すると、1000万円、2000万円単位で損害賠償額が変わります。こういう問題が見えてきますが、この点についてどのように考えたらよいのか、ご意見がありますでしょうか。

能見 いま、中間利息控除の話をされましたが、遅延損害金の利率に関しては、施行日前と施行日後で異なる利率が適用されることは、仕方がないと思います。契約上の金銭債務については、遅延損害金の利率は約定しているでしょうし、不法行為などそれ以外の場合については、差があったとしても、長期間の遅延損害金が請求されることは多くないと考えられるからです。しかし、中間利息の控除について、どちらの利率でいくかで、非常に大きな金額の差になりますので、これをどう考えるべきかということが問題になるのだと思います。ただ、私はこの問題を考える際の前提問題のところに、若干、疑問がありますので、まず、その点について話をさせていただければと思います。

それはどういうことかと言いますと、施行後に事故が生じたという場合については、417条の2が適用されて、事故時の法定利率によって中間利息の控除もされるということについては条文上明らかです。問題は、施行前に事

故が起きたときに，そのときの中間利息の控除は何％なのか，当然に5％なのかというと，そうではないと考える余地があると思います。なぜかと言いますと，附則17条2項を見ますと，改正法417条の2の規定は，施行日前に生じた損害賠償請求権については適用しないと書いてあります。

　417条の2が適用されないとすると，現在の判例がどの時点の法定利率を使って中間利息を控除しているのかが問題となります。現行法のもとでは，どの時点をとっても5％なので，あまり意識されていませんが，事故時の法定利率を使っているという理解と，症状固定時の法定利率を使っているという理解の両方が可能なのではないかと思います。仮に，症状固定時の法定利率を使って中間利息を控除しているのだとすると，施行前に生じた事故であっても，症状固定の時期が施行後であれば，そのときの3％を基準にして，中間利息を控除するという考え方ができないわけではないと思うのです。

中井　なるほど。いまの設例は，施行前に事故があり，施行後に後遺障害が症状固定した場合に，先ほどご説明いただいたように，逸失利益の計算において症状固定時における法定利率を使うのが本来あるべき姿と考えると，施行前の事故については，附則17条2項で，改正法417条の2の規律は適用されませんので，現行法の解釈問題として解決され，必ずしも5％にはならない，症状固定時の法定利率である3％になる可能性もあるということですね。

能見　そうです。

中井　そうすると，施行日の前日の事故について，3日後にお亡くなりになった事案だと，いまの考え方が正面から問われる可能性がありますね。

能見　特に事故と死亡時期が施行日をはさんで近接している場合には，問題がクローズアップする可能がありますね。しかし，中井さんが提起された最初の問題に戻ると，死亡事故が施行日直前に生じた場合と，施行日直後に生じた場合には，中間利息控除に適用される利率が違ってくるのは仕方がないと思います。問題があるとすると，いままで市中金利との乖離に目をつぶって5％に固定してきたところで，市中金利に即した法定利率に変更した途端に2％もこれが下がるという大きな変動が起きる点にあるのではないかと思います。その意味では5％から3％への変更は，民法改正の施行に伴う特別な問題とも言えます。しかし，ショックを和らげるために段階的に調整する

措置を講じたりすることは適当でない。いずれにせよ，法定利率が変動する仕組みを採用した以上，変動によって賠償額の差が生じるのはこれからも生じる問題で，人身損害の賠償方法を根本的に変えない限り仕方がないと思います。

中井 施行前の事故について，債務不履行構成をとった場合，催告で遅滞に陥ることとの関係ですが，施行前の事故でも施行後に催告した場合，附則17条3項を見る限り遅滞に陥った時点での法定利率の適用は排除されていませんので，遅延損害金については改正法が適用され，その時点の法定利率となります。中間利息控除は事故時の法定利率，つまり現行法の5％となり，1つの債権について，遅延損害金は改正法，中間利息控除は現行法が適用されることになります。これは適用関係の問題ですから，その結果自体はやむをえないと思うのですが，違和感がないわけではありません。

能見 遅延損害金については，催告が施行後の場合だと3％なのに，中間利息に関しては事故時の利率が適用されるという考え方を前提として事故時の5％ということになると，その違う利率が適用されることはどうなのかという問題ですね。私は，先ほど言いましたように，こういう場合であっても，死亡ないし症状固定時の法定利率を適用するという考え方が可能だと思いますが，しかし，仮に，事故時の利率が適用されるとすると，遅延損害金と中間利息とに別の利率3％と5％とが適用される。これが問題であると捉えるのは，中井さんが遅延損害金と中間利息の控除の利率は同一の損害賠償請求権については同じであったほうがよいという前提をとられるからですね。

中井 そうですね。というか，改正法は，現行法と同様に「同じにする」という考え方を採用しましたので，施行の前後という偶然の結果で異なる利率になるのはどうか，という問題意識です。

能見 しかし，私は必ずしもそこは同じである必要はないという考え方をしています。これは，そもそもの根本問題だったわけですが，遅延損害金を定めるときの利率と中間利息の利率とを同じ方法で決めてよいのか，違う方法で決めるのだったら，どのような方法で決めるのか，そして両者はどんな関係にあるべきか，その問題にまた戻ってくるのではないかと思いました。

中井 人身損害の賠償額の算定について，現行法のもとで判例や実務で形成されている考え方を維持すれば，改正法の施行時にいまのような問題が生じ

ますし，今後も法定利率が変動するたびに生じることになります。とすれば，人身損害の損害賠償の在り方を将来的には見直すことにつながらないでしょうか。

能見 そこが難しいところですね。方向性として2つあるかもしれません。1つは定額化ですね。もう1つは，ちょっと逆の方向に行くかもしれませんが，後遺障害などの場合に，定期金で賠償する方法の検討でしょうか。いずれの場合も，中間利息の控除の利率については考える必要がなくなります。

中井 不法行為法における損害論に将来影響する改正かもしれないと感じました。

III. おわりに

中井 議論をさせていただくと，現行法は3つの法定利率が同じで，かつ固定制だったのが，改正法で，3つは同じだけれども，変動制を採用したことによって，従来，議論されていなかった問題が複数現れてきました。これらの問題は，なかなか解決が困難で難しい問題だということがよくわかりました。法定利率はこういう形で決めたら，それほど問題が生じないのではないか，制度の理解だけで足りるのではないかという雰囲気がないわけではないのですが，能見さんとの議論を通じて，法定利率を変動制に変えたことによって，実務上，多くの難問が生じることを改めて認識いたしました。本当に勉強になりました。ありがとうございます。

能見 私も法定利率というのは，最初は技術的な問題かと思っていましたが，色々なところに波及する，例えば不法行為や債務不履行の損害賠償についての根本問題につながることを感じました。議論に臨んだ当初はあまり見通しを持っていませんでしたが，中井さんと議論させていただきまして，改めて法定利率の問題というのは色々なところに影響する重要な問題だという認識に至りました。これを契機にさらに研究を続けたいと考えております。どうもありがとうございました。

〔2017年10月6日収録〕

消滅時効

鹿野菜穂子　　　　　　　　　高須順一
KANO Naoko　　　　　　　　TAKASU Junichii

設例　毎月100時間を超える残業を長期間にわたり強いられた会社員が，過労のために持病の心臓病が悪化して死亡した。遺族は，持病の悪化が原因であるとあきらめていたが，死亡から5年が経過して，弁護士から，労務管理が違法であるとして会社に損害賠償請求ができると教えられて訴えを提起した。
このときの消滅時効の成否について。

☞ 客観的起算点
☞ 主観的起算点
☞ 人身損害の特則
☞ 不法行為構成と債務不履行構成による違いは？
☞ 現行法との違いは？

I. 主観的起算点の導入が与える影響

1. 客観的起算点の位置づけ

高須　今回のテーマは「消滅時効」です。鹿野菜穂子さんとお話しをしながら進めていきたいと思います。

まず，起算点が問題になるかと思います。今回の改正では，166条が改正されて，従来の客観的起算点に加え，いわゆる主観的起算点，「権利を行使することができることを知った時から5年」という規律が加わったことになります。契約上の給付義務などは，通常履行期が定められるでしょうから，

この主観的起算点と客観的起算点は一致することが多いと思われます。

これに対し、例外的に、権利の行使ができる時から10年という従来の客観的起算点が固有の意味を持つ場面としては、どのようなケースが想定されるでしょうか。

鹿野 確かに契約上の主たる給付に関する債権については、高須さんがおっしゃったとおり、客観的に行使可能になった時と、その権利行使が可能であることを債権者が知った時とは、通常一致するものと思われます。契約上の債権でも、不確定期限付債権など、弁済期等の定め方によっては、債権者の認識が遅れることがありうるとは思いますが、そのようなケースは稀でしょう。

二重の期間の起算点が固有の意味を持つ最も重要な場面は、安全配慮義務あるいは保護義務の違反による損害賠償請求権であると思います。これについては、客観的に権利行使が可能になった時と、それを債権者が知った時が一致しないことも少なくないでしょう。

なお、改正法166条1項1号にいう「権利を行使することができることを知った時」というのは、債務者を知ったことまで含む趣旨だと解されます。不法行為による損害賠償請求権については、従来から二重の期間が定められ、そのうち短期の時効期間の起算点は「被害者又はその法定代理人が損害及び加害者を知った時」と定められています（724条）。今回新たに設けられた166条1項1号の主観的起算点は、724条と表現ぶりは多少違いますけれども、債務者を知ることまで含むという点で、同じ考え方が採られることになると思います。

高須 具体的に考えていきたいと思います。権利を行使できる時というのをどのように理解するか。これまでの学説上の議論では、「権利行使についての法律上の障害がなくなった時」という言い方で説明されていたと思います。法制審で166条の議論をするにあたって、主観的起算点を導入することによって、客観的起算点についての理解、従来の判例法理が変更になるのではないかというような議論がなされましたが、その点はいかがですか。

鹿野 まず結論から言うと、従来の判例法理はこの点について変更されないと思います。従来、改正前民法166条の定める客観的起算点の意味については議論があり、法律上の障害がなくなった時とする伝統的な通説と、権利行

使の現実的な期待可能性が生じた時とする近時の有力な見解とに分かれました。

　判例は，法律上の障害がなくなったことをまず前提としていますが，判例にも，単に法律上の障害がないというだけではなく，更にその権利の性質上，その権利行使を現実に期待することができることを要し，その時から消滅時効は進行するとするものが見られました。例えば，弁済供託における供託金取戻請求権に係る最高裁昭和45年7月15日大法廷判決（民集24巻7号771頁）はそのように述べています（最判平成15・12・11民集57巻11号2196頁も参照）。また，この設例に比較的近いケースで，雇用契約における雇用者の安全配慮義務違反によってじん肺に罹患したということを理由とする損害賠償請求権の消滅時効については，症状に関する最終の行政上の決定を受けた時から進行するとした最高裁判決があります（最判平成6・2・22民集48巻2号441頁）。そして，その後死亡した場合については，死亡による損害賠償請求権はまた別だということで，その場合には死亡時をこの客観的な起算点とするという判断がなされています。このように，客観的起算点につき判例ではある程度柔軟な解釈が採られてきたということができると思います。

　その上で先ほどのご質問ですけれども，結論的には従来の判例の解釈は改正法においても，「権利を行使することができる時」という客観的起算点において維持されるべきだと思います。主観的起算点は，この客観的起算点が到来したことを前提に，その権利を行使することができることについての主観的認識を，更に要件として加えたというものだと思います。

2. 設例の検討

高須　私も同じような意見です。今回，主観的起算点と客観的起算点を切り分けたということで，一部には客観的起算点をより形式的に理解するのだという向きのご発言もありますが，今回の改正の経緯を考えたときに，必ずしもそのような形式化を考えているわけではなくて，従来判例が築き上げてきた，「権利を行使することができる時」という条項の解釈，その柔軟な解釈は引き続き今後の改正法の中でも維持されるべきではないかと，そのように伺いましたし，私も全く同意見です。一部には主観的起算点を導入したことによって，かえってわかりにくくなったというご意見もあるわけですが，今

回の改正に関わった身としては，そのようなことを目指したわけではなくて，むしろ現在の判例法理の蓄積を前提にしながら，今後この新しい166条1項1号と2号を的確に使っていくことが実務では重要になるのだろうと，私もそのように思っている次第です。

　今回は具体的な内容を理解していただくために設例を設けております。この設例について，まず起算点の部分に関してだけお伺いします。この設例の事案の場合には，いわゆる客観的起算点とか主観的起算点を，どのように考えたらよろしいでしょうか。

鹿野　第1に客観的起算点ですが，死亡による損害賠償請求権について，まずは死亡時を起算点として捉えることができると思います。もっとも，事案によっては，死亡時には未だ権利行使の客観的期待可能性がなかったとして，その期待可能性という観点からより柔軟に解釈できる場合があると思います。

　第2に，主観的起算点はこれと必ずしも一致しません。設例が，死亡から5年近く経過して初めて違法な労務管理によってこの死亡という結果がもたらされたことを遺族が認識したという事案だとすれば，その時に，「権利を行使することができることを知った」と言えるのではないかと思います。

高須　じん肺の事例の判例などもご説明いただきましたが，客観的起算点といっても単純に死亡後5年と考えるのではなく，事案によってはより柔軟に考える余地がある。その上で主観的起算点の問題として，具体的な労務管理の違法な部分を知った時から5年と考えていくべきである。改正後，そのような理解が可能だということですね。

鹿野　はい，そのように考えております。

Ⅱ. 不法行為との統一的理解

1. 統一的理解が一部にとどまったことの評価

高須　次に，時効期間について話を進めていきます。今回の改正では，原則として166条は客観的起算点から10年，主観的起算点からは5年と定めています。短期化を図るということにはなりました。一方で不法行為債権との統一性ということを法制審でも議論し，最終的な結論としては，生命・身体に関する侵害に限ってではありますけれど，不法行為債権と，契約上の債権の時効期間の統一化が図られました。

いわゆる短期と言いますか，主観的起算点による場合は，今回の規律によってともに5年，客観的起算点からの長期についてはともに20年，不法行為債権と契約債権それぞれ，遅いほうに合わせるという規律になったと思いますが，この点について鹿野さんはどのようにお考えですか。

鹿野 ご指摘いただきましたように，改正法167条と724条の2という2つの規定によって，人の生命又は身体の侵害による損害賠償請求権については，債務不履行であれ，不法行為であれ，主観的起算点から5年，客観的起算点から20年という統一的な期間が適用されることになりました。これは生命・身体という法益の重要性に鑑みて，権利行使の期間を，通常の場合より長期化したものと理解しております。

今回の改正では，期間について，短期消滅時効に関する一連の規定を削除することを含めて全体としての統一化を図ったのですが，一方，生命・身体侵害による損害賠償請求権については，従来なかった新たな区別を設けました。しかし，これはいまお話をした趣旨から見て，適切な区別であると私は考えております。

2. 従来の判例をめぐる議論

高須 今回の改正の対象は契約法領域ということで，法定債権についての改正はごく小規模にとどめられています。不法行為債権の消滅時効に関しては時効に関係するということで改正の対象になり，改正法724条は，短期の3年，長期の20年について，ともに「時効によって消滅する」と規定し，明確に時効であるということを盛り込んでおります。長期の20年が除斥期間か時効かという点については争いがあったわけですが，今回の改正で解決を図ったことになります。この点について，ご意見をお伺いできればと思います。

鹿野 いまもご指摘のとおり，不法行為による損害賠償請求権の期間制限を定めた724条のうち，特に長期の20年の期間の法的性質をめぐっては，判例・学説に変遷がありました。判例・学説のいずれにおいても，立法当初から昭和初期頃までは，時効説が支持されていたようです。

しかし，その後，除斥期間説が学説では通説となってきました。判例も，最高裁平成元年12月21日判決（民集43巻12号2209頁）が，不発弾の爆発

による被害に関する国家賠償請求事件において，この20年の期間というのは，不法行為をめぐる法律関係の速やかな確定を意図したものであって，3年の時効とは別に，被害者の認識の如何を問わず一定の時の経過によって法律関係を確定させるため請求権の存続期間を画一的に定めたものだという理由で，除斥期間だと判断しました。

　しかし，この判決が出た後でも，除斥期間説に対しては，学説の批判も多くありました。除斥期間ということになると，基本的には援用は要らないことになり，それから中断もないということになりますが，その点に関する批判がありました。そもそも請求権に除斥期間というのは馴染まないのではないかとして，請求権に関して除斥期間と捉えることについての根本的な批判もあったところです。そして，判例にも，時効の停止に関しては，従来の160条の法意に言及し，これに照らしてなお権利行使を認める最高裁判決が出るなど（最判平成21・4・28民集63巻4号853頁），時効への若干の歩み寄りも見られたところです。

　今回，一般の債権についてもそれぞれ主観的起算点と客観的起算点を採る二重の期間が採用され，しかもそのいずれについても消滅時効とされました。そしてそれとも平仄を合わせる形で，不法行為による損害賠償請求権の長期の期間制限についても，消滅時効期間であると整理され，改正法724条において条文上明確にされました。

　改正前の前述の判例が長期につき除斥期間説を採ったと捉えるのであれば，改正法は，判例の除斥期間構成を採用しないことを明確にしたという意味を持つと思います。もちろん，改正前民法の下でも，この点については議論の余地があったものと理解しています。

高須　この点については，弁護士会の中でも色々議論がありました。法制審でも，それを前提に発言させていただいた記憶があります。先ほどご指摘いただきました平成元年12月21日の最高裁の判例も，判旨の理由を見ると，被害者側の主観的な事情によって，その完成が左右されるということが3年の短期の時効なのだけれども，20年のほうはそのようなものであってはならないという趣旨で，被害者の認識の如何を問わず，一定の時の経過によって，法律関係を確定させるための存続期間を画一的に定めたのだというような趣旨になっております。

そこから除斥期間という理解に繋がったということだと思いますが，この理由だけを見るとすれば，主観的起算点を前提とする消滅時効の完成という問題とは別に，客観的起算点から一定期間が経過した場合の権利行使の遮断の必要性を判例は指摘しただけかもしれない。そうすると，必ずしも除斥期間でなければならないのかどうか，場合によっては客観的起算点を前提とする時効による権利関係の遮断という構成も考えられる。この判例自体が，それを否定することに主眼があったわけではないと考える余地もあるのかと。

したがって，一般的に今回の改正民法が適用になるまでは，除斥期間と考えざるをえないかどうかは，いまもご指摘いただいたように学説上も議論があるようです。実際に実務に関わっている弁護士の中でも，例えば薬害訴訟などにおいて，深刻な問題として，この20年というのは除斥期間か否か，時効として中断・停止が認められないのかどうか，ということについて大きな問題となっているところです。改正になりますからそれで済むという問題ではなくて，もうしばらくは真摯に議論しなければならないのかと思っております。

3. 設例の検討

高須 そのようなところではありますけれども，改正法は時効ということを明確にしたということになります。今回の設例に関して見ると，とりあえずは現行法との違いということからすると，現行法の時効法制は不法行為構成と債務不履行構成で大きく構造を異にしております。不法行為構成では主観的起算点の3年という壁がありますので，そこを乗り越えられないと不法行為債権としては時効が完成している可能性がある。そこで安全配慮義務違反を理由とする債務不履行構成であれば，客観的起算点から10年という理解が可能になってくる。こんなことで従来から契約責任と考えることの意義の1つとして，時効をいわば被害者側に有利に適用する余地があると，こんな説明がなされてきたところです。

今回の改正法では，生命・身体への侵害については，先ほど鹿野さんからご説明いただいたように，短期5年，長期20年で統一しましたので，そこの違いを今後は重要視しなくてもよくなったということですね。その上で，5年の主観的起算点をどこから数えるか，それから20年の客観的起算点を

どこから数えるかについては，先ほど鹿野さんからご指摘いただいたように，義務違反の時とか，不法行為の時というように単純に考えないで，客観的起算点についてもより柔軟に考える余地がある。あるいは主観的起算点についても，その原因というようなことを知らなければ，知ったとは言えないのではないかという余地がある。このようなところはそれまでなされてきた解釈論などが，今後の改正法でも意味を持ってくるということかと思います。更に鹿野さんから設例自体について，何か具体的な内容としてご指摘いただくことがあればお願いいたします。

鹿野 高須さんがお話ししてくださったとおりだと思います。特に安全配慮義務違反などについては，理論的な分析も重要ですが，債務不履行構成を採ることの最も大きな実質的意味は，時効にあったのだと私も認識しています。しかし，先ほど話題になりましたように，今回，時効についての改正が行われ，特に設例のような場合であれば，生命侵害のケースとなりますので，債務不履行構成にせよ，不法行為構成にせよ，主観的起算点から5年，客観的起算点から20年ということになるでしょう。

　このケースでは，死亡時から5年ぐらいたって認識した状態ということなので，死亡時を起算点と捉えたとしても，20年はもちろん経過しておりませんし，認識してからまだ間もないとすると，主観的起算点から5年は，まだ経過していないということで，時効にはかからないと思います。ただ，事例によっては，客観的起算点をどこまで柔軟に解釈できるのかということを，より慎重に検討しなければならないようなこともあると思っています。

III. 短期消滅時効の規定の削除

1. 特別法との関係

高須 ありがとうございました。時効期間のことに関係して更に伺います。今回の改正で民法の170条から174条まで，いわゆる短期消滅時効制度というものを全て削除しました。これは従来の170条から174条が，例えば人の属性とか，あるいは特定の業種であればその業種に着目して，短期の時効を類型的に定めていたということについて，合理性がないのではないか，建築業でも本当に小さな個人経営で建築をやっている方もいれば，グローバルな規模の建設会社もある，ということを考えたときに，現在の状況の中では合

理性がないのではないかと指摘されて，削除に至ったということだと思います。

　ただ，今回，民法が短期消滅時効制度を廃止したことを踏まえて，全ての短期消滅時効がなくなって，全部5年ないし10年になると考える人も弁護士の中にはいるわけですが，今回の削除という問題が特別法にどのような影響を与えるのか。短期消滅時効を削除したことの評価と併せ，特別法との関係についてご説明いただければと思います。

鹿野　今回の短期消滅時効の削除については，いま，ご指摘になったように理由は大きく2つあると私は認識しています。第1には，職業別，業種別の短期消滅時効に，今日において合理性を見出しにくいということだと思います。また，昔は紙ベースの領収書等が念頭に置かれたわけですけれども，今日においては，例えば飲食店にしてもホテルにしても取引のデジタルデータ等が残っていることも多く，そのような取引実態に照らしても，かつてのような理由で，このような区別を設ける合理性もなくなっているのではないかと思います。

　第2には，従来の短期消滅時効規定のわかりにくさです。従来の規定における個々の概念が，どこまでの射程を持ったものなのかもわかりにくいですし，全般的に予測可能性の面で問題があると言われてきました。今回の改正の大きな目的の1つは，国民にわかりやすい民法をということでしたが，短期消滅時効規定の削除は，その点でも意味があったと思います。

　ご質問は，特別法に与える影響ということでした。特別法の中でも，例えば製造物責任法など，民法とは異なる規定を設けているものがあります。このようなものについては，今回の民法改正と同時に関連法の整備法というところで，民法の改正を踏まえた一定の手直しが図られました。ただ，期間とか起算点が全て統一されたというわけではないので注意を要します。

　なお，重要な分野の中でも特に労働法分野における賃金等請求権については，現在，労働基準法の115条において2年間の消滅時効期間が定められていますが，この点をどうするかについては，整備法の段階ではなお決着をつけていません。これについては，おそらく今後，一定の整理検討を経て労働政策審議会の審議に付されるのではないかと思います。

　元々，この労働基準法115条の規定は，改正前民法の174条1号に定める

1年の短期消滅時効規定の特則として，労働者保護の観点から2年間の消滅時効期間を定めたものです。今回の改正で民法では1年の短期消滅時効の規定が削除され，主観的な起算点から5年，客観的な起算点から10年という時効に基本的には統一されたわけです。これを前提とすると，労働基準法がこの民法の5年の期間に対する特則を置いて賃金等請求権の行使期間をそれより短くすることにどれだけの合理性があるのか。もし短くすることに何らかの合理性が仮にあるとしても，2年という期間が果たして適切なのかについては，改めて労働分野の実情等も踏まえて検討が行われるべきだと考えています。

高須 確かに労働基準法115条に関しては，既に色々なところからご指摘をいただいているところで，労働者，労働債権の保護ということのために民法上の1年という消滅時効期間より長くしたのだと。こういう趣旨だと理解していたら，今回，民法自体が主観的起算点から5年になりますと，それを特別法である労働基準法であえて短くする必要があるのか。なぜ整備法で改正されなかったのか。この種の質問を私どもはよく受け，回答に窮するところです。労働債権の性質上，しっかりと議論しなければならないということなのかもしれませんが，今回の改正民法の施行に合わせて，早急に何らかの手当てがなされなければ非常に不自然なままでの改正法のスタートになってしまい，批判も受けるところではないかと私どもも思っているところです。

　いま，先生からご指摘いただいたように，ある部分は整備法で手当てがなされました。先ほどの製造物責任法なども整備法によって生命・身体侵害の場合の短期を5年として民法の規定に合わせると，この辺の規定も盛り込まれたようですね。

鹿野 そうですね。

高須 一方で，例えば保険法95条という規定があって，保険給付請求権は3年となっています。これはこれでまた別な特別法の趣旨でということで，原則的には，影響を受けないと言われている。そこで，整備法で手当てしたもの，あるいは，あえて手当ての必要がないと理解されて，特別法にそのまま別の規定として残るもの，それからいまの労働基準法115条のように，必ずしも残すことが合理的かどうか疑問があるけれども，まだ手当てがなされていないもの，このようなものがそれぞれ存在するということですかね。

鹿野 私もその3つの種類があると思います。労働基準法115条についてはまだ検討が尽くされておらず，まだ手当てされていないものに当たると思います。幸い，民法改正については改正法の公布から約3年後（2020年4月1日）に施行することになっていて，若干の時間的猶予がありますから，願わくばその間に議論を尽くし，少なくとも民法改正の施行と合わせるような形で，見直しが図られるべきだと考えています。

2. 商事消滅時効との関係

高須 ありがとうございました。もう1点だけ短期消滅時効との関係ですが，いわゆる商事消滅時効について，いままで商法で5年という規律を設けていたわけですが，今回，改正で民法自体が短期は5年になりますので，これに合わせて商事消滅時効についても削除ということが既に打ち出され，整備法で手当てがなされているところです。簡単に言えば商事債権と民事債権の区別をここで解消すると。この点は先生はどのようにお考えでしょうか。

鹿野 この商事消滅時効規定の削除の背景には，近年，特に民事時効と商事時効の区別を合理的に説明できないような事例も出てきて，両者の区別の必要性，合理性が問い直されることになってきていたという事情があります。例えば，従来の規定の下では，銀行が貸付けを行った場合の貸金債権には商事時効が適用され，同じ貸金であっても信用金庫の貸付けの場合には民事時効として区別されてきたわけですが，そのような区別を合理的に説明するのは困難となっていたのではないかと思います。

あるいは，会社の代表者の注意義務違反を問う場合についても，これが商事債権か民事債権かが問題となりますが，金山直樹先生などはこれを不毛な議論だと指摘されていました。今回，一般の債権について主観的起算点から5年とされたことから，商事債権についても，これで長すぎることはないということも1つの考慮要素になったのかもしれませんが，わかりやすさという観点からも，区別の合理性に対する疑問という観点からも，この削除，統一には意味があると思っています。

高須 いま，わかりやすい民法にするとのお話が出ましたが，時効に関しては，まさにシンプルな規定にしようという趣旨が，だいぶ明確になっているのではないか。わかりやすい民法と言ってきた今回の改正のコンセプトの1

つが，時効法制の改正では比較的素直に，よく出ているところではないか。そのように思っているところでございます。

鹿野 私もそう思います。もちろん，その区別に合理性がある特則についてまで，全て統一するということではありません。しかし従来は，合理性それ自体が疑わしく，予測可能性も害する細かな区分がありました。今回の改正では，それがシンプルになり，わかりやすさが随分増したのではないかと思っています。

Ⅳ. 時効障害事由

1. 訴訟実務に与える影響

高須 ありがとうございました。起算点と時効期間という問題について取り上げましたので，もう1つの大きな論点である時効障害事由，従来，中断・停止と呼んできた問題について検討してまいりたいと思います。改正法では，従来の中断・停止という概念に代えて完成猶予と更新ということで，一定の事由があれば完成猶予，そこから更に時効が再進行する段階になれば，それを更新と名付けて更新があれば再進行する。このような内容にしています。単純に言葉を置き換えただけではなくて，概念の意味するところも変わったと思いますが，具体的にお伺いしたいと思います。まず，改正法147条の裁判上の請求等による時効の完成猶予及び更新です。簡単に言うと訴え提起の段階で完成猶予となり，時効が止まります。訴訟手続が進んで最終的に判決が確定したら，そこで更新で再進行ですと，このような規律になるわけですが，これについて先生はどのように評価されますか。

鹿野 訴え提起の場面に関して言いますと，147条は，見出しも裁判上の請求等による時効の完成猶予及び更新とされ，訴え提起によってはまず完成猶予の効力だけが生じて，その後，最終的な判決等によって権利が確定したときに更新が生じると定められ，随分変わったようにも見えます。ですが，この点は，実質的には改正前民法の下での運用と大きな違いはないと考えております。改正前民法の下では，裁判上の「請求」は時効の中断事由として147条の1号に掲げられていたわけですが，一方で改正前の149条で，訴えの却下又は取下げの場合には，時効の中断効は生じないと規定されていました。

その上で，改正前民法の下，いわゆる裁判上の催告に関する判例法理が展開されてきました。つまり，裁判手続が判決による権利の確定に至る前に取下げ等によって終了した場合でも，その手続でされた権利主張には催告としての効力が認められるとし，しかも，裁判手続中はその催告が継続して行われているものと捉えて，その取下げ等による終了の後，6カ月を経過するまでは時効は完成しないという判例法理が展開されてきました（最判昭和45・9・10民集24巻10号1389頁等）。
　そこで，改正法147条1項は，裁判上の催告に関するこのような解釈に基づいて，裁判上の請求等については完成猶予事由とされ，その手続が確定判決などによって権利を確定することなく終了した場合には，その終了から6カ月を経過するまでは時効が完成しないとする考え方を採ったものだと思います。
　一方，訴え提起後，確定判決等によって権利が確定した場合には，中断の効力が生じるとされてきました。改正法では，これにつき時効の「更新」という概念を用いているわけですが，それまでの期間計算が効力を失い，時効が新たに進行を開始するという実質的な意味においては従来と同様であり，改正法の147条2項はそれを明らかにしたものです。従来の「中断」という表現に慣れている私たちとしては，少し違和感がありますが，おそらく更新という表現のほうが，実質的な内容に対応していて，将来的にはそのほうがわかりやすく，受け入れられることになるのではないかと思います。

高須　従来の中断・停止に慣れ親しんだ弁護士としては，これを今度は完成猶予と更新に言い改めましょうというのには，まだまだ抵抗感はあるところです。ただ，これは避けては通れない事柄で，早く慣れ親しむことが大事だと思います。その上で，1点，気になりますのは，従来の裁判上の催告という説明です。これは訴えが取り下げられた場合において，訴え提起により時効は中断したと思っていたにもかかわらず，取下げをすると中断しなかったことになる。時効が完成してしまうとなると，なかなか取り下げられないことになりますから，そのような事態を救うための理屈として裁判上の催告という理解をし，取下げ後6カ月以内に別な中断措置をとれば改めて正式な中断になると。法律家の知恵の1つだったと思います。それが新しい147条の規律によれば，その裁判上の催告について，条文によってしっかりそのこと

が制度化されている。したがって，裁判上の催告概念のようなものを，今後，使う必要はなくなるだろうと思いますが，引き続き例外的に裁判上の催告という概念を今後も維持したほうがよい場面が残るかどうか。実務的にはそこが気になるところですので，もしお考えがあるようでしたらお伺いしたいと思いますが，いかがですか。

鹿野 おっしゃるとおり，従来，裁判上の催告という法理で捉えられてきた場面が，改正法147条1項で完成猶予事由として捉えられているのであれば，その限りでは裁判上の催告という概念を持ち出すまでもないということになるかもしれません。ただ，あえて申しますと，果たして今回規定されたところだけで全てカバーされているのかには疑問の余地があります。

　例えば一部請求の場合の取扱いについては，今回の立法では特に明確な決着をつけたということではありません。従来から議論がありますけれども，今後も解釈に委ねられることになりました。そういう場合については，なお，裁判上の催告という概念を用いることに意味が残ることがあるかもしれません。

高須 確かに一部請求については従来から判例は認めるわけですが，残部については訴え提起による正式な「請求」としての時効中断の効力は認めない。ただ，最高裁の平成25年6月6日の判例（民集67巻5号1208頁）があって，残部について裁判上の催告とし消滅時効の中断の効力を生じ，債権者は当該訴えに係る訴訟の終了後，6カ月以内に別な措置を講ずることによって確定的に中断できると判断しています。今回，その残部についても147条の完成猶予ですよと言えば，完成猶予の概念によって説明がつくことになるのだろうと思いますが，私が気になるのは，従来，明示的な一部請求の場合，訴訟物はその一部の部分である。したがって，その余の部分は訴訟物を構成しないと説明している中で，そこの部分をもって裁判上の請求と言い，完成猶予と自動的に考えてよいのかどうか。場合によっては，完成猶予とされる部分は本来的には裁判上の請求の部分であるところの訴訟物の部分に限られるという解釈も考えられる。仮にそういう解釈をしてしまうと，残部については，では何になるかという説明が必要になるかもしれない。このあたりは私も鹿野さんも法制審に参加していたわけですが，あまり議論をした覚えがないところで，今後の解釈に委ねざるをえないと思います。残された問題かと思っ

ています。

2. 民事執行をめぐる判例法理の帰趨

高須 次に民事執行に関する148条の規律について考えていきたいと思います。強制執行や担保権の実行，これもまた完成猶予事由であり，それが終了した段階で更新しますという規律になっています。この執行手続，とりわけ担保権の実行というのが数も多いものですから，例えば，抵当権の実行等による完成猶予，更新といったことが，今後も想定されると思います。

そこで，これまでの考え方，判例法理のようなものが，民事執行をめぐる今回の規律によってどの程度変わるのか，変わらないのか。こんなところを伺いたいと思います。まず，民事執行を行ったところで完成猶予ですと148条に書いてあるわけですが，その場合の完成猶予の時期について，申立ての時なのか，あるいは実際にその手続が開始される時なのか。例えば開始決定が出る時とか，動産執行であれば執行官が執行に着手する時とか，そういうことなのかという点について伺います。従来から判例法理があり，例えば最高裁昭和59年4月24日判決（民集38巻6号687頁）などは，争いのあった動産執行についても申立時ですよと。不動産執行についてはもっと古い判例があって，やはり申立時ですよと。このような判例法理があるわけですが，これは今回の改正で148条の規律になったときに，例えば当然に変更になるのか，引き続き解釈論なのか。このあたりは鹿野さんとしてはいかがお考えでしょうか。

鹿野 基本的には解釈によると思いますが，先ほど挙げてくださった最高裁の昭和59年4月24日の動産執行に関する判決は，改正前民法の147条の1号，2号が請求や差押え等を時効中断の事由として定めているのは，いずれも，それにより権利者が権利の行使をしたと言えることにあると捉え，したがって，時効中断の効力が生じる時期は，権利者が法定の手続に基づく権利の行使に当たる行為に出たと認められる時期であるとしています。その上で，動産執行については債権者が執行官に対し，当該金銭債権について動産執行の申立てをした時に生じるとしたものです。

この理由中に示された，権利行使に当たる行為に出たと認められる時という考え方は，基本的に改正法148条1項の完成猶予にも妥当するのではない

かと私は考えています。高須さんはいかがでしょうか。

高須 確かに時効の存在理由に関わる問題かもしれません。権利の上に眠らないと，権利行使をするということが，ある程度客観的な形で明らかにされることが必要だと考えれば，確かに申立てによって，そういう事実が明らかになるという点は大事だと思います。

その上で，実務的にも，先ほどの昭和59年の判例にも指摘がありますが，その後の手続は全て職権で進行していくと。つまり当事者の手を離れてしまう。裁判所がいつ決定を出してくれるか，あるいは執行官がいつ執行に行くかということは当事者の自由にならない事柄ですから，申立て段階で完成猶予効を認めないと，ぎりぎりで時効が完成しそうだというケースのときに，権利行使を一生懸命しているにもかかわらず，本人のままならない事柄で時効が完成したり，しなかったりすることになります。そういう点からも申立時という従来の判例法理は重要であって，今回の改正によっても維持されることが望ましいのではないかと思います。

鹿野 私も，今後は改正法148条の解釈によるとはいえ，申立時という従来の解釈が維持されることが望ましいと考えています。

高須 執行の関係でもう1点，伺いたいと思います。給与債権の差押えなどは件数も多いのですが，債権執行の場面で今度は更新との関係で検討すべき問題が出てきます。148条は2項によって執行手続が終了した時に更新になる，新しく時効の進行を始めるという規律になっているわけです。問題は，債権執行のような場合，特に給与債権の差押えのように継続的に月々いくらずつということで回収していくという場面ですと，例えば途中で債務者が会社を辞めてしまって，実際に執行できなくなるというか，回収できないケースが出てくることがあります。現実問題としては回収できていない，しかし事件としては，特に取下げをしておらず，引き続き債権差押事件として裁判所に係属しているということがあります。そのような場合に終了時期をどう考えたらよいのか。これは法制審でも，よくわからない部分がありますねという議論をしたわけです。その点についてお話しいただければと思います。

鹿野 改正法148条2項ではいまのお話のように，時効は前項各号に掲げる事由が終了した時から，新たに進行を始めるとされているのですが，終了時は必ずしも明確なわけではありません。法制審でもその点が若干指摘されま

したが，これは解釈に委ねるとされました。ただ，この問題は改正法によって新たに生じたものではありません。改正前民法でも 157 条 1 項で，「中断した時効は，その中断の事由が終了した時から，新たにその進行を始める」とされていましたので，既に従来から存在した問題です。一般的には申立てによって開始された個々の執行手続の終了を指すとされていますが，具体的にいつが執行終了の時点となるかというのは，執行手続の類型ごとに判断される。その限度では，事務局からもご説明があったと思います。

　古い判例ですが，金銭債権に対する強制執行のうち，転付命令が発せられた場合は命令送達の時が終了時だと判断したものがあります（大判大正 6・1・16 民録 23 輯 1 頁）。しかし，特に取立権が発生して債権者が自ら取立てをするという場合について，終了時をどう考えるかは問題です。確か筒井健夫幹事から，裁判所の事務処理としては債権者からの取立届が提出されたときに既済になるという処理をしているけれども，更新との関係での手続終了というのは，また違った観点でその制度趣旨等を踏まえて考える必要があるかもしれないというご指摘があったと思います。そういうことで，従来からあった問題ですが，この点は今後の解釈に委ねられ，民法部会では決めなかったと認識しているところです。

高須　この件に関連して現在，民事執行法の改正という作業が法制審で議論されており，平成 29 年 9 月 8 日の段階で，中間試案がとりまとめられています。その中で債権執行事件の終了をめぐる規律を見直して，明文でこれを明らかにする規律を設けようとしています。これはきっと債権法改正と関係していて，債権執行については従来から終了時期がわかりにくいので，執行法で手当てをすべきではないかという議論につながったのではないかと思っているのです。執行法でそういう規律を設けることになりますと，148 条 2 項の解釈にも当然影響を与えてくることになりますか。

鹿野　そう思います。執行法でどこまで時効との関連を意識されるのかにも関わると思いますが，それを意識して議論した上で規定が置かれることになったとすると，それは当然民法の解釈に影響してくるものと思われます。

3. 保全処分を完成猶予のみとしたことの影響

高須　更に 149 条の保全の関係を伺いたいと思います。いわゆる仮差押え・

仮処分は従来，中断事由としていたわけですが，改正法の149条は着手の時点で完成猶予ですよという規定を設けた上で，更新については定めていません。訴え提起あるいは強制執行の場合には，その規定の中で2項を設け，それが終了したときや確定判決が出たときは，そこで更新という規律になっていたわけです。しかし149条の仮差押え・仮処分については，更新に関する規定を全く設けていない。このような規律になったのは，どのような理由からでしょうか。

鹿野 改正法149条は，仮差押え等を完成猶予事由としたわけですが，その理由は，民事保全手続の開始にはそもそも債務名義は不要で，その後に本案の訴えの提起等が予定されていて暫定的な性質を持つということにあると思います。その暫定性に鑑みて，本案の提起等までの間，時効の完成を阻止すれば足りると考えられたのです。従来は中断とされていたので規定ぶりは変わったのですが，従来も実質的には時効の停止事由としての機能を果たしていたとの指摘もあり，このような改正に至ったものと思います。

高須 保全処分の暫定性から考えればある意味，確かに筋の通った改正ということになると思うのですが，実務的に気になるのが，何のために保全処分を行うかという点です。実務において保全処分を行うときに，その後，速やかに本案を訴訟提起して，本案訴訟で判決を取得し強制執行をするというケースはもちろんありますが，それ以外にもとりあえず保全処分を行っておいて，その上でじっくりと債務者と協議をして，任意弁済なりで解決をしましょうと。こういう場合も想定されます。

　例えば，時効間際のようなケースにおいて金融機関などが，とりあえず保全処分だけを行っておいて，後はご相談ですよというようなケースを，私どもはよく体験しているのです。そのような現実の機能みたいなものを考慮すると，今回のような暫定的性格から，当然本案訴訟を予定しているのですという議論には，必ずしも収まり切らない部分がある。そのことを考えたときに，更新という余地を全く認めないということで果たしてよいのかどうか，これがおそらく今後の議論になるのだろうと思います。

　ただ，この問題の検討には更に前提となる事柄があります。実は法制審の議論の当初から思っていたわけですが，この議論は，保全処分が終了することが前提になっています。仮に終了の時期について，これをなかなか終了し

ないという形で考えることになりますと、現実問題としては完成猶予としても、ずっと猶予されていますということになり、改正法による変更の影響も小さいことになります。ですから、この保全処分、仮差押えなどの終了がいつなのかが前提的な議論になります。この点について、最高裁の平成10年11月24日の判例（民集52巻8号1737頁）が、「執行保全の効力が存続する間は」時効中断の効力が継続すると判断しており、不動産の仮差押え等であれば、仮差押えの登記がなされている間はずっとまだ執行継続中として終了しないという判断を示しております。学説上はこの判例の見解を「継続説」と呼んでいるようですが、そうなると現実には仮差押えをして、その不動産の登記に仮差押えの登記を入れれば、ずっと終了してないということになるので、先ほどのような議論をする実益もあまりない。そもそも完成猶予のままでよいのですよということになります。

　もっとも、これはこれで学説上も異論があるようです。継続説では事実上、半永久的に終了しない時効の中断を認めるようなものだよね、それはそもそも時効の観念に反するのではないか、あるいは債権者がそういう立場を取得するのは、あまりにも債権者の立場を保護しすぎるのではないかというような批判もあって、具体的な手続が終わった段階で、つまり執行の登記まで行った段階で終了と考えるべきであるという考え方もあります。これを非継続説と言いますが、もし、非継続説を採れば、まさに手続の終了によって6カ月後には何らかの手段をとってないと、時効で消滅することがありますよという議論につながってきます。そこで、いまの最高裁の判例が採っている継続説に対する評価が問題になりますが、この点について鹿野さんに教えていただければと思いますが、いかがでしょうか。

鹿野　いまのご指摘のように、改正前民法の下でも、仮差押えによる時効中断事由の終了時期について、継続説と非継続説との間で解釈上の争いがありました。そして最高裁は改めて平成10年11月24日の判決で、継続説を採ることを明らかにしました。

　この判決が理由とした第1点は、改正前民法147条が仮差押えを時効中断事由としているのは、それによって債権者が権利の行使をしたと言えるからであるところ、仮差押えの執行保全の効力が存続する間は、仮差押債権者による権利の行使が継続すると解されるという点です。そして第2点は、この

ように解しても債務者は本案の起訴命令や，事情変更による仮差押命令の取消しなどを求めることができるから，債務者にとって酷な結果とも言えないという点でした。仮差押債権者の立場から言うと，ずっとその効力が継続するわけですから，使い勝手がよいという評価もあったのかもしれません。しかし他方では，そのような効力を暫定的な手続である仮差押えに認めてよいのかという批判も，多く存在したのではないかと思います。

　今回の民法改正では，その事由が終了した時の具体的な内容には直接的には触れておらず，解釈に委ねられているものと思われます。先ほどの2点の理由を強調して，平成10年判決の継続説を改正法の下でも採るということも，不可能ではないかもしれません。しかし，今回の改正法149条では，民事保全手続の暫定性を重く捉え，条文上もこれを単なる完成猶予事由と規定したものと思われます。その暫定的機能を重視したという経緯に鑑みますと，従来の判例の解釈が変更される可能性もあるのではないかと私は考えているところです。

高須　鹿野さんのお考えに私も全面的に賛成で，元々の判例自体にも，必ずしも得心がいくものではないという部分があったのではないかと。執行している間，つまり仮差押えの登記がある間は，全て権利行使をしていますよねというのも，それはそうかもしれないけれども，それをもって「権利行使をしている」と言ってよいかどうかは，もう評価の問題でしょう。

　それから，債務者側には起訴命令という制度があって，そういう事態を終わらせる術を持っていますという判例の言いぶりも，実際問題としては債務者のほうから起訴命令を起こして，裁判を起こしてくださいということですよね。裁判を起こせば当然，払ってくださいという裁判になるわけですから，自ら権利行使をしてこいというような起訴命令を，債務者がどこまで実際に申し立てることができるのかとなると，それに期待することは妥当ではないと思います。そうすると，結果的に最高裁が継続説を採ったことの意義は，先ほどの現実的機能と申しますか，とりあえず仮差押えを行っておく余地を認めた点にしか見出すことはできないと思います。

　今回，149条が暫定性を理由に，速やかに本案訴訟を起こしてもらうという方針で改正された以上は，とりあえず仮差押えを行って時効を止めておきましょうということに重きを置くという解釈は，改正法の下では少し違うの

ではないかと思っております。今回の改正法の規律の変更を機に，もう一度先ほどの最高裁判例を考えてみる必要があるのではないか，あるいは判例変更もありうるところではないかと思っているところです。したがって今後の実務では，新たな判例が従来どおりの判断をするのか，あるいは「改正法の趣旨に鑑みて」と言って違う判断をするのか，そこは注目されるところだと思っております。

4. 協議による完成猶予の使い勝手

高須 では，最後のテーマに入らせていただきます。今回新たに作られた完成猶予の手段として，協議による完成猶予というのが151条の規律として入りました。これは実務的に有益な規定と理解しているのですが，いかがでしょうか。

鹿野 協議による完成猶予の制度が新たに設けられた趣旨については，当事者の話合いによる自主的な紛争解決の機会を尊重するとともに，権利者が時効の更新に向けた措置を講ずる期間を与えることにあると思います。このような考慮に基づき導入する方向で議論が進んだのですが，他方で明確性の確保等の必要性が指摘され，書面による合意等の所定の要件が設けられました。明確性との調整は仕方がないと思います。ただ，従来はこの規定がなかったので，例えば協議が行われている途中で時効期間が満了した場合に，当該具体的な事情の下で債務者が時効を援用することは，信義則に反して認められないなどとする柔軟な解釈の可能性もあったのではないかと思います。今後も具体的な事情の下で，信義則の適用可能性が全く否定されるわけではないと思いますが，151条の規定の新設がありますので，同条の要件を満たしていない場合の処理に，多少影響を及ぼすことがあるかもしれないと感じています。

V. おわりに

高須 最後に，もし鹿野さんのほうから今回の時効制度の改正全般について，何かご意見があるようでしたらお伺いしたいと思いますが，いかがでしょうか。

鹿野 時効制度全般について言うと，今回はかなり変わった部分があり，合

理化・明確化された点も多いと思うのです。ただ，先ほどもいくつかの点で出てきましたように，解釈に委ねられて，今回の改正では決めていない点もありますので，今後はそれらの解釈論を，なお詰めていく必要があると思っているところです。先ほども話題になったように，特に149条との関係についても条文上は明確にしていないので，今後，解釈が変わる可能性があると思っております。また，これらの解釈については，研究者にも理論を展開する責務がありますが，裁判所の判決を勝ち取るのは，高須さんのような弁護士の先生方ですので，是非その点は頑張っていただければと思っているところです。

高須　ありがとうございます。最後の部分は，この対談の内容を読んでいただいている多くの弁護士の方々へのメッセージとしてお話しいただいたと思っております。時効については制度そのものの改正でしたから，我々弁護士も，改正された制度そのものを理解しなければ十分な事件処理ができない分野です。これからも改正の内容をしっかりと勉強して，2020年の施行に向けて努力してまいりたいと思っている次第です。貴重なお話をどうもありがとうございました。

〔2017年10月18日収録〕

補遺

　Ⅳ2で触れた民事執行法改正の議論に関して，その後，2019年5月10日に改正法が成立し，同月17日に公布されている。その改正民事執行法155条5項ないし8項において，債権執行事件の終了をめぐる規律の見直しが図られた。差押債権者による取立てが可能となった日から2年を経過したときは，未だ支払を受けていない債権者は，その旨を所定の期間内に執行裁判所に届出をする必要があり，その届出をしないと債権差押命令は取り消されることがあるとの規律が設けられている。取消しにより手続は終了することになり，これにより終了時期は明確となる。

解除と損害賠償

沖野眞已　OKINO Masami

岡 正晶　OKA Masaaki

設例　Aは，Bにある部品を1年間継続的に売買する契約を締結し，Bは，その部品を使って製品を製造している。契約後6カ月経過した時，A工場の周辺地域で震災が発生した。A工場の建物が一部損壊し，部品の生産がストップした。A工場の改修工事には2カ月間を要する。Aは，在庫を持たない経営を実践していたので，2カ月間は，Bに部品を売り渡すことができなくなった。Bは，生産計画通りに生産を継続するためにCから別途同じ部品を調達することとした。ただし，Cからの購入価格は，AB間契約の金額より高い。

☞ (1) Bは，Aの生産停止期間の2カ月間，売買契約を解除できるか。
☞ (2) Bは，Aの生産停止期間の2カ月間に，Cから購入したために生じた割高部分を，Aに損害賠償請求できるか。
☞ (3) Bは，残る契約期間6カ月間全部の売買契約を解除できるか。

I. 債務不履行者の帰責事由と契約解除

1. 帰責事由の非要件化

岡　今回のテーマは「解除と損害賠償」です。沖野眞已さんと議論してまいります。改正法では，債務者に帰責事由がない場合にも，履行不能などの要件があれば，債権者を契約の拘束力から解放するために契約解除することができるとし，債権者に帰責事由がある場合にのみ契約解除ができないとしま

した。なお，この点に関する改正前の実務，解釈論などについては，「解除と危険負担」(**NO. 04**) の発言を参考にしてください。

まず，改正法における，このような契約解除の要件として債務者の帰責事由を必要としないという考え方は，世界の潮流なのでしょうか。

沖野 ドイツ民法典（323条），フランス民法典（1224条），契約法の国際的統一（CISG 49条・64条，PICC 7.3.1），あるいは地域的な統合の試み（PECL 8:103, 8:106(3), 9:301）もそういう方向ですので，帰責事由不要というルール自体は国際的な趨勢と言えます。

2. 設例の分析——不能か遅滞か

岡 ありがとうございます。そうすると本設例では，Aの2カ月間の生産停止が，改正法542条2項1号に言う，Aの債務の一部の履行不能と認定できれば，Bは，そのことだけで契約の一部の無催告契約解除ができるという理解でよろしいでしょうか。

沖野 一部不能だという認定ができるならば，同号の要件を満たすことになりますので，一部解除ということになると思います。

一部不能の判断の前提として，設例は，ある部品の1年間の継続的な売買契約ということですが，例えば，毎月の製造供給数が最初から決まっているという前提でしょうか，それとも，注文に応じてこの月はいくつという形で発注するという想定でしょうか。個別注文が出てももはや対応できない状態であるということなのでしょうね。

岡 毎月一定量を定期的に納めるという契約だとすれば，その2カ月分が納められなくなったというだけで，契約の一部履行不能の可能性が高くなるということでしょうか。

沖野 一定量を毎月納める場合も，そもそも履行不能なのかという問題もあるように思います。「2カ月待ってくれればその分も含めて納品できます」ということだと，遅滞ではないかという問題がありうるように思います。たぶん，製品を作るB側にも一定の在庫はあると思いますので，Aでの部品生産がストップして直ちにではないでしょうが，この2カ月の間のどこかの時点で，いつまでにもらわないと製品が作れない，製造ラインが停まってしまうという事情が生じる段階に至って，したがって契約内容としてもこの時

点までに納入されることが必要という形で、定期性が入ってくるのですよね。
岡 改正法542条1項4号の定期性の問題も検討すべきということですね。
沖野 そうですね、定期性の要素が一部不能という判断を支えているように思われまして、定期性が内容に入っていなかったら、遅滞ではないのかとも思われます。もっとも、催告の相当期間が2カ月より相当に短期なら、結局、相当期間内の履行は最初から不能ということかもしれません。

Ⅱ. 履行不能の定義と実務

1. 履行不能の概念──改正法412条の2

岡 なるほど、わかりました。では、細かい話は、また後で行うこととして、まず、「履行不能」についてお伺いします。改正法412条の2では「債務の履行が契約その他の債務の発生原因及び取引上の社会通念に照らして不能であるときは」と定めております。これが改正法における履行不能の定義と考えてよろしいのですね。
沖野 はい、そうです。

2. 〈債務の発生原因である契約に照らして〉の意義

岡 では、この形容詞ですが、まず、〈債務の発生原因である契約に照らして〉というのは、どのように考えたらよろしいのですか。
沖野 これはまさに、契約の解釈を通じて契約内容として確認されるもの、契約内容、契約規範とかと言われたりすることがありますが、それに照らしてということだと思います。中間試案までは「契約の趣旨」と言われていました。もっとも、取引上の社会通念が別出しになったので、全く同じかというと、議論の余地はあると思います。信義則などがどちらに入るのかなど、微妙なところはあると思っております。

3. 「取引上の社会通念に照らして」の意義

岡 わかりました。今、まさしく「別出し」されたとおっしゃった「取引上の社会通念に照らして」というのが最終段階で入ってきて法文化されましたが、この「取引上の社会通念に照らして」というのは、履行不能との関係ではどのように考えたらよろしいのでしょうか。

沖野 「契約」のほうがどういうことを合意したかという個別当事者の主観的な内容だとすると，取引上の社会通念というのはそれを取り巻く，主観に対して客観的な事情と言われたり，あるいは，当該当事者を基準とする個別具体的な事情に対して，取引通念という，もう少し類型的な事情と言われたりすると思うのですけれども，そういう意味での客観的，あるいは類型的な事情を考慮して，ということだと思います。ただ，この両者の関係について，「及び」でつながっているところをどう見るかという問題があります。「契約の趣旨」とか，「契約内容に照らして」というならば，取引上の社会通念は，それを導くための参考資料という形で位置づけられたこともあったところ，最終的には「及び」で並列になりましたので，これが，結局は「契約の趣旨」と言われるような広く捉えられた契約という発生原因に解消されうるものなのかどうなのかというのは，解釈の余地があります。ただ，当事者が，もう，こうと決めたということが明らかであるならば，それが優先するというのは基本で，合意がどうあれ取引上の社会通念からはそうではないという帰結を導くものではないと思います。

　当事者は契約時の取引上の社会通念を前提に合意をするということからしますと，契約内容の確定にあたっての手がかりであることは確かです。そのような契約内容確定のための考慮要素，手がかりにとどまるという考え方が一方にあり，他方で，「取引上の社会通念」という場合，契約締結時のそれだけではなく，不履行が生じた段階での取引上の社会通念も出てきます。そうすると，「契約の趣旨」とか，契約解釈ということで必ずしも取り込めなかった，契約時はそうでも，現時点において，取引上の社会通念から見るとこうなのだというようなところが入ってくる可能性があります。その点で「及び」でつながるということに非常に意味があることになり，そして，それをどう評価するかという問題が出てくるかと思います。発生原因である契約に還元されない内容を含んでいるのか，基本的には還元されるのだけれども，それを逐一，契約はとか，当事者意思はとか，そういうことを全部考えていくのではなくて，普通は取引通念に照らしたらこうではないかというところからスタートしていくとか，そういう判断の省力化のための要素という面もあるかもしれません。だから，全体として「契約の趣旨」ということなのか，「契約の趣旨」と言われたところには尽きない，例えば履行段階にお

ける信義則とか，そのようなものも入りうるものということなのか，そのあたりが解釈の余地があるのかなと思いますけれども。

　話が飛んで飛んで恐縮ですけれども，補充的契約解釈のところで，契約時にもし当事者がその問題を考えていたなら，こういう合意をしていたであろうというのを基準とすることが「中間試案」の契約解釈の第三準則でしたが，実務的な感覚では，そのときに遡ってどのような合意をしていたかというよりも，今あるべき合意は何かが基準であるという指摘があります。この対比とつながる面もあるように思います。

4. 他からの調達可能性と履行不能

岡　なるほど。大きな問題ですので，この点は，今後とも実務家も考えていかなければいけないと思います。そういう定義を踏まえて，本件において履行不能かどうかについて，2, 3お伺いしたいと思います。

　先ほど出ましたように，1カ月ごとに一定量を納入する契約だというのを，一応，前提とします。その上で，本設例ですと，Aは，自社の工場では生産ができず，在庫もないということですが，Bが同じ部品をCから購入できるというのが前提になっておりますので，A自身がCから購入して，Bに納品することも可能な場合だろうと思います。このような場合，Aは，自分が作ったものは納められないけれども，他から購入して納めますと，こういうことを言えば，履行不能という評価は受けないということでよろしいのでしょうか。

沖野　Aが申し出るのですね。契約内容がそれを許容するものであるならば，履行不能という評価は受けないのではないでしょうか。事実関係をもうちょっと作るとすると，全く同一の部品がCから調達可能であるという場合もあれば，機能的な代替品が調達可能であるという場合もありえます。AB間の契約の性質決定に関わりますが，とにかく，こういう仕様のこの部品が来ればいいのだということなのか，やはりAで製造しているものが必要なのか，Aによる製造という，一種，役務提供的な部分がどのぐらい重く見られる契約なのかと，そういうことにもよるかと思います。ある意味，単純な種類物の売買と考えますと，他から同一仕様のものを調達してくれば十分で，Aが作る必要は必ずしもないということなのだと思います。そう

だとすると，市場から調達してくれば履行として十分であって，Aが調達してくるなら履行不能ではないことになるのではないでしょうか。自分のところで作るほうが安かったけれども，調達コストが上がったという，そういうことかもしれないですね。

岡 Aが作るものと全く同一のものをCから調達できるという場合でも，履行不能になるかどうかは，契約内容次第ということですね。

沖野 契約内容次第ということですが，設例のような場合には，Aが製造するという役務性も重視されているなら，あるいはA社製部品を供給するという内容なら，Aの製造が不能である以上，履行不能でしょう。Aに調達義務はないでしょうし。ただ，その場合にAが申し出たらどうかという点ですが，代物による履行の申出であるとか，契約内容の改定の申出ということになるのかと思います。

5. 設例(1)の回答

岡 一見，一部履行不能のように見えて，一部解除可能と言えそうですが，そう単純ではなく，あくまでAB間の契約がどういうものであるかという，確定が必要だということですね。

沖野 はい，そうではないでしょうか。

6. 経済的な履行不能

岡 わかりました。次に，法制審の部会でも議論された社会経済的な履行不能ということについてお伺いしたいと思います。

　AもBも，Cから代替品を購入できるのですが，代替品の価格がとんでもなく高い，国内ではなく，海外から買わざるをえない，でも，代替品としてそれを買ってくればBの生産は継続可能と，そういう場合に，AB間の契約の，例えば3倍もするような，そういう代替品を，BはAに対して買ってきてBに納入せよと，こういう要求はできるのでしょうか。

沖野 前提として，代替品の供給で履行できる，その意味では不能ではないが，コストが当初の想定よりもずっとかさむという場合ですね。履行請求権の限界としての履行不能の判断として，取引上の社会通念上や，契約上どうかという判断になりますね。設例では工場で作れなくなったということです

60

けれども，工場では作れるが，原材料が高騰し，原材料価格が3倍になったという場合は，経済的には同じ話になってくる可能性がありますか。

岡 そうだと思います。

沖野 一旦引き渡したものが契約に適合しないとして，修理するとか，適合するものを渡すとかの担保責任の場面では，瑕疵が重大でなく過分の費用を要するときは瑕疵修補請求はできないという請負に関する現行法634条の規定が削除されて，「過分の」費用を要するときは，履行不能の概念で受け止めるという話になりましたよね（『一問一答』341頁注1）。

岡 はい。

沖野 現行法634条は，追完請求についての履行不能ということだと思いますが，追完というより，全然履行していないときに履行せよという言わば本来の履行請求の場合ですね。両者の場面が同じ判断基準なのかは，気になります。また，事情変更の問題もありますね。従前，輸出制限などによって調達価格が高騰するといった場合は，事情変更の法理によって債務者側から契約改定の申出や解除ができるのではないかが論じられてきました。その前提は，その場合，履行不能ではなく，履行は可能だが，それを強制することが信義則上問題であるという場面として考えられてきたと思います。そうすると，調達コストが高騰するというのは，それだけでは履行不能とはならないように思われるのです。もちろん事情変更の法理も結局，契約でどこまで取り込んでいたかの問題であり，取り込んでいなかったところをどう扱うかという話だとすると，契約や取引上の社会通念に照らして不能か，という判断と共通してくるのかもしれません。過分の費用を要するというのは，債権者が得る利益に比して「過大」と評価されるということですが，やはりここもまた契約に照らして，そこまでのことを要求するのは不当であるという判断があるのですよね。金額面でのコストの多寡だけではないように思うのですが。「過分」であるとか「過大」であると評価されるとき，履行請求の限界が来るとは思うのですが，何か，その限界をもたらした事由にもよるかと思うのです。

岡 社会経済的な理由による履行不能というのが，今回の改正時の議論の中で，存在することが明らかになりました。弁護士会は，そろばん勘定だけで履行不能を考えるのはおかしいということで反対しましたが，研究者の先生

からは，やはり社会経済的に，あまりにも不当な要求になる事態が生じた場合は履行不能と判断すべきだと，こういう主張があったと思います。他から調達しようと思えば，3倍とか10倍と著しく大きな費用がかかる場合に，そのことを理由として履行不能というのは，ありうるのかありえないかをお伺いしたかったのです。

沖野 すみません，ちょっと煮え切らなくて，高騰の幅にもよる面があるかもしれません。ただ，何か単に高くなっただけというのは，何のためにBが契約をして地位を確保したのか。逆に安くなることもありますよね。何かそこのリスクを取ったのではないのか，という感じがするのですけれども，価格というか，金額だけというのが割り切れなく思うのです。

岡 ありがとうございます。部会の議論の中で研究者の方は，社会経済的に著しく計算が不当になった場合は履行不能になると，簡単に判断されているような印象を持っていましたので，今日の沖野さんのお話を聞いて，研究者も悩んでいるというのがわかって，実務家としては安心いたしました。

　これが，1つ目の設例のところで，履行不能に絡む議論でした。要するに，やはり契約の趣旨というか，契約の中身でどうなっているかが重要だと，そういうことですね。

沖野 はい。

Ⅲ. 損害賠償債務の免責事由

1. 免責事由の定式の意義

岡 それでは，次に債務不履行による損害賠償債務の免責事由について伺います。先ほどの契約解除と異なり，債務不履行に基づく全ての損害賠償債務の発生には，債務者の帰責事由が必要ということを，改正法は明らかにいたしました。まず，改正法におけるこのような債務不履行による損害賠償債務発生には，契約解除と違い債務者の帰責事由を必要とするという考え方は，世界の潮流なのでしょうか。

沖野 少なくとも，大陸法系においてはそうだと思います。

岡 改正法は415条1項ただし書で，その債務の不履行が「契約その他の債務の発生原因及び取引上の社会通念に照らして，債務者の責めに帰することができない事由によるものであるとき」は，損害賠償債務は発生しないと定

めました。今回の債権法の改正作業における最初の大きな対立点が，この箇所の表現だったと思います。最終的には今述べたような表現に落ち着いて，弁護士的には従来の実務運用とあまり変わりないかと安心しております。

　『一問一答』（75頁注2）で，本条は従来の実務運用を踏まえ，帰責事由の判断枠組みを明確化したにとどまり，実務の在り方が変わることは想定されていないと説明しております。研究者の立場から見ると，最終的に落ち着いたこの表現にはどういう意味がある，と考えられておられるのでしょうか。

沖野　改正法415条についても，契約その他の債務の発生原因と取引上の社会通念が「及び」でつながっているということには，履行不能に関して先ほど述べたのと同じ問題の構造があるのだと思います。この議論の過程においては，契約の場合，基本的には契約の趣旨によって判断され，契約に照らしてそこまでを債務者が引き受けていたのかという観点から免責事由を考えていくという考え方が打ち出されていました。紆余曲折を経て，「及び」という形で，契約と並列で取引上の社会通念がつなげられていますから，契約ないし契約の趣旨に還元されない事情や考慮を含む余地が生じており，改正法の表現のほうが幅広いことになります。

　もう1つには，過失責任主義との関係が言われていました。415条の帰責事由は，従来，「故意・過失又は信義則上これと同視すべき事由」と再定義されて説明され（我妻栄『新訂債権総論』〔岩波書店，1964年〕105頁），不法行為と同質に捉えられる素地があったところ，それを否定する観点から，帰責事由の定式を再考するという面があったと思います。もっとも，この点つまり過失責任主義を示すものだという考え方自体が本当に主流だったのかは，かなり疑問視もされていますので，その点からも，むしろ，従来からの枠組みを変えるものではないと位置づけられるのだと思います。

2. 免責事由の具体的判断──備えるべき事象

岡　実務家も債務不履行による損害賠償請求で，過失がないから免責されると本気で争ったことはあまりないという実感を私も持っております。その上で，この免責事由についての具体的なイメージを少し議論させていただきたいと思います。

　地震がテーマになっておりますので，調べたところ，2013年12月の国の

有識者会議は，南関東では今後30年以内に70％の確率でM7級の地震が起こるとの想定を発表しております。そして19タイプの震源地の地震が予想されるとしています。その19タイプの地震において，Aの工場がある地域は2つのタイプでは最高震度が7でしたが，その余の17タイプでは震度が6強でした。そこで，Aは震度6強を前提とした補強工事は直ちに行いましたが，収益状況が厳しいので，19分の2のタイプで起こりうる震度7に対する補強は収益状況が良くなってから，遅くとも数年以内には行うとの判断をしました。
　ところが，震度7の地震が起きたとします。こういう状況下で，先生の研究者の感覚として，損害賠償債務の免責事由に当たりうる可能性はありますか。

沖野　まさに，通常の経営等においてはAの行動でも十分だけれど，契約で約束したことに照らして，Bに対してそれで十分と言えるのかですね。震度7ということも十分ありうる，工場自体は震度6強までの耐性だとしても，万一，震度7が起きたときにも渡せるようにする必要があると考えるかどうかですよね。

岡　契約段階では地震対策について明確なやりとりはなかったことを前提としています。

沖野　正直なかなか厳しい感じはするのですが，数年内に備える予定だったというのであれば，その備えの必要があるとは考えていたのですね。補強の実施は数年先だとすると，その間は，Aの規模にもよりますが，普通は分散したりするのではないでしょうか。南関東が主力だとしても，他の地域にバックアップ工場を建てるとか，そういうことはありそうに思いますが。

岡　一応，Aは中小企業なので，それができない前提としてください。

沖野　Aの事業規模などから期待できないとすると，Bもそれを前提としている以上は免責事由になりますかね。ならなければ，ありうる最大限に備えよ，に近いですものね。

岡　そうなのです。

沖野　工場の強度を備えるという面で，そこまでは要求できない，明確なやりとりがなかったときにそこまで引き受けたとは言えないように直感としては思います。

岡 完璧にやっていないと駄目だということではないと，そういうことですよね。

沖野 それは，そうですね。

3. 同種業界の標準的行動

岡 わかりました。Ａの震災対応が当該地域の同種業界の平均値と比べて特に劣っていればアウトだと思うのですが，平均値程度であれば帰責事由なしと考えていいのか，平均値程度よりはもう少し頑張っていないと免責事由なしとは言いにくいのか，どちらでしょうか。抽象的な質問で申し訳ないのですが，同種業界の平均程度さえやっていれば免責事由になるというのは，何か少し甘いような気もします。

沖野 そうですね。当該地域の同種業界の平均値が基準になるということですと，みんな低ければ，赤信号みんなで渡れば怖くないみたいな感じになりますしね。あるべき標準はあって，それは契約の目的とか，契約の種類とか，当事者の合意の中でどうかということのほうが基準ではないでしょうか。取引上の社会通念にしても，これはかなり規範的な概念なので，実情がこの程度ということで決まるわけではないですよね。同種業界の平均値も色々あり，みんなフラットに横に大体一直線という場合もあれば，何か色々あり平均を取ったらこのくらいという場合など，色々ありますよね。

岡 ええ。

沖野 やはり，免責事由の判断にあたり取るべき標準として，あるべき水準があり，それは満たしていることが，実は，同種業界の平均値と比べてどうかというときに暗黙裡に念頭に置かれているのではないでしょうか。事実としてみんな低いレベルしかやっていないという場合に，ここで想定している同種業界の平均値が，そこになるわけではないのだと思うのです。他の人がやっていることと同じでいいということではないし，やはり，その契約で履行するためにどこまでのことをすべきかということだと思います。

4. 契約締結後の当事者間のやりとり

岡 わかりました。契約の目的ということを沖野さんは何回かおっしゃいました。〈契約に照らして〉という中には，契約に関する諸事情も入るという

ことを前提とすると，契約後のやりとりで，例えば，Aが「うちは震度6強まではすぐにやりましたが，震度7については数年後にやる予定です」ということをBに伝えて，Bが「わかりました」と言って特段それ以上の指示等をしなかった場合には，免責事由になる方向に働くように思うのですが，そういうやりとりは，損害賠償債務の免責事由の判断のときに入ってきていいものでしょうか。それとも，あまり関係ないのでしょうか。

沖野 契約締結後のやりとりも〈契約に照らして〉という判断の中に入ってくるとは思いますが，入り方には，2通りがあります。債務内容の確定でもそうですが，契約締結後の事情が，契約時の合意を明らかにする一事情として入ってくるという考え方と，当事者の契約内容や法律関係は時々刻々と変わりうる，状況に応じて形成されていくものだということから，当初の合意ではなかったかもしれないが，そこは入ってくるという捉え方と，その両方があると思います。いずれによるかで，取り込まれる広狭があるように思いますし，またいずれであるかは契約観によっても違ってくるのだと思います。

5. 在庫の準備等の他の対応措置

岡 契約締結後のやりとりを，今，〈契約に照らして〉についてお伺いしました。もう1つ，取引上の社会通念に関係すると思うのですが，日本における昨今の自然災害の多さに鑑みると，Aとしては，完璧な耐震工事をしていない場合は，操業不能に備えて若干の在庫を持つ責任があるように，外から見ると感じます。先ほどの例で，震度7対策の耐震工事の数年先送りはやむをえないとして帰責事由なしと判断されたとしても，在庫なしで操業していたことが帰責事由ありの理由になるということは，一般論としてありえますか。

沖野 それは，ありうるのではないでしょうか。このあたりは不法行為とは違うような感じがします。どこまでの耐震対策を取っていれば注意義務を尽くしたのかという話とは別に，部品供給のために，つまり債務の履行のためにどういうことをしなければいけないのか，それに対応できるようにどういうことをやっているべきなのか，あるいは対応すべきなのかというのは，別途，ありうるのではないでしょうか。一種の「保険」的な措置ですね。自分で在庫による備えをするのか，他者を利用するのかといった選択肢もあると

は思いますが。

6.「想定外」の大規模火災による工場焼失

岡 わかりました。少し設例から離れますが，最近（2016年12月22日），新潟の糸魚川の木造密集地域で想定外の大火事が起きました。一般論として，このような想定外の大火事に巻き込まれた場合は，免責事由になるとお考えになりますか。これも抽象的すぎて，研究者の方には申し訳ありませんが。

沖野 そのような密集地域だったら十分対応しなくてはいけないように感じます。そういう危ないところに工場を作っていて，そういうところだったから駄目ですというのは，免責という感じはしないですね。どうでしょうか。

岡 なるほど，しかしあの事故は想定外と新聞に書かれており，風の関係であれほど大きな火事になるのは，みんなびっくりしたという記事が出ておりましたので，それを前提にすると，木造密集地域で火事の場合は危ないと言われながらも，あれだけ大規模な火事に発展するのはここ10〜15年なかったと。そうだとすると一種予見不可能な事故だったと言えそうです。そういう場合においても，やはり免責事由なしになるのでしょうか。

沖野 私は今の話がよくわからなかったのですが，あるところで火が出て拡大した，焼失は大規模な災害の一環であったという場合と，隣から火が出たので燃えたという場合とでは，違うのでしょうか。つまり，逆に言うと，自分の工場からすると，木造密集のところで隣から火が出たら燃える構造だったということですよね。

岡 そうですね。

沖野 それが，隣ではなくてもっと遠いところからどんどん燃え広がってうちまで来ましたというときに，でも，隣との関係で隣家から火が出ても，うちは残るという状態になっていれば，別に問題なかったのですよね。

岡 はい。

沖野 そうすると，例えば，賠償する側から，普通はここまで広がることはなかったのに，この責任を全部負うのかという失火者の不法行為責任の話だと，今の話はわかる気がしますが，契約上の履行のために供給体制を整えておくという観点からの話の場合，火元がどこであれ隣が燃えたらうちも燃えるという構造だったときに，いずれであったかで関係があるのでしょうか。

岡 なるほど，当該火事が「想定外」だったとしても，隣が火元だったら燃える構造であった以上，免責事由ありと簡単には言えないということですね。
沖野 そういう気がします。

7. 金銭債務の不履行による損害賠償と帰責事由

岡 それでは，次に，金銭債務の不履行による損害賠償債務について，設例から離れますがお伺いいたします。419条3項の「不可抗力をもって抗弁とすることができない」という，この条項を削除する提案が部会で出ておりました。金銭債務の不履行についても一般原則に委ねて，帰責事由がない場合は，損害賠償債務は発生しないという立法提案でした。「中間試案」にも掲載されておりました。しかし，最終的にはコンセンサスが得られず同項は維持されました。この419条3項は，国際的に見るとかなり特殊な条文なのでしょうか。

沖野 旧民法以来の規定で，そもそもボワソナード独自のものと言われている（奥田昌道編『新版注釈民法(10)Ⅱ』〔有斐閣，2011年〕560頁〔能見善久〕）ものですが，近時のヨーロッパの立法例などに照らしても，特異だと言われています。

岡 先ほどの地震の例でいくと，Aが，Bに対して商品供給の不履行に基づく損害賠償債務は負わない，帰責事由がないということで損害賠償債務を負わないと，そういう事故に巻き込まれた場合に，資金を復興資金に回さざるをえなくなり，銀行への弁済ができなくなった。そういう状況なので，他から借りて弁済することもできない。そういう場合の借入債務の遅延損害金は，納入先に対しては損害賠償債務を負わないのに，銀行に対しては払わなければいけないのかという問題意識があります。その上でお聞きしたいのですが，削除が見送られた理由については，部会資料68Aの43頁に詳しく記載されております。でも，こういう議論がされた後，改正法が施行されて，今まであまり判例等はなかったと思いますが，419条3項に関する解釈論は新たなものが出てくるのでしょうか。

沖野 改正前にあっても「不可抗力」を限定的に解して免責を認めるという見解もあることはありました。同部会資料では信義則等の一般条項による対応などが言及されています。一般的には改正の議論で見送られたものは，今

後の議論の参考になるのではないかと言われていますし，問題意識が解消したわけではありません。不可抗力の捉え方自体にも幅がありますので，そこに反映してくるという面はあるかとは思います。信義則や権利濫用等の一般条項の活用も説かれておりますね。

岡 実務家から見ても，金銭債権だけ特別だということではないと思いますので，解釈は柔軟でしかるべきという印象を持っております。

Ⅳ. 損害賠償の範囲

1.「目的とする」（416条1項）の意味

岡 さて，416条1項の通常損害のところですが，この1項は改正がなされませんでした。「債務の不履行に対する損害賠償の請求は，これによって通常生ずべき損害の賠償をさせることを目的とする」という条文を改めて読んだのですが，この「目的とする」というのはあまり議論されていないようですが，何か特別な意味はあるのでしょうか。

沖野 おそらくこの「目的」は，399条の金銭に見積もれないものでもよいというときの，あの「目的」と同様で，内容とするということではないでしょうか。債務の不履行に対する損害賠償というのは，通常生ずべき損害を賠償させるというものですという，そういう規律だということだと思います。

岡 あまりこの「目的」という言葉を気にする必要はないということですね。

2. 通常生ずべき損害と債権者の行動，損害拡大防止義務・過失相殺

岡 この「通常生ずべき損害」について，中田裕康さんの教科書では，「通常発生するものと社会一般の観念に従って考えられる範囲の損害」（中田『債権総論〔第3版〕』〔岩波書店，2013年〕169頁）と書いてあります。潮見佳男さんの教科書では，「当該契約のもとで定型的に生じうる損害」（潮見『新債権総論Ⅰ』〔信山社，2017年〕466頁）と書いています。

ただ，実務的には今一ピンとこない表現で，今回の対談の準備をしているときに，中田さんの最高裁平成21年1月19日判決（民集63巻1号97頁）に関する判例評釈（法協127巻7号〔2010年〕130頁以下）の中に，「債務不履行による損害賠償の範囲の判断においては，通常の事業者の合理的行動を基準としてよい」という文章を見つけました。この「通常の事業者の合理的行

動」というキーワードは，実務的な感覚に非常に合うと，私は個人的に感じました。

　債務不履行をされて，その相手方が色々な行動，今回であればＣから買うとか，生産を止めるとか，海外から高いものを買うとか，とにかく不履行された相手方が何らかの行動をとって，対応して，その結果色々な損害が出ますので，その債務不履行された相手方当事者がとった行動が，「通常の事業者の合理的行動」と考えられる場合には，通常損害と言っていいと。こう考えると実務的には「通常の事業者」，その「合理的行動」という２つのキーワードで非常に使いやすいと思ったのです。こういう「通常の事業者の合理的行動」というキーワードというのは，研究者の先生から見てどのように感じられますか。

沖野　不履行後の債権者の行動によって損害の発生や内容が左右されるときに，「通常生ずべき損害」に該当するかどうかを，２つのキーワードから切っていくということですね。不履行後の債権者の行動を捉える場合はよくわかります。ただ，それ以外の場面でも妥当するのかどうか。例えば，転売利益が通常損害か特別損害かは，当該主体の属性にもよると言われます。不履行前に転売契約をしていたときの，転売利益の扱いは，それを業とする事業者のときと，たまたま売る契約をしていた個人のときとでは，一方は通常損害になるけれども，他方は特別損害になる可能性もあるという場合を考えると，通常損害に当たるかどうかをおよそ一般的に，その当事者として合理的な行動をとっていたかという，基準で考えられるのかどうかというのが気になりました。

岡　今，沖野さんがおっしゃった事例は，債務不履行が起きる前のイベントですね。

沖野　そうなのです。不履行前の行動による損害を捉える場面で，しかも，416条１項と２項との切り分けの話ですね。

岡　実務的には，債務不履行があって，それに対して相手方が色々な経営行動をとり，それによって生じた損害を賠償させるかどうかの判断で，本当に色々な対応をとる経営者がいますので，その賠償すべき範囲を画定するときに，通常，合理的という基準は非常に使いやすいと思ったのです。

沖野　それはよくわかります。事が起こった後にどういう行動をとるかとい

う局面においての基準ですね。従来，学説では，損害軽減義務とか418条の過失相殺で語られることが多かったのですが，言及された最高裁平成21年判決は，賃貸ビルで修繕義務の不履行によるテナント・賃借人の営業利益損失の場合について，416条1項の問題として，どこまでが賠償範囲かという観点からの切り分けに，債権者のとるべき損害軽減ないし回避の行動を使っています。その延長上にあるものと理解しました。通常生ずべき損害というのは，規範的な要素が含まれ，そこに債権者の合理的行動を取り入れるということですね。

岡 設例では，2カ月間生産停止になったときに，そう高くもない代替品を購入して生産を継続するのは，通常，合理的だと思うのですが，例えば先ほど出たような，海外から10倍もするような代替品を購入して生産を継続した場合に，直ちにそれを賠償すべきというのは躊躇するところがあります。そのときに，通常の事業者の合理的行動だったら賠償させるけれども，通常の事業者から見ると非合理的な対応だったら，それは損害賠償請求の対象にならないという考え方がしっくりくると実務家としては思ったのです。沖野さんがおっしゃったように，その部分の請求を認めないという判断の理由は，過失相殺もありうるし，損害拡大防止義務もありうるし，通常損害の範囲に含まれない，特別事情の予見可能性がない，ということもあると思います。このあたりの関係はどのように考えたらよろしいのでしょうか。

沖野 賃貸ビルのテナントの例ですと，営業利益の損失が，416条1項の通常損害なのか2項の特別損害なのかは，当事者の属性にもより，2項の特別損害なら予見すべきという要件を満たす必要があるが，定型的なものであれば1項の通常損害で，予見すべきという要件は正面からは問われない。1項であれ2項であれ，賠償範囲に入るかどうかという問題であるところ，論理的には，賠償範囲に入った後に，その全額を債務者が負担するのか債権者が分担するのかを，割合的に調整するのが418条の過失相殺です。改正によって同条も，「損害の発生」や「拡大に関して債権者の過失があったとき」という形で，債権者の行動等による損害発生や拡大の場合が対象たりうることをより明確に示しているのですね。最高裁平成21年判決が登場する前は，債権者が不合理な行動をとって損害を発生・拡大させたとか，合理的な行動をとらなかったために損害を発生・拡大させたというのは，専ら418条で考

えていたと思うのですが，同判決はこれをそもそも賠償範囲の話として416条1項で処理するという可能性を明らかにしたわけです。では，416条と418条の切り分けはどうなるのか，どのような行動であれば，416条の賠償範囲の問題で，どのような行動であれば，418条の減額調整の問題になるのか，さらに，416条の1項と2項との切り分けがあって，そこが難しいですね。

岡 その辺がよくわからなかったのです。前に経験した事例で，相手方がちょっと変わった経営者で，普通だったらそこまでは対応しないのに，大胆な経営判断でガバッとお金をかけて，その対応をしたことがあったのです。それは，その人の立場に立てばブランドイメージを壊したくないとか，それなりの経営判断というのは納得できるのですが，しかしそんなにお金をかけることないでしょうという思いのある事件があったので，こういう問題提起をしているのです。

沖野 まさに岡さんがおっしゃった，その行動自体はブランドイメージを守るとか，ここはどんなことをしても必ず製品を供給してくれるところだということで非常に信頼が高まって，その後の取引につながりましたとか，取引が拡大しましたということはありうると思うのですが，そのためにかかるコストを全てこの契約の不履行者に転嫁できるかということですね。

岡 そうですね。

沖野 そこは，まさに赤字覚悟で，経営判断として損して得を取れ，というような話だとすると，やはり損を取るべきだろうという話になる。自分で一部なり全部なりをリスクとして負担しなければいけないのではないのか，ということになるのでしょうね。それを通常損害のところで受けているのだということであれば，まさに通常の事業者の合理的行動という基準によって切られるということですね。「行き過ぎ」という評価はその体現というわけですね。

岡 常識的にそこまでする人はあまりいない，過大な，債務不履行を奇貨として，自分のブランドイメージ強化のためにあえてやったという場合は，通常損害にはならないと考えるのが相当と思います。

3. 改正法 416 条 2 項——「特別の事情によって生じた損害」

岡 そして，特別事情による損害だとしたときに，改正法では「予見義務」があるときに限り賠償の範囲に入ります。

　ブランドイメージのためにすごいお金をかけて行動するという個別の予見可能性までは当然ないのですけれども，そもそも変わった大胆な経営者なので，普通よりは大胆な反応をする相手方だと，そういう一般的な予見をしていた場合で，ある意味その予見どおり変わったことをされてしまったケースを考えます。一般的，抽象的にすごいことをするという予見可能性があり，予見可能性ありという判断ができそうな事案において，改正法 416 条 2 項の「予見すべきであった」では，当事者間の今のような事情とは離れた客観的，類型的な判断から「予見すべきではなかった」という評価ができるのでしょうか。

沖野 現行法が形式的には，予見し，予見することができたという，あくまで事実としての有無と可能性の話を問うように見えるところ，それはちょっとおかしいのではないかという議論が前からあったと思います。そこは，もう少し規範的な判断で基準とすべきものであるところを，このように予見可能性ルールで切っている点に現行法の問題があるとして，改正法は，表現では小さな訂正ですけれど，「予見し，又は予見することができた」から「予見すべき」へと修正することで，規範的な要件として立て直したというか，表現を従来の議論や理解に合わせたということになるのだと思うのです。

　そうすると，事実として知っていたとか，可能性として確率的に何％であったということが，予見すべきかどうかに当然には直結しない，そのときも予見すべきだとは言えないという判断が出てきうる，その余地はより明確になったと思います。なお，予見「義務」と言われましたが，厳密な意味での義務ではなく，規範的な判断基準ということですね。

4. 特別損害（改正法 416 条 2 項）と過失相殺（改正法 418 条）
　　——債権者の異例な行動の扱い

岡 でも，今の事案からいくと，予見できた可能性がある事案において，「予見すべきであった」とは認められないという判断で改正法 416 条 2 項で切るというのは，何となく違和感があるのです。相手方が，債務不履行を奇

貨として自分のブランドイメージを維持するためにやった行動だとすると，過失相殺の改正法418条の「損害の発生若しくは拡大に関して債権者に過失があったとき」に該当するとしたほうが，実務家としてはしっくりくるような気がするのです。

沖野 そうですね。予見の対象ですが，債権者がエキセントリックな人で，その行動によって損害が発生したとか拡大したとかいう場合は，従来は418条の減額調整での対処を考えていたと思います。

岡 そうですか。現行法418条では無理で，今回の418条の表現見直しで初めて，そういうことも解釈可能になったと思っていました。

沖野 改正法418条自体は文言を変えたとはいえ，元々考えられていた解釈を明らかにしたというタイプの改正だと思うのです。現行法は「債務の不履行に関して債権者に過失があった」とし，「不履行に関して」という表現だけれども，ここに，不履行だけではなくて損害の発生とか拡大に関してというのが含まれることは，現行法の解釈として言われていたものですので，その限りでは，改正法の内容は以前からの考え方と同じだと思います。

だけど，そのことは，岡さんがおっしゃった，一体どの条文で受けられる話なのかという問題を解消することには全くならなくて，現行法でもある問題だということになります。かつ，現行法でもある問題なのだけれども，それが416条2項が変わったことによって受け方が少し違ってくるのかというお話ですね。現行法下では，416条側から言えば，従来は，そのような債権者の行動を2項における特別事情とは考えていなかったのではないかと思います。そういう性向のある人だということはましてやですね。ただ，最高裁平成21年判決がそのような債権者の行動を同条1項に取り込んだことで，2項の局面への波及が問題になりうるということかと思います。また，効果面で見ると，416条だとその部分は取れないため，ゼロサム的になるのに対して418条になると，割合的な調整になってきますね。

岡 418条は割合的な調整の規定ですけれども，実務においてはこのぐらいと，額による調整もダイレクトにできると思います。

沖野 そうですね，減額調整ですが，418条によりそのような調整ができるのに対し，416条で処理することになると賠償範囲に入ってこないので，その部分はゼロになってしまう。

岡 416条2項も418条も表現が整理されて，いずれも前よりは使いやすく広がったと思いますので，その2つの役割みたいなものの問題提起なのです。今お聞きしていて，418条というのは416条2項で損害賠償請求ができることを前提にして，その後に初めて考慮して額を定めるものですか。順番があるのですか。

沖野 論理的には，416条が先で，同条によって賠償範囲やその金額が決まった後に，公平の観点からの分担調整が418条という理解ではあるのですが。

岡 416条が先にあって，その後に初めて418条が出てくるのですね。

沖野 はい。もっとも418条は責任も定めるということになっていますので，責任がないということもありうるということで不法行為の722条よりは広いわけなのですけれども。

　しかし，その話と，それぞれの条文のどこで具体的な事項を受けるのか，その切り分けという問題は別途あって，それが難しいですね。先ほどの異能のというか，若干エキセントリックな経営者だと，一体何が特別事情で，何が損害でというあたりから，よくわからないというか，考え方の幅がありうると思うのです。ただ，特別の事情について，そういう経営者なのだという点をもってそれをとらえるのは，少し抽象度が高すぎるような気もするのです。

5. 設例(2)の回答

岡 問題提起ということで，この程度にさせていただきます。設例(2)の回答ですが，①契約内容等からAに免責事由があるとの証明がなされず，②割高部分が通常かつ合理的な金額と認められれば，損害賠償請求が認められると考えます。ただいずれの点の判断についても，契約内容等に対する検討が必要・重要ですので，ここでの議論を参考にしてください。

V. 一部の履行不能に基づく契約全部の解除権

1. 契約目的不達成の要件

岡 最後の設例に移ります。改正法542条1項3号は，債務の一部が履行不能の場合，又は債務者がその一部の履行を拒絶する意思を明確にした場合において，残存する部分のみでは契約をした目的を達することができないとき

は，契約の全部を無催告で解除できる旨，規定いたしました。今回，無催告解除の要件として契約目的不達成要件というのが幅広く採用されましたけれども，この契約目的不達成要件というのは，研究者からご覧になるとどういうものになるのでしょうか。

沖野 色々な救済，つまり損害賠償や代金減額など，そういうものも含めた救済手段がある中で，これは，〈契約自体を解消してしまわないとしょうがないのだ〉というものがどういう場合かを切り出すための要件だと思います。残部だけでは契約をした意味がないという場合を，契約目的が達成できるかということで判断するというのは，現行法においても担保責任の規律などに現れていますし，その考え方自体は一般的なものと考えられます。したがって，一部履行不能の場合の全部解除の要件として契約目的不達成を基準とするというのは，現行法の体系ないし現行法の規律に照らしてもありうることだと思います。これに代わる基準としては，重大な不履行，ファンダメンタルな不履行とか，マテリアルな不履行という可能性もありえたとは思いますが，やはり重大なというと，程度の問題に帰着しかねない懸念などもありえます。また，現行法下の判例では，契約目的不達成とまでは言えないが達成困難な場合に解除を認めるといったものがありますが，契約をした意味があるかどうかという観点からの基準だとすると，契約目的不達成は客観的に決まるというよりはやはり契約に照らしてとなりますし，契約目的達成困難も要件としてはこの中に取り込まれてくるのではないでしょうか。もっとも解除との関係では，催告解除の軽微要件との関係とか，そちらのほうがむしろ論じられているところですね。

岡 そうですね。

2. 信頼の喪失と契約目的不達成

岡 その興味深い論点は，NO. 04（96頁以下）で議論していますので，ここでは深入りしないことにします。ここでお伺いしたいのは，BがCから2カ月分だけ購入することができて，残りの4カ月分はまたAから購入できる場合において，Bとして，「けしからん。2カ月穴をあけて，在庫も用意していなかったような経営者とはもう取引したくない」というような，ある意味主観的な理由では，この解除はできないというように働くのでしょうか。

沖野 もはや信頼できないという場合に契約目的不達成と言えるかということになるのではないでしょうか。信頼が失われたというような場合は，通常は委任などの任意解除の基礎として言われる話です。それに対し，ここでは契約目的不達成ですので，残部の履行では契約目的が達成できないか，あるいは，残部の履行自体が期待できない事情が必要になるのではないでしょうか。2カ月，「穴をあけたことがけしからん」というだけでは，Cからの調達を余儀なくされたことにより増加した費用などを損害賠償として請求できるにとどまるのではないでしょうか。

3. 不履行部分を超える代替的取引

岡 一部履行不能で全部解除できるかとの論点につき，BがCから調達しようとしたところ，2カ月分のロットでは少なすぎて対応できない，1年分だったら供給してあげると言われ，そのCの申出が事業上正当だった場合を考えます。この場合，Bの選択肢は，自社の操業を2カ月休んでAからの購入を継続するか，Aからの調達は断念してCから1年分買うかの2つになるとします。Bとして，損得を比べ，休むよりはCから買ったほうがいいと経営判断し，裁判所もそれは合理的な判断の枠内だと認めてくれた場合に，BはAとの契約を2＋4カ月分全部契約解除できるのでしょうか。

沖野 前提の確認ですが，2カ月分はそもそも穴があいている。これは，この間に納入しなければ意味がないという事情があるため，遅滞ではなく，不能である。残り4カ月分は供給体制ができ，履行ができるけれども，その4カ月分も解除ができるかですね。Cとの契約ですが，Aも1年契約ですけれども，Cも1年契約というのは，通常この部品は1年単位で契約するようなものなのだということが前提ですか。

岡 そういうことを前提にしています。

沖野 通常1年単位の契約であって，それより短い何カ月単位ではできない。そうすると，たとえ2カ月とは言え，あるいはひょっとしたら1カ月半ぐらいかもしれないけれども，とはいえそこを埋めるためには誰かと1年契約をせざるをえなくて，それが合理的だと判断される。しかもCと契約することも合理的だと判断されるのならば，二重に調達するのは無意味ですよね。

岡 ええ。

沖野 2カ月分を超える部分は不必要ではあるがその単位で契約をせざるをえないとすると，言わば2カ月分の調達コストが非常に大きくなったとして損害賠償も考えられます。しかしAからの供給自体が不要になるわけなので，その部分も切らないと代金を二重に支払うほかなくなる。とすると，Cからの調達が合理的だと判断されているというところが，多少もうそこで逃げているような気もするけれども，そうしたら契約目的不達成というか，要するに契約を解消して別の契約ができるようにするほかないというか，損害賠償では駄目だということになるのでしょうね。

岡 Bの選択肢としては休んで多少損を受けるか，Cと1年契約を結んで安定的な継続生産をするかの選択だと思うのです。

沖野 そこでまたエキセントリックな異能の経営者であったために，休むのが普通なのに，自社だけは継続したという事情であったりすると，またちょっと別の問題が出てきます。

岡 生産を2カ月間といえども穴をあけず継続することが，Bにとって通常の事業者の合理的な判断だとすると，Aとの契約は6カ月間全部解消して然るべきという感じはしますよね。

沖野 そうですね。レピュテーションの問題もありますし，2カ月の操業停止で対応するのが合理的だという場合は別ですが，2カ月間，あるいはBに在庫があればさらに短い期間かもしれませんが，それが短期に見えても，継続するというのがむしろ重要であって，そのためには他と再契約せざるをえない。そうすると，前の契約を切らざるをえない，それが合理的な行動と判断される場合だということなので，それは契約目的が達成できないということになるのではないですかね。

岡 Bによる安定的，継続的生産というのが，Bにとってのこの場合の契約目的ですね。

沖野 そうですね。契約目的はAB間のということで，Bのみとはならないかと思いますが，そのための調達ということ，そのためのこういう部品提供ということが，AB間で了解されAB間の契約目的になっているということではないでしょうか。

4. 設例（3）の回答

岡 改正法542条1項3号の「残存する部分のみでは契約をした目的を達することができないとき」の解釈問題であり、①解除不可、残る4カ月間、BはAB間契約の拘束を受ける、②解除可、残る4カ月間、Bは他から調達してよい、どちらの結論になるか、悩ましい論点です。事実関係如何、契約内容如何で判断が分かれてくると思われます。

VI. 受領拒否に基づく損害賠償請求・解除

岡 受領拒否、受領遅滞について最後にお伺いします。Bが残る6カ月分を含めて全部の契約解除をしてきましたけれども、Aが納得できず、供給を受領してほしいと、2カ月目以降生産を再開して、履行の提供をしたけれども、Bが明確に受取りを拒否した場合について議論させていただきます。

Bからの契約解除が不適法なときは、Bはいわゆる「受領遅滞」に陥ると思います。受領遅滞に関して、今般の改正法は、判例及び一般的な解釈に従い、413条を改正したほか、413条の2を新設し、受領遅滞の効果として3つを定めました。ただ、受領遅滞に基づき、損害賠償請求及び解除ができるかについては規定を設けず、引き続き解釈に委ねたとしております。この受領遅滞に基づき、損害賠償請求及び解除ができるかという論点については、どのように考えたらよろしいのでしょうか。

沖野 損害賠償請求や解除を導くには、受領義務の存在が必要であり、受領義務自体については改正法は規定を置いていません。検討の過程において、債権者側の信義則上の協力義務の1つとして明文化するかどうかといった議論がありましたが（「中間的な論点整理」第22、4参照）、見送られています。改正前の議論において、判例は売買と請負に関する最高裁判決があり（最判昭和46・12・16民集25巻9号1472頁、最判昭和40・12・3民集19巻9号2090頁）、学説では、受領義務が認められるかどうかは、一律には決まらず、結局契約解釈の問題であるという考え方が有力であり、その下でも、例えば、売買の場合の買主であれば通常は受領義務があると解されていた、むしろそれがデフォルトであると言ってきたのではないかと思います。受領遅滞について3つの効果が定められたことは、このような受領義務を否定するものではありません。その違反を理由とする損害賠償請求や解除についても同様で

す。

　この議論からすると，このケースは売買ですので，基本的に，受領義務はあると考えられ，受領義務があるということになると，受領義務違反が損害賠償請求や解除を導くということになるのではないでしょうか。もちろん，それぞれの要件を満たすという前提ですけれども。

岡　改正法413条をパッと見たら限定的ですけれども，信義則上，あるいは契約の解釈によってBの受領義務が認定されれば，Aとしてはその債務不履行を理由として415条に基づく損害賠償請求や，改正法541条から543条の要件で契約解除をしていけるということですね。

沖野　はい，それは改正法の下でも変わらないということです。

岡　わかりました。沖野さんから実務家の問題意識に関し，大変有益なお話をたくさん聞かせていただきました。本当にありがとうございました。

沖野　私のほうこそ，抽象的な思考になりがちのところ，判断の難しい問題を具体的にご指摘いただき，解釈として考えなければいけない点が多々あることがわかりました。ありがとうございました。

　　　　　　　　　　　　　　　　　　　〔2018年8月23日収録〕

解除と危険負担

道垣内弘人　　　　　　　　　高須順一
DOGAUCHI Hiroto　　　　　　TAKASU Junichi

設例　大阪の甲建物に住むAと，東京の乙建物に住むBは，同じ時に，Aは東京に，Bは大阪に転勤することになったので，甲建物と乙建物の交換契約を締結した。ところが，交換契約後，引渡しまでの間に，甲建物が，火事で焼失した。Aは，乙建物が気に入っていたので，転勤後は，交換契約どおりに，乙建物を取得して住みたいと考えていた。なお，火災の原因は，他人の放火による可能性（Aに帰責事由がない）と，Aの失火による可能性（Aに帰責事由がある）がある。

　Aは，交換契約に基づき，乙建物を取得できるか。

☞ 現行法の場合
☞ 危険負担廃止論の場合
☞ 改正法の場合
☞ 帰責事由の主張立証責任

I. はじめに

高須　今回のテーマは「解除と危険負担」です。道垣内弘人さんとお話をさせていただこうと思っております。ご承知のとおり，解除については今回の法制審の改正の審議でも大きく意見が分かれ，非常に激しい議論がなされたところです。

　具体的には，第1に，解除の要件として，いわゆる帰責事由を現行法と同

様に必要とすべきか、という点です。改正法は最終的にこれを不要とするという規律になったわけですが、かなり議論が行われました。

　第2に、催告解除と無催告解除の関係をどうするか、いわば統一した要件立てをするのか、あるいは催告解除制度・無催告解除制度を別立てとしている現行法と同様の規律にするのか、ということです。ここも激しい議論があり、最終的にはこの区別を維持する形で改正法ができあがりました。

　第3が、危険負担制度と解除制度との関係です。解除について帰責事由を不要とするときには、危険負担制度は不要となり、解除で一元化できるのではないか、という問題が提起されました。この点もかなり議論がなされ、改正法では、履行拒絶権構成に変えた上ですが、引き続き、解除と危険負担という2つの制度を設けるということになったわけです。

　これらは非常に大きな問題をいくつも含んだ論点ですので、実務との関係などを考慮しながら、お話をしていきたいと思っております。よろしくお願い申し上げます。

道垣内　よろしくお願いします。と言いながら、最初から異論を唱えて申し訳ないのですが、今の高須さんのご説明にいくつか気になる点があるのです。

　まず、解除において帰責事由が現行法では要求されていたという点ですが、確かに、現行法543条は、「債務者の責めに帰することができない事由による」履行不能の場合には、解除はできないという規律になっていました。しかし、現行法541条の履行遅滞による解除については、そのような制約は規定されていません。もっとも、現行法415条についても、損害賠償請求権の発生要件として、履行不能のときだけ債務者の責めに帰すべき事由というものが要求されるようにも読めるところ、同条前段の「その債務の本旨に従った履行をしないとき」についても債務者の帰責事由が要求されるという解釈が一般的であり、それとの平仄もあって、現行法541条に基づく解除についても債務者の帰責事由が必要であると解釈されてきました。しかし、まず、解釈論にすぎないということは意識すべきだろうと思います。そして、そのような解釈論が通常は正当であっても、債務者が帰責事由のない理由で遅滞しているときは、ずっと遅滞していても、いつまでたっても債権者は解除ができないのか、ということについては、かなり議論があったのでして、解除全般に帰責事由が要求されていた、という単純な話ではないと思います。た

だ，本日は危険負担との関係ですので，現行法543条の話だろうと思いますから，このあたりにとどめます。

　もう1点は，危険負担と解除の併存ということが一応は維持されているという理解ですが，ここも議論すべきところがあるような気がします。これは後に問題となると思います。

高須　前段の現行法541条は，まさにご指摘のとおりですが，実務家はなんとなくそのように考えてきましたという指摘です。

道垣内　本当に実務家はそう考えてきたのだろうかというところにも，また問題がありますよね。私はこのあたりは過失責任主義が云々という話ではないと思うのです。そうではなくて，遅れたときには遅れたという話であり，しかし，一定の場合には少々の遅れについて，それは無理もない事情によるものであり，解除まで認めるというのは債務者に酷にすぎると判断されて解除が認められない，というだけであって，帰責事由の有無という形で実務が動いてきたということにも必ずしも同意しません。

高須　そうですね。法制審でも，実務家は，必ずしも「過失」ということで考えていたわけではないという話をさせていただきました。

II. 解除と帰責事由，危険負担と解除との関係

1. 解除中心の実務

高須　それでは，まず，危険負担との関係から考えていきましょう。第1と第3の問題が関係してきます。

　従来，危険負担による処理と解除権行使の区別は，履行不能について債務者に帰責事由があるかどうかが分水嶺になって，履行不能が債務者の帰責事由に基づくときは解除権行使あるいは損害賠償の問題，帰責事由のない履行不能のときは危険負担の処理になるという説明がされています。それはそうなのですが，ここで少しお話ししたいと思うのは，現在の実務において，どれだけ危険負担と解除の区別を意識して日常の業務にあたっているのかということです。

　と申しますのも，実は危険負担の裁判例というのがあまりないのです。解除に関しては非常にたくさんの裁判例があるわけですが，危険負担はあまり登場してこない。これはなぜなのだろうか。この背景には，私どもが日常的

に実務を行っているとき，履行不能があって契約関係を終了したいという場合に，債務者に帰責事由があるか否かは，もちろん明確な場合もありえますけれども，多くの場合には，はっきりしないということではないか。例えば，目的物が火事で焼失したというときも，この火事の原因がすぐにはわからないケースがあります。このようなケースでは，危険負担でいくよりも，まずは，やはり解除の意思表示をしておいたほうがいいのではないかと思い，依頼者と相談の上，ともかく解除の意思を示す内容証明郵便を1通送っておくということが考えられます。それに対して，債務者の側で，自分には帰責事由がないという主張をされますと争いになるわけですが，それは解除の可否をめぐる争いとなって，それについての判断ということになっていきます。判決まで至っても，それは解除の可否についての判断になるのですね。

また，危険負担については現行法534条が存在し，「特定物に関する物権の設定又は移転を双務契約の目的とした場合」，例えば特定物の売買契約については，債権者主義，つまり買主は代金を支払わなければならないということになりますから，買主としては，当然，解除したいということになります。

このように，色々な意味で実務においては，解除を中心に動いてきたのではないかという感想を持っているのです。

道垣内 おっしゃるとおりだと思います。隣の建物からの類焼で売主の倉庫が火事になり，売買目的物が焼失したとき，買主の側で売主に対し，「それはかわいそうでしたね，あなたには全く帰責事由はありませんね」と言うわけはないだろう。隣からの火事だって，こういうようにすれば防げたはずだから，売主にやはり責任がある，あるいは，隣からの火事で類焼するような建物に売買目的物を保管していたこと自体に問題があり，売主に帰責事由があると主張することになる。試験問題などだと，債務者に帰責事由があるとかないとか書いてあるけれど，帰責事由があるかないかは，まさに紛争の対象である。私も授業ではよく以上のように言っています。そして，そのことが今回の改正の根本に存在していると思います。

高須 そうですね。純粋に危険負担として処理されるケースというのは，実はそれほど多くはないのかもしれないということを前提に考えていきたいと思います。

2. 設例の検討――現行法による処理

高須 さて，設例なのですが，交換契約のケースです。Aがともかく乙建物を取得したいという例です。Aが交換契約に基づいて乙建物を明け渡せとか，移転登記をしろという請求を起こした場合に，まず，現行法であればどのような処理になるのかを考えてみたいと思います。

このとき，Bの側では引き渡さなくていいはずだと主張することが想定されますが，これは何を根拠にして主張することになるか，ということです。学生に教えているようなケースだと，まず帰責事由があるかないかを検討しなさいと，帰責事由がないと思えば危険負担を検討しなさい，仮にそうでない場合は解除の主張を考えなさいという話になりそうですが，先ほどから話に出ているように，債権者としては，債務者に帰責事由がないと簡単には認めません。Bからすれば，そもそもこんなことになったのは，あなたが甲建物を燃やしてしまったからであり，こんな契約はもう白紙に戻させてもらいますよ，となり，Bとしては解除の主張をすることになりそうです。

道垣内 それに対して，Aが，Aには帰責事由がないから，Bが現行法543条に基づいて解除することは認められないと主張するわけですね。

高須 Aの再抗弁，つまり帰責事由の不存在という抗弁が立ってしまえば，解除は認められず，Bは引渡義務を免れないことになります。

道垣内 今のお話に基づくと，裁判上，現行法534条の適用という形は実は現れないということになるのですか。同条の適用をBが主張したからといって，Bは引渡義務を免れませんよね。そうすると，危険負担の事案だと言うけれども，訴訟の場では危険負担の「き」の字も出てこないという処理になりますね。

高須 それは，「並立説（独立説）」と「牽連説」の対立の問題ですね。前者の見解は，現行法534条と536条との関係について，特定物の所有権移転を目的とする契約については，534条が直接に適用されると考えますので，道垣内さんのご指摘はそのとおりだということになります。これに対して，後者の見解に立つと，双務契約の給付義務と反対給付義務は，一方が履行不能になることによって当然に他方も消滅するのが原則となり，債権者の反対給付義務は消滅しないと主張する側が，534条の適用を主張することになりますから，異なる結果となります。

道垣内 「牽連説」に立つと，解除が否定されても，Bは，Aの債務の履行不能を主張すれば，原則として現行法536条1項が適用され，それに対してAの抗弁，つまり本件は534条が適用されるという抗弁がなければ，Bの債務も消滅するというわけですね。

ただし，「並立説」に立てば，訴訟上，現行法534条は出てこない。ただ，背後に同条があるから全体としては整合性がとれているというだけですね。

高須 そのとおりですが，なぜ120年も使っている民法なのに，このあたりについても，未だに定説を見ないのだろうかというのが疑問です。あまり裁判になったことがないのではないかと思っています。

道垣内 「並立説」に立っても，背後には現行法534条の価値判断があるわけですし，「牽連説」に立てば，同条が正面から登場するわけですが，学説では，534条の適用範囲を制限的に考えて，通常の双務契約の場合には，536条が適用されるとする考え方のほうがむしろ強いのではないかと思うのです。実務として現在，危険負担の訴訟事例が少ないとおっしゃったので，これ以上伺うのも適切ではないかもしれませんが，534条が適用されること自体は前提となって実務は行われていると考えてよろしいのでしょうか。

高須 そのように制限的に理解するという説が有力であることは重々承知しながら，二重譲渡のケースとか，現時点ではおよそ履行できないようなケースとか，判例がある場合は別として，それ以外は，現行法534条の適用を考えざるをえない，いわゆる事実的支配が移転しないうちは，まだ534条は適用されないという理解が実務の中で明確にとられてきたかというと，そうではないと思います。ただ，和解などでは，品物が来ないのに代金だけ払わなければならないと民法が決めております，というだけでは，どうもしっくりこない面があって，そのあたりの調整は和解勧告などでもよく行われてきたと思います。

道垣内 和解においては，現行法534条がストレートに適用されるのはおかしいのではないか，という感覚に応じた処理がされるということですが，しかし同条が基本であり，出発点となったうえでの和解ということでしょうか。

高須 たぶん，一律にということではないのかもしれませんが，私どもはやはりそこはそういう前提に立っています。

道垣内 現行法534条についての学説の解釈論には文言上は無理があると私

も思っています。しかし，支配が移らない間に危険だけは債権者に移転するというのが妙であるという感覚は共有されているとしますと，同条1項の「債務者の責めに帰することができない事由」という要件の充足を厳しく考える方向での調整はされないのでしょうか。

　つまり，隣の建物からの類焼であっても，先ほど申しましたように，火事が起こるような木造家屋の密集地で，目的物を耐火設備のない倉庫や木造家屋に保管しておくのは問題である，あるいは，山の中などでは雷が結構起こりますが，そのような場所で避雷針もない建物に保管しておいて，「雷で燃えたから責任はありません」とは言えない，といったように，「債務者の責めに帰することができない事由」による場合を極めて制限的に考えることによって，現行法534条の適用範囲を制約することもできると思うのです。そのような方向性についての感覚はいかがだったのでしょうか。

高須　ご指摘のように，現行法534条の問題にしないという感覚的なものがあったのではないかと思います。理詰めでそこまでの議論はしないまでも，債務不履行だよね，損害賠償解除の問題だよねという形で処理するという感覚があります。そこでは，帰責性のない場合などめったには考えられないということだろうと思います。過失の有無を争点化し，私には過失がありませんなどという議論で裁判をやっていることはほとんどありません。

3. 前提としての改正法の理解

高須　ここで少し今回の改正の議論を振り返ってみたいと思います。最初の段階では解除一元論と申しますか，危険負担という制度自体を不要とするという議論がなされ，そこから今回の改正の議論が始まったと，私どもは思っています。履行不能の場合は解除によって契約関係を終了させるという規律で徹底すべきだという議論についても，研究者による先行研究から出てきていると思うのです。この点の道垣内さんの評価はいかがでしょうか。

道垣内　原理的に危険負担制度を廃止しようという主張が，ある種の理論から出てきたのかというと，そう理解する方もいらっしゃるでしょうが，そうでないという方もたくさんいらっしゃると思うのです。私は後者であり，危険負担というのが一見，極めて明快な規定として存在しているけれども，実際には，履行不能になったのか否かというのも1つの判断ですし，責めに帰

すべき事由があったか否かというのも1つの判断ですから，そう単純明快にはいかない。そこで，むしろ訴訟のプロセス・紛争のプロセスにおいて，何が争われるところかというところに合わせたルール作りをしていくべきではないか。そういう実践的な意図に基づくものだと理解しています。別段，過失責任主義がどうした，解除の機能がどうした，という話ではないのであって，私は，日弁連その他のみなさんには，この点で，研究者は理屈，それももっと言えば，空理空論で考えているはずだという思い込みがあったと思います。先ほど高須さんがおっしゃったように，実際には帰責事由の存否はわからないから，解除の意思表示のための内容証明郵便を送っているということを考えると，契約を終了させる，履行義務を終了させる役割は，解除という制度に担わせる形のほうが妥当であるというわけであり，理屈の問題ではない，少なくともそれだけではないと理解しています。

高須 今の道垣内さんのお話を伺っていると，ここの議論をどのように捉えるかについても，色々考えねばならないことがあったのだなと思います。私どもは，危険負担を廃止しようという主張は，理論的な観点から危険負担は不要になるという主張だというイメージを強く持って，それを前提に議論をしてきたのですが，この段階で何ですけれども，そこはまた視点を新たにさせていただいたと思います。

そして，今回の改正法は，解除の場面・契約関係の終了の場面については，解除制度に担わせたらよいというところが，やや徹底されずに，現行法536条に相当する規定が残されて，いわゆる危険負担制度を置いています。改正法536条ですね。この規律は，契約関係は存続することを前提とした上で，履行の拒絶ができるということにしていますが，道垣内さんは，一応，契約の終了とは切り離したのだから既存の危険負担制度とは異なるということで評価されるのか，やはり中途半端だとお考えになるかという点はどうでしょうか。

道垣内 私はおかしな制度ではないと思っています。契約の終了事由を解除に一本化するということをしても，解除の意思表示がしにくい場合もあり，その場合に履行拒絶権というものを与えておかなければ，うまく処理できないのではないか，という理由で定められているわけですよね。履行請求に対して，ともあれ，反対給付の履行を拒むことができるというのは，プロセス

的に考えると，私は全然おかしくないと思います。プロセスとして履行拒絶権があったほうがスムーズに進むのだったら，それはそれでよい。

　ただ，考えてみると，履行の拒絶だけがずっと続いたらどうなるのかという問題があります。また，改正法536条の条文では，「当事者双方の責めに帰することができない事由によって債務を履行することができなくなったとき」としており，それでは，債務者の責めに帰すべき事由によるときはどうなのか，がよくわからない気もします。解除の意思表示が困難であるとすると，その際，債権者は自分の反対給付債務の履行を拒めなければ困るわけですが，そのときは，「当事者双方の責めに帰することができない事由」に該当しないので，履行拒絶権は存在しないようにも読めます。後で設例に基づいて，もう一度議論できればと思います。

高須　この点は弁護士会が危険負担的な制度を残してくれということを法制審で申し上げた経緯があります。私自身も，例外的な場面かもしれないけれども，やはり履行拒絶権という形で何かを残していただいたほうがいいのではないかと思った次第です。

　その具体的な適用例なのですが，次のようなケースはどうなのでしょうか。役所と給食業者が，公立小中学校の給食を毎日作って届けるという継続的な契約をしたとします。そこに大きな天災が生じ，1週間ぐらい給食を届けることができなかった。ただ，契約自体はずっと1年なり2年なり続いていくものですので，1週間届けなかったからといって解除をする気はなく，そのまま1週間後には再開して，またいつもどおり給食を配達している。このとき，配達しなかった分の代金は請求しないのが通常だとは思うのですが，解除しない限り契約が継続しているとしますと，1日あたりいくらと定めているとき，その代金債権の履行は可能ですね。そこで，その請求が給食業者からなされたときに，もちろん解除することは考えられるけれども，配達がなかった分は払わなくてよいということに何らかの根拠を与えるために，履行拒絶権構成があってもいいのではないかと，法制審でも議論した覚えがあるのです。

　それは一部解除でやればいいんじゃないでしょうかという反論も予想されるのですが，そのようなことを考えたときに，道垣内さんがおっしゃるような何らかの規定があってもいいのではないかというところに通じるものがあ

るのでしょうか。

道垣内 私は全く別問題ではないかという気がします。

　しかし，その前に，改正法536条が入れられた理由として，私は，居所が不明であるなどの理由で解除の意思表示を相手方に到達させることができない場合を念頭に置き，そのときの処理のために536条ができたと理解していたのですが，日弁連や高須さんは，もう少し色々な場合を念頭に置きながら，履行拒絶権を立法化することを主張されたのでしょうか。

高須 主たる場合として想定していたのは，ご指摘いただいたとおり，不幸にして東北の大震災があって，こういうときにはなかなか解除の内容証明などは届かないので，解除だけで処理をすることは困難なのではないか，という議論でした。しかし，法制審の議論の中で，契約の相手方から履行を請求された段階で解除すればいいではないか，という批判もあり，それを踏まえたとき，弁護士会の中では，さらに，そもそも解除自体をしたくない場合もありうるとして，先ほどのような例も議論になったわけです。

道垣内 しかし，その給食の事例で履行拒絶権を行使しましても，役所側の債務は消滅しないですよね。債務が消滅しないまま，その履行が拒絶されているという状態の常態化が求められる場合があるという考え方ですか。それはいかがかと私は思いますけれども。すみやかに一部解除をすべき事案ではないですか。

高須 常態化を招くという指摘は，なるほどと思いました。むしろ道垣内さんとしては，解除に至るプロセスとしてというように捉えるべきではないかということでしょうか。

　さらに，履行拒絶権については，遅延損害金の発生を防ぐという具体的メリットがあるとも思っているのです。つまり，解除について間接効果説のようなものをとったときに，結局，最後はどこかで解除できるけれども，それまでの間は，本来は履行すべきだったのだから遅延損害金が発生すると理解されないわけでもない。そこで，その間については拒絶権に基づく正当な遅延なのだから遅延損害金は発生しないという効果を持つという意味はあるのではないか，と思うのですが，どうでしょうか。

道垣内 給食の事例で，その後，不能部分が一部解除されたとき，その前に代金の支払時期が到来していれば，代金債務の遅延損害金だけが残る，とい

う考え方ですか。

高須 解除の効果について間接効果説をとった場合にどうかと思ったのです。間接効果説で解除によって初めてなくなるとか，そういう形をとった場合に，遅延損害金の発生がありうるのかななどと思っているのです。

道垣内 急に，特定の学説に基づいて議論するというのが適当かどうかはわかりませんが，仮に間接効果説をとったとしても発生しないのではないですか。

高須 しないほうが本来的だと私も思っておりまして。そのために履行拒絶権構成が有用と思ったのですけれども，それすら，そこのレベルでは関係ないですかね。

道垣内 考えてもみなかった問題なのでよくわかりませんが。ただ，一部不履行の場合は，全部解除に比べると解除の手続自体も面倒ですよね。そうすると，すぐには解除できないということが，より生じうる場面なのかもしれませんね。

　細かいことですが，改正法536条の条文の題名に「危険負担等」と付けたのはどうかなと思います。端的に「債務者の履行拒絶権等」という題名にすべきだったような気がします。

高須 そうですね，私も実はそう思っておりまして，そういう形になれば，いわゆる対価危険が消滅するかどうかというような危険負担の問題とは少し性質が変わってきたという点が明確になると思っています。

4. 設例の検討——改正法による処理

高須 ここまでの議論を踏まえ，改めて設例に立ち返って検討していきたいと思います。

　AがBに対して乙建物を明け渡せという請求をしてきたとき，Bとしては，Aの債務，つまり，甲建物の明渡債務が履行不能になっていますので，まず，改正法536条1項によって履行拒絶権が与えられます。その発生の原因の事実として，Aの債務の履行不能を主張して履行拒絶をする旨の意思表示をする。

　このとき若干問題になるのは，改正法536条1項の「当事者双方の責めに帰することができない事由によって」という文言ですね。AがBに乙建物

の明渡しを求めているとき，Bが，そうは言ってもあなたのほうの甲建物が滅失しているではないですか，だから私も履行を拒絶します，という主張をする際に，帰責事由についてはBのほうで主張する必要があるのでしょうか。条文だけを見るとそうなのですが，法制審での議論においては，履行不能になれば履行拒絶権が発生すると考えていたのではないかと思うのです。つまり，現行法のもとでも，帰責事由については，存在にせよ不存在にせよ，それを主張したい側が主張するという分配をしていたように思うのです。

道垣内 Bとしては，Aの責任で甲建物が燃えてしまったとされ，Aに対して損害賠償請求ができるというのが1番うれしい結論ですよね。このような結論を導こうとするときに，Bが改正法536条1項を根拠にして履行拒絶権を主張することが，その支障にならないのでしょうか。

高須 仮に履行不能だけを言えばいいのであれば，つまり，「当事者双方の責めに帰することができない事由」によるものではない，ということまで言わなくてよいのであれば，支障は出ないと思うのです。

道垣内 ただ，履行不能による解除を定める現行法543条は，不能になっているときは解除できるというのが本文で，ただし書において，「債務者の責めに帰することができない事由によるものであるときは，この限りでない」という規定の仕方ですね。そして，ただし書にあるからこそ，債務者の帰責事由の存在については解除を妨げようとする側に立証責任があるということになるのだと考えますと，改正法536条1項においても，履行を拒絶する側は履行不能の事実だけを言えばよいというような立場は，条文の構造からはどうやって導くのですか。

高須 例えば現行法415条も，「債務者の責めに帰すべき事由によって履行をすることができなくなったときも，同様とする」と本文に書く形をとっていますが，ここも抗弁に回すということで，結局，履行不能の事実を言うと，帰責事由の不存在を相手が言わなければならないというように，ただし書的に読んできたわけですよね。結局，改正法536条1項についてもそのように読んでしまおうということなのですが，今回，新たに改正法を作り，このように書いたのに，改正前の条文に合わせて，ただし書的に読み替えてしまっていいのかという問題はあるのかもしれません。

道垣内 なるほど，よくわかりました。そして，Aとして，Bの履行拒絶権

を否定するために，この履行不能については自分に帰責事由があるのだから，「当事者双方の責めに帰することができない事由」によるものではない，などと言ったら，将来に禍根を残しますね。損害賠償請求をされてしまいますから。そうすると，Aとしては，Bの側に帰責事由があると主張して，改正法536条2項の適用を求めることになりますが，このような家屋の滅失のようなときには，Bが調査に来て，そのときに，たばこの吸い殻を落としたといったような特殊な事情がない限りにおいては無理ですよね。そうなると，Bの履行拒絶に対しては，Aの側で主張できることは基本的にはないということですよね。

高須 そうなるのではないかと思います。そうすると，その「責めに帰することができない事由」という表現自体にあまり重きを置かない解釈につながっていくのではないかと考えているのです。

道垣内 そうしますと，設例では2つの可能性，つまり，Aに帰責事由がある場合とない場合とが挙げられていますが，AのBに対する請求に対しては，とにもかくにもBは履行拒絶ができるということになって，その限りにおいてAは乙建物を取得できないことになるわけですが，これはいつまででも続くのですかね。

高須 先ほどのお話ですね。確かに，何らかのルールが想定されてよいと思います。例えば，現行法・改正法114条が定めている無権代理の場合の相手方の催告権のようなものをAに与える，AはBに対し解除するか履行に応じるかを催告できる，Bが相当期間内に確答しない場合は履行拒絶権を喪失するというような規律があってもよいように思います。条文上の根拠がないため，解釈でそのようなことが可能か否かという問題は残りますが，仮にこのような解釈が無理でも，最低限，Bの態度如何で信義則の発動があってもいいとは思います。

道垣内 改正法542条1項2号に当たるというのはありえますか。つまり，Bは，乙建物を引き渡すということの履行を拒絶する意思を明確に示しているわけですよね。それを理由にしてAの側から解除できますか。

高須 Bは履行を拒絶する意思を表示した場合に，それはそれで構わないが，契約関係は私から解除させていただきますというわけですね。その結果として，乙建物の明渡請求もなくなると。何か，認めていいような気がしてきま

した。今まで考えたことはありませんでしたが。何らかの信義則などと言う前に，この条文があるのだから，この条文を根拠にしたほうがいいかもしれませんね。

道垣内 いやいや，僕も考えたことはなかったですよ。また，自分で述べたところを自分で批判しますと，改正法542条1項2号の解釈は，本来的にはやはり，履行すべき債務を履行しないという意思を明確に表しているという場合であるということだろうと思います。したがって，履行拒絶権が与えられている限りにおいては，これに当たらない。当たると考えてしまうと，同時履行の抗弁権を主張しているときですら，この1項2号に該当することになってしまう。

高須 同時履行と履行拒絶権の差異を特に認めない形であれば，道垣内さんのおっしゃるとおりだと思います。もうひとひねりするとすれば，同時履行の抗弁と履行拒絶抗弁は抗弁としての性質が違うのだと，そう言えば，もしかしたら読み込めるかもしれないと思うのですが。

道垣内 同時履行の抗弁権は相手方の債務が存在する場合の履行拒絶であるが，改正法536条1項による履行拒絶権は相手方の債務が存在しない場合の履行拒絶であり，一方的な履行拒絶になるので，解除につながる。こういう説明もあるかもしれませんが，ここら辺はわからないままであるということですかね。

高須 そうですね。

道垣内 Aからの請求に対してBがAの債務のほうは履行不能になっているということを理由にして，改正法542条1項1号に従って契約の解除をするということになれば，比較的簡明ですね。そして，その後にBがAに対して損害賠償請求をしていこうとすると，今度は債務者に帰責事由があるか否かが問題となり，そのときにはAの側で，自分のほうに帰責事由がないことを主張・立証しなければいけない。このことは，改正法415条が，「債務者の責めに帰することができない事由によるものであるとき」という場合をただし書に規定することによって明確にしているということですね。

高須 そうですね。

道垣内 そうすると，Bの側に帰責事由がある場合は除きますが，契約は解消されるけれども，Aが損害賠償義務を負うという場合と負わないという

場合とが出てくる。これを現行法と比較してみますと、現行法のもとでも、Aに帰責事由があるときには、Aの債務不履行になり、解除によってBの債務も消滅し、AはBに対して損害賠償債務を負うということで変化はない。これに対して、Aに帰責事由がないときに、現行法534条を適用すると、B側だけは履行責任を負うということになりますね。ただ、現行法534条のもとで、履行不能についてAに帰責事由がないという場合は非常に例外的な事例に限られてくるだろうということですから、実際的には違いがないかもしれない。

高須 ええ。最初のほうで話したことですね。

道垣内 その上で気になるのは、現行法534条のもとで、その適用を避けるためにされていた帰責事由の存否についての解釈と、改正法、あるいは、現行法でもそうでしょうが、損害賠償を認めるか認めないかの判断をするための帰責事由の存否についての解釈は変わってくるのでしょうかね。

高須 全く定まった考えがないのですが、損害賠償の場面でも実は帰責事由という問題にはあまり重きを置いていなかったのではないかと思います。やはり、契約を締結して、それが履行できなかった場合には、本来的に帰責事由はある。そのような傾向は、立証責任だけの問題ではなくて、実際の事実認定のレベルでも強かったような気がするのです。本当に不可抗力と言われるような、誰が見ても不可抗力ですねというときは、さすがに帰責事由なしということかもしれませんが、そのような場面は限られています。多くの場合には、いわゆる故意とか過失とか、そういうレベルから議論したり争点にして裁判をやったりしているという実感はあまりありません。そうすると、道垣内さんが指摘された、現行法534条というよりも、むしろ、現行法・改正法415条の問題としての帰責事由の判断というときも、比較的、帰責事由の存在を柔軟に認めてきたのではないかという印象を持っています。

道垣内 これまで、帰責事由という概念が、危険負担にせよ、解除にせよ、損害賠償にせよ、色々なところに出てきて、同一の概念によって、色々な振り分けがなされることになっていました。にもかかわらず、損害賠償請求を認めるか認めないかというときの判断と、危険負担の条文の適用を認めるか認めないかの判断とでは、現行法でも異なる判断がされてきたのではないか、と思うのです。この設例は非常に面白いもので、B側だけ乙建物をAに引

き渡さなければならないというのはおかしいという感覚は共有されるのではないかと思います。したがって，現行法534条の適用を考えるときには，Aの責めに帰すべき事由によって消滅したと考えたい。しかし，実際，他人の放火によって焼失してしまったといった場合，損害賠償義務までAに負わせるのかというと，それは酷ではないかという気がするのです。

高須 なるほど，ご趣旨はわかってきました。やはり私どもは，今まで帰責事由という観念が，色々な法理を貫いていると思っていたものですから，この場面ではこうだとか，この場面では違うのではないかという発想になかなか慣れていない。それでは，実務でその辺の微調整はないのかというと，おそらく今まで，あまり自覚がないままに，訴訟上の和解などでも，裁判官が適宜，采配して，このケースでは損害賠償までは無理なのではないかとか，せめてこんなものなのではないのかとかと言って，一種のバランス感覚でやってきたのではないかと思うのです。ところが，今回の改正法では，まさに，帰責事由の観念が全てを貫くのではなく，解除は解除の場面，損害賠償は損害賠償の場面という形で考えていくものとなり，解除のときは帰責事由は不要だが，損害賠償はまた別であるとしたことによって，帰責事由の中身を必ずしも1つのものとして捉える必要がなくなったのではないか。そうなると，我々が今まで，バランス感覚と称してやってきたことに，もう少し理論的根拠が与えられるように思いました。

道垣内 そうしないと妥当な結論に達しないような気がしますよね。

III. 催告解除と無催告解除

1. 解除一元論との関係

高須 そろそろ次の問題に移りましょう。冒頭で提起した3つの問題のうちの残りの1点です。ここも大変議論されました。無催告解除と催告解除の関係をどうするかということです。つまり，より大きな視点で，例えば「重大な不履行」というような概念でまとめて一元的な解除権を考えるのか，それとも，催告を要する解除のタイプと催告のいらない解除のタイプを分けるという現行法の構成を維持するのかということです。

改正の結果は，改正法541条が，いわゆる催告解除の規律，542条が無催告解除の規律という形で明文化されたわけですが，この点について少し考え

てまいりたいと思います。

　当初，我々が想定していた典型例は，建物の賃貸借などにおける賃料不払いによる解除なのです。賃料不払解除の場合に，弁護士である委員・幹事が，催告解除制度の尊重を求めたのは，訴訟等に発展した場合，「今からでも払ってください」という機会を一度は与えたのかという点は，かなり大きな要素になると考えたからです。いくら賃貸借契約書において，無催告解除ができると特約していても，例えば，賃貸人の依頼を受けた弁護士としては，無催告解除の有効性に疑問が示されて争点化することを避けたいという意識が働きます。あるいは訴訟提起後も多くの事案で和解協議を行いますが，その際に，無催告解除のケースですと，賃借人に賃料支払の機会を解除時に与えていなかった点が考慮され，担当裁判官から，もう一度，賃借人にチャンスを与えたらどうかなどと勧告される。具体的には賃貸借契約の継続を前提とする内容の和解の勧告を受ける，などということが脳裏をよぎります。そのような訴訟の先行きについて，あれこれと考えたときに，催告解除を選択したほうが賢明であり，無催告解除特約があっても，念のために催告解除をしておくべきであるとの理解がありえるわけですね。そうすると，今度の新しい改正法の下においても，例えば賃料不払解除のような場面においては催告解除制度が明確な形で残っているほうがいいと考えたわけです。

道垣内　「中間的な論点整理」の段階では，「催告後相当期間が経過することで，無催告解除を正当化するのと同等の不履行の重大性が基礎づけられると考えれば，両者の要件を統一化することも理論上可能である旨の意見等があった」と紹介されていましたが，中間試案の段階では，催告解除制度も明記されたわけですね。ただし，改正法542条では，催告によらない解除が認められる場合を明記したわけであり，とくに催告解除制度が維持されたという話ではなく，たんに判例法理がそのまま立法化され，催告が必要な場合と催告が不要な場合とが書かれた，というだけではないか，と理解しているのですが。

高須　道垣内さんとしては，一元化にこだわったわけではなかったのですね。

道垣内　私には最初からこだわりはありません。

2.「契約をした目的」と「軽微」との関係

高須 それでは，具体例で考えてみようと思います。

　改正法541条に基づく催告解除のときは，催告期間を経過した後でも，「その期間を経過した時における債務の不履行がその契約及び取引上の社会通念に照らして軽微であるときは，この限りでない」というただし書があります。これは，これまでの判例の中に，いくら催告期間が経過しても債務不履行が些細であるような場合には，解除ができないとするものがあって，その種の判例法理を明文化する趣旨でこのような規定になったと説明されているところです。しかし，他方で，改正法542条の無催告解除についても，その1項5号に，「債権者が前条の催告をしても契約をした目的を達するのに足りる履行がされる見込みがないことが明らかであるとき」という場合が規定されており，このときには，無催告解除ができることになっています。この2つの規律は，「軽微であるとき」と「契約をした目的を達するのに足りる履行がされる見込みがないことが明らかであるとき」というように言葉を変えているので，念頭に置かれている場面は違うのだろうとは思うのですが，具体的な例で考えてみると，その関係がよくわからなくなります。

　現行法570条は売買の瑕疵担保の規定ですが，ここでは現行法566条が準用されて，「契約をした目的を達することができないとき」のみ解除が認められるのですね。ところが，改正法においては，契約不適合の際の解除も改正法541条と542条の規律によるのだとされていますので，催告をして，その間に履行がなく，かつ，不履行の程度が軽微でなければ，改正法541条によって解除できることになりそうです。催告といっても改正法562条による追完請求になると思いますが，修補を求めるなどの追完請求をした上で，売主がそれに応じないというときには，不履行の程度が軽微でない限りは解除できるのではないか。そうすると，追完が可能でありながら売主がこれに応じないような場合には，軽微でない限り，契約目的が達成できるか否かにかかわらず，催告さえすれば解除できるという場合が出てくるのではないかと思うのです。そして，仮にそうだとしたら，従来の規律と異なることになると思うのですが，いかがでしょうか。

道垣内 やはり軽微性の要件を，ある程度考えて解釈するということになるでしょうね。

この「軽微でない」という文言は，最初は，"material breach"とか"substantial breach"という言葉の翻訳としての「重大な不履行」とされており，「重大な不履行」がない限り解除ができない，という提案が出発点だったわけですね。ところが，この「重大な不履行」という言葉が混乱を引き起こしました。「重大でなければ解除できないのは大変だ」というわけです。しかし，ここでいう「重大な」というのは，そういう意味ではなく，本質的な要素の部分が欠けているという意味なのですね。そこで，「重大な不履行」という言葉が避けられ，中間試案では，「不履行が契約をした目的の達成を妨げるものでないとき」という言葉になりました。ところが，これに対しても不明確だといった批判などが出て，結局，「重大」の反対語である「軽微」という言葉が使われることになったわけです。しかし，「軽微である」の前には，「その契約及び取引上の社会通念に照らして」という言葉が入っているわけであり，そこでは「契約をした目的」が自ずから考慮されるのだろうと思います。そして，売買契約という類型においての「軽微」の判断においては，代金減額での調整などができることを念頭に置いた上で，「軽微」性の判断がされるべきだと思います。そうなると，現行法とは変わらない。というか，変わらないように解釈するのが妥当だろうと思います。そして，そのように考えると，追完が不能であるとき，改正法542条1項5号と齟齬が生じるわけでもないように思います。

高須　私どもも，ここは「軽微」という言葉の理解・解釈をしっかりしていく必要があると思っています。「軽微」といっても我々が漠然とイメージする「軽微」に限らない場合があって，「契約をした目的」を達成できないという場面との違いは相対化していくということが必要だろうと思います。付随的義務の違反については解除が認められない，といった判例だけを見て，「軽微」の解釈を硬直的にすることはせず，もう少し柔軟に考えなければいけないのかなという問題意識があります。

道垣内　それはそのとおりですが，もう1つ，債務不履行に対する救済手段の相互関係をどのように考えていくのかという問題があるような気がします。つまり，例えば目的物の契約不適合の場合ですと，追完請求，つまり修補せよとか，あるいは代金を減額せよとか，あるいは解除するとか，色々な救済手段があるわけで，「軽微」性を考えるときには，それらの手段に委ねたほ

うがよいのではないか，という判断が考慮要素として入ってくると思うのです。契約目的は達成できるのだから，代金減額で調整したほうがよい，といった判断が，「軽微」性の解釈にも影響を及ぼすわけです。

　これに対して，代金不払いによる解除などというときには，軽微性というのは極めて限定される。1000万円の振込みをしなければいけないときに，手数料が差し引かれるのを知らなくて，999万何千円を振り込んだというようなときに解除できるか，それはできない，という例や，代金は支払ったが，少額の固定資産税について売主に対する償還はしていないというときには，解除はできない，という例などだけである。つまり，金銭債務の不履行の場合の「軽微」性の判断と，様々な救済手段があるというときの「軽微」性の判断は異なってくると思うのです。

高須　なるほど。そのようなお話が伺えたのは，とても有意義だったと思います。「軽微」性を相対化すべきだといっても，無方針に相対化してしまうと，私どもがよく申し上げていた，催告解除の要件はできるだけ明確にして，解除ができるか否かがはっきり分かれるようにしたい，後になって裁判でもつれるというのを避けたい，ということと矛盾しかねないのです。

Ⅳ. おわりに

道垣内　高須さん，色々お教えいただきまして，どうもありがとうございました。

　改正法が成立しても，まだまだ解釈によって補わなければならない事柄は多いのは当然のことであって，今後とも高須さんからご教授をいただきながら考えていきたいと思います。色々な勉強ができまして，面白かったです。

高須　ありがとうございました。私も大変勉強になりました。道垣内さんから大変鋭いご指摘を受けて，改めて色々な問題があるということを私なりに理解しました。これからも考えていって，実務にも役立てていきたいと思っております。ありがとうございました。

〔2017年12月19日収録〕

債権者代位権

山本和彦　YAMAMOTO Kazuhiko ／ 高須順一　TAKASU Junichi

> **設例**
>
> Aは，Bに対し200万円の売買代金債権を有しているが，弁済期が到来しているにもかかわらず，Bは支払をしていない。Bは，第三債務者Cに対して，500万円の請負報酬債権を有しており，既に弁済期が到来しているが未だ支払はない。Bには，この請負報酬債権以外には，目ぼしい財産は存在していない。

☞ Aの債権者代位権行使と，Bの本来の権利行使との関係をどのように考えたらよいか。現行法と改正法とで扱いが変わるのか（論点1）。

☞ Bが権利行使をしないため，A自らが原告となり，Cを被告として，債権者代位訴訟を提起した場合，改正法では訴訟告知が必要となるが，Aがこれを怠った場合の扱いはどうなるか（論点2）。

☞ Aが提起した上記債権者代位訴訟において，Bが訴訟参加する場合の参加形態はどうなるか。また，この訴訟において請求が認容されるべき場合の判決主文はどのような内容となるか（論点3）。

☞ Aが提起した上記債権者代位訴訟において，BがAの債権者性を争って訴訟参加する場合は，どのような参加形態となるか（論点4）。

I. はじめに

高須　今回のテーマは「債権者代位権」です。山本和彦さんと私とで対談を進めてまいります。山本さん，よろしくお願いいたします。

山本 よろしくお願いいたします。

II. 改正法423条の5の規律の検討

1. 判例法理の変更——経緯の確認

高須 債権者代位権については，多くの改正がなされたところであり，また，強固な判例法理と言われていた判例が変更されたこともありますので，今回の債権法改正作業を語る上では，重要な論点の1つだと思っています。設例を用意しましたので，順次，検討してまいります。最初の論点は，債権者代位権の行使と，債務者本人の権利行使との関係をどのように考えたらよいかという点です。改正前のこれまでの扱いについては，大審院昭和14年5月16日判決（民集18巻557頁）という古い判例があります。債権者が債権者代位権の行使に着手し，それを債務者に通知し，あるいは通知はされなくても何らかの経緯で債務者が了知すると，債務者の管理処分権がなくなる。判旨は処分ができなくなるという表現を用いていますが，従来から，管理処分権の喪失として理解してきたと思います。その結果，以後はその代位債権者による権利行使のみに委ねられる。このような形で，債権者代位権行使と債務者の権利行使の区分は，わかりやすい整理であったと思います。

　今回の債権法改正では，423条の5という規律が設けられて，その判例法理が改められることになりました。債権者が被代位権利を行使した場合であっても，債務者は被代位権利について自ら取立てその他の処分をすることを妨げられない，という規律になり，昭和14年判例が明確に変更されたというのが大きな特徴だと思います。

　まず山本さんにお伺いしたいのですが，法制審議会でそのような形での議論がなされ，そういう法案にされたのはどのような経緯によるものなのでしょうか。

山本 この判例をどのように捉えるかということだったわけですが，なぜ債権者が債権者代位権を行使すると，債務者の管理処分権が奪われるのか。それは，結局その債権が差し押さえられたのと同じ結果をもたらすわけです。とりわけ手続法の学者の間から，三ヶ月章先生などを代表として，どうしてそこまで強い効力が，この債権者代位権の行使で認められるのかということについては非常に大きな疑問が指摘されてきた，ということがまず基本的に

はあったと思います。

　一言で言うと，債権者代位権というのは，元々は債務者の権利行使の巧拙には一切介入できないはずのものであるにもかかわらず，一旦それが行使されたときに，債務者がその処分をできなくなるほどの強い効果を伴うということについての違和感であろうと思います。それは債権者代位権というものを，債権者の権利救済の1つの選択肢として優先的な弁済みたいなものもその制度趣旨の枠内に含まれているのだというように捉えればわからないでもなかったわけですが，債務者が権利行使をしないときに債権者全体のために権利を保全するという趣旨の制度だという一般的な位置づけに鑑みれば，ここのところはある意味突出して債権者の強い権限を認めていることへの疑問が基本的なものとしてあったのかと思っています。

高須　確かに兼子一先生が，私的差押えという説明をして，判例を根拠づけておられました。ただ，言われてみれば私的な差押えというのは言葉自体の中に既に問題を含んだ概念であって，結果的には山本さんからご指摘いただいたように，債権者代位権の効力を強く認めようということであれば，これぐらいのことはできなければということだったのでしょう。責任財産保全のための制度と捉えて，債務者が権利行使しなければ代わりにやりましょうというのであれば，今回の規律のように，仮に代位権行使がなされても，債務者の管理処分権が奪われることはないですよね，債権執行とは違いますよね，という方向に確かになるのだろうと思います。

2. 権利不行使要件の要否

高須　423条の5の規律について想定したのは，まず債権者代位権が行使され，後から債務者が権利行使するというケースであり，これが可能となったということだと思います。

　反対に，債務者が被代位権利を行使しているときに，後から債権者が債権者代位権を行使して，競合させてもよいのでしょうか。この点について，今回の改正で許されるようになったのか，あるいは引き続き，あくまで債務者が被代位権利を行使していないというのが，いわば消極的要件のような形で債権者代位権行使に必要となるのか。従来は最高裁昭和28年12月14日判決（民集7巻12号1386頁）などがあって，そのように理解されていたと思

うのですが，改正法によってその点が変わるのかどうか，この点はいかがでしょうか。

山本 法制審議会が始まる前の段階で出されていた提案としては，「債務者が当該権利を行使しないことによって，債権者の当該債権の実現が妨げられているとき」という形で，今言われた債務者の権利不行使要件というものを明文化しようという試みもあったように思います。ただ，その後の議論の中ではこの要件は消えて，私の理解では，それは結局改正法423条1項に言う，「自己の債権を保全するため必要があるとき」という要件，ある意味で抽象的な要件の中に吸収されたということなのだろうと思います。

ですから直接の回答としては，権利不行使要件というものは債権者代位の直接の要件にはなってはいないということかと思います。ただ，債務者が真摯に自らの権利を行使しているときは，それは一般的には「自己の債権を保全するための必要」という要件を欠くことになると理解されるのではないかということです。ただ，そこには一定の評価の余地というものはなおあるのだろうと私は見ています。

今挙げられた昭和28年の最高裁判例も子細に見てみると，確かに債務者の権利行使の巧拙にかかわらず，債権者の権利行使はできないと言っているのですが，同時に，債権者は補助参加できるということとともに，当事者参加の余地もあるということを言っています。当事者参加ができるということは，債務者が訴えを起こしていた場合であっても，なお後から債権者代位権の行使の余地を一定の範囲で認めていたのだろうと私は理解しています。

その場合の当事者参加というのは，あるいは詐害防止参加が念頭に置かれている，つまり債務者が表面的には訴えを提起して権利行使をしているように見えても，その権利行使が真摯なものではない，ある種詐害的な訴訟追行のようなものがあるような場合には，なお債権者代位権の行使の余地は従来からも認められていた，判例もそれは否定していたものではないのではないか，と私は思っています。ですから，少なくとも改正法の下では，その具体的状況の中で債権保全の必要が認められるかどうかという判断において，債務者がどういう形で権利を行使しているのかという点が問題にされることになる余地はあるものと理解しています。

高須 わかりました。現行法でも，詐害防止参加のような形で，債権者が権

利行使をする余地はありそうだと。それは改正法の下でも変わらないのではないか，というところまでご教示いただけて大変参考になりました。

　そうなると，まとめ方としては，今の論点については改正によって変わるということではなくて，基本的には解釈論の余地も含めて，それは改正法の下でも引き続き維持される。結論的には，債務者による真摯な権利行使がなされているときは，後から代位権行使はできない，こういうまとめでよろしいでしょうか。

山本　それは，そういうことだと思います。

3. 事案の検討

高須　設例の事案の論点1は，代位権行使と債務者の本来の権利行使との関係をどう考えたらよいのかという問題ですが，以下のようなまとめとなりますでしょうか。すなわち，Aの債権者代位権行使が先になされても，今回の改正法423条の5の規律によって，Bの本来の権利行使は妨げられなくなった。この点は昭和14年の大審院判例の変更になります。

　しかし，一方でBの本来の権利行使が真摯に先になされているような場合であれば，債権者代位権行使をする必要性もないわけだから，後から債権者代位権行使をすることは改正法の下でも認められるところではないのだろう。ポイントは，Bの本来の権利行使というのが真摯なものであるかどうかである。この設例の論点のまとめとしては，そのようなことでよろしいでしょうか。

山本　そうですね。ですから，総合的に考慮して保全の必要があると考えられるかどうかということに尽きるのかと思います。

Ⅲ. 事実上の優先弁済の否定の議論の顚末（論点1から派生して）

1. 法制審議会における議論

高須　次の論点にまいります。債権者代位権行使が認められる場合に，A自らが原告となり，第三債務者Cを被告として債権者代位訴訟を提起するということになります。設例で言えば，BがCに対して持っている500万円の請負報酬債権について，個別権利行使の範囲で可能と考えれば200万円の部分ということになりますが，AはCに対し200万円の支払を求めるこ

とになります。そうしてさらに，原告自らへの支払を認めるとなれば，従来からよく言われることですけれども，代位債権者Ａは，受領した金銭の債務者への返還義務と自らが有している金銭債権とを対当額において相殺し，事実上優先弁済を受けてしまう。

　先ほど山本さんからもご指摘がありましたように，債権者代位権を責任財産の保全のための制度だと考えたときに，このような事実上の優先弁済を認めてよいかどうかというのが，法制審では大きな議論になりました。最終的には，この代位債権者の直接請求を認めることが条文上も明らかになりました。423条の3で，「自己に対してすることを求めることができる」という条文になっています。その上で，相殺は禁止するという規定は一切置かれていません。そうなれば相殺はできる，事実上の優先弁済を肯定したとも思えるわけですが，今回の改正の趣旨はそのようなことでよろしいのでしょうか。

山本　確かにこの間の議論においては，そもそも直接の引渡請求権を認めるかどうかというところがまず問題になったわけです。これについては，昭和14年の大審院の判例もそういう理由を述べていると思いますが，それを認めないと債務者が受け取らない場合に，結局債権保全の機能も達成できなくなるのではないかという批判があって，確かにそれを否定することは難しいので，債権者の受領権を認めざるをえなかったということかと思います。

　次に，それでは相殺の禁止をすることによって，債務者が自らに対して有している返還請求権を自分で差し押さえるという形でしか権利実現できないということにすれば，他の債権者もその差押手続に配当要求等をすることができるので，債権者の平等を図れるのではないかと，だから，相殺禁止によって，優先弁済的な効果を否定しようという議論も有力にあったのだろうと思います。ただ，これに対しては裁判外で任意弁済されるような場合，特に少額の被保全債権が任意弁済されるような場合も考えると，その場合も相殺によって簡易に回収はできず，債務名義を取って，もう一度差押えしなければいけないのですかと，そういう場合には他の債権者が配当に参加してくることは現実にはほとんど考えにくいのではないか，そういう机上の議論で，現在の使いやすい債権回収の方法をやめるというのはどうか，といった批判が特に実務家の皆さんから強くあった，というのが私の印象です。その結果として，相殺禁止という提案も通らなかったということだろうと思います。

ただ，最終的には先ほど出てきた，債務者の処分権というのはなお残るということになったわけです。今後の実務としては，この債権者代位の方法によって簡易に回収しようとしたとしても，債務者自身が処分権を行使するのではないかという懸念が残るような場合には，代理人の行動パターンとしてはやはり仮差押えしておかないと安心できないということになる可能性は高いのではないか。そうすると，仮差押えをすれば，通常は債権者代位のルートではなくて，債務者に対する給付訴訟を提起して差押えという本来執行手続が想定しているルートに戻っていくということになるのではないかと思っております。私はどこかでこれを「債権者代位訴訟の安楽死」と，表現がよくないのですがそのように呼んだ記憶があります。裁判外では債権者代位権というものは活用の余地がある制度として残るのだろうと思いますが，訴訟というのはかなり場面が限定されてくるのではないかというのが私の認識です。そういう認識の下に，今回の提案について最終的に私は賛成したということになります。

高須　わかりました。債務者の権利行使を今後は許すことにした点がここでも影響するのですね。直接回収できますよ，相殺できますよと言ってみたところで，そもそもその前提が成り立たないかもしれない。ここでしっかりとした手当がなされているということだろうというのはおっしゃるとおりだと思います。その上で私が，代位権行使の実効性がある場合が例外的にあると法制審で発言したのは，例えば債務者が既に行方不明になっていて，直接に権利行使をする余地が想定されないケースです。

　請負工事の事件などで，下請業者の元請人に対する報酬債権保全のようなケースのときにそんな場面が出てきます。債務者である元請業者が倒産状態となり，行方不明である。そこで，元請業者が注文者に対し持っている工事請負報酬債権を，下請業者が，「自分が仕事をしたわけだから」ということで，代位権行使をして，注文者から支払を受けたいというケースです。注文者からしても，元の請負人は行方不明ですから，法的な根拠さえあれば払ってあげますよということになる。こんなときに法的な根拠を与えるという意味では，代位権は裁判外の行使ができ，債務名義も要りませんので，1つの便法にはなるかと思っています。

　これを認めるとすれば，むしろ直接請求は認めたほうがいいし，回収した

上で強制執行をやってくださいというのは，いかにも迂遠ということになります。山本さんにおっしゃっていただいた内容は，私が申し上げたことと実は一致していて，そういう意味で本来的に使われる場面は限られています，そこをよく見ましょうと。今回の改正はそこがポイントということなのかもしれませんね。今回の債権者代位権は，そういう意味で大きなところの立て付けが，だいぶ変わりましたということでしょうか。

山本 そういうことだと思います。もう1点だけ付け加えるとすれば，裁判外で仮に相殺権を行使する場合にも，法制審議会では，一定の場合には相殺権の濫用という議論があるのではないかということが言われていたように思います。高須さんが挙げた例は下請のような，どちらかと言うと要保護性が強くて，優先的な回収をしても，皆がしようがないねと思うような債権者というのはそうだと思うのです。しかし，他方では私的整理が行われている中で，他の人が知らないような債権が残っていたのをめざとく見つけ出して，自分だけ第三債務者と協議をして債権を回収してしまった。それに気づいた他の債権者あるいは債務者がそれを返してくれと言ってきたような場合を想定すると，これは相殺権の濫用という議論がありえてもよいのかなと思っています。そういう場合には一旦戻して，それを基に事業を再生するなら再生する，というような形で相殺権を封じる余地というのは，なお一般条項としては残っているということかと思います。

高須 今の点整理いたします。改正法423条の2が，被代位権利の目的が可分であるときは，自己の債権の額の限度においてのみ被代位権利行使が可能となると規定しています。これも結局，形の上では直接の権利行使を認め，相殺処理を認めることで，事実上の優先弁済を可能とするものだから，必要な範囲で代位権行使すればよいという趣旨ですね。ただその前提として，そもそも代位権行使がどこまで現実性があるかを考えるべきで，権利行使を債務者ができるという点で歯止めがかかっていますよねと。そう理解すれば，特に不自然な規定ということでもないですか。

山本 はい。これは，そういうことだろうと思っています。

2. 事案の検討

高須 わかりました。以上をまとめると，改正法423条の2の規律により，

Aは債権額200万円の限度で代位権を行使することが可能であり，行使にあたっては改正法423条の3の規律によりCに対して直接支払を求めることができる。設例としてはそういう形になる。ただし，その間に債務者Bが自らの権利行使をしてくれば，それはそれで禁止されるわけではなく，Bの権利行使によって債権者代位権による債権回収作業が頓挫する場合があるということになりますね。

山本 はい，そのとおりです。

Ⅳ. 必要的訴訟告知の規律（論点2）

1. 訴訟告知を要することとした趣旨

高須 訴訟告知制度に話を移します。423条の6の規律で，債権者は被代位権利行使に係る訴えを提起したとき，つまり債権者代位訴訟を提起したときは，遅滞なく債務者に対して訴訟告知をしなければならないとされました。

　民事訴訟法が従来持っている訴訟告知制度は任意的ですから，それとは異なる訴訟告知制度ということになります。これはどのように理解したらよろしいでしょうか。

山本 先ほどもご紹介した三ヶ月先生の債権者代位訴訟に対する批判のうち，債権者代位権自体を廃止するというのが主たるご主張だったのだろうと思うのですが，現行制度を前提にした場合の解釈論として，判決効の片面的拡張，つまり債権者代位訴訟で債権者が勝った場合には債務者に判決効が拡張するけれども，負けた場合は拡張しないという解釈論の可能性を主張されたわけです。三ヶ月先生自身論文の中で，「勝てば官軍説」と表現され，必ずしも芳しい評価を受けないかもしれないと言われています。実際にもそういう片面的拡張というのは望ましくないのではないかという形で，三ヶ月説に対する批判を出発点として民訴学説が展開されたわけです。

　その中での1つの考え方は，判決効の拡張を全面的に否定するという考え方，固有適格説という，福永有利先生をはじめとした見解などもあったわけです。ただ，どちらかと言えば有力な見解は，これは法定訴訟担当なので，判決効は勝訴，敗訴にかかわらず債務者に当然拡張するということを前提にしながら，その正当化根拠，債務者に対する手続保障をどのように図るかということが議論の中心となり，債務者の訴訟手続への参加の可能性を保障す

るための訴訟告知を義務的にするという方向に議論が傾いてきたのではないかと思います。

　これを解釈論として主張する見解もありましたし，解釈論としてはそこまでいくのは難しいけれども立法論としてはそれが望ましいとする見解もあったところです。少なくとも立法論としてはそれがいいのではないかというのが民訴学界の基本的な趨勢だったのではないかと思っています。その意味で，今回このような形で改正されたというのは，民訴法学の理解としては非常に素直なものというか，多数の見解を反映したものという評価ができるのではないかと思っています。

高須　債権者代位訴訟の在り方を，従来通説とされてきた法定訴訟担当説から別なものに変えようという理解を，今回の改正はとるものではないということでよろしいのでしょうか。

山本　はい。従来は先ほども触れましたように，確かに固有適格説という考え方が存在したわけです。これは福永先生ご自身が認められているとおり，判決効が及ばないため債務者の手続保障は図られるわけですが，今度は第三債務者が代位債権者に一旦勝っても，また債務者から繰り返し訴訟を起こされることになるので，福永先生はそれを解決する方策として，債権差押えの場合の取立訴訟に倣って，第三債務者の側から参加命令，つまり債務者に「入ってこい」と参加を命令するという申立ての可能性を認めるべきだということを主張されていました。

　しかし今回の改正は，そういう参加命令という仕組みではなくて，訴訟告知という枠組みをとったということからすれば，これは私の理解では法定訴訟担当説を決定的に有利にするものであって，おそらく今後の解釈論として，固有適格説というものは，「息の根を止められる」という言葉を使うと批判が多いのですが，徐々に消滅していく方向に向かうのではないかというのが私の理解です。

2. 原告が訴訟告知を怠った場合の取扱い

高須　参加命令型ではなくて，訴訟告知型の改正をしたということは，法定訴訟担当説を前提としたものであるということですね。合点がいきました。さらに伺います。債権者は遅滞なく訴訟告知をしなければなりませんが，訴

訟告知を怠った場合の扱いについて検討したいと思います。一般的には裁判所から強力な訴訟指揮があって，訴訟告知を促されるとは思うのです。ただ，原理原則的な意味で，原告となった代位債権者が訴訟告知をしないという場合，裁判所はどのような判決を書くのだろうか。判決の在り方について，検討をしておくことは意味があると思います。この点はどのようにお考えでしょうか。

山本 私は，訴え却下の判決をすることになると思っています。法制審議会の議論の中でも，そのように考えておられた方が多かったのではないかと思います。債権者が訴訟告知を行うというのは，ある意味一挙手一投足なので，それをやらない場合にまで債権者の独立の訴訟追行権を保障する必要はどこにもないと私は思っています。

今回の債権者代位訴訟の規定というのは，株主代表訴訟に関する会社法849条4項に由来していることは明らかだと思われます。会社法学説の中には，株主が訴訟告知をしなかった場合にどうなるかということを議論したものは，私が調べた限りでは少ないのですけれども，それを論じているものの中には，株主に会社に対する損害賠償義務が発生するということを書いているものがあります。これは，私が理解したところによれば，株主はそのまま訴訟を追行でき，かつ会社にも判決効が及ぶということを前提にしているのではないかと思うのです。つまり株主が負けてしまったら，会社に判決効が及んで会社の権利がなくなってしまう，だから会社は株主に対して損害賠償できるのだ，というように言っておられるように思われるわけです。それも1つの理解としてはありえます。

しかし，それは債務者の手続保障のために訴訟告知を求めた，判決効を正当化するために訴訟告知を求めたという改正の趣旨と正面から抵触することになるので，同様の解釈はなかなかとり難いように思っているところです。そういう意味では，結論としては訴え却下というほかはないのではないか。審議に関与した者の反省としては，私は当時会社法にこういう説があるというのは知らなかったのですが，そうであればもっと明確に訴え却下という効果を書くべきだったのではないかと思っています。ただ，おそらく解釈論としてその結論は動かないのではないかというのが私の理解です。

高須 必要的訴訟告知という訴訟要件を欠いたと端的に理解すればよろしい

のでしょうか。

山本 私はそのように考えています。

3. 訴訟告知による手続保障の意味

高須 この点をもうちょっと深掘りしてみたいと思います。従来，必要的訴訟告知説が念頭に置いていたのは，敗訴責任を債務者に一方的に押し付けることができないという点で，そのための手続保障を図るという趣旨ではなかったのかと思うのです。今回の債権法改正の下でも，その面があることはもちろんそのとおりだとは思っているのですが，改めて本日の議論の出発点になっているように，改正法では債権者代位権行使後も債務者の権利行使が許されています。それは消極的に許されているにすぎない，債権者による代位権行使に偶然，気がついたら債務者も勝手に権利行使しなさいという程度のものなのか，あるいは訴訟告知を利用して，これによっていわば積極的に債務者による権利行使の機会を与えると，そこまでを狙ったものなのか。つまり，負けるのが嫌だったら参加しなさいだけではなくて，あなた自身の権利行使が許されているのだから，積極的に権利行使して勝ち抜きなさいと。このような意味での手続保障のようなものも，改正法の規律として出てくるのではないか。

ここは山本さんと私とでいつも議論しているところなのですが，その意味での手続保障のようなものも，つまり三ヶ月先生や新堂幸司先生が現行法を前提に説明していることにプラスアルファの部分が出てくるのではないかということを考えております。この点について山本さんは，いかがお考えでしょうか。

山本 高須さんがかねてからご主張になっている権利行使保障型手続保障という発想，考え方は確かに大変興味深いものがあると思っています。そもそも，一般的な理解によれば従来の民事訴訟法は，どちらかといえば，告知者側の利益を中心に考慮してきましたが，今回の訴訟告知はその意味での伝統的訴訟告知とは明らかに違う。被告知者に手続保障を付与するための訴訟告知であるという点で違うものなので，更にそれを判決効拡張の保障だけではなくて，積極的な権利行使を保障するものだと位置づける考え方は興味深いものだと思います。

ただ，そのように理解すると，なぜ訴訟の場合にだけそういう形での債務者の手続保障が必要となるのかという説明がやや難しいのではないか。それを徹底するのであれば，裁判外でも勝手に債権者が権利行使するということも否定されるべきだということにはならないか。現に中間論点整理の段階では，債権者代位権を行使する場合には，債務者の権利行使の機会を保障するために，債務者に事前に通知することを義務化するという提案がされていたわけです。しかし，それは最終的に断念されました。その評価は色々あると思いますが，私はそれが断念されたというのは，債権者によって権利行使がされてしまうというのは，債務者自身が債務不履行の状態にあるということを考えると，ある意味やむをえない，それは債務者自身の自己責任だ，というような政策判断があったのではないかと考えております。
　そうだとすると，その点の判断は訴訟になった場合でも同じではないかということです。そういう意味では，事実上の機能として高須さんが言われる債務者の権利行使を保障するとの機能がこの訴訟告知にあるということは確かに間違いないところだと思いますが，やはりそれは事実上の機能にとどまるのであって，債務者に不当な判決効が及ぶことを防止するという点が今回のこの訴訟告知の制度目的と解されることになるのではなかろうか，というのが私の差し当たりの結論です。この点は，いつも高須さんとは必ずしも意見は一致しないのですが。

高須　本日もそのようにご指摘をいただきまして大変参考になりました。トータルな意味で見ていかなければならないというのは，大切な視点と思いますので，ここは私も引き続き勉強していきたいと思います。

4. 事案の検討

高須　論点2に関しては，改正法では訴訟告知が必要となるが，Aがこれを怠った場合の扱いはどうなるか。一番ありうるのは裁判所から釈明を受けますと。これが本来の答えだと思いますが，仮に釈明を受けても訴訟告知をしなければ訴え却下になります，訴訟要件に関わる問題です，というような整理をさせていただければよろしいかと思います。

V. 訴訟参加の在り方及び参加がなされた場合の判決の効力（論点3）

1. 別訴提起が民訴142条（重複訴訟の禁止）に抵触することの確認

高須 訴訟告知が現になされれば，債務者が権利行使を考える，具体的には債権者代位訴訟に訴訟参加することになる。このようなイメージで設例を作っております。

まずその前提として，債務者が別訴を起こすことは許されない，重複訴訟の禁止に触れるという理解でよろしいでしょうか。

山本 その点は争いなく，従来の判例の考え方は維持されているということになるだろうと思います。

2. 訴訟参加の在り方

高須 そうなると，訴訟参加がポイントになってきます。この場合の参加形態が，現行法の下では，先ほどの昭和14年判例以来，管理処分権がなくなるのだから，当事者適格がなくなって，当事者参加ができない。ただ単なる補助参加となると法定訴訟担当として判決効の拡張を受ける以上，効力が弱い。そこで中間的な概念で共同訴訟的補助参加，参加人の独立性がある程度強調された補助参加になると考えてきたということだと思うのです。今回の改正によってこの点が変更になるということでしょうか。

山本 この参加の問題は，債務者が債権者の訴訟追行権，つまり債権者代位権の行使要件を認めるか争うかによって違ってくると思うのです。今ご指摘の点は，おそらく訴訟追行権，債権者代位権行使の要件はあるのだということを前提にして，それで訴訟参加する場合のお話かと思うのですが，その場合はご指摘のとおり，現行法では自分は管理処分権がないということを債務者自ら認めていることになるので，当事者として参加はできず，共同訴訟的補助参加になるということでしょう。

しかし，今回はその前提となる判例が明文で変更されたので，改正法の下では当事者参加が可能であるということになります。当事者参加としては，今ご指摘の共同訴訟参加，それから独立当事者参加ということが考えられ，おそらく説としては両説ありうるということだと思います。どちらの説とすべきかが自明であるわけではないというのは，それぞれ弱みがあるからで，

共同訴訟参加と考える場合の弱みは，判決主文が違ってくる可能性があるということです。判決主文の話は後で出てくると思いますが，多くの論者の理解は，債権者は自分に払えということが言え，債務者も自分に払えということが言える。それぞれの支払先が違う請求の趣旨が定立される。これは，通常の共同訴訟参加にはない現象です。株主代表訴訟の場合も会社に払えという請求しか株主にはできないので請求の趣旨は一致するわけですが，ここは違ってくるという点が異例だということなのだろうと思います。

　他方，独立当事者参加だというのは，確かにそういう意味では最終的な支払先が違うというので，請求が両立しないのだというように考えれば，民事訴訟法47条の要件を満たすわけです。しかし，これも後で出てくると思いますが，普通はその請求は同時に認容されることが可能であると考えるのだと思うのです。そうすると，両方とも請求は認容なので，2つの請求は判決レベルで両立していないわけではない。一方が認容，他方が棄却ないし却下という関係には立っていないわけです。

　これをどう考えるかということで，同様の例は現行法では不動産の二重譲渡のような場合に，二重譲渡を受けた譲受人がそれぞれ移転登記請求をするという場面は，請求の趣旨は違いますけれども，両方とも判決レベルでは両立するわけです。これについて独立当事者参加ができるかどうかという点で，見解は分かれています。私の理解では，その見解の分かれというのをここでも反映することになるのではないかと見ています。私自身はどうかというと，やはり独立当事者参加というのは，訴訟追行が当事者間で矛盾抵触するという点に着目して，お互いが相手方の訴訟追行を牽制することを可能にした制度だと理解しております。そういう意味で，訴訟追行の観点から見ると，この場合は訴訟物である被代位権利の存在自体についての主張・立証という意味では債務者も代位債権者もいわば共同戦線を張れる関係にあり，支払先自体は基本的に争点にはならないと考えられます。そうだとすれば，あえて牽制作用を認める必要はこの場面ではないのではないかと考えています。結論としては，最初に高須さんがご指摘のように，私は共同訴訟参加というのが自然ではないかと考えているということです。

高須　ありがとうございます。二重譲渡のところでは，訴訟法的にはかなり議論がなされておりますが，私の理解する限りは，結構，厳しい議論がなさ

れていると思っております。非両立性の要件を認めるのは難しいのではないかという議論ですが，今の山本さんのご指摘は，判決レベルの非両立という側面もさることながら，訴訟の遂行過程を見ましょうということですね。共同戦線型か，あるいは，何としてでも相手の足をすくおうと思っているような対立，牽制型の訴訟か，ここにポイントがあるという理解で，この点に着目してはどうかと，そういうご示唆になりますか。

山本 そういうことです。最終的な結論が両立しないのはそのとおりで，第三債務者は，当然，両方に払わなければいけないわけではなくて，どちらかに払えば終わりですので，そういう意味では，最終的にはどちらかしか取れない。強制執行に行ってもどちらかしか取れないことになる点はそのとおりなのですが，独立当事者参加の可否という点を見るときには，そこまで考える必要はないのではないかということです。

高須 なるほど。

山本 訴訟追行で相互に牽制するかどうかというのが民訴法40条の適用，つまり必要的共同訴訟の規律の準用の要否を分けるという理解の下，この場合は独立当事者参加ではないとしてよいのではないか。独立当事者参加でないとなれば，当事者参加を認める以上は，あとはある意味必然的に共同訴訟参加になるということかと思っています。

高須 わかりました。もう1点，重要なのは，山本さんが今ご指摘になった，支払先自体はこの訴訟では争点にはならないとの点ですね。共に債権者であること自体を争わないということであれば，要は，本来的な訴訟物と言いますか，債務者の，第三債務者に対する権利があるかないかだけが争点になる以上は，私に払えの部分は，実は訴訟の争点ではないと。その意味でも共同戦線型であると，やはりこれが前提になるということですね。

山本 そういうことです。

高須 わかってまいりました。そのような形で共同訴訟参加に結び付けると。私も，同じ立場なのですが，そうなるとあとは，山本さんからご指摘の，判決主文が違うというところをどのように考えるかという点ですね。これについては，後ほど検討したいと思っております。

3. 訴訟追行の在り方

高須 まずは訴訟追行の在り方について考えます。共同訴訟参加で入ることになりますと、類似必要的共同訴訟の関係として捉えることになります。その場合に、各訴訟当事者は、参加して入った者も含めて、どのような訴訟追行ができるのか。単独でできるのか、共同でやらなければならないのか。一番の典型例は和解です。参加してきた債務者が被告である第三債務者との間で和解をしましょうと、そのような訴訟上の和解をするとなった場合に、代位債権者が、それを阻止できるのかどうか、そのあたりは、たぶん、新しい問題として出てくると思うのです。山本さんは、どのようにお考えですか。

山本 これは非常に難しい問題で、民訴法40条1項の規律を前提とした場合には、和解自体は一般的に不利な行為と捉えられて単独ではできない。したがって、代位債権者はそれを阻止することができる。これがおそらく、従来の40条の素直な理解となるのだろうと思います。ただ、この場合は実体法の規律として、「債務者は管理処分権を失わない」ということで、その中には、債務者は債務免除をすることもできるし、債権譲渡をすることもできる、そういう実体的な権限を持っていることが前提になっています。和解というのは、そのような実体的な処分権を訴訟手続に反映したものであることは明らかなので、実体的に本来債務者ができることを訴訟上の理由でできなくする、債権者にそれを止める権限を認める根拠はどこにあるのかが問題になるように思います。この点は、法制審議会でも、私も何度か問題提起はしたわけですが、手続法上の問題であるということで、必ずしも十分な議論はされないままに終わったように思います。そういう意味では、私は、これは手続法に残された一種の「宿題」ではないかと考えているところです。

　この点についてはいくつかの考え方がありうるだろうと思っています。一番ラジカルなのは、債務者が参加してきたら、債権者代位権の行使の権限は奪われるという、これは後でも出てくることですが、もう債権者代位の訴えは却下になってしまうという考え方がありうるだろうと思います。しかし、そうすると、訴えを却下された後に、債務者が自分で自分の訴えを取り下げてしまうという問題もありますので、訴えを却下するまではいかずに、債権者代位の訴訟を中止して手続を止めておくという考え方、債務者が取り下げたりしたらまた復活するということも考えられるのではないか、これは私が

法制審で示唆した考え方です。さらに，それはむしろ40条の問題として考えて，この40条は普通に考えれば先ほどのようなことになるわけですが，これは特別の40条の適用場面なのだと捉えて，こういう場合は，和解は不利な行為だけれども債務者が単独でできてよい，債権者はそこに関与できない，そのような特別な40条の適用場面なのだと捉えればよいという学説も出てきています。ここは，今後の民訴学界でかなり議論していく必要がある問題ではないかと思っています。

高須 わかりました。結局，実体法上の権利があるのに訴訟法上それができないというのは，いかにもおかしいと。それを何らかの形で実現しようとしたときの訴訟上の何らかの説明が必要になる。山本さんにご指摘いただいた，中止という手続は極めて示唆に富んだ考えだと思うのですが，今のところ立法的手当ては何らなされていないと。

山本 そういうことです。

高須 そうなると，1つの考え方として，40条1項を柔軟に解釈するみたいな見解も生まれてくるということですか。

山本 そうですね。

高須 反対に，代位債権者に，ある程度介入する権限を与えるというか，本来的に40条1項を使って，私が「うん」と言わない限り和解できないのだと，訴訟においてはそうなのだと言う余地はあるのでしょうか。そういう立場の考えもありうるのでしょうか。40条1項をそのまま使うことを考える立場もありうるのかという質問なのですが。

山本 それは，おそらく民訴法的にはむしろ素直な考え方で，何らの手当てもしなかったというのは，訴訟の場面においては，債務者の，言わば優先的な処分権みたいなものは貫徹しなくてよいという政策判断がされたのだという理解はありえなくはないと思います。ただやはり，先ほどのような実体法の価値判断とはやや抵触してきて，なぜ訴訟の場合だけそうなるのですかという実質的な説明をするのはなかなか難しいなという印象を持っています。

高須 わかりました。改正法が，債権者代位権をどの程度の権利として認めたかに関わるのかもしれませんね。

山本 はい。

高須 「安楽死」とまでいかずに，ちょっとぐらいは生き続ける余地を認め

てもいいのではないかとなれば，ここのあたりも，ある程度の効力を認めてもいいかもしれない。反対に，文字どおり，債務者が権利行使をしてきたら，事実上，もうこの方法での債権回収は認めませんとなれば，債務者の和解に委ねていいという方向へつながる余地はあるし，その解釈上の工夫はありうると，このように理解してよろしいですね。

山本 おっしゃるとおりで，そのあたりの価値判断がかなり影響する問題かと思います。

高須 大変よくわかりました。ありがとうございました。このあたりは，改正法の下での裁判が始まると現実に起きてくる問題だろうと思っている次第です。

4. 参加がなされた場合の判決主文の内容

高須 では，和解をせずに，共同訴訟参加がなされた上で判決になる場合を考えます。代位債権者は自分に払えと請求できる。改正法423条の3の規律がありますから，直接支払を求められますので，当然，そういう判決内容になるはずです。一方，債務者についても自らの権利ですので，債務者に支払えとなるのが当たり前となります。そうなると，判決主文が，それぞれ原告に支払え，参加人に支払えという形になって統一性がなくなる。訴訟法上，そのようなことがありうるのか。山本さんのお考えは，このような制度を認めた以上は，判決レベルでは，それぞれに認容判決がなされることになるのではないか。あとは執行の問題ではないかというお考えと伺っているのですが，そのようなことでよろしいですか。

山本 そのとおりです。

高須 わかりました。一方では，昨年，伊藤眞先生が論文を発表され，債務者が訴訟参加をした以上は，債務者に対する支払を認めれば足りる。このような前提に立った上で，債務者に対する請求認容判決を出す際に，代位債権者の請求に関しては，請求棄却判決を言い渡すべきと主張されています（伊藤眞「改正民法下における債権者代位訴訟と詐害行為取消訴訟の手続法的考察」金法2088号〔2018年〕44頁）。この請求棄却説というのも1つありそうです。それから，私の考えです。拙い考えで大変恐縮ですが，伊藤先生と同じように，両方の請求を認める必要はないとの前提に立ち，さらに本来，債務者に

対する支払が優先するはずだと考えた上で，請求棄却ではなくて，債務者が権利行使してきた以上は，請求は債務者に対する支払に一本化されるべきではないかと。請求内容が変容すると理解して，判決主文は，債務者に対して支払えと，これで統一してしまうことでどうかと考えています。変容説と勝手に名付けさせていただいているのですが，そのような説もありうるとは思うのですが，山本さんからご覧いただいて，どのようなご印象でしょうか。

山本　まず伊藤説です。伊藤先生の見解の特色は，債権者代位権の行使要件が実体的なものだと考えて請求棄却とされるわけですが，私の理解では，一般的には債権者代位権の要件は，原告適格の問題だと捉える見解が多いように思われます。そのように考えれば，伊藤説を少し変容させた訴え却下説というものもあるのではないか。債務者が権利行使してきた以上は，債権者の訴えは却下される。請求棄却ということになると，本案についての判決があることになりますから，債務者の請求を認容することになると，法定訴訟担当説を前提にすると既判力レベルで矛盾抵触が生じるおそれがあることになるので，伊藤説を前提とすれば，むしろ訴え却下説が素直なのではないかという点が1つ印象としてあります。

　それから，高須さんの変容説は，以前から大変興味深い見解と拝読してきているわけですが，通常の民事訴訟の理解からいくと，訴訟物が自動的に変更されるというのは，処分権主義に抵触するのではないかという批判が当然ありえますし，これを一部認容で説明するというのもなかなか難しいところがあるとすると，この見解をとれば，むしろ債務者に対する支払に債権者が訴えを変更しない限りは訴えは却下されると捉える。そういう意味では，訴え却下説の変容バージョンとして捉えるというのが，訴訟法的には素直な感じがします。裁判所が釈明などしてもどうしても訴えを変更したくないとなれば，それは却下でしようがありませんね，ということです。

　そういう意味では，私の理解では，結局，この独立説と名付けられている考え方，両方にそれぞれ請求認容判決をするという考え方に立つか，債務者が参加した以上は債権者の保全の必要が失われて訴えを却下するという考え方に立つか，そのどちらかなのかなと思います。後者の考え方も確かにありえて，先ほどの保全の必要の問題ですが，債務者が訴えを提起してきた以上は，やはり債権者の被代位権利保全の必要性が失われるのだという理解とい

うのもありえなくはないとは思います。ただ，先ほども申し上げたように，債務者が訴えを取り下げるなど策動がなされるおそれがあることを考えると，そこまでいくのは，私はやや躊躇があります。もちろん，一旦訴えを却下した後，取下げとかがあればもう一度訴えを提起すればよいではないかといったことは考えられるわけですが，それはあまりにも債権者の権利保護という観点からすれば迂遠である，あるいは酷であるという感じがするわけなので，この場面においては，両方の請求を認容することで，ある種やむをえないのかというのが私の理解です。

高須 債権者代位権の訴訟物に関する理解なのですが，確かに判決主文の名宛人は変わるわけですが，誰に支払えの部分は変わるとしても，訴訟物自体は，債務者の第三債務者に対して持っている権利ではないかと思われます。このように捉えますと，例えば，変容説も決して訴訟物を乗り越えているわけではない，処分権主義には抵触しないという気もしてはいるのですが。

山本 なるほど。

高須 そのあたりはいかがでしょうか。

山本 それは結局，処分権主義をどのように捉えるかということで，おっしゃるように，訴訟物は変えていないのではないかという見方は可能だと思います。ただ，従来単純に訴訟物だけで処分権主義の範囲を考えてきたかというと，必ずしもそうではなくて，請求の趣旨の同一性をやはり重視してきたように私は理解しています。仮に訴訟物だけで決まることになると，債務者に対する支払請求が認容される限りにおいては，債権者は自分に払ってほしいと思っていても，それは全部認容の判決になるので，債権者は上訴の利益がないことにもなるわけです。しかし，従来はそのようには考えてこなかったわけで，債権者は自分に払ってほしいということであれば，なお本来，上訴できて然るべきだと考えてきたのではないかと思っています。

高須 大変よくわかりました。私の変容説は，実は全部認容でよいという理解を前提としています。この場合に上訴はさせない，できないと。債務者が権利行使してきて請求が認容されるのであれば，それで，もはや債権者は何もできなくてよいのだという考えです。実は，このようなことを考えたヒントは，法制審で，山本さんが代位債権者の権利行使はもう中止されて然るべきではないかという発言でした。先ほども山本さんがおっしゃっていた点で

す。そのことを聞いた瞬間に，確かにそうだなと思いました。立法的には今回そういう手続は，訴訟法的には特に用意されていないわけですが，解釈論で，事実上もう中止ですよねと，手続を見届けて判決をもらうまででおしまいですよと。これをさせるには，むしろ変容説で，全部認容との理解で，上訴もできませんと，これでよろしいのではないかと考えました。山本さんの法制審でのご発言から，実は，私の説が出てまいっておりますということだけ，この場をお借りして釈明させていただければと思っている次第です。

山本 私も，そういう意味では，高須さんのお考えには非常に親近感を持っているわけなのです。結局そのやり方として，中止というような，要するに訴訟上の制度として，言わば債権者はもうそれ以上は活動できませんという考え方をとるのか，債権者の設定している請求の趣旨自体を変容させてしまうところまでいくのかという，そのやり方の問題なのだろうと思います。我々訴訟法学者は，処分権主義というのはかなり民事訴訟の根源的な原則だと思っていますので，そこが変わってしまうところに何か強い違和感を持っているということなのだろうと思います。変容説が目的としているところには，私も大変親近感を持っていることは釈明させていただきたいと思います。

高須 今日はその点を確認させていただいて，大変，心強く思いました。それと，なるほど，訴訟法的にはそのように考えることが重要だということが大変よくわかりました。ありがとうございました。

　ちょっと込み入った議論もさせていただきましたが，2020年4月1日からいよいよ改正法が施行になりますと，改正法を前提とする債権者代位訴訟も起きてきますから，現実の問題となりうるのだろうと思っております。

5. 事案の検討

高須 設例に戻りますと，今の点の議論を踏まえて，論点3では，共同訴訟参加が仮になされたという前提で考えますが，参加形態は共同訴訟参加と考え，共同訴訟参加がなされた場合の請求認容判決はどのようになるか。山本さんの，いわゆる独立説に立てば，代位債権者及び債務者それぞれに対する支払を求める判決の主文が書かれて然るべきだと，このような形になりますということでよろしいでしょうか。

山本 私の見解としてはそういうことです。

Ⅵ. 原告の債権者性を争うための債務者の訴訟参加の態様（論点4）

1. 現行法の理解と改正法下での扱い

高須 それでは，最後の論点にいきたいと思います。債権者代位訴訟が提起されており，債権者と称してはいるけれども，債務者からすれば，その債権者性を争いたいというケースです。

　従来は，管理処分権がなくなると言われてしまうので，そこから争わなければならない。そこで，管理処分権を回復させて第三債務者に支払を求めるためには，債務者は，代位債権者に対して，併せて，あなたは債権者ではありません，よって，私の管理処分権は失われていませんと，ここまで訴訟の中で結着を付けねばならないということで，まさに，非両立の構造があり，独立当事者参加，中でも権利主張参加になる。これが従来からの，最高裁昭和48年4月24日判決（民集27巻3号596頁）などの理解だったと思います。ところが，今回，代位債権者が権利行使しても，債務者の管理処分権が奪われないということになれば，独立当事者参加をしなくても，別訴で権利行使をすればいいのではないかとの議論の余地が生まれることになります。この点は，山本さんはどのようにお考えでしょうか。

山本 ここも，債務者が当事者として参加できるという帰結は変わらないのだろうと思いますので，選択肢としては，共同訴訟参加か独立当事者参加となるのは，先ほどの例と変わりがないと思います。ただこの場合は，共同訴訟参加はかなり難しいように思います。少なくとも原告適格をめぐる債権者代位の要件に係る訴訟追行においては，両者の主張は明らかに矛盾抵触する。一方は被保全債権があると言い，他方はないと言うわけで，ここは争うことになりますから，そもそも共同戦線を張れる状況にはない。おそらく，現在の共同訴訟参加制度というのは，そういう事態は想定していないので，それをどのように規律するかということはなかなか難しいのではないかと思っています。

　他方，権利主張参加が難しいのは，高須さんがまさに言われましたように，今回，債務者の処分権が認められましたので，従来は，被保全債権があれば，債権者の訴えは本案判決，債務者の訴えは却下となり，被保全債権がなければ，債権者の訴えは却下，債務者の訴えは本案判決となり，当事者適格レベ

ルでの非両立というものは完全に存在したわけです。他方，今回の制度で，被保全債権がなければ債権者の訴えが却下されることは今までどおりですが，被保全債権があった場合は，債務者の訴えは却下されず本案判決がされる。仮に先ほどの独立説に立てば，両方認容ということもありうるという話になるので，必ずしも完全な非両立ではない，この状況をどのように考えるかということだろうと思います。一種の片面的な当事者適格の非両立という局面なのだろうと思います。

　そして，この点は，権利主張参加の制度趣旨をどのように捉えるかという問題と関連するのだろうと思います。先ほどご指摘の，昭和48年判決の当時は，旧民事訴訟法時代で，独立当事者参加の参加人は必ず両方の当事者に請求を立てないといけないという，三面訴訟という考え方が堅固にあった時代だったと思います。しかし，その後，平成の民事訴訟法改正で，現行法は，いわゆる片面参加，一方だけに請求を立てる形で参加することを認めており（民訴47条1項），そこでは，権利主張参加制度の趣旨として，従来の権利義務の完全な非両立による三面訴訟的な説明から，参加人が当事者の訴訟遂行に対して一定の牽制をする要請を実現するためにこの制度が認められているのだという，訴訟牽制という観点への説明の変換があったのではないかと私は見ています。

　そうだとすれば，昭和48年判決当時とは訴訟法上の前提が変わっている可能性もあって，そういう意味では，片面的非両立であっても，訴訟牽制の必要が残る限りは，権利主張参加を認めてもよいという理解は，私は十分成り立ちうると思っています。そして，この場合は，債務者としては，代位債権者の当事者適格を否定しており，かつ，第三債務者側はその点を争うインセンティブが必ずしもないわけです。誰に払っても同じなので。

高須　そうですね。

山本　ですから，そういう意味では，債務者がそれを牽制していく必要性はかなり強いように思われます。そういう債務者の立場から見れば，債権者の当事者適格が自らの適格とは両立しないと考えて，権利主張参加を認めることは十分考えられると思っています。私自身は，結論としては，従来の判例法理が残り，独立当事者参加が認められるという結論でよいと思っています。

　ただ，一言申し上げると，民訴学界では割合そういう人は多いと思うので

すが，日本の当事者参加の制度は，立法論としては全体的に必ずしも出来がよくなくて，今のような場面は，共同訴訟参加と独立当事者参加の中間にある意味では落ちるような部分があって，そこを必ずしもうまく拾えるような形になっていない，訴訟法的にはどちらに行くにしても，やや無理が生じるという側面があるところなので，このあたりは，訴訟法的には将来の立法への「宿題」として，何か考えていく必要があるかもしれないという印象は持っています。

2. 事案の検討

高須 よくわかりました。そうなりますと，論点 4 も，今の山本さんのご示唆を踏まえると，B が A の債権者性を争って訴訟参加する場合は，現行法もそうだったわけですが，独立当事者参加，その中の権利主張参加が，改正後も許されてよいと，このようなまとめになりますか。

山本 私自身はそのように理解しています。

Ⅶ. おわりに

高須 債権者代位権の改正は制度自体の改正を含むものですので，大きな改正だったと理解しております。この制度は，一般の取引社会ではそれほどの議論にならないのかもしれませんが，私どものように裁判を生業とする者にとっては，訴訟の在り方そのものに関わる問題となる。間違えると恥ずかしい，あるいは弁護過誤ともなりかねない論点ですので，山本さんからの様々なご示唆，ご教示をいただきまして，目から鱗が落ちるようなところが随所にあり，大変参考になりました。引き続き勉強してまいりたいと思っています。ありがとうございました。

山本 ありがとうございました。私も大変勉強になりました。

［2019 年 2 月 28 日収録］

詐害行為取消権

山本和彦　YAMAMOTO Kazuhiko
高須順一　TAKASU Junichi

設例

Aは，2020年5月1日，Bに対し，300万円を貸し付けた。この時点で，Bが有する資産は，Cに対する売買代金債権500万円だけであり，一方で，Bが負担する債務は，このAからの借入金300万円のほか，Dからの借入金500万円，Eほか数名に対する売買代金債務1000万円であった。その後，Bは，2020年7月1日，Cから代金500万円の返済を受け，これを原資としてDへの借入金500万円を全額，弁済した。これを知ったAは，Dを被告として，詐害行為取消訴訟を提起し，300万円を支払うよう請求した。

☞ 直接の支払請求及びその後の相殺により，Aが自己の貸付金を事実上，優先的に回収することを認めてよいか（論点1）。
☞ Aの請求が認められるための要件はどのようなものか（論点2）。
☞ 改正法により，AD間の詐害行為取消訴訟の請求認容確定判決の効力は，Bにも及ぶことになるが，その場合の効力とは具体的にどのような内容のものか。例えば，AD間の取消訴訟にAが勝訴し，DがAに300万円を支払った場合，425条の3により，DのBに対する500万円の貸付金債権は300万円の限度で復活することになるが，DがBにその支払を請求したとき，Bがそもそも詐害行為取消権の行使が誤りであったとして，債権の復活を争うことが許されるのか（論点3）。
☞ AD間の詐害行為取消訴訟に，Bが訴訟参加する場合の参加形態はどのようなものか。Eらが参加する場合はどうか（論点4）。

I. はじめに

高須 それでは，「詐害行為取消権」につきまして，山本和彦さんと対談させていただきます。詐害行為取消権につきましては，明治44年判例（大連判明治44・3・24民録17輯117頁）という極めて強固な判例法理があったわけですが，今回その法理の1つである相対的無効構成について大きな改正がなされました。一方では，明治44年判例以来の折衷説は維持されました。これはこれで大きな選択であったと思います。また，倒産法との平仄を図るということで，特殊な詐害行為類型が整備されました。これらの点を含め，横断的に考えていきたいと思っております。

II. 詐害行為取消権の制度設定（論点1）

1. 事実上の優先弁済を認めたことの評価

高須 それでは，設例に基づいて，話を進めていきたいと思います。

例えば不動産の贈与による詐害行為のような場合には，贈与契約を取り消した上で，登記名義を債務者の下に戻して強制執行を行う。こういう形で責任財産の回復を図ることになります。これに対し，逸出財産が動産ないし金銭の場合，とりわけ金銭が主だと思うのですが，この場合にはこれまでの判例法理は，取消債権者が直接に請求して，受領することを認めます。その上で，相殺ができるとされる。本当に相殺が可能であったのかについては，難しい議論があるのですが，いずれにしても事実上の優先弁済は可能である。そのようなことで，逸出財産が不動産のときと金銭のときとで，処理の仕方が異なっていたように思います。

ここでは，取消債権者が受益者に対し詐害行為取消権を行使して，金銭の支払を求める場合について検討したいと思います。設例をご確認ください。

この場合に，そもそも，どのような制度として詐害行為取消権を構築するか。一方では，不動産と同じように，金銭についても責任財産としてBのところに回復させて，Aは執行手続等によってきちんと回収を図ることとし，事実上の優先弁済は認めないという方向もあったと思います。現に，法制審でそういう議論もしたところでした。

他方では，それでは詐害行為取消訴訟を起こす人はいない。取消債権者の

モチベーションを考えて，法制審ではインセンティブという言葉を用いて，自らの費用と負担で詐害行為取消訴訟を起こす以上は，従来認められてきた事実上の優先弁済を認める制度は維持すべきとの議論がありました。

　結果，改正された条文を見ますと，逸出財産が動産あるいは金銭の場合には，取消債権者が直接に支払や引渡しを受けることができるという規律になりました。424条の9です。

　まずは，この事実上の優先弁済が追認されたような形かと思っているのですが，この点について山本さんの印象，評価はいかがでしょうか。

山本　詐害行為取消権制度に対する私の基本的な理解というのは，倒産手続における否認権と同趣旨の制度であって，財産欠乏状態にある債務者に対する債権者の配当をできるだけ多くする，あるいは債権者間の平等を確保するということを倒産手続だけではなくて，倒産手続外の平場でも可及的に可能にするという趣旨の制度だと思っています。ただ，債権者に対する弁済の最大化や債権者平等という趣旨を徹底的に図りたいのであれば，現在の日本の法制度からすれば，倒産手続を開始するというのが本来の筋だとも思っており，そこまでいかずに，言わば簡易な形でその目的を図りたいという場合に，この詐害行為取消権の行使というものが想定されているということです。その意味では，そもそも徹底的な債権者平等というところまではいかない，いく必要はないということが私の認識です。この認識は，私が法制審でかなり固執し続けた倒産法上の否認権との逆転現象の防止という発想と表裏をなしているものと思っています。

　そこで，事実上の優先的回収を認めるという点ですが，一定の政策的な考慮に基づいてそういう結果になってしまうこともやむをえないと思っています。そのような規律に今回なったとしても，個人的には違和感は少ないということでして，債権者平等などが制度目的とされていて，優先的回収というのはあくまでもその1つの付随的な結果にすぎない，それ自体が目的ではないということであれば，それほど違和感は持っていないということです。

高須　法制審の審議の過程ではかなり変遷がありました。中間論点整理から中間試案，その直後ぐらいまでにかけては，どちらかというと責任財産の保全の趣旨をより純化させる議論が有力であり，債権者の平等を徹底した制度に改める，事実上の優先弁済のようなものは後退させるという方向性だった

と思います。それが途中から方向性が変わって，現行の判例法理に近い形で，動産あるいは金銭の場合には，直接の引渡請求を認め，条文こそ置いてはありませんが，相殺も可能ではないかとなりました。そうしますと今の山本さんの理解だと，これは1つのありうる改正ではあったという理解でよろしいでしょうか。

山本 そうです。ただ，債権者代位についても申し上げたように，やはり一定の範囲では相殺権の濫用という議論は，一般法理としては残り，特に詐害行為取消権が行使されるような場合には，実際上，債務者の事業再生とか私的整理的なことが行われている局面が十分想定されるとすれば，相殺権の濫用というものが実際にも問題になりうる場合はあるのだろうと思っています。

高須 相殺については，その濫用を防止することが重要というご指摘は確かに大切ですね。我々弁護士もその視点を失わずに，仮に相殺という話になっても，濫用の余地があるというところは，しっかりと理解しておきたいと思っております。

2. 相殺処理の可能性

高須 明治44年判例以来の詐害行為取消権の構造というのは，折衷説プラス相対的無効構成であった。つまり，債務者が受益者との間で行った詐害行為について，まずその詐害行為を取り消す。ただし，取り消しだけで終わるわけではなくて，その逸出した財産を取り戻す部分までが詐害行為取消権である。つまり，取消しという形成的な判決部分と給付命令の部分がある。両方の性質を併せ持っているということで，折衷説です。その上で，この折衷説は被告適格の議論と結び付いており，明治44年判例は，債務者を被告とする必要はない，受益者あるいは転得者のみを被告とすればよいと判示しています。債務者には取消しの効果は及ばない，専ら取消債権者と受益者間の問題として考えることで，債務者を被告とする必要はないとの理解を可能にしたと思っています。仮に被告に債務者を加え，固有必要的共同訴訟とすると，民事訴訟法40条の適用を受け，何かと面倒ですので，債務者を被告とする必要はないとの判例法理は，実務的に都合のよいものであった。そのような理解です。

今回，その構成を改めました。折衷説は維持したものの，相対的無効構成

は理屈に合わないということで見直しました。不動産の贈与行為をイメージすれば明らかですが、移転した登記名義を債務者に戻して、債務者の財産として強制執行を行うわけですから、債務者に取消しの効果が及んでいないなどと言うのは、単なる絵空事でしかない。やはり何だかんだと言ったって、債務者に効果を及ぼしていると言わざるをえない。今回の改正では債務者にも効力が及ぶとし、さらに、債務者の全ての債権者にも効力を及ぼすという規律にしました。

そこで話はこの論点に戻ってくるのですが、従来、相対的無効構成をとっていたときは、取消債権者に支払がなされても、それを債務者が取り戻すという法的根拠を欠いていたのではないかと。つまり、取消しの効果は債務者には及んでいないわけだから、債権者に支払われた金銭に対する返還請求権が、実は債務者にはなかったのではないかと。相殺の要件は満たさないという疑問です。

民法研究者の方の中には、そこを「法定債権」と名付けた請求権を擬制することで解説しようという見解もあれば、あるいは端的に、相殺の要件を満たしていないけれども、さりとて取消債権者に対して誰も返せと言えないものだから、事実上の満足を受けていただけであると説明する見解もある。最高裁の判例も相殺だと明確に言ったものはなさそうです。

そうなると、今まではそもそも相殺という説明には疑問があったと思うのですが、今回の改正では相対的無効構成を見直して、債務者にも効力が及ぶと425条に規定した。その結果、設例で言えばAがDから300万円の返還を受ければ、その300万円の返還請求権が債務者Bに認められる。まさに相殺の場面になり、相殺禁止規定がなければ、相殺処理は可能となる。つまり、改正によって、初めて相殺ということがクローズアップされるのではないかと思っているのですが、山本さんのご理解はいかがでしょうか。

山本 おっしゃるように、そこが不明確であったということ自体、相対的無効構成の中での法律状態がなかなか説明の難しいものであったことを示しており、他方、改正法の下では、債務者に効力が及ぶので、これが相殺の問題だということが明確になったと、このことの意味は大きいと思うのです。先ほど、相殺権の濫用ということを申し上げましたが、まさにこれを相殺の問題として捉えるから、そういう形になるわけで、先ほど高須さんが言われた

ように，事実上誰も取り返せないから優先しているのだというような話になると，濫用みたいなこともないということにもなりかねないわけで，そこを明確化した意義は大きい。

　さらに，それを倒産の場面でどのように扱いますかという場合も，相殺だということになれば，倒産法は相殺権を制限するような規定をいくつか持っていますので，そこでの当てはめの問題であるということは非常にはっきりするわけで，問題状況というか，法的な論点がどこにあるかということを明確にするという意味では，今回の相対的な無効構成の見直しというのは大きな意味があったものと思っています。

高須　今後，この問題を扱うときに，よりストレートに濫用という主張につながる議論ができるかもしれないということになりますね。法律構成としては相殺です，それが濫用ということであれば，濫用の法理を新たに検討，構築しますと。このほうが理論としては明快で，わかりやすい。今回の改正でその点が進化したと考えている次第です。

3. 折衷説を維持したことの評価及びこれに基づく解決手法

高須　次の点です。極めて強固な判例法理と言われていた明治44年判例以来の折衷説についても，法制審の当初の審議の段階では，折衷説とは違う制度構築もありうるのではないかという議論をしました。いわゆる責任説が紹介されて，取戻構成を前提としない詐害行為取消権制度もありうるのではないかとの検討を行った。中間論点整理，中間試案と議論が進むにつれて，折衷説を前提とした上で，その問題点を個別に修正していくとの方針になった。いわゆる個別修正説的な理解に落ち着いていったと思うのですが，山本さんも，基本的には法制審の中では，責任説はなかなか訴訟法，執行法上の手当てが大変であり，現行法の折衷説を前提とせざるをえないかというご意見だったように思います。私が責任説の支持者であるということもあり，今一度，恐縮ですが，山本さんは今回の改正が折衷説を維持したという点は，どのように評価されていますでしょうか。

山本　この点は，実体法の態度決定の問題なので，私自身には積極的な定見はないのですが，責任説それ自体は私も学生時代から，詐害行為取消しというこの制度の目的を考えれば，1つの一貫した考え方だと思っていましたし，

それを前提に制度を組み立てるということも全く不可能というわけではないと考えていました。

　ただ、それを実際にやるためには訴訟、執行、倒産等々の制度に対する影響はやはりかなり大きくて、色々なことを考えないといけない。一例を挙げますと、責任説というのは、やはり純粋に強制執行の目的に純化して、そのために責任的取消しという効果、受益者の所に財産は残しながら、ただ強制執行を受忍させる、執行忍容訴訟でやるという構成をとる。これはこれで理解可能なのですが、倒産の場合の否認権は、強制執行だけではなくて、特に再建型手続の場合には、一定の財産を取り戻して、それを再建に活用するという側面も持っている制度です。現行法制は、この詐害行為取消権と否認権を連続線上に並べていて、例えば詐害行為取消訴訟の途中で債務者に倒産が始まったら、中断して否認訴訟に移るというような形にしているものですから、果たしてその間の調整がうまくいくのか。例えば再建に必要な財産が廉価売却されて、倒産前に詐害行為取消しで取り消されていた、責任的取消しがされていたところ、再生手続開始後に、再生債務者がそれを現物として再建に利用したいと思ったときに、一体どのようにすればいいのか。

　このような問題は他にも多くあったと思いますが、論理的に解決できない問題ではなく、何らかの制度を設ければいいとは思うのですが、今回の改正は、そういう手続に多大な影響を与えるような部分はできるだけ避ける、要するに戦線を拡大しないという方針がかなり強固にあったように思います。そういう意味では執行とか倒産の論点を網羅して、個々的に対応を考えていくという作業が必要な責任説において、そこまでの立法の準備というのが、必ずしも責任説を支持する側でもされてこなかったのではないかと思っています。そういう意味では、結論としては、今回の方向はやむをえなかったのかなという印象を持っているということです。

高須　私自身もやや自戒を込めて申し上げるのですが、責任説については、山本さんからご指摘いただいたように、準備ができていなかったかなと思っています。私は学生時代に恩師から、責任説は根本的には立法の問題だと教えてもらいました。現行法上も責任説を取ることは可能という理解はもちろん前提としてあるのですが、本来的には立法のときにどうするかであると。今回は、まさに120年ぶりの民法改正で、実はそのときが来たのかもしれな

いと思ったのですが、残念ながら、責任説をどういう形で展開して、どのような形で改正法を作って、訴訟法や執行法までの目配りをして、あるいは倒産手続との整合性を検討していくということになると、その準備ができていなかった。そもそもが責任説の中でも論者によって理解に違いもありますし、第三者の下での執行忍容というときには責任説だけではなくて、色々な考え方がある、諸外国でも様々な理解があるということであり、そのあたりの準備が、我が国においてできていなかった。その意味では時期早尚であったかと。私は法制審のメンバーとして、責任説を採用すべきとの議論をさせていただきましたが、やはり議論の大勢は折衷説ということでした。その結果として、相対的無効構成のところだけを修正して、あとは判例法理を前提とした改正になったかと理解しています。

　以上を前提に、論点1です。AがBに対して300万円の貸付金を持っており、BがCから回収した虎の子の500万を、Dからの借入金の弁済に充ててしまったケースです。AはDとの間で弁済行為の取消しを求め、かつ、改正後の424条の8に定めるとおり自己の債権額である300万円の限度で取戻しを求めることになり、かつ、改正後の424条の9により、A自らへの支払を求めることができるとなります。要するに、折衷説に基づき、Aは取消しとともに自らへの支払を求める訴訟を詐害行為取消訴訟として提起することができることになりますね。

山本　はい。それはそういうことだと思います。

4. 仮差押えの可能性と有効性

高須　発展的な問題として、改正法の下で、その存在が明確になったBのAに対する300万円の返還請求権を、受益者Dが仮差押えすることができるかを考えたいと思います。

　新法では、相対的無効構成を見直した結果、BのAに対する金銭の返還請求権の存在が明確となります。一方で、DはBに対して元々貸付金を持っていますから、この弁済行為が取り消されれば、改正法425条の3により、その債権は300万円の限度で復活することになります。そして、BのAに対する金銭の返還請求権が立つのであれば、DがBに対して持っている、将来復活する債権を被保全権利として、Bが将来請求するAに対する返還

請求権を仮に差押えるということが可能になりますでしょうか。

　相対的無効構成が見なされた結果，今後は，このような仮差押えをかけることによって，言わば事実上の優先弁済に対抗するという手段もありうるという意見を耳にしますが，この受益者による対抗手段としての仮差押えというのは，山本さんはいかがでしょうか。

山本　今おっしゃった将来の復活する債権に基づいて，やはり将来発生するBのAに対する返還請求権に対する仮差押えというのは，一般論としては可能なのだろうと思います。被保全権利がそのような一種の条件付権利であったとしても，また被差押債権が条件付権利であったとしても，保全の必要等の要件を充たせば，仮差押えは可能なものと思われます。その意味で，このような仮差押えをかけておけば，後から取り消した債権者のほうが優先して回収してしまうという「遅い者勝ち」の事態は防止できる可能性はあるということだろうと思います。

高須　その場合に，仮差押えがかかったから相殺はできませんとなるのかどうかが，つまり，仮差押えが有効な対抗手段となるのかどうかの点です。いわゆる差押えと相殺の論点です。昭和45年の大法廷判決（最大判昭和45・6・24民集24巻6号587頁）以来，無制限説に依拠し，相殺のほうに保護の比重を置いた実務をしています。今回の改正でも511条を，むしろ無制限説に依拠した形で条文を設けることになっています。

　そうなると，仮差押えがかかるとしても，今，山本さんからご示唆をいただいた，そのように考えれば仮差押えはかかるのではないかという議論の，次の問題として，それで相殺を阻止しうるのかどうかという点があると思うのですが，ここはいかがでしょうか。

山本　これは私自身は気づかなかったというか，今回，高須さんにご教示をいただいたところなのですが，確かに非常に興味深い論点かなと思います。

　私自身は，ごく素直に，仮差押えの時点では，Aの自働債権は存在するとしても，受働債権，Bに対する弁済金の返還義務，これはまだ取り消されるかどうかわからない段階なので，債権としてはまだ発生していないと考えるとすれば，当然仮差押えのほうが優先すると，511条の規定は差押えを受けた時点で債権債務が対立している状態にある場合に相殺のほうが優先するという規定ですので，仮差押えのほうが勝つのかなと思っていました。ただ，

考えてみると問題はそんなに単純ではなくて，1つは詐害行為取消しの遡及効の問題があって，仮に遡及効があるとすると，取り消された後から考えると，既に弁済の時点で不当利得返還請求と元の債権が対立していたというように言うこともできて，そうすると511条1項で，当然相殺は可能だということになります。また，仮に遡及効ではそこまで言えないとしても，511条2項との関係で，債権発生原因を何と捉えるかという問題があって，詐害行為取消し自体を発生原因だというように考えると，それは仮差押え後の原因だということになり，2項でも相殺のほうが負けるということになると思うのですが，そうではなくて，詐害行為取消しの原因が存在することが債権発生原因だとすると，やはり前に原因があるのではないかと考えることも可能のように思えます。私自身は仮差押えが優先すると考えてよいのではないかとは思っていますが，なお論点としては非常に難しいものがあり，今後の議論に期待したいところです。

高須 相対的無効構成の下では，これまで検討したことのない問題だと思います。参考になりました。いつも思うのですが，保全処分の有効な活用，これがやはり弁護士の能力に関わると言われる。保全までを見通した仕事ができるかどうかというところは，大切なところですので，今の山本さんのご指摘も，私どもなりによく考えて検討してみたいと思います。ありがとうございます。

折衷説を維持し，一方で相対的無効構成を見直したということで，金銭の返還を求めるような場面においても，色々新しい問題が出くるということですね。以上で，設例に関して論点1として提起した問題の検討を終了したいと思います。

III. 特殊な詐害行為類型の新設（論点2）

1. 要件論の改正について

高須 次の問題として，本旨弁済の詐害行為性の判断要件について検討したいと思います。改正前の判例法理では，いわゆる通謀的害意の要件で判断されてきました。債権者と通謀して他の債権者を害する意図で弁済をしたという例外的な場合は詐害行為になりますが，そうでない限り本旨弁済行為は詐害行為にならないという判例法理です。

それが，今回の改正では，特別な詐害行為類型が設けられました。424条の3の特定の債権者に対する担保の供与等の特則となります。倒産法上の否認権で規定される支払不能基準（1項1号）と，従来の判例法理の通謀的害意（1項2号）の両方が要件化されています。424条の2ないし4の特殊な詐害行為類型の新設に関しては，倒産法上の否認権との平仄を図ったものと言われながら，この424条の3に関しては，2号で通謀的害意が要件化されていて，倒産法上の否認権にはない通謀的害意が必要とされています。これはどのように理解したらよろしいでしょうか。

山本 まず一般論として私が法制審で強調したことですけれども，否認権との平仄という観点からすると，倒産法において平成16年の改正で否認権を改正した大きな目的は，その行使要件を明確化し，事前の取引の安全あるいは予見可能性を高め，それによって将来倒産可能性のある企業等にも取引を可能にして，事業再生等の余地を与えるというところにあったわけです。そういう観点からすると，否認権をそういう趣旨で改正しても詐害行為取消権がそのままだと，取引相手方としては当然否認とともに詐害行為取消しの可能性も考慮して取引行動をするとすれば，結局将来どうなるかがよくわからないと。だから，危ないから取引はやめておこうという方向に働く可能性があって，否認権の改正の趣旨が没却されるのではないかという懸念があるということです。そのため私自身は，法制審で，いわゆる逆転現象というものを排除するとともに，できるだけ民法においても要件を明確化していただくということが必要なのだということを強調したわけです。民法学界の一部では，今回の改正について，民法の「過度な破産法化」というような批判をされる向きもあると承知していますが，是非ともそういう今回の改正の趣旨についてご理解いただきたいというのが，まず一般的な話です。

　424条の3の関係で申し上げると，否認権との逆転現象防止という意味では，1号の支払不能の要件が入ったということが，1つ大きな点だったということになります。2号の通謀害意の要件をどのように捉えるかということですが，否認権との関係では，否認の場合には受益者悪意の要件というのがありますので，逆転現象を防止するという意味では，受益者の悪意という要件が必要であるということは，まずあると思います。しかし，今回の2号はそれを超えて単なる悪意ではなく，通謀という要件になっていますので，否

認よりも更に制限していることになります。平時における詐害行為取消しの範囲を倒産時の否認の場合よりも制限するということで，旧法下の判例を参考にして，より厳格な要件を組み込んだ，中間試案の補足説明では，真に取り消されるべき不当な債務消滅行為のみを対象とするという趣旨を示すものと言われておりますので，その趣旨自体は，民法の政策判断の問題ですけれども，私自身はそれほど違和感はないということになります。

2. 支払不能基準と通謀的害意の要件

高須 この通謀的害意の要件については，重要な問題を抱えていると思っていますが，その前にまず，支払不能の意義について確認させていただきます。倒産法の場面では，弁済能力の欠乏のために債務者が弁済期の到来した債務を一般的かつ継続的に弁済することができないと判断される客観的状態であると支払不能を捉えています。したがって，一般的継続的に弁済できない，そういう客観的な状態を言うということで，単なる不払いを即支払不能というわけではありませんと。債務超過ともまた違う概念ですと。

このようなことが言われているようですが，今回，民法に明文化した支払不能も基本的には倒産法上の支払不能概念と軌を一にすると考えてよろしいでしょうか。

山本 はい。今ご指摘の定義というのは，先ほどの倒産法改正で破産法だと2条11項で明文化されたわけで，もはや解釈論ではなくて立法上そのようになっているということです。民法上も，先ほど私が申し上げた今回の改正の趣旨，要するに倒産法改正において行われた否認権についての予見可能性を高めるという趣旨を民法の詐害行為取消権の中でも実現して，その趣旨を全うするという観点からすれば，倒産法とは違う概念と捉えると，今度は解釈による逆転現象と言いますか，民法だと支払不能をこのように解釈して取消しができるが，倒産法の解釈は違うから否認はできませんというようなことになるとすれば，今回の改正の趣旨をまさに没却することになりますので，同一の概念と理解すべきだと考えます。ただ，支払不能要件については，例えば現実の債務不履行を要求するかどうか等について倒産法学界では議論がかなり分かれていて，私は少数説ですが不要説を取っているのですが，そこは色々な解釈論があるわけです。私は是非，民法と倒産法の学界で，相互に

議論していただき，調和的な解釈論，双方で基本的には一致するような解釈論を展開していっていただきたいと考えているところです。

高須 わかりました。ありがとうございました。

　それでは，通謀的害意の議論に入ります。平場の議論であるので，より限定する趣旨で通謀的害意要件を支払不能要件に加えること自体は，1つのありうる立法の在り方であるとのご説明をいただいたのですが，一方で，民法の研究者による以下のような分析があります。つまり，現在の判例法理は確かに通謀的害意を判断基準とする旨を宣言はしているけれども，実際に通謀的害意なるものを認めて，一定の弁済行為を詐害行為としてこれを取り消したものがあるかとなると，最上級審判例に限って見れば，1件も見当たらないと指摘されています。代物弁済のような場合はまた別なのですが，本来的な弁済行為の場合には，やはり弁済は義務行為ですから，特定の弁済により他の債権者には支払えなくなるという認識を共通にしただけで，その弁済が詐害行為になると考えるわけにはいかないということだと思うのです。要するに，この通謀的害意は極めて厳格な要件であり，よほどの場合でないと認められないとの分析です。

　今回，倒産の場面とは違うので，支払不能基準に加えて通謀的害意要件も併せ要求したと理解するにしても，仮に通謀的害意について従来と同じ解釈を維持すれば，実際には弁済行為について，詐害行為が認められることは，ほとんどありえないことになります。このような解釈は，あまりにも厳しすぎであり，詐害行為の成立の余地を著しく狭めることになるのではないか。このような疑問を持っています。

　そもそもなぜ今までの通謀的害意の解釈が厳格だったかと言えば，支払不能基準のようなものも何もない中で，相手と相謀って，ほかの人には返せないけれども，あなただけと言って返したら詐害行為だと言われると，結構多くのケースが詐害行為と判断されてしまう。それはよくない。そのような意識があったのではないかと思います。

　そうすると，今回の改正では，支払不能後という要件を要求しますので，この1号要件が入ることによって倒産法との平仄が図られている。そこで，2号の通謀的害意も，もう少し柔軟なものとしてもよいのではないか。このような議論もあるやに思うのですが，山本さんのお考えはいかがでしょうか。

山本 私は，高須さんが最後に言われた見解は十分にありうると思っています。確かに，今回の改正の経緯としては，この文言を作るに際して旧法下の判例を参考にしたことは事実だと思います。その意味で，旧法下の判例に一定の重みがあるということも間違いないことだと思います。ただ，旧法下の判例は，今ご指摘があったように，何らの拠るべき指針も，明文の規定もない中で，本旨弁済行為を取り消すということですから，そこはある程度制限的な解釈が求められていて，こういう判例が形成されてきた側面がある。

他方，今回の改正では，支払不能というものが基本的な要件とされた中で，追加的要件としての通謀害意というものをどのように解釈するかということになると，やはり前提条件が異なってくることは確かなので，私自身はあくまでもこの文言に即した解釈，先ほどの中間試案的な考え方，それが真に不当な偏頗行為かということを問題にするということで，基本的には十分ではないかと思っています。例えば，私的整理の交渉が行われている局面で，一部債権者が抜け駆け的な弁済あるいは担保設定を債務者から受けるというようなことが行われた場合に，もちろんそれは倒産手続に移行すれば否認の問題になるわけですが，そこまでいかなくても，私的整理の段階でそれを詐害行為として取り消そうというようなことであるとすれば，弁済等を受けた債権者が私的整理が行われているということを知っていて，その私的整理において他の債権者が言わばステイをしているという状態で抜け駆けをしたというような局面においては，私はこの通謀害意というのを認める余地は十分にあるのではないかと思っています。そういう意味では，個々的な状況に応じて考えていけば，過度に抑制的な解釈態度を取る必然性というのは必ずしもないのではないかと思っています。

高須 従来の判例法理を念頭において，通謀的害意はそう簡単には認められないと考えていると，判断を誤るかもしれないということですね。改正法の下での通謀的害意はどういうものか。これをしっかりと判断する必要がある。とても大切なご指摘をいただいたと思っております。

3. 事案の検討

高須 論点2の検討ですが，弁済期の到来後に，BがDに対して500万円を支払ったということであれば，改正法の下では424条の3第1項が適用に

なる。その場合には、まず1号の支払不能のときに行われた弁済であること、これが最初の要件になります。その上で、2号の通謀的害意の要件を満たす必要がある。改正法の下での新たな解釈論に基づく通謀的害意がどの程度のものであるのか、そういったことが検討されて、この通謀的害意も認められる場合に詐害行為になりうる、このように理解すればよろしいということですか。

山本 はい。そのとおりです。

高須 さらに424条の3には2項があります。これも倒産法の否認権との平仄ということだと思いますが、期限前弁済のような非義務的な行為のときは、支払不能になる前30日以内まで、支払不能要件が広げられるという理解でよろしいということになりますか。

山本 はい、そういうことです。

4. 424条との関係

高須 424条の2が相当の対価を得てした財産の処分行為、今、検討した424条の3が、特定の債権者に対する担保の供与等の特則、424条の4が過大な代物弁済です。いずれも倒産法上の規定を見倣って、特殊な詐害行為類型として規定されました。これらの規定と424条との関係について検討します。否認権と同じように考えるというのであれば、424条は責任財産の減少行為を念頭においた狭義の詐害行為の規定となる。詐害行為否認に相当する規定です。その上で、424条の2以下が、不平等、偏頗性を意識した規定となる。否認であれば偏頗行為否認であり、詐害行為取消権であっても、偏頗性を意識したような詐害行為類型である。こう捉えると、確かに倒産法と平仄が合うと思います。しかし、片山直也教授などは、424条は狭義の詐害行為類型に関する規定であると同時に、424条の2以下の特則規定に対する一般的規定としての意味があり、特則規定類型で扱うことができない新たな詐害行為に対する適用根拠を提供するという重畳的規範構造を有していると主張されています。私もこのような意見を従来から持っており、例えば濫用的会社分割のようなケースで、これが偏頗行為か、あるいは狭義の詐害行為かという区別が難しいようなときに、424条がこれを引き受ける。要は、424条の詐害行為の内容を、まずは財産減少行為ということで考えつつも、それ

にとどまらない，特則で処理できないときの受皿にもなっていると理解する，このように，424条をもう少し懐の深い条文と考えたいのですが，この点はいかがですか。

山本 民法の規定ぶりと倒産法の規定ぶりの間に相違があるということはそのとおりで，法制審でもその点は若干話題になったことがあったと思います。その点で，この424条の理解として，必ずしも詐害行為や偏頗行為に限定されないような，一種の第3の取消類型というのでしょうか，そういうものの存在を前提に立論する見解も理解はできます。

ただ，私自身が疑問に思っているのは，まず第1に，先ほどご指摘のあった倒産法との平仄という観点からすると，倒産法にはそういう領域が仮にないとすると，民法にだけそういう第3の類型みたいなものが存在すると仮定するということが，制度全体の整合性から見ると疑問がある。仮にそういう類型が民法でのみ取消しの対象になると考えるのだとすると，そこでは新たな逆転現象が生じることになりますので，やはり今回の改正の趣旨からは問題ではないかというのが1点です。

第2に，そういう類型が仮にあるとして，424条を適用するということになると，普通はこの424条は債務者無資力，つまり債務超過が基本的には要件になっているわけです。そこは424条の3で支払不能を要件とする偏頗行為とを分けている点なのです。その時期的な要件が違うのは決して偶然ではなく，そこには理論的な裏付けがあるわけです。詐害行為については，債務超過の場合に，さらにそれを悪化させるようなことをやるというのは，もうそれ自体でアウトだと。ただ，本旨弁済については，債務超過だけではアウトにはならずに，誰にも支払ができない，先ほど高須さんが言われた継続的，一般的に弁済できないような状態になったら，やはりいかに本旨弁済でも弁済してはいけませんよということになっている。それぞれを基準時にする理論的根拠というものがあるわけですが，仮に第3類型というのを認めるとしても，なぜ424条によって債務超過が基準時になるのかということが，直ちには正当化できないのではないかと思っています。

そういう意味では，債務超過なのか支払不能なのかという観点からして，その行為の本質に鑑みて，債権者平等を破る行為なのか，債権者全体に損害を与える行為なのかということを突き詰めて考えて，どちらに割り振るかと

いうことを考えるべきだと思います。まさに私は濫用的会社分割の議論はそこが本質だと思っているのですが、第3類型論がそこを曖昧にする議論なのだとすれば、それは私は必ずしも賛成できないところです。そういう意味では、この424条についての民法の通説的見解もそうではないかと思うのですが、やはりこれは基本的には詐害行為を基礎としたものであるというように捉えるべきなのではないかと、今の時点で私はそのように思っております。

高須 この点について、近時の倒産法の議論として、先ほど山本さんがおっしゃった第3の類型を否認権でも検討するというような議論はなされていないのでしょうか。そのような形で倒産法と民法との平仄を図るという余地もありうるという問題意識なのですが。

山本 旧法下では偏頗行為の故意否認とか、そのような議論が繰り広げられていたところがあったわけですが、現行法は、それを明確にしようとしたわけです。そういう意味では、従来の詐害行為の中から偏頗行為を取り出したという部分があって、偏頗行為について、ある種特別の規律をしたと。そしてその周辺的なものとして、相当対価行為とか、過大な代物弁済とか、そういう問題も併せて整理したわけですけれども、大きなものとしては、従来の詐害行為全体から偏頗行為を取り出したのですが、それは、債権者平等か一般的な債務者の財産減少行為かというところで分けたわけですね。それ自体を否定する、それ以外に何か別の類型があるのではないかということは、必ずしも一般的な見解としては、私の知る限りではないのではないかと思っています。

高須 大変参考になりました。論点2の検討は、以上といたします。

IV. 判決効の拡張（論点3）

1. 必要的訴訟告知と取消認容確定判決の効力の債務者への拡張

高須 論点3に入ります。取消債権者Aと受益者Dとの間で弁済行為に関する詐害行為取消が認められると、425条で判決の効力がB及びBの他の債権者にも及ぶことになります。このとき、取消しのみならず財産の返還や価額償還も判決において命じられることになる。動産あるいは金銭の取戻しのときには424条の9で、直接、Aが請求して受領できることになります。

事実上の優先弁済が可能ですので、取消権行使の範囲も、当然、取消債権

者が持っている債権の範囲で十分ということになり，424条の8で，逸出財産が可分であるときは，自己の債権の額の限度においてのみその行為の取消しを請求できると規定される。このような一連の規定によれば，今回の設例では，Aが取り消すのも300万円の限度となり，300万円の限度でAがDに対して支払を求め，受領することができることになる。その上で，DがAに現実に300万円を支払えば，425条の3によって受益者Dが債務者Bに対して元々有していた貸付金債権が，300万円の限度で復活することになります。

そこで，DがBに対して，復活した300万円の債権を支払えと請求したときに，Bが，詐害行為取消権の行使がそもそも誤りだったと主張して債権の復活を争うことができるかどうか。既判力のようなものにより，そういうことが言えなくなるという意味なのかどうかという問題です。論点3のような場面で債務者が，そもそも，詐害行為は誤りだとして復活を争うことができるか，425条によって及ぶ判決の効力とはどのようなものなのか，そこの点について山本さんはどのようにお考えでしょうか。

山本 私自身は，425条に言うところの効力は既判力のこと，ほかに執行力とかもあるかもしれませんが，基本的には既判力のことだと考えていましたし，おそらく立案過程の議論からもそれが素直な理解なのではないかと思っているところです。個人的には，そういう理解を前提として債務者も共同被告にすべきであるということをかなり執拗に主張させていただいたわけですが，それは，最終的には，特に実務的な便宜という観点から相当でないということで否定されて，後で出てくる訴訟告知ということに変わったわけです。ただ，その際に，では，判決効はどうなんだということをまた一から見直す議論がされたかというと，それはそうではなかったように私は記憶していまして，やはり既判力肯定説が前提になっていたということなのだろうと思っています。

そういう観点からすると，この設例は，Bが弁済の抗弁を主張するのに対してそれが詐害行為として取り消されたのだということを主張する，それは再抗弁ということになるのかもしれませんが，そのとき詐害行為の要件を満たしていないという主張がされるということですので，Bに対して既判力が及ぶとすれば，これは先決問題として既判力が作用するということになると

思います。このような主張が許されるとすると，詐害行為の要件（形式要件）が存在するという前訴確定判決の既判力に反することになる。この条文による判決効の拡張について，単なる形成効とか，構成要件的効力とかという議論はされていますが，それでこのような効果を認めるのはなかなか難しいように私は思っていまして，やはり既判力によるほかはなく，そういう意味で既判力を私は認めるべきであろうと思っています。

高須 なるほど。この点は，この頃，いくつかの見解が出ておりまして，例えば，法律要件的効力で説明する見解がある。判決が出たということを実体法上の要件として，実体法上の効果が生じるという説明ですけれども，山本さんのご理解では，本来，既判力として考えるべき問題ということですね。

山本 はい。かつては，確かに形成判決に既判力はあるのかということは民訴法の大きな問題として議論されており，また行政法などでは行政処分取消判決について必ずしも既判力で説明しない学説が今でも有力だということは承知しておりますが，現在の民訴法学の議論の水準からすれば，やはり形成判決にも既判力はあるというように考え，このような問題は既判力で説明するというのが一般的な理解かなと私は認識しています。

高須 わかりました。その場合の，言わば弱点と申しますか，問題点は，山本さんからも既にご指摘いただいたように当事者になっていない点ではないかと思っております。債権者代位訴訟は訴訟担当という理論が前提にありますから，判決効の拡張については従来からきちんと理論的根拠を与えられていたけれども，詐害行為取消訴訟は，当事者としない限りは既判力の拡張というようなことはちょっと考えにくい。その部分が結局，残ってしまっている。なぜ当事者でなくても既判力が及ぶと考えてよいのか，詐害行為取消訴訟の被告に債務者を加え固有必要的共同訴訟にすると，訴訟運営に不都合が生じるとして法制審で大反対したのは，私を含めた弁護士メンバーですので，この点を山本さんに伺うのは大変恐縮なのですが，いかがでしょうか。

山本 私自身はそういう見解だったわけですが，出来たものは出来たものとして理論的に説明する必要があるのだろうとは思っています。私自身の整理としては，今回のものは，一方では判決効拡張の必要性が強い，他方で，被告にすること，当事者として扱うことの弊害も大きい，そういう場合にどうするかということで，必ずしも当事者にしないでも訴訟告知を媒介として既

判力の拡張を認める立法論的な可能性を認めたものなのかなと思っています。

　従来も，当事者でないのに判決効が及ぶ場合としては，対世効とか，あるいは口頭弁論終結後の承継人とか，そのような者に対して判決効が拡張されているわけですが，そこも突き詰めて言えば，今のような比較衡量の中で，やはり判決効を拡張する強い必要性があるけれども，他方で，当事者にはできませんよね，というような場面で第三者に対する判決効の拡張が認められてきた。結局，今回の改正は訴訟告知というような，一応，債務者に訴訟の係属を知らせて参加したい人は参加してくださいという余地を与えれば，あえて当事者とするまでもなく判決効の拡張が認められる場合というのを1つ増やしたということかなと。私自身の手続保障のレベル感からすると，法制審で発言したかと思いますが，それはやはり当事者とすべきではないかと，個人的には今でもそう思っていますけれども，立法としてはそういうところに踏み切ったということで，そこの理論的な説明としては今のようなことになるのかなと思っています。

高須　なるほど。必ずしも山本さんのお考えではないというところを我々も十分踏まえた上で，ただ，説明としてはそういうことではないかということを理解させていただきました。私としても，法制審で債務者を被告とすべきないと主張した以上，この判決効の債務者への拡張という問題をきちんと理論的に説明すべき責任があると考えております。色々と考えているところですが，山本さんの本日のご説明も参考にさせていただき，引き続き検討して行きたいと思っております。

2. 論点3に記載した事案の検討及び他に想定される場面

高須　もう1点お伺いしたいのですが，改正法は折衷説を維持しておりますので，財産の返還の部分も判決主文に載ってまいります。この給付判決の部分は，被告となっている受益者なり転得者に，一定の給付をしなさいと命じる判決部分であり，この部分についても，425条によってやはりその効力が，債務者なり他の債権者なりに及ぶのかどうかという点です。ここは山本さんはどのようにお考えでしょうか。

山本　確かにご指摘のとおりで，おそらく法制審で議論しているときには，取消しの部分の効力が及ぶかどうかということを主として念頭に置いていた

ということですし、また、425条の文言も「詐害行為取消請求を認容する判決」ということになっていますので、取消しの部分だけを指しているという解釈も十分成り立ちうるのだろうとは思っています。ただ、私個人は、取戻しの部分についても、既判力ないし執行力を認めることに実害があるかというと、あまりそういうこともないような気がしております。

　ここで既判力が発生するのは、あくまでも取消債権者が返還請求権を持つということが確定されるわけですので、他の債権者あるいは債務者が返還請求権を持つかどうかということはこの既判力によって肯定も否定もされていないということになりますので、その点について別に何らかの請求をするということは不可能ではないと思います。また、執行力という観点からすると、もう取消しの判決がされているが、取消債権者が強制執行しないという場合に、債務者が金銭等を取消債権者に返還せよというような強制執行を、承継執行人として行うということがあっていけないわけではないのではないか。場合によっては、私的整理とか倒産の局面などにおいては、それは既に取り消されているわけですので、それを取消債権者の下に取り戻して、それを更に債務者のところに持ってくるということになるかもしれませんが、そのような執行力の拡張が必要になる余地もなくはないように思っています。そういう意味では私は、この取戻しの部分についても425条の範囲に含まれると理解するということは可能なのかなとは思っています。

高須　今のお話ですと、債務者のみならず、他の債権者もまた承継執行文を取って引き渡せというようなことは可能になりますのでしょうか。

山本　はい、425条は債務者とその全ての債権者を特段区別していませんので、それが債務者に対して可能であるということであれば、他の債権者も可能であるということになります。ただ、繰り返しですけれども、そこで問題になる既判力とか執行力というのはあくまでも取消債権者に対して支払えという部分なので、その限りにおいては、そういう既判力、執行力の拡張を認めるということはあっていいのではないかということです。

高須　法制審では、訴訟法とか執行法の場面になりますと、今回の改正は民法ですからということで議論を避ける傾向があったように思います。この論点も、今後、解決すべき問題ということですね。大変参考になりました。ありがとうございました。

そういたしますと，論点3に関して，山本さんのご見解で言えば，既判力が及ぶことによって先決問題として詐害行為取消権の行使が誤りであるというような主張は許されない。DのBに対する復活した債権での支払請求に対してそのような主張をすることは既判力によって遮断されるということになりますかね。DとBは，受益者と債務者との関係に立っており，このような場合にも既判力で説明することができるのか，疑問なようにも思いますがいかがですか。

山本 確かにご指摘の問題はあるように思います。詳細を論じる時間はありませんが，本来はDとBは共同被告の立場に立つべき関係にあるとすれば，共同被告間には一般に既判力は生じないと考えられており，そうだとすれば論点3の事案では既判力による遮断はできないと見る余地もあります。ただ，改正法は共同被告という整理ではなく，単に訴訟告知をすべき対象として既判力を及ぼしていることからすれば，DB間にも既判力が生じ，取消権の存在をBが争えなくなるという理解もありそうです。あるいは，前者のような考え方に立っても，訴訟告知がされている以上，Bがその点を蒸し返すのは信義則に反すると考える余地もあります。いずれにしても，この場合，Bが債権の復活を争うことは認められないのではないでしょうか。

V. 債務者及び他の債権者の訴訟参加の類型（論点4）

1. AD間の詐害行為取消訴訟に，債務者であるBが訴訟参加する場合の参加形態

高須 最後の論点4です。債務者Bが訴訟参加する場合の参加形態の点です。さらには，他の債権者としてEほか数名を想定した設例ですので，このEほか数名の訴訟参加の類型も考えたいと思います。

まず，債務者が訴訟参加する場合の参加形態です。現行法では判決効は債務者には及ばないとされていましたから共同訴訟参加も何もないのだろうと，強いて言えば補助参加だったと思うのですが，今回，425条が債務者に判決効が及ぶとした結果，債務者が受益者なり転得者なり，被告のほうに参加する。原告に参加していくことは考えにくいと思いますから，あくまで被告側に参加するという想定ですが，その場合の参加形態はどう考えたらよろしいでしょうか。

山本 当事者適格がないということであれば，共同訴訟参加はできないことになりますので，そうすると補助参加ということになると思いますが，先ほどのような判決効の拡張を前提にするのであれば，これは共同訴訟的補助参加ということになるだろうと思います。

高須 そこは私もそう考えているのです。そうすると，従来，共同訴訟的補助参加というのは債権者代位権で債務者が参加するときに認められる類型だと言われてきたのですが，そちらは，今回，判例法理を変更した結果，共同訴訟参加になり，今度はむしろ詐害行為取消訴訟で債務者が被告に加わるときに共同訴訟的補助参加になる，こういうことですね。この場合に，単なる補助参加と共同訴訟的補助参加では違いがあるのでしょうか。抽象的には，共同訴訟的補助参加では参加人に判決効が及ぶことに鑑みて，より独立性が強いのだというような説明をしているのですが，例えば本件のようなケースにおいて，AD間の詐害行為取消訴訟に債務者Bが共同訴訟的補助参加をすると，単なる補助参加と違ってどのようなことができるのかと，この点は山本さんのご見解はいかがでしょうか。

山本 共同訴訟的補助参加については，条文がないこともあって必ずしも十分に詰めた議論といいますか，見解の完全な一致というものがあるわけではないのだろうと思っています。効果として一番大きいのは，要するに従属性が排除されるということですので，例えば自白という観点からすると，この例で言えば，Dが，例えば先ほどの424条の3で言えば支払不能であるということが取消しの要件ですので，支払不能であるということは認めますというようなことで仮に自白をしたとしても，Bが，「いやいや，そうじゃない」と，自分はその時点ではまだ十分支払能力はあったんだということを主張する。これが単なる補助参加だと，当事者が自白すれば拘束力があって覆せないわけですが，共同訴訟的補助参加では，自白の効力は排除できるということになりますので，そのあたりで違いは出てくるということになるのだろうと思います。

　更に進んで和解なども，先ほどの例で，Dが何らかの一部弁済等で和解をしようという場合に，そこにBが入っていってそれに介入できる，その和解を拒否できるかというのは，これはやや微妙な問題なのだろうと思います。和解というのは訴訟全体の処分権の行使ということなので，そこまで共

同訴訟的補助参加人が排除できるかということについては議論があって，このあたりは必ずしも明らかになっていないのではないでしょうか。私個人は，和解についても，既判力を肯定して既判力の拡張を認める以上は債務者の介入は認めていいのではないかという個人的な見解は持っていますが，ここは学説上，意見はかなり分かれるところなのかなと思っています。

高須 私も，共同訴訟的補助参加をした債務者には，原告たる取消債権者と被告となる受益者あるいは転得者の間で訴訟上の和解がなされることに対し，これを阻止する権限を与えてもよいという立場です。まさにこの和解の点が，今後の訴訟実務の中で大きな問題になってくるところだと思います。大変参考になりました。ありがとうございました。

2. AD 間の詐害行為取消訴訟に，E らが訴訟参加する場合の参加形態

高須 最後に，他の債権者が訴訟参加するケースです。要点のみ検討できればと思います。

山本 これはやや難しい問題で，A の詐害行為取消権と E 等の詐害行為取消権，この 2 つの訴訟が二重起訴の関係になるというのであれば債権者代位権の場合と同じ問題であって，A の債権の存在を認めているのであれば共同訴訟参加になるだろうし，A の債権の存在を争うのであれば独立当事者参加になるという，同じ帰結になるのだろうと思っています。ただ，債権者代位と異なるのは，一般的な理解として，A の詐害行為取消請求権と E 等のそれとは訴訟物を異にするとされており，そもそも二重起訴の関係にならないのではないかという問題があるように思います。ここでは確かに取消判決については 425 条で，私の理解では既判力の拡張が認められているわけですが，請求棄却判決については既判力の拡張はないわけです。A が敗訴したとしても，その後，また E 等が別訴を提起することは一般に可能だと解されている。そのことを前提とすると，その場合にもなお二重起訴の規律を及ぼすべきかどうかという問題があって，取消判決のみの判決効の拡張という場合としてほかに，例えば行政処分の取消訴訟などがあります。処分取消判決は対世効を持つけれども請求棄却判決は他の人にとって既判力を持たないと理解されていて，行政事件訴訟法などでは，一応，別訴の可能性を前提にして管轄とか提訴期間とかの規律がされているわけです。つまり，二重起

訴だと考えていないのではないかということです。もし二重起訴にならないとすれば，当然，別訴は可能ですし，仮に併合されても，それは単に通常共同訴訟にしかならないということになりそうです。そうだとすれば，そもそも，共同訴訟参加であれ，独立訴訟参加であれ，当事者参加はできないという帰結になる可能性があるということです。必ずしも定見はなく，今後の議論に委ねられた問題かなと思っています。

高須 私は取消認容確定判決の効力が他の債権者に及ぶ以上，二重起訴の禁止に抵触しないとしても，他の債権者が別訴提起ではなく，参加を希望する場合には，共同訴訟参加や独立当事者参加を許してもよいと考えているのですが，そんな単純なものではないということですか。

山本 そうなのです。だから今回の改正で詐害行為取消しの訴訟物はもう1つになったのだと，伊藤眞先生などは，どちらかというとそういう理解を取られているように思うのですが，そこまで徹底すれば先ほどのような形で，共同訴訟参加や，独立当事者参加の問題になるとは思うのですが，そこまでの徹底した整理は必ずしも法制審ではされていなかったのではないかというのが私の認識です。そうだとすれば，別訴は可能で二重起訴にはならず，単なる通常共同訴訟ではないかという見方も成り立ちうるということかなと思っています。

高須 そうしますと論点4の，「Eらの参加形態はどうなるか」という問いですが，そもそも，別訴提起の可能性も含めながら，参加ができるかどうかも考えていかねばならない，こういうことになりますね。方針が定まるまではどちらだと決め付けることはできないということですかね。

山本 そうですね，債権者のE等が参加する場合については，やはりそういう問題は残っているのではないかと思います。

VI. おわりに

高須 山本さんが別の文献で，今回の債権法改正に対する訴訟法的な検討が十分になされていないと指摘されています。倒産法に関してはかなりの議論がなされているのだけれども，一般的な民事訴訟については，検討する人数も限られていて，まだまだ議論が不十分なのではないかというような趣旨の文章だったと思います。私も同じ意見を持っておりまして，山本さんのよう

な方に，是非ともこれから，改正法下における民事訴訟法上の留意点のようなものを色々とご教示いただければ，我々弁護士も，今後の訴訟活動の道筋を付けることができると思っている次第です。今日のお話を伺いましてその思いを一層強くしたところです。引き続きご指導をいただければと思います。本当にありがとうございました。

山本　ありがとうございます。私自身も大変勉強になって，こういう債権法改正という非常に大きな改正に関与する機会を得た民事手続法学者としては，やはりそれを理論的に手続法の中に落とし込んでいくというのは一定の責務だとは思っていますので，なかなか難しいことですが，できる範囲で，なお勉強を続けていこうとは思っています。

　　　　　　　　　　　　　　　　　　　　　　［2019年2月28日収録］

多数当事者の債権債務関係

松本恒雄　　　　　　　深山雅也
MATSUMOTO Tsuneo　　MIYAMA Masaya

設例　ABCは，Xに対して360万円の連帯債務を負っている。Aは，XがAから60万円の支払を受けることができれば残額を免除すると述べたので，Xに60万円を支払った。

☞ Xは，BCに対して，300万円を請求できるか。
☞ Bが300万円のうち180万円をXに支払ったとき，Bは，AとCにいくら求償できるか。
☞ Bが，Xに300万円を支払った場合はどうか。Bは，AとCにいくら求償できるか。Aが，その求償に応じて60万円以上をBに支払ったとき，AはXに60万円の返還を求めることができるか。
☞ Xは，Aが60万円を支払えば，残額60万円の負担を完全に免除してよいと考える場合に，どうすればよいか。BとCに対しても，免除の意思表示が必要か。Aが，和解条項を作る場合の留意点。

I. 多数当事者間の債権債務の概念整理

深山　今回のテーマは「多数当事者の債権債務関係」ということで，連帯債務の免除に関する設例を設定していただいています。松本恒雄さんと検討を進めてまいります。設例の検討に入る前に，新しい民法において，多数当事者の債権債務関係について，どのような整理や改正がなされたかを振り返っていこうと思います。

　まず，多数当事者間の債権債務関係の概念自体が整理されたと言えようか

と思います。債務関係に関して言えば，債務の目的がその性質上可分である場合を分割債務とし，債務の目的がその性質上不可分である場合を不可分債務と定義づけた上で，債務の目的がその性質上可分である場合において法令の規定又は当事者の意思表示により連帯して負担する債務について，これを連帯債務と定義づけました。不可分債務と連帯債務の限界点は必ずしも明確ではなかったところを，このように整理したことになるかと思いますが，この整理について，松本さんはどのように評価されておりますか。

松本 今おっしゃったとおり，非常にすっきりしたと思っています。というのも，改正前は当事者の意思表示による不可分債務というものが認められており，連帯債務と選択が可能でした。これは不可分債務と連帯債務とで，債務者の1人について生じた事由が他の債務者に及ぼす影響にかなり違いがあることから，債権者として不可分債務にしたいというニーズがあって，それが認められていたわけです。それが今回整理されて，すっきりしたということですね。

　もう1つは，性質上可分債務なのだけれども，反対給付との関係で不可分債務になるというものが従来認められていました。すなわち，友人と共同で1個の建物を賃借するような場合の賃料の支払債務については，賃貸人の目的物を貸すという債務が不可分債務なのだから，その反対給付である賃料債務も不可分債務になるという説明がされていたわけです。しかし，今回の改正で，賃料債務のほうは単純な連帯債務と位置づけて，特段問題はなくなりました。このように，法律を勉強する者として覚えなければならないことが減ったということがあります。

深山 次に，多数当事者間の債権関係についても，債務関係とパラレルな形で整理されたと言えようかと思います。すなわち，債権の目的がその性質上可分である場合を分割債権，債権の目的がその性質上不可分である場合を不可分債権とし，その上で債権の目的がその性質上可分である場合において，法令の規定又は当事者の意思表示により連帯して有する債権を連帯債権と定義づけたわけです。この連帯債権という概念は，もちろん講学上は存在したわけですが，民法上明文化されたことが注目されるところです。連帯債権の規定の新設について，松本さんはどのように評価されておりますか。

松本 連帯債権が概念的にはあったはずなのですが，改正前の民法には条文

としてはなかったのを今回の改正で条文として立てて，概念上きれいに整理しました。ただし，連帯債務は実務的なニーズがあり，意思表示による連帯債務は非常に多いわけですが，連帯債務と同じような意味で，連帯債権にするという実務的なニーズがあるのか。法律上の規定に基づいて，連帯債権になるという例はいくつか挙げられていますが，それを除くと本当のニーズがあるのかどうか，私にはわかりません。

　その上で，連帯債務の裏返し的な，連帯債務と非常に近い定義がされたわけです。ただし，その効果，影響関係の点で，条文がたくさん並んでおり，連帯債務と共通の部分が多いのですが，いくつか違うところがあります。他の連帯債権者への影響が，相対的効力か絶対的効力かというところで，とりわけ免除について，改正法433条は，連帯債務の免除と随分違う結果になっています。改正法433条は，言ってみれば改正前の連帯債務の免除に関する437条と同じような作りになっていて，持分的な絶対的効力が及ぶということになっています。2人の連帯債権者がいて，1人が債務者に対して免除をすると債務総額は半分になる，もう1人の連帯債権者に半額支払えばよいということなのですが，連帯債務の場合は，改正法により，債権者が連帯債務者の1人に対して免除をしても債務総額は縮減しないということになりました。

　なぜ連帯債権者の1人による免除については持分的絶対効が認められたのか，その辺の議論があまりされていない感じがして，よくわからないのです。連帯債務の場合は担保としての意味が強いから，担保権の効力を弱めるような効果はなるべく少なくしたほうがよい，当事者の意思もそうだろうということで，相対的効力事由にされたのですが，連帯債権にはそのような要請がありません。

　求償の循環となるような無駄なことはやめようということが，改正前の437条の絶対効の理由の1つとされていたのですが，今回の連帯債権の規定の新設にあたって，求償の循環を避けるために絶対効なのだという考え方が，そのまま残ったという感じです。しかし，連帯債権者の1人として債務者に対して免除をする場合に，「私は請求しないけれども，他の債権者はどうかわからない」というのが本当のところではないかという気もするのです。「私に支払う必要はないけれども」というぐらいで。そうだとすると，連帯

債務の場合と同じような考え方がとられてもよかったのかなという気がしますが，そもそも連帯債権に大したニーズがないのであれば，どちらでもよいというか，民法で規定された効果を避けたければ別段の意思表示をして，相対的効力しかない免除にすればよいので，形式的にデフォルト・ルールがどちらかというだけの話かなと思います。

深山 連帯債権にしろ連帯債務にしろ，1人の債権者ないし債務者に生じた事由が，どのような効果を他の債権者ないし債務者にもたらすかということについては，後ほど触れたいと思います。デフォルト・ルールとして，どちらの効果を定めるかという点は，おそらく当該債権者ないし債務者の通常の意思がどの辺にあるかということから規律を考えた結果，連帯債務と連帯債権では違う形になったのかなという気がしております。ただ，松本さんがおっしゃるように，連帯債権のほうは，そもそもどういうニーズに基づいて連帯債権をあえて作ろうとするのかということ自体が，確かに私もイメージが湧かないので，実務的にデフォルト・ルールの違いがどのような意味を持ってくるのか，今後のこの規定の使われ方を見守っていきたいと思っているところです。

　ところで，連帯債務については，従来より，講学上，真正連帯債務と不真正連帯債務があると観念されていて，法制審の議論でも，不真正連帯債務について明文化すべきではないかという議論があったわけですが，結論としては，不真正連帯債務についての明文化は見送られました。それが何を意味するのかということもあるのですが，この不真正連帯債務について，松本さんはどのようにお考えでしょうか。

松本 元々ドイツではこうだ，フランスではこうだという議論がありますが，それは別として，日本民法の改正前の連帯債務では，連帯債務者の1人に生じた事由が他の連帯債務者に影響するという，絶対効が認められる場合がかなり多かった。しかし，それは共同不法行為者の損害賠償債務等の場合に，不適切ではないかという実際的な判断から，絶対効が少ないタイプの連帯債務を考えるべきだとされ，それを不真正連帯債務と呼んでいたという感じがします。

　それが今回の改正で絶対効が生じる場合が大幅に減少した結果として，このような場合をあえて本来の連帯債務とは別の不真正連帯債務であると言わ

なければならない必要性が少なくなった。したがって，不真正連帯債務という概念を使わなければならない実際上のニーズはかなり減ったと思います。

　ただ，1つ残っている論点があります。今回の改正で明文化されましたが，通常の連帯債務の場合は，自己の負担部分を超えない弁済を連帯債務者の1人が行ったときであっても，他の連帯債務者に対して求償が可能だということになりました（改正法442条1項）。これが判例，多数説だったわけです。他方で共同不法行為による不真正連帯債務の場合，負担部分は過失割合で算定されることが多いと言われていますが，自己の負担部分を超える弁済をしたときに，その超える部分についてのみ求償できるというのが判例（最判平成3・10・25民集45巻7号1173頁）です。今回の改正によって連帯債務と不真正連帯債務の差がほとんどなくなったということで，この点も含めてなくなったのか。すなわち共同不法行為の場合でも，共同不法行為者の1人が自己の負担部分を超えない範囲で，少しでも弁済したら，負担割合に応じて求償できるのかどうか，この点は今回の改正法についての解説を読んでいても，説が分かれているところで（肯定説として潮見佳男『新債権総論Ⅱ』〔信山社，2017年〕603頁，否定説として平野裕之『債権総論』〔日本評論社，2017年〕232頁），判例が今後どういう判断をするかということになると思います。

深山　確かに絶対的効力事由を絞り込んだことによって，区別するほどの差がなくなったということは1つの説明としてあると思うのです。ただ，やはり不真正連帯債務が発生する場面としては，典型的には不法行為の場面になるわけです。そこでもケース・バイ・ケースだとは思うのですが，契約上の債権債務と違って，共同不法行為による連帯債務者間には，必ずしも一定の人間関係があるとは限らない。全く偶然に共同の不法行為関係が生じたもので，それまで関わりがないような場合もあるので，そういうことも解釈をする上では影響してくるのではないかという気がしているところです。いずれにしても，ここはまだ解釈論として残っているところだと思いますので，注目していきたいと思っております。

Ⅱ. 連帯債務者の1人に生じた事由の効力の見直し

深山　概念整理は以上のとおりだと思うのですが，その上で，既に話が及んでいるように，今回の改正では，連帯債務についていわゆる絶対的効力事由

として従来6つの事由を定めていたところを，3つの事由に絞り込んだと言えようかと思います。具体的には，従来，絶対的効力事由とされていた事由のうち，履行請求と免除と時効完成については，新しい法律では相対的効力事由ということになりました。それぞれ個別に色々検討した結果，最終的にこの3つは相対的効力事由となり，その他の3つ，すなわち更改，相殺，混同は，なお絶対的効力事由として残ったという形に整理されたわけです。全体としてでも結構ですし，個別の事由ごとにでも結構なのですが，このような整理がなされたことについて，松本さんはどのようにお考えでしょうか。

松本　先ほどの繰り返しになりますが，改正前には，絶対的効力事由が多すぎて，特に合意によって連帯債務を発生させたというような場合の当事者の狙い，とりわけ債権者の狙いを妨げる結果になっていた。それをなるべく少なくしたということで，これは従来，学説が指摘していたことですから，適切な方向だと思います。

深山　設例でも取り上げている免除が相対的効力事由になったことについては，免除をする債権者の意思は，当該連帯債務者に対しては免除するものの，他の連帯債務者に対する免除までは行う意思を含まないのが通常である。にもかかわらず，法律の効果として，免除を受けた連帯債務者の負担部分について絶対効を認めることは，債権者の通常の意思と異なるのではないかということが指摘されて，その不合理性を解消したということかと思います。そのような理解でよろしいでしょうか。

松本　そのとおりです。ただ，免除については，改正前からいくつかのタイプがあるようで，改正前の民法がデフォルト・ルールとして定めていた負担部分について絶対的効力が及ぶというものとは別に，相対的効力しか及ばないという形の免除も認められていたわけです。さらに，負担部分だけではなくて，全債務額の免除といいましょうか，連帯債務者の1人への免除の効果が全額について，他の連帯債務者にも及ぶという，非常に広い絶対的効力の及ぶ免除も判例は認めていたわけなのです。それらの中で，負担部分についてのみ絶対的効力を及ぼすというものが民法に定められていた。改正前の民法の下においても，免除をする債権者がそういう意思であれば，今回改正された民法の内容の免除も認められていたわけで，改正によってそちらのほうをデフォルト・ルールとして条文化したということになるかと思います。

改正前の負担部分のみに絶対的効力のある免除の場合には，連帯債務者の1人に対して一部免除をして，その連帯債務者が残りの債務を弁済したという場合に，他の連帯債務者の債務額がどれくらい縮減して，残部を弁済した連帯債務者は他の連帯債務者にどれだけ求償できるのかについて，かなり複雑な論争がありました（中田裕康『債権総論〔第3版〕』〔岩波書店，2013年〕453頁以下の整理によると，比例説，免除額減少説，負担部分基準説）。それが，改正によってデフォルト・ルールとしては相対的効力しかない免除となった結果として，そのような議論をしなくてよくなったという点は，連帯債務を勉強する側としては楽になったと思います。ただ，今回の改正法も一種の任意規定ですから，負担部分については絶対的効力が及ぶという免除も，認められるのだろうと思うのです。そうすると，そういう免除をした場合の効果はどうなるのだという議論は，従来の議論を継承する状態で行われることになるのではないかと思います。

深山 私もそう思うのですが，最後に松本さんがおっしゃったところは，改正法441条の本文が免除を含めて相対的効力の原則を定めているものの，債権者及び他の連帯債務者の1人が別段の意思表示をしたときは，他の連帯債務者に対する効力はその意思に従うという，ただし書が付いていますので，デフォルト・ルールは単純な相対的効力だとしても，このただし書を使って，実務上，別段の意思表示として，別の効力の発生のさせ方を合意することはあるのだろうと思います。そうなると，松本さんがおっしゃるように，従来の議論が同じように今後も問題になるのだろうという気がしています。今後の実務でどのように使われてくるのか，デフォルト・ルールが逆転したことを受けて，元に戻そうという形で使われるのか，あるいは全く別の形で使われるのか，その辺はどのようにご想像されますか。

松本 その前に1つ注意しなければならないのは，免除の意思表示をする債権者と免除の意思表示を受ける連帯債務者以外の他の連帯債務者との間で，一定の意思表示，すなわち合意をすればというのが改正法441条ただし書で，これはそのとおりだと思うのです。ところが，こういう合意がなくても，免除をする債権者の意思として，別の効果を発生させるつもりであれば，そういう効果が発生するということが，従来認められていたのです。改正前の民法では負担部分型の絶対的効力がデフォルト・ルールとされていたのですが，

それ以外のタイプの免除も判例が認めていたわけなので，この点を裏返せば，負担部分型の絶対的効力をもった免除も債権者の一方的な意思表示の形によってできるのではないか。

　負担部分型の絶対効という意思で，債権者が連帯債務者の 1 人に対して免除をした場合，他の連帯債務者にも影響が及ぶと明記している教科書もあります（平野・前掲 238 頁）。さらに，負担部分のみではなくて，絶対効のある全額免除について，連帯債務者の 1 人に対する意思表示で他の連帯債務者についても認めた最高裁平成 10 年 9 月 10 日判決（民集 52 巻 6 号 1494 頁）という，共同不法行為に関するちょっと難しい判例がありますが，これは今回の改正でも影響を受けないと書いている教科書もあります（潮見・前掲 597 頁）。

　債権者と免除を受ける連帯債務者の間で，他の連帯債務者についても免除する旨の合意を，当該他の連帯債務者を第三者とする第三者のための契約として行うということも可能です。ただし，この場合，第三者のためにする契約であれば，第三者の受益の意思表示が必要かという論点が別途出てきます（必要説として淡路剛久『債権総論』〔有斐閣，2002 年〕626 頁，不要説として平野裕之『コア・テキスト民法Ⅳ〔第 2 版〕』〔新世社，2017 年〕275 頁）。連帯債務者相互間には免除に関する意思表示の受領代理権があると考えるのかという論点もあります。

　そういう意味で改正法のデフォルト・ルールの破り方としては，いくつかあるのではないかと思います。

深山　ご指摘のとおり，改正法 441 条ただし書は他の連帯債務者との合意を規定しているのですが，免除を受ける当該連帯債務者と債権者との間の合意や，単独行為として債権者が免除すると言ったときの意味合いが問題となります。絶対的な全額免除や負担部分免除もあれば，相対的な免除もあるという点は従来と変わらないのでしょうね。おそらく実務的には単独行為でできるとは言っても，免除の合意をすることが多いと思うのです。というのは，全額免除するのであればともかく，いくらか払ったら残りは免除するという一部免除のほうが実務的には極めて多いので。そうすると，合意の中の「残りを免除する」の意味合いが，色々なバリエーションがあるという形で問題になってくるのだろうと思います。この点については，設例にも関係するの

で，後ほどコメントいただければと思います。

Ⅲ. 連帯債務者間の求償関係

深山 連帯債務者間の求償関係についても，規定が整理されたと思います。連帯債務者の1人が弁済等の行為を行った場合に，他の連帯債務者に求償権を行使するとき，自己の負担部分を超えなければ求償できないのか，自己の負担部分を超えなくても他の連帯債務者に対して求償できるのかということについて，法制審でも両説の説明があって，種々議論して，結論としては従来の判例や多数説と同様，自己の負担部分を超えることを要しないという形で明文化されました。

そのほうが実務的な感覚からしても公平感があるという気がして，私も負担部分を超えることを要しないという考え方を述べました。最終的に全て求償して帳尻を合わせれば同じことですし，あるいは求償の循環を回避するという観点からすれば，負担部分を超えて初めて求償させるというほうが手間が少ないという面もあるのですが，実際にはきれいに求償関係が精算されるとは限らなくて，最後まで払わない人とか，払いたくても払えない人とかがいますので，自己の負担部分を超える，超えないにかかわらず，その都度，公平な精算をしておくほうがいいと私も考えたのですが，この整理について松本さんのご意見はどうだったのでしょうか。

松本 おっしゃったとおりで，最後には他の連帯債務者のみんなが負担部分を支払ってくれるのであれば，どの時点で求償するかはあまり関係がないのでしょうけれども，途中で払えなくなるという無資力のリスクのことを考えると，支払ってもらえる時に支払ってもらうということのニーズは確かにあると思いますから，これでよいと思います。

深山 求償権の範囲についても明文化されて，求償の範囲は負担額ではなく負担割合に応じるという趣旨が明文化されました。これも古くからの判例に従ったものと思われますが，従前あまり異論のないところを明文化したという評価でよろしいのでしょうか。

松本 従来から連帯債務者間の公平を確保するためだと言われていたことです。

深山 もう1点，明文化された点として，他の連帯債務者が免除を受けた連

帯債務者に対して求償権を行使することができることが，改正法445条で規定されました。これについては連帯債務者間の公平ということからして，ある意味，当然と言えば当然という気もするのですが，これが明文化されたことについて，松本さんはどのようにお考えでしょうか。

松本 免除に関する改正前のデフォルト・ルールが絶対効だったのが，改正により相対効に変わりましたが，相対効となればこのようになるのは当然のことだと思うのです。絶対効の場合には，連帯債務の免除を受けた債務者の負担部分は少なくとも消滅するという考え方に立っていた。その負担部分の額だけ，他の連帯債務者についても債務額が縮減するという整理をしていたわけですから，免除を受けた債務者の負担部分については，他の債務者を含めて，全員の債務額がその分縮減することになります。したがって，他の連帯債務者はその部分については弁済を拒めます。そうすると，免除を受けた連帯債務者に対しての求償というのはありえないというロジックになってくるわけです。そうではなくて，今回の改正によって，免除を受けた連帯債務者は債権者からは請求されないというだけになり，他の連帯債務者には影響がないわけです。そうすると他の連帯債務者が全額弁済した場合に，負担割合に応じて求償できるのは当然のことだということになります。

深山 他方，免除を受けた連帯債務者が他の連帯債務者から求償権を行使された場合に，その求償に応じると，一方で債権者からは免除を受けたにもかかわらず，その後，更に出捐をするということになるわけですが，その場合に求償に応じた額を債権者に対して請求できるかということについては，これは求償できないということについて，特に明文化はされませんでした。この点については，確かに債権者は免除をしているものの，債権者が受け取った金額が不当利得という関係にはならない以上，求償できないことは当然のことなので，あえて明文化するまでもないという説明がなされております。この明文化されなかった部分については，どうお考えでしょうか。

松本 これも先ほど申し上げたのと同じことだと思います。従来は負担部分型の絶対効だったのが，改正により相対効になったので，債権者としては他の連帯債務者との関係では全額請求できるという前提があるから，今おっしゃったとおり，そもそも不当利得にはならないということです。したがって，念のための明文の規定をわざわざ作らなくてもよいという整理になったのだ

ろうと思います。

深山 免除に関する改正点として，もう1つ削除された規定があります。それは連帯債務者の1人に対する連帯の免除がなされた場合の規定です。連帯の免除には絶対的な連帯の免除と相対的な連帯の免除があると講学上は説明されていますが，相対的な連帯の免除がなされた場合において，他の連帯債務者の中に弁済する資力を持たない無資力者がいたときに，債権者は連帯の免除を受けた者が負担すべき部分を負担するという現行法445条が削除されました。この規定の削除については，どのようにお考えでしょうか。

松本 債権者が連帯債務者の1人について連帯の免除をする場合，連帯の免除を受けた連帯債務者の債務は，相対的な連帯の免除の意思であれば，負担部分のみに縮減するということは疑いがない。しかし，それ以上に，他の連帯債務者の中に無資力者が生じた場合には，本来であれば連帯の免除を受けた連帯債務者が負担しなければならなかった部分を債権者自らが負担するという意思まではないのが普通でしょう。多くの場合に債権者の意思に反するような内容をデフォルト・ルールとして置くのはおかしいのではないかということで，削除されたのだろうと思います。

　これとの関係で，今回，連帯債務の免除が相対的効力になったことによって，相対的な連帯の免除と言われていたものと，連帯債務の免除の違いがほとんどなくなったのではないかと思います。すなわち，相対的な連帯の免除というのは，連帯の免除を受けた連帯債務者の1人について，負担部分だけ債権者に支払えばよくて，それ以外はもう支払わなくてよいという意味の債務の免除でもあるわけです。そうすると，これは連帯債務者の1人に対して負担部分だけ支払えば，それ以外は免除するという，負担部分以外の債務の一部免除の意思表示をしたというのと同じになるわけです。このような免除の意思表示は，他の連帯債務者には影響しないわけですから，相対的な連帯の免除との違いがなくなってくると思います。

深山 確かにおっしゃるとおりですね。明文の規定がなくなっても，今後も連帯の免除というのがなくなるわけではないだろうと思います。ただ，それを「連帯の免除」とあえて呼ぶ意味がどれほどあるのか。その人の負担部分の額を払えば，その余は免除しますという一部免除の1つということなので，あえてそれを「連帯の免除」と言う必要性はないのかもしれないですね。い

ずれにせよ、この規定がなくなったことによって、連帯債務者の中に償還する資力のない人がいた場合の処理は、改正法444条の規定に従って、求償者と他の資力のある連帯債務者の間で、各人の負担部分に応じて分割して負担するということになると思います。以上が連帯債務の免除に関連した法整備として整理できると思います。

Ⅳ. 設例の検討

深山 今までの話も踏まえ、設例の検討に移りたいと思います。この設例ではA、B、Cという3人の連帯債務者が債権者Xに対し、360万円の連帯債務を負っているという状況で、XはAから60万円の支払を受けることができれば残額を免除するという意思表示をし、それに従って、AはXに対して60万円支払ったという設例となっております。

このような状況の下、1つ目の設問として、この場合にXはBやCに対して残額の300万円を請求できるかということが問われています。私の理解を申し上げますと、Aが支払った60万円については、この弁済には絶対的効力があるので、B、Cとの関係でもXの持っている債権は300万円に減縮する。他方、免除自体は先ほどご説明いただいているように、相対的効力事由とされたので、Aに対する残額300万円の免除の効力はBやCには及ばない。したがって、債権者XはB、Cに対しては残り300万円全額を請求できるということでよろしいでしょうか。

松本 そのとおりになります。

深山 次に、Bが300万円のうち180万円をXに支払ったときに、BがAやCに対していくら求償できるかが設問として問われております。この点については、弁済者は免責を受けるために支出した財産のうち、各人の負担部分に応じた額の求償権を有することになりますので、この設例で180万円を弁済したBは、AやCに対して弁済額のうちA、C各自の負担部分である3分の1に相当する60万円を求償することができると言えると思います。なお、Aは残額300万円について免除を受けているわけですが、他の連帯債務者は免除を受けた連帯債務者に対しても求償できることは、先ほど確認しているとおりですので、BはAに対しても求償権を行使することができることになります。

ただし，他方でAは自ら60万円を弁済しており，弁済等によって共同の免責を得たときには，免責を得た額が自己の負担部分を超えるかどうかにかかわらず，各自の負担部分に応じた額の求償権を有するという規律があります。ですからAは自分が支払った60万円のうちB，C各自の負担部分3分の1に相当する20万円を求償できることになります。そうすると，BからAに対する求償権とAからBに対する求償権とが，20万円の限度で相殺されることになって，結局BはAに対しては40万円の限度で求償できる，というように整理できるのではないかと考えました。

松本 そのとおりです。

深山 3番目の設問は，BがXに300万円支払った場合はどうか。BはAとCにいくら求償できるかということが問われています。300万円を弁済したBは，AやCに対して弁済額のうち，各自の負担部分3分の1に相当する100万円を，それぞれ求償することができます。もっとも先ほどと同様に，Aは60万円を弁済しているので，60万円のうち各自の負担部分3分の1に相当する20万円を，BやCに対して求償することができ，その結果，20万円の部分はA，B間で相殺されて，Aに対しては80万円の限度で求償することができるにとどまることになろうかと思います。

松本 2つ目の設例と全く同じで，300万円のうちの180万円をBが支払おうが，残額300万円を全部支払おうが，同じロジックになると思います。

深山 AがBの求償に応じてBに80万円を弁済したときに，AはXに対して支払済みの60万円の返還を請求できるかについても問われていますが，この点は先ほど確認したとおり，Xについて不当利得は成立せず，返還請求できないということになろうかと思います。

さて，4番目の設問は，実務的にも重要で悩ましい問題であり，慎重に考えるべきところだと思います。この設問は，Aが60万円を支払えば，Xは残額60万円のAの負担を完全に免除してもよいと考えている場合で，この場合にそれを実現するには，どのようにすればいいかということです。BとCに対しても免除の意思表示が必要か，あるいはAの立場から考えて和解条項を作る場合に，どのような点に留意すべきかということが問われております。

実務的にこういう場面は，ままあると思います。Xとしてはとりあえず

Aから60万円を確実に払わせたいし，Aも60万円で自分の責任が果たされるのであれば，それには応じたいという場合です。まず，Xが60万円だけ回収できればいいと考えているのであれば，残りの300万円の免除をAに対してはもとより，BやCとの関係でも免除するという意思を表明すれば，単純に60万円払うだけで債権債務関係が全て精算されます。しかし，そうするとXとしては60万円しか回収できないことになってしまうので，そういう意思を持つことは少ないだろうと思います。Aからは60万円だけれども，BやCからも更に回収したいと考えるのが，通常の債権者の意思だろうと思いますので，それを前提に考えますと，それでもAが60万円の負担で済むようにするためには，債権者としてはBやCとの関係でも，何らかの免除をする必要が生じると思います。

ただ，BやCから更に一定額を回収したときに，その点についてAに求償されないためにはどうしたらよいかと考えますと，1つの手段としては，Aに対して60万円払えば，残りの300万円を免除すると意思表示し，更にBやCに対して残り300万円のうち60万円ずつ払えば，B，Cに対しても残額は免除するということを意思表示すれば，各自60万円支払うことにより全ての精算が済むわけです。ただし，トータルでも180万円の回収にとどまることになります。

そうではなく，トータルで360万円全額回収したいと考えているとしたら，結局，単に免除するというだけでなくて，BやCがAに対して有する求償権を何らかの形で放棄させないと，そういうことにはならないのではないかと思います。放棄のさせ方としては，XとBあるいはXとCとの間で，BやCがAに対して取得することとなる求償権を放棄するような合意を結ぶ。これは，第三者のためにする契約のような形になると思うのですが，Aを受益者とする求償権放棄の合意をする。あるいは，Aも巻き込んで四者の合意でB，CはAに対しては求償権を行使しないという合意をする。そのようなことをすれば，可能だと思いますし，逆に言うと，そのような求償権の放棄の合意を絡ませないと難しいのではないかと考えたのですが，ほかに何かよい方法があるのでしょうか。

松本 これはかなり難しい問題だと思うのです。まずAとの関係では，60万円だけ支払ってくれれば，それ以上XはAに請求しないし，他の連帯債

務者からも求償されないようにしてあげたいというニーズがあって、その上で債権者としてB、Cからトータルいくら回収したいのかというところで、まず違いが出てくるのではないかと思います。本来のB、Cの負担部分の和である240万円は回収したいという場合と、Aは60万円でよいけれども、B、Cからは300万円回収したいという場合では、全く違ったアプローチをしなくてはならないのではないか。すなわち、債権者が連帯債務者内部の負担割合にまで一方的に手を突っ込むことはできないはずなので、Aからは60万円、B、Cからは300万円という形で、当初どおりトータル360万円回収したいというのであればX、A、B、Cの四者の間で、この債権債務関係を組み替えるという合意をするしかないのではないかと思うのです。

　他方でB、Cには240万円支払ってほしいけれども、Aからは120万円のところ60万円でよい、Xは総額300万円で満足するという趣旨である場合にも、四者間でそういう合意をすることは当然できるでしょう。しかし四者間の合意にしなくても、今おっしゃったような、B、Cに対してはそれぞれ120万円ずつ支払えば、後は免除するという意思表示をして支払ってもらった上で、Aに対する求償権は放棄するという合意をXとB、Cとの間でする。Aの受益の意思表示は必要になるかもしれないのですが、これであれば四者間契約でなくてもよいということになるだろうと思います。

　あとは、一部弁済の上で負担部分絶対効がある免除をすることが考えられます。Aに対しては60万円を支払えば残額の300万円の負担を免れさせたい場合、Aの弁済で60万円の絶対効プラスAの残債務300万円の免除で負担部分絶対効として60万円、合わせて120万円についての絶対効がB、Cにも及ぶということになります。この場合、Xが300万円の一部免除の意思表示を先にすると、既に述べたように、学説上ややこしい問題が生じますが。

深山　一部弁済を受ける際に現行法のような負担部分絶対効のある免除の意思表示をすることは、もちろんできると思うのです。60万円支払えば残りの60万円をAに対して免除し、あなたの負担部分120万円についてはあなただけでなく、ほかのBやCにも効力を生じさせましょうということにすると、Xは、BやCに対して240万円の債権を持つことになるわけです。そこで、XがBに対して「あなたは240万円を払ってください」と言って、

Bがそれを支払うと，今度はBが「その3分の1の80万円をAに支払ってもらいましょう」ということになって，そこで求償が発生してしまうと思うのです。すると結局，Aは60万円で責任を免れたと思っていても，残りの240万円を払ったBから80万円を求償されてしまうのではないですか。

松本　その点は，改正前の絶対効のある免除の場合に，そういう求償権が発生したのかという問題に還元されるのではないかと思います。例えば，100万円の連帯債務を甲，乙2人で負担していて，債権者が甲に対して債務を全部免除した場合に，甲の負担部分については乙についても免除の効果が及びますから，甲の債務額はゼロになり，乙の債務額は50万円になります。乙が債権者に50万円を支払った場合に，甲に25万円を求償できたかというと，それを認める学説は，調べた限りではなかったのです。おそらく絶対効が認められる場合に，そういう結論にはならないと思うのです。

深山　絶対効の意味合いが文字どおり絶対的なもので，それ以上には求償を発生させないという趣旨であればそうなのでしょうね。しかし，論理的には，1つの解釈として，なお求償関係が発生するという考え方もあるのかなという気がするのです。そういう説はほとんど聞かれないし，それが確定的な解釈だということであれば，現行法のような絶対的効力を有する免除でもいけるのかなという気がします。

松本　私は連帯債務の専門家でないのでこの論点を詰め切ってはいないのですが，絶対効というのが，免除を受けた連帯債務者の負担部分については他の連帯債務者の債務額が縮減するということの前提として，免除を受けた連帯債務者の負担部分がなくなるということだとすると，それは内部関係における求償のところでも同じことになって，そもそも負担部分のない連帯債務者に対しては求償できないということになるのだろうと思います。

深山　免除を受けた人が，それで負担部分がなくなったと考えられれば，まさに負担部分がないわけですから，ほかからの求償もないと思うのですが，そう考えてよいかどうか。というのは，先ほど松本さんもおっしゃったように，債権者が勝手に債務者間の負担部分を変えられるかについて，そこまでの権限はないと思うのです。この設例で言えば，XとAの何らかの合意だけではBやCの権利を剝奪することはできないので，Aの負担部分をゼロにするということは，4人が揃わないとできないことなのかなという気がし

たのです。

松本 債務の総額を変えないで負担割合を変えるというのはおっしゃるとおりだと思うのですが，古い『注釈民法』で椿寿夫先生が，債務の免除を受けた債務者自身へも負担部分の限度で，内部関係にも及ぶ免責の利益を与えるとするときには，免除された債務者をめぐる償還請求問題は考えずに済むという趣旨のことを述べられているのです（西村信雄編『注釈民法(11)』〔有斐閣，1965年〕94頁）。この叙述の前提には，免除を受けた負担部分については求償できないということがあるようです。ですから，改正前の教科書にその点を正面から議論しているものがないのでしょう。

もっとも，一部免除の場合には今の問題と似たような論点が出てくるので，改正前の教科書でも議論されています。中田教授の『債権総論〔第3版〕』では，例えば1000万円の連帯債務を丙丁2人が負担していて，負担部分が均等である場合に，一部免除をしたときに，どうなるかということを3つの学説ごとに整理しているのです（中田・前掲453頁以下）。

では，全部免除したらどうなるのかということが，一部免除の場合の議論の前提として書かれています。もし債権者が連帯債務者丙に全額免除したら，丙の債務額1000万円及び負担部分500万円は，いずれもゼロとなると書かれているのです。そして，他の連帯債務者丁は，丙の負担部分500万円について債務を免れると。ということは，免除を受けた連帯債務者の負担部分をゼロにするということが免除の意思表示の効果だとされているようなのです。これがおそらく一般的な考え方ではないかと思うのです。

深山 そうすると，先ほど出てきた連帯の免除に近い話かなという気がしました。全額免除にしろ，あるいは一部払って残りの免除にしろ，連帯債務関係から離脱させて分割債務者にして，そこだけで精算してしまう。こういう連帯の免除的なものだと理解すれば，そちらに求償が行くことはないのでしょうね。

松本 連帯の免除の場合に気をつけなければならないのは，相対的な連帯の免除をされなかった側の2人B，Cは，本説例で言えば360万円からAが弁済した60万円を引いた300万円についての連帯債務を負担していることになりますから，そのままだと「300万円支払え」と言われれば支払わなければならない。そうするとAに対する求償問題が起こってきます。したが

って，相対的な連帯の免除だけでは不十分なのです。そこでB，Cにも影響が及ぶような意思表示，例えば，B，Cにも影響の及ぶ免除の一方的意思表示とか，Aとの間での第三者のためにする免除契約とか，色々あるのでしょうけれども，もう一工夫しないとAへの求償は止められません。

　それからもう1点。この設例では，Aが60万円支払ってくれれば，Xからはこれ以上支払えとは言わないし，B，Cからの求償も受けなくてよいようにしてあげようということですが，無資力者がいる場合の手当ても考えておかないといけません。他の連帯債務者のB，Cに資力があるのであれば，今までの議論でした手当てをしておけば，Aは60万円を支払うだけで済むのでしょうけれども，例えば，Bが240万円を全額支払った上でCに求償しようとしたところ，Cが無資力だったという場合，改正前でも改正後でも，BはAに対して求償できますよね（現行法444条本文，改正法444条1項）。そうすると，そのような場合も含めてAに求償しないとか，そのような場合にはXが債権者として負担するというような合意をもう1つしておかないと，Aが60万円の支払だけで終わるという保障はないですね。

深山　そうですね。無資力者がいた場合のAの責任も免除するとしたら，実質的にはXがかぶることになるわけですが，そこまでしないと確かに安心できないということなのでしょうね。

　Aが60万円支払って残り60万円の免除を受けた後にBやCから求償されたときには，その部分はXに対して求償できないというのが原則ですが，その場合にあえてXが求償に応じることを合意しておけば，万が一のときには今の無資力の場合も含めて，そのときはAの負担はXにかぶってもらうという約束を取り付けておけば安心ですかね。

松本　Xとの間でいざというときのXによる補塡の約束が取れるのであれば，あまり難しいことをする必要はないでしょう。相対的効力しかない免除であっても，求償された場合はXが負担するということであれば，当初の狙いは実現できると思います。

深山　改めて今の議論を踏まえますと，Xの立場からすると，Aから60万円だけ支払ってもらって，ほかからも一定程度回収したいけれども，Aにはそれ以上の負担をさせないという和解をするときに，どうしたらよいかというのはなかなか悩ましいし，Aとの間だけでは難しい面があります。何

らかの形で和解にBやCも取り込んでいく必要があるのだろうと思います。逆にAの立場からしても，AがBやCから求償されたら，その部分はXが償還に応じるという合意がなされれば別でしょうけれども，それがない限り，いくらXと約束をしても，それだけでは安心できないのでしょうね。

　A，B，Cが揃って行動できる連帯債務者間の人的関係がある場合はよいのですが，必ずしもそうとは限らない。A，B，Cは同じ債務者側ではあるけれども，お互いに求償し合う関係にあるという意味では，一定の利害の対立もあるし，単純に人間関係としても，必ずしもうまくいっている場合ばかりとは限らない。A，B，Cの足並みが揃わない場合とか，BやCのうち1人が行方不明とか，なかなか連絡が取れないということになると，この設例のような場面でXとAとの間で色々合意をしても，完全にAを免責させるのは難しいという気がいたしました。

松本　先ほどの議論の繰り返しになりますが，Xとしては360万円全額回収したいけれども，Aは60万円の支払だけでよいという措置は，四者の合意がないとなかなか難しいでしょう。しかし，そうではなくて360万円回収できなくてもよい。B，Cからの240万円とAからの60万円の総額300万円でよいとか，あるいはもっと少ない180万円でもよいということであれば，別に四者の合意がなくても，何とかできる手段は与えられているのではないかと思います。

深山　Xの立場で，あまり欲張らずに手堅いところでAから確実に60万円を回収するためには，回収総額は，300万円なり180万円で譲歩するということなのでしょうかね。

松本　負担部分の絶対的効力が認められた場合の一部免除の学説の錯綜ぶりには注意を払う必要がありますが，360万円全額の回収にこだわらなければ，Aの負担を60万円だけにとどめておくという手立ては，いくつか考えられるのではないかと思います。

深山　実務的には，連帯債務者よりも，連帯保証人の場合が多いと思いますが，主債務者からなかなか回収できなくて「連帯保証人さん，払ってください」と請求しても，連帯保証人もさほど資力があるわけではないというときに，「一部でもいいから払ってください」という場面は，ままあるわけです。そのときに，「これだけ払えば私の責任は免れるんですね」と言って支払っ

た後に，内部の求償問題が出てくると非常にもめることになります。そもそも一部弁済・一部免除の合意に錯誤があったということなども議論になりえます。そういう問題にも発展しかねないので，今までも悩ましいなと思ってはいたのですが，ここの部分は新しい法律になっても，本質的にはあまり変わらない部分として残るのでしょうか。

松本 今の例は連帯保証人が複数の場合ですか。

深山 そうです。1人であれば負担部分がゼロですからよいのですが，連帯保証人が2人，3人いると，その中での内部負担の問題が出てきますよね。

松本 求償されないと思ったから一部弁済に応じたというような主張が，錯誤の主張として通るのかどうかというような問題もありますね。実務にフォーカスすれば，今後まだまだ多くの論点が生じてくるでしょう。

深山 債務免除と債務者間の求償関係という悩ましい実務上の問題に踏み込んで，有意義な議論をさせていただきありがとうございました。

［2017年12月19日収録］

保証

潮見佳男 SHIOMI Yoshio　**岡 正晶** OKA Masaaki　**黒木和彰** KUROKI Kazuaki

設例

　A銀行は，メッキ工場を営む零細企業のB社に対して，給与等支払資金として1000万円を貸し付けることとし，B社の社長Cとともに取締役として登記されていたCの妻Dを保証人とすることとした。B社の経営や資金繰り・経理は，Cが取り仕切っていた。Dは，毎日，工場の機械設備の清掃業務などを手伝っていたが，会社の経営状態は全く知らない。
　B社は，ここ2年連続赤字決算で，貸借対照表は簿価ベースでは資産超過だが時価ベースでは債務超過に陥っており，何か1つでも300万円単位の事故（売掛金未回収，受注予定の取消し等）が起きると資金ショート必至という大変厳しい状況にあった。しかし，CはそのことをDに説明しないまま，保証の委託をした。A銀行は，CがDにきちんと説明をしていないとうすうす感じていたが，あえて確認はしなかった。
　Dは，事前に保証意思宣明公正証書を作成することなく，A銀行との間で，上記AB間貸付契約につき個人連帯保証契約を締結した。

☞　AD間の保証契約は有効か。
☞　B社が，法人ではなく，Cの個人事業の場合はどうか。
☞　Dは，保証契約の取消しができるか。

I.「事業のために負担した（する）債務」とは？

岡 今回は「保証」がテーマです。京都大学の潮見佳男さんに研究者の立場から，理論的な観点のご発言をいただき，福岡県弁護士会の黒木和彰さんからは，闘う弁護士として，こういう問題がありうるという観点からのお話をいただいて進めたいと思います。どうぞよろしくお願いいたします。

　今回の改正法は，465条の6以下で，「事業のために負担した（する）」債務の個人保証について，特則を設けました。まず，この「事業概念」を取り上げます（「事業」概念につき，岡正晶「平成29年改正民法（保証債務）における『事業』概念」金子宏ほか編『租税法と民法』〔有斐閣，2018年〕248頁以下）。この事業概念は，何を規制し，何を規制対象外としようとしているものでしょうか。消費者契約法2条1項の消費者の定義として使われている「事業」の用語との関連も含め，潮見さんいかがでしょうか。

潮見 事業概念については，一定の目的をもってされる同種の行為の反復的継続的遂行を意味するものと捉えるべきだろうと思います。この限りでは，消費者契約法における事業の概念と同じだと思います。ただし，事業と消費が対概念であるということまでは，今回の改正法は想定していないのではないでしょうか。

　「一定の目的をもってされる同種の行為の反復的継続的遂行」の意味は，その「事業」が問題とされる文脈ごとに異なるのでしょう。この意味では，消費者契約法に言う「事業」概念と同じなのかと問われれば，違うということになります。

　「事業の目的で」とか，「業として」とかいった言葉は，企業取引その他の商取引や下請負などでも用いられていますが，これらの言葉が問題となる様々な局面では，「一定の目的をもってされる同種の行為の反復的継続的遂行」と言えるかどうかは，社会通念に照らして判断されると説かれることが多いように感じます。もちろん，社会通念に照らしてというよりは，当該制度・準則が何を規律しようとしていたのかという目的に即して判断されると言うべきなのでしょうが，いずれにしてもここでは，情誼性・軽率性・未必性という特徴に照らして規制されるべき個人保証において，規制の対象とされる貸金等債務であるか否かという観点から，主債務の属性を定型的に判断

して，「一定の目的をもってされる同種の行為の反復的継続的遂行」のために負担した貸金等債務に当たるか否かを判断すべきではないかと考えます。

岡 この「事業」の各論について，1点伺います。居住専用住宅購入のための住宅ローン，ロースクール・医学部等の学資のための貸与型奨学金などは事業のために負担する債務に当たらないとされております。では，株式投資とか，競輪・競馬を反復継続的に行うための借金はどうでしょうか。黒木さん，潮見さん，いかがでしょうか。

黒木 「事業性」の判断において，反復・継続性は要件ですが，営利性は要件でないと考えられています。したがって，株式投資とか，競輪・競馬のための融資でも，事業のために負担する債務と考えています。

潮見 株式投資や，競輪・競馬を反復継続的にすることを目的（行為の基礎）として資金を借り入れるという場合の貸付契約であるということであれば，この債務を個人が保証するのは，事業のために負担する債務の保証と言ってよいのではないでしょうか。

　もっとも，単発の投資のための借入れであって，これを個人保証人が保証し，それが結果的に複数回繰り返されたというだけでは，事業のために負担する債務の保証には当たらないと思います。

岡 結果的に単発の投資であっても，反復継続する意思を持ってやった場合は事業に当たるのでしょうか。

潮見 一方の当事者の内心の意図がどこまで考慮されて，貸付契約の内容になっているかが決め手ではないでしょうか。

II. 極度額の定めが必要となる個人根保証契約とは？

1. 根保証を根抵当と同じに考えてよいか？

岡 次に「個人根保証規律の拡大」を取り上げます。従来民法は，個人根保証について，貸金等債務に係るものしか規律対象としていませんでしたけれども，改正法は465条の2以下で，個人根保証契約全般を規律の対象とし，施行後に締結される個人根保証契約は，極度額の定めがないと無効としました。個人根保証契約は，「一定の範囲に属する不特定の債務を主たる債務とする保証契約」と定義されています。「不特定の債務」がキーワードです。

　ところで，本設例のような単発の融資契約でも，近時は，反社会的勢力で

はない旨の表明保証に違反した場合に，損害担保義務を負うとか，コベナンツ違反を犯した場合には，債務不履行に基づく損害賠償債務を負うなどの条項が入っています。単発のリース契約でも同じと思います。このような損害賠償債務は，不特定の債務とも思えますので，このような損害賠償条項が契約書に書かれている場合は，単発の融資契約，リース契約であっても，その契約に係る個人保証は，個人根保証になるのでしょうか（「根保証」概念につき，井上聡「債権法改正と個人保証人保護の範囲」金法2104号〔2018年〕4頁以下）。潮見さんいかがでしょうか。

潮見 この点については，根抵当権についての考え方が参考になるのではないでしょうか。根保証と根抵当とは，元本確定前の被担保債権の譲渡回収面で違った扱いをする裁判例や学説もありますが，少なくとも一定の範囲に属する不特定の債権を担保するものであると捉えて，附従性を緩和する点では，両者に本質的な違いはないものと思われます。言い換えたら，人的・物的担保により担保される債務が何かという点で，両者には根担保としての共通性が見られます。

　したがって，根保証の対象となる被保証債務については，根抵当の場合と同様の観点から捉えてよいものと思います。もとより，「一定の範囲」をどのように捉えるのかについては，当事者がどのように決定したのかが尊重されるべきでしょうし，しかもここでは，「債務」と「義務」とは区別して考えるべきなのでしょう。保証人は，主債務者の「債務」を保証しているのですから，その「債務」を構成している「義務」を複数観念することができるときでも，「債務」を一個のものとして捉えることができる場合には，これは「特定債務」の保証です。

　売買における売主の保証人が負担する保証債務が，売買契約に基づいて生じうる全ての義務（損害賠償義務，原状回復義務など）に及ぶとする通説・判例もここでの保証人の債務を「根保証」と見ていないことがその証左とも言えます。

岡 その債務を一個のものと考えれば，特定していると考えてよいのでしょうか。

潮見 もちろん，その一個の特定した債務というものが複数あって，その複数ある特定の債務を保証した場合に，これが普通の保証なのか，根保証なの

かと言われたら，それは普通の保証であって，根保証ではないということになろうと思います。先ほど「一個の債務」と申し上げたのは，今の趣旨で申し上げたようなものです。

岡 黒木さんいかがですか。

黒木 平成16年の改正で，とりあえず貸金等根保証契約という項目を設けたが，それだけでは不十分であったことから，今回の法改正で，全ての個人根保証契約で，債権極度額を定めることが必要とされたものと考えています。したがって，実務家としては，個人保証人が「包括根保証的」に債務を負担するという解釈は，できるだけ避けるべきと考えています。

その意味で，「不特定の債務」という解釈は広く解すべきでしょう。例えば，貸金を含む金利取引において金利スワップ特約が付されており，「本契約に基づき乙が負担する一切の債務を保証する」と規定されていれば，現行法でも貸金等根保証契約に該当するということになって，極度額がなければ無効と解されると思います。

岡 潮見さんは，反社条項，あるいはコベナンツ違反による損害賠償債務が入っている場合，根保証になるとお考えになりますか。

潮見 基本的にはその債務の内容が特定しているのかどうかが全てだと思います。その点では黒木さんがおっしゃったのと方向は基本的に同じかと思います。ただ，実際にどういう内容の条項が設けられるのかによって，場合によればその内容が不特定であり，その不特定な範囲のものを保証しているということであるなら，そういうものは根保証として捉えるほかないと思います。

岡 貸金等根保証の場合は，現行法でも極度額がないと無効になりますので，コベナンツ違反とか反社条項の損害賠償債務が入ると，根保証だという解釈が通説になると，金融機関は今の実務を変更しなければいけなくなると思います。

潮見 私は，不特定の債務の保証ではないと見るのが普通なのではないかと考えてきましたけれども，今回の改正によって，それが違ってくるのでしょうか。

黒木 現行法の貸金等根保証契約では，単純な貸金債権ですら，債権極度額をやはり定めないといけないとされています。その対比で考えると，個人保

証人にとって予見可能性が低くなってくるような債務が，単に基本契約があり，その派生であるというだけで，債権極度額を定めなくても有効であるという解釈をとるということについて，疑問を感じています。

潮見 今のような考え方だったら，根抵当権のほうの考え方も変わってきますかね。

黒木 根抵当の被担保債権の範囲の解釈は，結局，担保物からどこまで債権の満足を得られるかという問題であり，個人根保証契約は，単純な担保物の処分価値の把握とは異なるわけですから，そこはやはり違ってきてしかるべきではないかと考えます。

潮見 それは，無限責任を負う保証人を保護するためですか。

黒木 はい。個人根保証契約の場合は，個人の将来収入まで全部包括されてしまうわけで，その点が，根抵当の被担保債権を考える場合と状況は違っているというように私は思っています。

潮見 根抵当権のところで言われている被担保債権の捉え方やコベナンツのあたりは根保証ではないと捉えていくのが自然だと思うのです。

けれども，黒木さんがおっしゃったように，今回の改正でこういう規定を入れたのは，保証人を保護するためであるからというように，規律の目的というところから考えたときには，同じ根担保と言っても，根抵当の場合と根保証の場合は違って，保証との絡みでは根保証と評価され，抵当権との関係では普通抵当と評価されるというようなことが生じるということでしょうか。

黒木 個人根保証契約の解釈においては，本人の将来収入がどこまでの範囲で，他人の債務のために制限される可能性があるのかという問題だと思います。根抵当権は，賃料等の果実としての将来収入はあっても，個人の生き方にはあまり関係ないと思うのです。

2. 賃借人保証が根保証に当たる理由

岡 賃借人保証は，個人根保証の典型と言われておりますが，その理由として，①賃料債務がいつまで続くか不特定だからという考え方と，②原状回復債務とか，用法違反に基づく損害賠償債務とか，いくらになるかわからない債務が含まれているから，という考え方の2つがあると思います。潮見さんはどちらの見解ですか。

潮見　前者です。
岡　黒木さんはいかがですか。
黒木　後者です。
潮見　面白いな。
岡　これから議論が分かれていくところだろうと思いますので，良い問題提起ができました。

III. 事前の公正証書作成が不要な「取締役」とは？

岡　本論に入ります。まず設例の1つ目の論点です。潮見さんにお伺いしますが，解説書を見ると，本件のDのような，いわゆる名目的取締役でも，取締役として登記されていれば，それだけで465条の9の適用除外者となり，保証意思宣明公正証書は不要だと書かれておりますが，潮見さんもこのように解釈されますか。

潮見　立法趣旨から異なる解釈ができるかどうかはわからないのですが，理論的には，次の2つのうちのいずれかの立場でこの問題に向き合ったか次第だと思います。第1の立場は，業務執行に関与するか，又は業務執行の決定に関与する資格を有する地位に就いた者である以上，その地位が名目的であるにせよ，その地位に就任したリスクは引き受けるべきである。したがって，個人保証についても，公正証書作成という手続が踏まれていなくても，保証リスクは，「取締役という地位にある」という以上，名目的な取締役も負担しなければならないとする立場です。私は，この立場を積極的に支持するわけではありませんが，十分に成り立ちうるのではないかと思います。もちろん一般条項や，あるいは場合によると不法行為を理由とする損害賠償による規制の余地は残ります。

　第2の立場は，今回の制度設計に当たり，情誼性・軽率性・未必性という観点から，個人保証人を保護すべきだろうという点が重視され，とりわけ事業のためにする場合や，貸金等根保証の個人保証につき，公正証書を要求し，さらに公証人を介在させることで個人保証の締結に関し，内容面，手続面で個人保証を制度化した以上，事業に実質的に関与しない者については，公正証書による手続を踏まなければならず，この手続を踏まなかった場合には，保証契約は無効であるとする立場です。これも成り立ちうる考え方だとは思

いますし，とりわけ個人保証をできるだけなくしていこうという方向には合致するものと思われます。もっとも，この立場から考えていくときには，名目的取締役だけでなく，およそ465条の9に該当するもの全てについても同様の観点からの目的論的な制約を付けて解釈をすることが求められることになるでしょう。

岡 黒木さんはいかがですか。

黒木 まず465条の6の保証意思宣明公正証書の作成が義務づけられている趣旨というのは，現在の金融庁の監督指針の中の自発的に連帯保証の申し出を行ったことと客観的に認められる場合，というのを様式化するというものであったと考えています。したがってこの趣旨からすれば，潮見さんのおっしゃった第2の立場で解釈運営されるべきものだと考えています。

その意味で形式的に465条の9の除外事由に該当する個人は，保証意思宣明公正証書を，保証契約の成立要件から類型的に排除できる，という解釈を行うことについては躊躇があります。今後の実務の中で検討されるべきだと思いますが，主債務者が保証意思宣明公正証書の作成手続を潜脱する意図をもって，個人を465条の9に規定される地位に就任させたことが明らかな場合——保証契約の直前に，臨時株主総会などで，取締役選任がなされ，取締役会なども開催されていない事案など——で，債権者もその事情を知っていた場合であれば，保証履行を迫られた保証人の代理人としては，保証意思宣明公正証書が必要であり，保証契約は無効であると主張することになると思います。

ただ，同時にこのような場合は，465条の10の主債務者の契約締結時の情報提供義務が果たされていないことが多いのではないかとも考えられます。そうなると，465条の10による保証契約の取消しを主張することと併せて，訴訟戦略を検討することになるのではないかと思います。

潮見 保証契約が無効であるというのは私もよくわかるのですが，根拠条文は民法90条なのですか，それとも，ここでは，そもそも保証契約の成立要件を満たしていないというほうですか。

黒木 465条の9に言う取締役ではないという主張と，90条と2つ合わせて言うと思います。平成28年12月9日の衆議院法務委員会で小川秀樹民事局長（当時）が，配偶者に関してですが，意思確認を欠いた場合，保証契約自

体が無効になると回答しています。

岡 共同して事業に従事するという要件は解釈の余地があると思いますが，取締役というのは解釈の余地が厳しいような気がします。90条のほうがいいような。

黒木 それでもいいと思います。

主張としては二段構えで，まず465条の9第1号の取締役ではない，仮に取締役に該当しても，保証意思宣明公正証書の作成を潜脱する目的であれば，90条に反すると。裁判所が最終的に90条で判断してもらっても良いと考えます。

Ⅳ. 事前の公正証書作成が不要な「配偶者」とは？

1. 限定解釈の必要性，特別解約権

岡 設例の2つ目の論点に移ります。ご承知のとおり，改正法465条の9第3号後段では，個人である「主たる債務者が行う事業に現に従事している主たる債務者の配偶者」は，保証意思宣明公正証書を作成しなくても保証人になれる適用除外者と定めました。これについて潮見さんは，ご著書の『新債権総論Ⅱ』（信山社，2017年）の774頁の注337で触れられておりますけれども，この点についての潮見さんのご見解をいただけますか。

潮見 部会審議のときから，私は配偶者保証には問題ありと述べてきたもので，この考え方は今でも変わりません。本件のDのような「毎日，工場の機械設備の清掃業務などを手伝っていたが，会社の経営状態は全く知らない」という配偶者は，適用除外者に当たらないと考えます。決算書や税務申告書を見てはいたが，会計事務を手伝っていただけで，中身を理解する能力も意欲もなく，現に理解していなかった場合も適用除外者に当たらないでしょう。

決め手が何かと言われれば，465条の9に該当するものが，個人保証の例外とされているのは，保証人となる者が一定の「地位」にあるからだという点に着目したからであり，しかも1号，2号，それから3号前段については，業務の執行に関与し，又は業務執行の決定に関与する地位にあるという点に着眼して，このような例外的な処理をしているわけです。ですから，配偶者がした保証についても例外処理をするのならば，1号，2号，それから3号

前段と同等の地位にある者でなければなりません。取締役とか執行役とかといった地位には形式的には就いていないし，組合契約の当事者という地位を認めることはできないけれども，主債務者が行う業務の執行に関与し，又は業務の執行の決定に関与する地位にあるという実態を有している配偶者に絞るべきだと思います。

　条文上では3号前段があれば足りたのでしょうけれども，「共同して事業を行う」としたときには，組合契約の組合員の定義と重なることから，これを避けることを考慮して後段を独立に立てたと考えるのであれば，このような解釈に向かいますし，さらに，配偶者保証というのは情誼性・軽率性・未必性が最も顕著に現れる典型的な場面ですから，このような目的論的な制約を付した解釈を採用すべきだと思います。

岡　黒木さんはいかがですか。

黒木　潮見さんのおっしゃるとおりだと考えます。3号の前段とは別に，あえて配偶者について規定を設ける必要はないと考えています。この点は，最終的な立法過程でやむをえず認めた例外であって，個人である「主たる債務者が行う事業に現に従事している主たる債務者の配偶者」という概念は極めて限定的に解釈すべきであると考えています。

　なお，仮に同号により配偶者が，保証意思宣明公正証書を作成することなく事業に関わる貸金等債務の含まれる根保証契約を締結した場合であったとしても，離婚等をしたような場合には，事情変更により根保証契約は確定すると解釈すべきだと考えています。

岡　離婚した時点で元本が確定するという解釈ですか。潮見さん，この見解はいかがでしょうか。

潮見　今回の改正法の条文，あるいはその基礎にある考え方からは，今おっしゃった考えを採用するのは難しいのかなという感じがしないわけではありません。ただ，今回の改正を度外視して考えた場合に，従来の根保証の理論で，保証人の保護ということを考える場合に，事情変更の考え方が普通の事情変更の場面よりは若干緩やかに解釈されてきたところがありますから，一般法理として考えた場合に，何らかの形での保証人保護の枠組みを認めるのはありうると思います。

黒木　元本確定と申しているのは離婚した後に，以前の配偶者が借りた分も

極度額まで債務負担しなければならないというのが問題だと考えているからです。このような場合養育費ももらえないでしょうし。
潮見 それでしたら，元本の確定というよりは，むしろ特別解約の枠組みではないでしょうか。

2．表明保証によるリスク転嫁の可否

岡 この要件の該当性判断に曖昧さ・リスクがあることから，解説書には，債権者としては個人保証人から，「自分は主人が行う事業に現に従事しています」と表明保証をしてもらい，「万一これが事実に反し債権者に損害を被らせた場合は，これを賠償します」という旨の損害担保約束をしてもらえば，万一保証契約が無効になったとしても，この損害担保約束，表明保証に基づく請求でうまくいくと書いてあるものがあります。このような表明保証及び損害担保約束について，潮見さんいかがでしょうか。

潮見 改正法465条の6は，強行法規ではないでしょうか。そして，465条の9がその適用除外規定であるというように思われます。そして，事業に現に従事しているかどうかは，当事者の合意や一方的意思により決められるのではなく，強行法規である465条の6の適用除外をもたらす465条の9第3号後段に該当するかどうかを，同号の趣旨に照らして客観的に判断するべきものです。したがって，現に従事していることをいくら表明保証しても，これによって465条の6の適用を回避することはできないと思います。

　仮に，保証人が詐欺又は不実の表示をしたというのであれば，債権者が保証人に対し不法行為に基づき損害賠償を請求すれば足ります。もちろんその場合には，保証人の故意・過失，それからこれによる損害を証明すべきは債権者のほうですし，過失相殺の余地があるのも言うまでもないことです。債権者が個人保証人に対して表明保証をするよう指示した場合には，不法行為を理由とする請求自体が立たないことも多いようにも感じられます。

岡 表明保証違反の場合の損害担保約束も，不法行為の枠で捉えるということでしょうか。

潮見 それしかないということです。

岡 なるほど。黒木さん，いかがでしょうか。

黒木 潮見さんがおっしゃるとおり465条の6は強行法規だと思います。

仮に強行法規でないと考えても，表明保証が機能する場合の配偶者は，消費者契約法により消費者になるのではないかと思います。そうすると，仮に表明保証で，損害賠償額の予定をしたとしても，消契法 10 条が当然適用されるのではないかと考えられます。

岡 潮見さんにもう一度お伺いします。金融機関が，この従事する配偶者に当たるかどうか一生懸命調べて，たぶん当たらないと考えたけれども，万一の場合のリスクの担保として，真面目にこの表明保証及び損害担保約束をとった場合に，損害担保義務は発生するのでしょうか。

潮見 発生しないと思います。疑わしい場合には保証意思宣明公正証書のほうの制度によるべきであって，それを回避するために表明保証という方法を選択するのは好ましいことではないでしょう。

黒木 全くおっしゃるとおりだと思います。

V. 個人保証人の新しい保証契約取消権

岡 では，メインテーマである設例の 3 つ目の論点，個人保証人の改正法に基づく保証契約の取消権に入ります。改正法 465 条の 10 は，主債務者が「事業のために負担する」債務について，個人に保証を委託する場合は，「財産及び収支の状況」など，所定の情報を提供するように義務づけました。この義務は取締役であっても，共同事業者であっても適用があります。

1. 情報提供義務の対象

(1) 財産の時価評価額

岡 まず第 1 に，この提供すべき情報である「財産及び収支の状況」とは何かについて，お伺いします。設例では，「決算書上は資産超過でも時価ベースでは債務超過であること」は，財産の状況として，また「2 年連続赤字決算であること」は，収支の状況として，条文所定の「開示すべき情報」に当たるのでしょうか。潮見さんいかがでしょうか。

潮見 一般論として言えば，個人保証人が保証のリスクを引き受けるか否かについて判断するために基礎となる情報，主債務者の不履行リスクに関する情報ということになるのでしょうが，他方で，中小の事業者において，主債務者自身が，自らが履行できなくなるリスクや破綻するリスクを正しく見積

もっているか，そもそも将来の状況を含む財産や収支の状況について的確に判断し，保証人に対して必要な状況提供をする能力を有しているのか，さらに言えば，必要な情報を選別できるか，微妙なケースもあると思われます。

　このような留保付きでの感触ですが，提供すべき情報は，「主債務者が将来において債務を履行せず，債権を回収することができなくなるリスク」（債権回収リスク）を保証人が判断する上で基礎になる情報でしょう。なお，破綻のリスクに関する情報までは入らないと思います。主債務者が現に把握し，又は合理的な債務者であれば把握することのできる限りで，保証人が債権回収リスクを判断する上で基礎になる情報の提供は求められるべきではないでしょうか。もとより，保証人となる者の側から追加情報の提供依頼があれば，主債務者としては，それへの対応を考えなければなりません。

　その意味では，設例に言うところの，「2年連続赤字決算であること」は，収支の状況として，条文所定の「開示すべき情報」に当たるとのご指摘については，私もそのとおりではないかと思いますが，他方で，「決算書上は資産超過でも時価ベースでは債務超過であること」は，財産の状況として「開示すべき情報」に当たるのかと言われると，主債務者の属性や置かれた状況と保証人の属性や置かれた状況次第では，時価ベースまでの情報を開示すべきなのか，主債務者自身が時価ベースでの状況を把握していない場合に，情報提供をしなければならないのか。むしろ，保証人となる人から時価ベースではどうかという照会を受けて，初めて時価ベースでの状況を調査把握して，提供するかどうかを主債務者が決める──見せたくなければ，保証委託は諦める──という整理もあるかとも思います。

岡　追加情報の提供依頼があった場合に，当然，答えるべき義務が発生すると思いますが，それは，この条文の文言である「財産及び収支の状況」が広がるのですか。それとも，別の情報提供義務が生じるのでしょうか。

潮見　私は後者だと思います。

岡　そうするとそこに虚偽提供があって誤認があったとしても取消権にはつながらないということですね。

潮見　この規定に基づく取消権は，出てこないのではないでしょうか。

岡　黒木さん，この点，いかがでしょうか。

黒木　実務家としましては，465条の10の規定は非常に重要な規定である

と考えます。465条の10は，貸金等に限定されず事業に係る債務全般を対象とする新たな取消権を，個人保証人に付与したものであり，主債務者が説明すべき内容を465条の10第1項で明示したということです。

まず，この465条の10が規定する説明義務の対象が明確になったことで，他の保証人の有無は動機の錯誤にすぎないという最高裁昭和32年12月19日判決（民集11巻13号2299頁）は，実質的に変更されると考えています。

次に，465条の10第2項の取消権は，保証履行を迫られた個人保証人にとって，訴訟上の抗弁事由として主張立証されるべき事由であり，裁判規範として機能するということであります。保証履行請求を受ける状況下では，法人の代表者等を含む主債務者が行方不明であったり，死亡していなければ，委託により保証人を巻き込んだという負い目を感じていることが多い主債務者側は，保証人に有利な供述をする可能性が高いと考えられます。

したがって，465条の10の裁判規範としての機能は，「契約締結時」にあるべき説明義務の内容を，「保証履行請求時」に回顧的に評価するところになると考えています。

その観点で申し上げますと，まさにケースバイケースですが，仮に「簿価上は資産超過だが，時価ベースでいくと，土地の価格が，簿価の半分以下になっているので，債務超過に当たる」という実態貸借対照表上の債務超過が保証契約締結時にあれば，主債務者側は，法廷では「自分はこの事実を知っていたが，これを保証人に正直に伝えると保証契約を締結しないと思った」と供述する可能性が極めて高いと思います。これを「財産……の状況」（465条の10第1項1号）に該当すると解することができれば，保証人側は，保証契約の締結時に，これらの情報は提供すべきであったにもかかわらず提供しなかったとして，取消しを主張することになります。

最終的には，裁判官の判断になると思いますけれども，少なくとも，465条の10が法定される前の，いわゆる2段の推定により，保証意思を確認すれば，債権者の保証人に対する保証履行請求訴訟を容認していたという実務には，大きな変革をもたらすことになるのではないかと考えています。

岡　闘う弁護士の立場はわかりましたが，潮見さんいかがでしょうか。

潮見　たしかに，主債務者は事業者なので，ある程度会計処理的な側面，あるいは会計ルール等について熟知しているということであるならば，そして

また保証人をこの規定によって保護しようということであるならば，「財産及び収支の状況」の意味を広く解釈するということは可能なのかなとも思います。

他方で，世の中には色々な事業者がいることを考えた場合に，実際に黒木さんがおっしゃったようなところまで定型的，客観的に，財産及び収支の状況の中に取り込むのが望ましいのかどうかについて，引っ掛かりを感じるのです。

仮に財産及び収支の状況を狭く捉えた場合でも，主債務者と保証人との間の合意，すなわち，保証委託の前提として財産及び収支の状況を，私たちの間ではこういう内容のものとして捉えましょうという合意を1つ挟んで，財産及び収支の状況の意味を広げるということはありうるでしょう。

嘘をつかれた場合や誤情報を提供された場合には，行為基礎事情に関する誤認を理由として，行為基礎事情に関する合意があるとか，行為基礎事情に関する認識の表示があるとかとの理由で，95条の錯誤取消しの枠の中で処理する方法もあると思います。

(2) キャッシュフロー情報

岡 次に，設例には，「何か1つでも300万円単位の事故が起きると資金ショート必至という大変厳しい状況」が書かれています。これは，キャッシュフロー・資金繰りに係る事実です。これは文言的・会計的には「財産及び収支の状況」という文言には入らないと思いますが，破綻リスクの有無の判断に関しては，極めて重要な情報だと思います。

このような資金繰りに関する事実について，黒木さん，どのようにお考えになりますでしょうか。

黒木 まず，対象事項として「財産及び収支の状況」(465条の10第1項1号)の，「財産」の状況は貸借対照表，「収支」の状況は損益計算書でしょう。さらに，「当該債務以外に負担している債務の有無その額その履行状況」(同項2号)を説明しなければなりません。

とすれば，本件の場合は，給与等の支払資金として1000万円を貸し付けるということですから，従業員が債権者となっている未払給与の有無を説明しなくてはならないのではないかと思います。仮に，今回の融資がないと給与の支払に窮するということの情報提供をしたとして，それでも保証契約を

締結する個人が，どれだけいるのかという問題です。このような情報は，保証することによる具体的なリスク判断に重要な事実ではないかと思います。

たしかに，いわゆる「資金繰り表」は，直ちに1号には該当しないと思いますけれども，例えば，一部の貸金について約定変更をしている，取引先に猶予をお願いしているといった事実があれば，2号の「債務の有無並びにその額及び履行状況」に該当すると思います。

契約時の「破綻リスク」の詳細は不明ですので，説明すべき事項としてはケースバイケースになることは否定しません。しかし，保証債務履行請求時には，保証人の抗弁として取消権の主張対象になると考えていくべきではないかと思っています。

(3) 他の債務の有無・その額・履行状況

岡 今，2号について重要だというご指摘がありましたが，2号の「他の債務の履行状況」について，履行期到来前の債務だとか請負契約上の債務など非金銭債務は2号に当たらないのではないかという問題提起がされています（井上聡＝松尾博憲編著，三井住友フィナンシャルグループ三井住友銀行総務部法務室『practical 金融法務 債権法改正』〔きんざい，2017年〕103頁）。この点，黒木さんはいかがですか。

黒木 非金銭債務は確かに評価が難しいので，これは当たらないという解釈もありうると思います。しかし，先ほど言ったとおり，本件の場合は1000万円借りないと給与が払えないという状況ですよね。とすれば給与債権者というのは，日々，債権は発生しているので，説明しないといけないのではないかと私は思います。少なくとも裁判時には，絶対にそのような主張になると思います。

岡 履行期到来前の債務の履行状況として，提供義務の対象になるということですね。潮見さん，その点，いかがですか。

潮見 請負などの場合の役務提供債務のような非金銭債務も2号に該当すると言わざるをえないのではないでしょうか。条文の文言上も，これを外す理由がないと思います。非金銭債務も含めて，どれだけ債権者が自分の債権を回収することができるのか，その回収不能のリスクをどれだけ保証人に転嫁するのかを考えたときには，金銭債務以外のものについても履行と履行に要するコストというものがありますから，それを2号から外すのは難しいので

はないでしょうか。

岡 2号については実務的には，直近の貸借対照表を見せて，この時点ではこのような負債がありますと，それは見せるべきだし，通常，債権者も調べると思いますが，保証委託契約締結時点で全債務がどうなっているかという調査は，債権者も普通はしないのだと思います。それとの関係で，あまり2号を厳しくしすぎると実務がワークしない気もいたします。

潮見 全債務がどうなっているかがわからないから，表明保証をさせるなどという方法をとっているのでしょう。

黒木 だから，1号，2号が主戦場になっていく。3号も結構，主戦場です。

　(4)　返済計画・返済原資

岡 次に移ります。資金繰り情報の延長ですが，「当該借入金はこういう原資で返済する計画である」という返済計画・返済原資の情報も大変重要と思いますが，これは，本条の提供義務の対象ではないのでしょうか。潮見さん，いかがでしょうか。

潮見 ここでの情報提供の意味が，「債権回収リスクを保証人として引き受けなければならないと考えた場合に，その判断の基礎となる事実に関する情報の提供」を意味するものだとしたら，465条の10にいうところの「財産及び収支の状況」に，返済計画や返済原資に関する情報が入るかどうかは，微妙です。字義どおりの財産及び収支の状況に加え，債務の有無・額・履行状況（債務超過の有無を含むもの），それから，現在の資産状況さえ示しておけば，主債務者がその債務をどのように弁済していくかの予測は債権回収リスクに関する基本情報を得た保証人となる者の側が，自らの知見の下で判断する領域に属する事柄です。だから，返済計画や返済原資に関する情報まで提供せよというのは，保証人の判断・決定リスクを主債務者側に転嫁するものであり，この条文の想定するところではないと思います。

　保証人が返済計画や返済原資に関する情報まで提供してもらいたいと考えるならば，その提供を主債務者に求め，それを受けての情報提供がなければ保証人にならなければよいだけですし，求めた情報の提供がなかったにもかかわらず保証人になるとの決定をした場合には，これによるリスクは保証人が負担すべきではないでしょうか。もちろん，錯誤取消しという余地は残してという留保付きでのことです。自らが提供を求めていない中，主債務者か

ら，返済計画や返済原資に関する情報を提供してくれないままに，保証契約を締結した保証人が，あとから返済計画や返済原資に関する情報の提供がなかったことを理由に保証意思表示を取り消すというのは，おかしいのではないかと思います。

岡 保証人の自律的な意思を重視するご見解だとお聞きしましたけれども，黒木さん，いかがでしょうか。

黒木 保証人となろうとする者は，主契約との関係では，成立の附従性がありますので，そもそも主契約の詳細はわかりません。この情報の非対称性を主債務者の説明義務として規定したものが，本条の説明対象事実であると考えています。

そうなると，主債務者の465条の10第1項2号，3号に関する事項は，どこまで実質的な説明義務の対象とすべきかを検討することが必要ではないかと考えています。3号は，「主たる債務の担保として他に提供し，又は提供しようとするものがあるときは，その旨及びその内容」の情報提供を定めています。3号に該当する担保がなければ「ない旨」，あるのであれば3号に関する事実を説明することが必要です。3号対象資産の有無や内容は，主債務者あるいは他の物上保証人の財産による履行可能性の有無，程度を説明することにつながるのではないかと思います。

このように考えますと，繰り返しですが，保証契約締結時の情報提供義務を回顧的に履行請求時に検討する際には，主債務者がどのような資産で主債務を弁済しようとしていたのか否かについて，3号で説明すべきであったと考えられるのではないかと思います。

岡 今，黒木さんは，主契約の詳細を保証人になろうとする者はわからないので，この情報の非対称性を基盤にしたのが，今回の条文だとおっしゃいましたけれども，潮見さん，そういう理解でよろしいのでしょうか。

潮見 債務の額がいくらですか，履行状況はどうですか，収支の状況はどうですかというのは，客観的事実なのです。情報提供といったような場合には，客観的に存在している事実を情報として提供することによって，あとは保証人が自ら判断して決定してくださいというものです。情報の非対称というのであれば，その情報を提供してあげれば足りるのではないでしょうか。むしろ，ここで問題になっているのは，主債務者が債務の弁済をどのようにして

行うかということについての意向・認識に関わることでして，これは判断の提供に当たることなのです。

　果たして，そういうものを465条の10が想定しているのでしょうか。ここで提供されるべき情報というのは事実としての情報，つまり保証人が自己決定をするための基盤を確保するための事実にとどまるのではないでしょうか。他方，保証人の保証リスクを回避するためには，自己決定のための前提としての事実だけでなく，主債務者がこれから先，何を考え，どのように行動するのかという意向・認識まで含めて提供してあげなければ，保証人としても債権の額とか有無，履行状況を提供されても判断のしようがないし，かえって予想外のことが将来生じるかもしれないので，保証人を保護するために後者も含めて提供しなさいというならば，黒木さんのような考えになるのでしょうね。

黒木　そこは，すごく微妙だと思います。別の例ですが，建設会社が住宅建設契約と同時にサブリース契約を結んでいるアパートローンの場合，担保は建設予定のアパートです。まさにこの3号になる。このアパート建設資金を，土地建物を担保に借りるわけですが，担保の価値は，賃料という将来収入でずっと弁済できるかが問題になり，サブリースが何年間あって賃料収入で主債務の弁済が可能であるということが3号の説明の内容になるのではないか。つまり，担保物件の収益還元価値まで考えないと担保の有無はわからないのではないか。このように考えると，実は事業計画を明らかにしないといけないと解釈すべきだと私は思っていますが，そこは潮見さんがおっしゃるとおり非常に難しい。

潮見　465条の10というものができ，そこに色々なものを取り込むことによって，従来，民法総則の合意の瑕疵とか理論では難しいと言われていた保証人の保護を広げる。しかも，消費者契約法の条文で賄えないところを，この規定によって打開しようということを考えたら，465条の10の文言に与えられる意味も，ものすごく広がるのです。

　他方で，465条の10はその射程に一定の限定を付しているということであれば，錯誤その他の制度を使うことによって保証人の保護を考えていくということもあってよいし，また，465条の10は拡大解釈せずに，消費者契約法の取消制度を，今回の民法改正を契機に活用しようというのも，あって

もよいかもしれません。

2.「誤認」要件及び「誤認による保証契約締結」要件

岡 次に，保証契約の取消権の第2，第3の要件について伺います。「保証人が，前項各号に掲げる事項について誤認すること」と「その誤認（前項各号に掲げる事項についての誤認）によって，保証契約をしたこと」です。まず，経営状態に関する説明が主債務者から全くないまま，保証委託があり，配偶者も，やむをえないと考えて，経営状態に関する質問を一切しないまま，保証人になった事案を考えます。いわば情誼性に基づいて保証人になった場合です。設例は，このような場合であることを前提といたします。この場合，誤認，誤認による保証契約締結の要件を満たすでしょうか。潮見さん，いかがでしょうか。

潮見 465条の6から9までの要件を満たした保証契約が成立しているという前提の下での保証人でいいのですね。

岡 はい。

潮見 「経営状態に関する質問も一切しなかった」という点を，どのように評価するかにかかってくるように思います。保証人になる以上は，いかに配偶者であれ，あるいは近親者であれ，主債務者の債権回収リスクや破綻リスクを引き受けるわけですから，現代社会では，「保証人になる」という自己決定の前提として，「主債務者の債権回収リスクや破綻リスクは，保証人自身が引き受ける」との認識の下，保証をするというのを基本的な理解の出発点に据えるべきではないでしょうか。

そして，そうであるならば，保証の意思表示をする際には，主債務者の経営状態，正確に言えば，465条の10の記載の事実については，情報提供を求めてから保証人になるかどうかを決定するのが通常であると考えなければなりません。このとき，「経営状態に関する質問も一切しなかった」という事実は，それだけで，主債務者の経営状態がどうであれ，保証人としてのリスクを引き受けるという意思があった，したがって，因果関係要件を充足しないと考えるのが，一般的ではなかろうかと思います。

とりわけ，主債務者が夫，保証人が妻であり，夫婦間では夫の事業の状況について赤の他人よりも聞きやすいという状況があると考えれば，余計に因

果関係要件を満たさないという判断に傾くものと思われます。

　もっとも，これは，465条の6から9までの要件を満たしているという前提での話です。そうでない配偶者や近親者が保証をした場合は，それは何も聞かなかったとか，聞いたかということと関係なく保証契約自体が成立していませんから，むしろ，この問い自体が成り立ちません。

岡　それは，公正証書作成の段階で公証人が，そのあたりの事実をうまく聞き出しておけば，このような何も聞かないで保証するという事態はありえないだろうということですね。

　1点，確認ですが，この誤認要件・因果関係要件が否定される場合は，主債務者が何も説明していないことを債権者が知りえた場合でも，取消権は成立しないという理解になるのですね。

潮見　465条の10第1項の要件を満たさないにもかかわらず，同条の下での取消権を認めるというのは，解釈論としては無理ではないでしょうか。むしろ，ご指摘のような場合こそ，いわゆる「契約締結上の過失」の理論に依拠して，つまり，主債務者が法定事項を保証人に説明していないことを債権者が知りえたときには，債権者には，誤認を指摘する義務，場面次第では，さらに進んで保証人の判断・決定過程を確認する義務が課され，その違反を理由として保証人に対する損害賠償責任が発生する——ただし，過失相殺の余地がある——という方向で問題を捉えていくべきではないかと思います。

岡　黒木さん，この点，いかがでしょうか。

黒木　主債務者が，経営状態に関する説明は全くせず，保証人も経営状態に関する質問も一切しないまま保証契約を締結した，いわば「一蓮托生型」の場合，紛争実態として，保証人だけが，あえて取消権を行使するということは少ないのではないか。換言すれば，抗弁としての取消権不行使ゆえに保証契約は事後的に有効となる。そう考えています。

　問題は，保証契約履行請求時に「そのときは，流れで保証のハンコを押したが，財産の状況とか収支の状況につき，正確な説明を受けていたら，保証契約はしなかったと思う」という場合です。保証契約履行請求時に，保証人，主債務者がこのような事実主張をする場合に，「誤認ではない」として取消権を行使できないのかと考えますと，私は少し違和感があります。証拠関係その他によると思いますが，債権者が，「保証人は，主債務者からの情報提

供の有無にかかわらず，保証契約を締結しただろう」と言うのは，少し違和感があります。

岡 違和感があるというのは，誤認という認定をもう少し柔軟にすべきだということになるのでしょうか。

黒木 そうですね。つまり，正確な情報提供がない中，客観的には保証人の誤認の可能性があったのに，債権者が，それを全て否定するというのは，ちょっと言いすぎではないのという気がしている。まだ，感覚的なものですので，もう少し考えて，裁判規範として主張すべき理論を考えていきたいと思っています。

3. 債権者の悪意・有過失

岡 では，取消権の最後の要件である，「条文所定の情報提供義務違反を債権者が知り又は知ることができたとき」について，伺います。

　　（1）　情報提供の有無自体の確認義務

岡 この論点について，まず第1に，債権者は，主債務者による情報提供がされたかどうか自体の確認義務はある，これすら確認しなかった場合には，過失が認められるという見解が言われています。この見解について，潮見さん，いかがでしょうか。

潮見 債権者が保証人に「財産及び収支の状況」について，例えばきちんと説明を受けていますねと質問して，保証人から「はい」と返事をもらうことが，最低限の要件だということは，異論がないと思います。

　問題は，金融機関が，きちんと説明していないとうすうす感じていたが，あえて確認しなかったときは，確認義務違反があるか，形式的にでも質問をしていれば十分かという点は，事実の認定，証拠評価に関わることですから，研究者の私が軽々に申すべきことではないところです。ただ，1点だけ言えば，「財産及び収支の状況」とか「主たる債務以外に負担している債務の有無並びにその額及び履行状況」を聞きましたかと発問しても，何のことかわからない保証人もいるのではないかと思います。

岡 形式的に条文の文言だけで確認したら足りると，そういうものではないということですね。

潮見 従来の投資取引，ワラント等をめぐる過去の一連の裁判例が，既に一

般論として提示している基本的な考え方ではないかと思います。

岡 黒木さん，この最低限，確認すべき事項について，いかがでしょうか。

黒木 全面的に同意します。

ただ，単に主債務者による情報提供の有無を確認するだけでは，全く不十分だと思っています。

(2) 提供された情報内容の確認義務

岡 次に，どういう情報が提供されたかまで，債権者が確認する必要・義務があるか否か，が議論され始めています。

国会答弁で小川秀樹民事局長は，「どのような情報を提供したのか，積極的に確認する実務慣行が形成されることも予測され，そのような慣行が形成されれば，どのような情報が提供されたかの確認をしなかったときは，過失ありと判断されることも想定される」旨答弁をされています（192回国会衆議院法務委員会議録11号）。

これなども受けて，早稲田大学の白石大准教授（当時）は，「少なくとも債権者が金融機関である場合で，主債務者の信用状況が芳しくないにもかかわらず，保証人になろうとする者が現れた場合には，虚偽の情報が提供されている可能性が高いため，提供された情報の内容を確認する義務がある。この義務違反の場合には，過失ありとされるおそれがある」旨の見解を発表されています（ジュリ1511号〔2017年〕36頁）。潮見さん，この見解はいかがでしょうか。

潮見 改正法が，情報提供義務違反を理由とする取消しの制度を導入したことで，保証契約締結の際の債権者の注意義務の程度が変わってくるかどうかということに関わってくるのだと思います。白石さんの考え方は，保証人に対する積極的確認義務はなく，保証人の言動から，主債務者による虚偽情報の提供があったことが疑われる場合にのみ，例外的に確認義務が出てくるという考え方に立脚しているものと思われます。現在の金融機関の調査確認義務の理解も，このような理解に立っているものと思われます。465条の10は，保証委託の際の主債務者からの情報提供とこれに伴うリスクは，保証委託関係にある主債務者と保証人との間で分配すべきであって，このリスク分配にとって債権者は――保証契約については当事者であるものの――部外者であるという観点から立案されたものであると考えるときは，改正後も，このよ

うな理解に変更はないということになります。

　ついでに言えば，保証意思宣明公正証書の作成は，経営者保証等の人的属性に該当しない場面で，個人保証契約が成立するための要件として立てられているものですから，何らの媒介項なしに，これを経営者保証や，一定の要件の下での配偶者保証という人的属性のゆえに，個人保証を許容されているときの金融機関の確認事項に直ちに取り込むことは，やや無理があるように思います。

　もっとも，経営者保証等の場合，特に一定の要件の下での配偶者保証の場面で，保証意思宣明公正証書の作成が義務づけられるのと同程度の保証人保護の必要性があるということならば，話は別です。また，一般の個人保証で，保証契約締結に当たって，金融機関の窓口において保証意思宣明公正証書の内容を確認する手続が導入されて，定着するならば，保証意思宣明公正証書の作成が成立要件となっていない個人保証の場面でも，債権者には，保証人が主債務者からどのような情報が提供されたかまでも確認する義務があると解釈することも出てこようと思います。小川民事局長の答弁は，このことも意識しているのではないかと想像します。

岡　黒木さん，この点，いかがでしょうか。

黒木　情報提供義務の有無だけではなくて，その内容を確認することが必要だと考えます。金融機関は，主債務者との間で主契約を締結しているわけで，その際に主債務者から得た情報については把握しているわけです。とすれば，金融機関としては，主債務者が保証人に対し，債権者に説明（開示）した情報と同一の情報を，465条の10第1項に規定されている事実に関して説明したかの確認は容易でしょう。

　債権者は，最低限度の調査義務として，自己が把握している事実関係を，主債務者が保証人に説明しているかを確認すべきであると考えています。

岡　金融機関が債権者である場合は，全ての場合において，どんな情報が提供されたか，内容確認義務があるというご見解でしょうか。

黒木　はい。金融機関は債務者から色々な情報を得て融資判断をし，そしてその中で保証人の徴求が融資条件であると判断しているわけです。とすれば，「どんな話を聞きましたか」と保証人に聞き，自分の融資判断の前提条件と齟齬があるのか，ないのかぐらいはチェックすべきでしょうと。こういうこ

とを言いたいのです。

岡 債権者が金融機関以外の場合で，主債務が貸金等債務でない，例えば事業用の賃貸借について保証をとる場合，これはいかがですか。

黒木 これは少しレベルが違うと私は思っています。金融庁の監督指針の下にいない事業会社まで言う必要はないだろうと思っています。

岡 民法上の債権者の調査義務の解釈において，債権者が金融機関である場合と，そうでない場合とに差をつけることは，潮見さん，可能でしょうか。

潮見 否定はされないでしょうが，どうしてそこまで金融機関に確認義務が課せられるのかというところが，わかりませんし，難しいと思います。守秘義務も絡んでくるでしょう。黒木さんの考えはよくわかるのですが，それを突き詰めていくと，金融機関以外の場面での保証人の保護が薄くなりませんか。

黒木 現実としてあまり個人保証契約の需要がない。リースなどは今，第三者保証はとっていないので，せいぜい賃貸借ぐらいでしょうか。あるいは継続的供給契約で，主債務者の配偶者をたまにとっているぐらいだと思っています。さらに，メガバンクはあまりもう第三者保証はとっていないでしょう。だから，実務上は，地域金融機関の融資の場合が典型になると思います。

潮見 先ほど私が話した部分に関わるのですが，第三者保証の場合には保証意思宣明公正証書をとるのですよね。そうなると結局，保証契約を結ぶ前に，保証意思宣明公正証書の写し，あるいは正本をくれるのですかね。それを見せろと言って，その保証意思宣明公正証書の内容を確認する中で，不明なところがあれば確認をすればいいし，ちゃんとしたものを書いてきているならば，金融機関としてはそれを前提に行動したら，それでいいということにはなりませんか。

黒木 保証意思宣明公正証書の対象事項と465条の10の対象事実がずれているのです。

ずれがあるので，保証意思宣明公正証書を出したからといって，保証人が提供を受けた情報の内容はわからないのですよ。

岡 国会の附帯決議にもあったように，情報提供を受けた内容を公正証書に書くという運用ができればいいのでしょうね。

潮見 国会の附帯決議に従った運用を前提として話をしたもので，その部分

は公証実務のほうで頑張ってもらわないといけません。

Ⅵ. 事例検討
——主債務者が粉飾決算をして債権者も保証人も騙した事例

1. 改正法465条の10に基づく取消し

岡 最後に，ありえそうな事例，すなわち主債務者が粉飾決算を行って，債権者も保証人も両方騙した場合，について検討したいと思います。主債務者が粉飾決算を行い，財産及び収支の状況につき，債権者に嘘をついて融資を受け，保証人もその嘘を信じて保証人になった事例を考えます。論点を明確にするために，法定情報の虚偽提供，誤認，誤認と保証との因果関係は認定できたことにいたします。残る大きな論点が，債権者の過失の有無だと思います。この点について，黒木さん，いかがでしょうか。

黒木 この点は難しい問題ですが，私は取消しの可能性は十分あると考えています。そもそも今回の取消権の理解からすれば，債権者と個人保証人の間で，主債務者の虚偽の情報を提供された場合のリスクをどちらが負担すべきか，という問題でしょう。とすれば，金融機関と保証協会の信用保証契約に関する基本契約上の説明義務として，主債務者の属性について調査義務を認めた最高裁平成28年1月12日判決（民集70巻1号1頁）を持ち出すまでもなく，債権者の主債務者が保証人に虚偽の事実を伝えていないか否かを調査する義務があり，この調査義務を尽くしたか否かによって，場合によっては過失が認められることもあるのではないか。特に金融機関については，主債務者の保証人に対する説明内容に一定の調査義務があり，これに違反した場合は知ることができたと解される余地があると考えています。

岡 潮見さん，いかがでしょうか。

潮見 どのように考えるかは，主債務者が事実と異なる情報を自らに対して提供したということを，債権者である金融機関が知っていたかどうか。また，知らなかった場合でも，債権者である金融機関として，主債務者が自らに対して提供した情報が真実かどうかを，調査・確認する義務があったのかどうか次第だと思います。他方，主債務者の保証人に対する説明内容について，一定の調査・確認義務を債権者に課すことは，465条の10からは難しいのではないでしょうか。465条の10は，保証委託契約と保証契約とを関連づ

けながらも，あくまでも保証委託の際の主債務者からの情報提供等，これに伴うリスクは保証委託関係にある主債務者と保証人の間で分配すべきであって，このリスク分配にとって，債権者は部外者であるという観点から立案されたものであり，積極的にそのリスクをとりにいく必要はないという考え方がその基礎になるように思われるからです。

　もっとも，主債務者が金融機関に対して提供した情報についての金融機関の調査義務違反が仮に認められた場合で，465条の10第1項に挙げられている事実に関して，金融機関が知り又は知りえたものが主債務者の提供した情報とずれているときは，主債務者は金融機関だけではなく，保証人に対しても保証委託をする際に，同様の虚偽情報を提供したのではないかと推認することができるでしょうから，債権者である金融機関は，主債務者が保証人に対して虚偽情報を提供したことを知りえたと言えるのではないでしょうか。そして，このときは同条に基づき，保証契約の取消しが認められてよいと思われます。

岡　その粉飾決算が巧妙で，債権者も，調査をしたが見抜けなかった場合，基本的な調査義務違反はないと思いますが，いかがでしょうか。

潮見　私はそのように考えておりますが，黒木さんは，調査義務がある可能性があるということになるのでしょうね。

黒木　ある可能性があると考えています。上場，公開企業で，公認会計士を巻き込んで完全無欠の粉飾決算を主債務者が作るような場合は，実務上保証人はいないので，考えにくいと思います。実際は，中小企業で，税理士と決算対策等で資産の評価を正しくやっていないような場合に保証人を徴求しているのではないか。その場合，保証人に，税理士と社長が企業の実態を隠しているのを見つけろというのは難しいでしょう。しかし，金融機関の場合は複数年度の決算書を徴求するなどして，それで融資判断しているわけです。とすると，金融機関が，本当に調査義務を尽くしたのか，完全無欠の粉飾決算でしたと言えるのか。私はそういう素朴な発想があります。

岡　債権者たる金融機関が杜撰だった場合に知りえたということになるのはわかりますが，その債権者たる金融機関が通常の調査をして粉飾決算に騙された場合，この場合でも調査義務違反が認められうるとおっしゃいましたが，潮見さん，債権者が保証人に対する関係で調査義務を負うのでしょうか。

潮見 調査・確認義務をそこまで広げていいのでしょうか。黒木さんのお話は，金融機関の場合にはちゃんと調べることもできるし，主債務を発生させる関係と保証委託の関係と保証契約という三角形ができあがっていて，その中で，金融機関は，基本的に色々な形で主債務者の信用情報等を把握しているという状況にあるという理解が前提にあると思われます。

このような理解をしたときは，「おかしい」と思うことがあれば，金融機関は，主債務者に確認するかどうかということを抜きにしても，まずは保証人に対しても，「主債務者はどんなことを言いましたか。どういうふうにあなたは理解していましたか」などということについての確認をすることが広く求められることになるでしょう。そのように捉えてよいのかということです。むしろ，保証意思宣明公正証書等も作られているという前提ですが，粉飾決算事例でも，保証人に対する金融機関の確認義務を広げるべきではなく，例外的に，先ほど申し上げたような場面に限られるべきではないかとも思うところです。いずれにしても，見方次第で，理論的にはどちらにでも進みうると思います。

岡 ただ，黒木さんは闘う弁護士として，粉飾決算を見抜けないはずはないというお考えですね。

黒木 結構，粉飾の手口というのは類型化されています。例えば，代表者貸付や借入が異常に多いとか，通常の減価償却をしていないとか，そういう定性的なチェック項目で問題があると考えているから保証人を要求するのだと思うのです。「この代表者だけ保証人にしてたら危ないぞ」と思ったから，「奥さんに保証人になるように頼んでよ」と言っているのではないかと思います。

潮見 第三者保証を徴求するような状況にあるということ自体が，金融機関としては細心の注意をしなければいけないというのを一般化するならば，少なくとも，金融機関が債権者である場面では，第三者保証をとる際に，主債務者が保証人に対してどのような言明をしたのかを積極的に確認する義務が金融機関にはあるというのがデフォルト・ルールになるということになりそうに思います。

黒木 465条の10の取消権の行使の可否が問題となる訴訟では，債権者が「うちも完全無欠の粉飾決算を見抜けませんでした」と主張しても，「では，

なぜ奥さんの保証契約を要求したのか」ということになると思います。その場合，金融機関は，保証人を要求した理由を説明しなければならないのではないか，そのやりとりの中で，金融機関の融資判断の前提が明らかになるのではないかと考えています。

2. 改正法95条に基づく錯誤取消し

岡 最後に，先ほどの主債務者が粉飾決算で債権者も保証人も両方騙した場合について，改正法95条の錯誤取消しが使えるか否かについて，お伺いします。従来，保証契約において，主債務者の資力内容に関する錯誤は，単なる動機・縁由の錯誤で，また通例表示もされなかったので，錯誤無効とはされていなかったと思われます。また，保証とは，主債務者の資力欠乏の場合の人的担保であって，資力がない場合のための制度であり，錯誤無効を認めるのは制度理念に反するという理解もあったと思います。

しかし，今般の民法改正で，少なくとも事業に係る債務に関する個人保証においては，主債務者の「財産及び収支の状況」等は重要な意味を持つことになりました。保証人が，例えば主債務者提示に係る粉飾決算書を信じ，そのために保証に及んだとします。そして，主債務者から粉飾決算に係る決算情報の提供を受けた旨，債権者に表明保証していたとします。改正法の条文に則して言いますと，①この錯誤（粉飾決算を信じたこと）が法律行為の目的及び取引上の社会通念に照らして重要なものであるか。②その錯誤は法律行為の基礎とした事情についての錯誤か。③その事情が法律行為の基礎とされていることが表示されていたか。これらの要件の審査で決まることになります。なお，債権者と保証人は共通の錯誤に陥っていますので，保証人に重過失があっても，錯誤取消しができると考えられます。潮見さん，このような分析でよろしいのでしょうか。

潮見 ①については，465条の10ができたことによって，それほど大きな争点にはならなくなったと思います。②についても，465条の10に書かれている事項については当該保証契約，個人保証契約における典型的な行為基礎事情になっているというように理解することは難しくないと思います。ですから，②についても法律行為の基礎とした事情ということで捉えることは，以前よりは難しくはなくなったのではないかと思います。そうなると，大き

な問題になるのは③になるのではないでしょうか。

　先ほども少し黒木さんがおっしゃいましたが，③については黒木さんは465条の10ができたことで，従前の動機錯誤の判例が維持されるのか，疑問を感じておられるように思います。私は，③に関する従来の判例法理が質的に変更されることはないのではないかと思っています。ただ，主債務者から情報提供してもらった保証人が保証契約締結の際に提供された情報を債権者に示し，これを了解した上で債権者が保証契約を締結したと評価されるという実務上の理解が進み，むしろそれが典型だという評価がされることで，これまでよりも「法律行為の基礎とした事情」が保証契約の内容に取り込まれる可能性は，量的には高まるようにも思われます。

　「表示」という95条の文言の解釈について少し補足しますと，私は今申し上げましたように，この言葉は「保証契約の内容に取り込まれる」というところまで含意しているのだと理解していますが，捉え方次第では，表示をすれば足りるという理解をする見解が出てきうることは想定しえます。このような見解からは，保証人のほうが何らかの形で表示をしたということによって，③の要件自体がクリアされる可能性が高まります。結果的に保証人保護の範囲はそれによって広がることはあるかもしれませんね。ともあれ，「表示」に関して後者のような理解が定着したときには，私のような動機錯誤論（合意の内容化論）に立つ者からは，従来の判例法理が変更されたということになりましょう。

岡　黒木さんはいかがですか。

黒木　私は，新法下で，錯誤の議論について，どこまで変わっているかということについては，まだ詰め切れていません。ただ，実質的に変わるであろうと思うのは，現行法下の訴訟実務です。2段の推定を前提とした保証履行請求訴訟において，署名押印の真正さえ立証されれば保証意思が認められるという実務があります。ですから，465条の10第1項記載の事実を主債務者が説明したかどうか，それを債権者が知っていたかどうか，知ることは可能だったかというのは，単に，保証人はお気の毒ですねという事情にすぎない。

　これが，単なる事情から要件事実に変わり，裁判官が判決で応答を迫られる。したがって，保証人が465条の10の要件事実を主張立証すれば，債権

者がそれは動機の錯誤であると主張しても無意味になるのではないかと。こういう意味で実質的に変わると申し上げているということです。

岡 以上で鼎談は終わりといたしますが，3人を代表して，潮見さん，感想をお願いします。

潮見 鼎談を通して，今回の改正に伴い，詰めなければいけない点が多いのはもちろんのこと，金融機関の実務に大きな影響を及ぼす点がたくさんあると感じました。金融機関の側としては，従来のマニュアルどおりにはいかないかもしれないということを考えておく必要がありそうです。他方で，今回の改正の結果として，保証人の保護は確かに図られましたが，それでも保護が足りない部分について，条文に書かれていないにもかかわらず，改正法のルールをむやみに広げていくのには慎重を期すべきでしょう。あまり解釈で無理をすると，ルールに対する信頼を失い，かえって取引実務に混乱をもたらすリスクがあるからです。ついでに1点だけ申し上げますと，鼎談の中でも少し出てきましたが，今後は公証人の役割が非常に重くなるので，ここで議論した内容を踏まえて，公証実務をしっかりとやっていただきたいというのが偽らざる実感です。どうもありがとうございました。

［2018年2月21日収録］

相殺

野村豊弘　NOMURA Toyohiro
中井康之　NAKAI Yasuyuki

設例	AはBに対して，取引基本契約に基づき，その都度，発注書と請書を発行する方法により売買契約を締結して，Bの製品の生産に必要不可欠な部品を継続的に売り渡している。

☞ Aは，C銀行に対して，資金調達のために，現在及び向こう6カ月間に発生するBに対する売買代金債権を譲渡し，Bにその旨を通知した。通知後にAがBに納品した部品に契約不適合があり，BはAに対して，担保責任に基づく損害賠償請求権を取得した。Bは，損害賠償請求権と売買代金債権を相殺できるか。

☞ Aの債権者であるD銀行が，現在及び向こう6カ月間に発生するBに対する売買代金債権を差し押さえた。差押え後にAがBに納品した部品に契約不適合があり，BはAに対して，担保責任に基づく損害賠償請求権を取得した。Bは，損害賠償請求権と売買代金債権を相殺できるか。

I. はじめに

中井　今回のテーマは「相殺」です。野村豊弘さんとともに検討していきたいと思います。よろしくお願いいたします。

野村　私は民法を専攻する研究者で，平成25年3月まで学習院大学法学部で民法を担当しておりました。法制審には昭和60年以来，幹事・民法部会委員等として多くの改正審議に加わってきました。今回の民法改正にも，部

会の委員として審議に参加しております。

II. 相殺に関する主要な改正点

中井 相殺は債務の消滅原因の1つとして，505条以下に規定されています。審議過程では，相殺の効力が相殺適状時に遡及して生じるものとする現行法506条2項を改正して，相殺の意思表示の時点で生じることとする改正提案がありましたが，相殺適状時に債権の消滅を認めることが当事者の意思に合致するなどの理由で現行法が維持されています。

主な改正点は，第1に「不法行為債権と相殺」に関する509条，第2に「差押えと相殺」に関する511条，第3に「差押えと相殺」と対比する形で改正法469条に「債権譲渡と相殺」に関する規律が新設されました。この3点です。

第1点については，相殺禁止の対象を，悪意による不法行為に基づく損害賠償債務と，人の生命又は身体の侵害による損害賠償債務に再整理しました。過失や悪意とは言えないような単純な故意による損害賠償債務を除外して，簡易な決済方法としての相殺を認めました。他方で，人の生命身体の侵害による損害賠償債務は，その原因を不法行為に限らず債務不履行に基づく債務に拡張して，被害者の保護を図ることとしました。この点は，この程度の紹介にとどめさせていただきたいと思います。

III. 差押えと相殺

1. 改正法511条の概要

中井 今回の対談では，主に「差押えと相殺」と「債権譲渡と相殺」について議論をしたいと思います。最初に野村さんから，差押えと相殺に関する，改正法511条について，現行法と対比しつつ概要の説明をお願いしたいと思います。

野村 最初に，現行法における学説と判例の対立という点についてお話ししたいと思います。一般に学説では制限説が有力で，判例の採る無制限説とは対立していると説明されてきました。現行法505条1項では，差押えの要件について双方の債務が弁済期にあることとされておりまして，これは改正法でもそのまま維持されております。

そこで、債務が弁済期にない場合については、一方で期限の利益を放棄するということと、他方で期限の利益を喪失するということによって、相殺適状の要件を充足できると考えてきました。

差押えと相殺の関係については、現行法511条は「支払の差止めを受けた第三債務者は、その後に取得した債権による相殺をもって差押債権者に対抗することができない」と規定しておりますが、支払の差止め前に取得した債権について、弁済期を問わず常に相殺できるかが明確ではありませんでした。

そこで、最高裁昭和39年12月23日大法廷判決（民集18巻10号2217頁）は、自働債権の期限が受働債権の期限より前に到来する場合には、相殺の期待を保護すべきであるから、相殺をもって受働債権の差押債権者に対抗できるが、自働債権の期限が受働債権の期限より後に到来する場合には、受働債権の差押債権者に対抗できないとしております。これは制限説と呼ばれているわけです。

それからまもなくですけれども、最高裁昭和45年6月24日大法廷判決（民集24巻6号587頁）により判例の変更がなされました。この判決は、自働債権と受働債権の弁済期の先後を問題とせずに、相殺をもって受働債権の差押債権者に対抗できるとしております。これは無制限説と呼ばれております。今回の改正法では無制限説を採用しました。改正法511条1項は、「差押えを受けた債権の第三債務者は、差押え後に取得した債権による相殺をもって差押債権者に対抗することはできないが、差押え前に取得した債権による相殺をもって対抗することができる」と規定しております。特に、この後段部分が新たに付加されて、無制限説を採るということが明確になったわけです。

そして、改正法511条2項として、「前項の規定にかかわらず、差押え後に取得した債権が差押え前の原因に基づいて生じたものであるときは、その第三債務者は、その債権による相殺をもって差押債権者に対抗することができる。ただし、第三債務者が差押え後に他人の債権を取得したときは、この限りでない」という規定を付加しました。差押え後に取得した債権であっても、それが差押え前の原因に基づいて生じたものであるときは、それを受働債権として相殺できるとしたものです。破産法における相殺権の保護の考え方を民法でも採用したものと考えられています。

中井 今,野村さんからもお話がありましたように,判例は無制限説を採っていましたが,学説ではそれなりに制限説が,これも様々な制限説があったわけですが,有力に主張されていたように思います。

その根底には,期限の到来した債務の支払を遅滞して,自働債権と受働債権が相殺適状になるのを待って相殺することを認めるのは不当であるとの基本認識があったように思います。しかし改正審議では,倒産の場面で相殺できる債権の範囲に関する規律との平仄を合わせるという観点が強調されて,平時より債権者平等が図られるべき破産の場面で相殺できる自働債権については,個別執行の場面でも相殺できるとするのが相当であるとの考え方が示されました。

このような改正の方向性については,第三債務者となることが多い金融機関を中心に,差押えを受けた第三債務者の相殺期待を保護するという観点からの賛成意見が多く,研究者の皆さんからの反対意見はほとんどありませんでした。私は,そのことに驚いた記憶がありますが,無制限説を採用した理由や背景,無制限説に批判的であった研究者の皆さんが反対しなかった理由は,どこにあるのでしょうか。

野村 確かに,学説では制限説が有力であるということではありますが,他方で無制限説を採りながら相殺権の濫用を制限するという学説も見られまして,いずれにせよ必ずしも学説が制限説でまとまっていたということではないと思います。

昭和39年判決と昭和45年判決は,いずれも大法廷の判決ですけれども意見が分かれていて,その間に裁判官の構成が変わったということが判例変更の1つの要因であるということも指摘されています。今回の改正で特に学者から異論が出なかったという背景には,昭和45年判決に基づく無制限説は取引の実務上安定的に運用されてきたという評価があるのではないかと考えております。

今回の改正に先立って研究者を中心に組織しておりました民法(債権法)改正検討委員会の『詳解 債権法改正の基本方針Ⅲ』(商事法務,2009年)でも,濫用的な相殺対抗を制限する規定を設けるということを前提として無制限説を採るという考え方を採っています(62頁以下)。こういう考え方は,今回のわかりやすい民法を目指す,それから確定した判例法理は明文で規定

するという民法改正の基本的な考え方とも一致していたのではないかと思っております。ちなみに，加藤雅信教授を中心とする『民法改正国民・法曹・学界有志案』（民法改正研究会編。日本評論社，2009年）では制限説を採用しております（178頁）。

中井 確かに野村さんがおっしゃるように，昭和45年判決が無制限説を採り，その後の実務は無制限説で運用されてきたことから，この無制限説を今回の改正法で採用して明示すること自体については，私としても異論はありません。

その上で，改正法511条2項は，その無制限説を更に拡張したのですが，その理由が倒産手続との比較だったわけです。私自身，包括執行である倒産の場面で相殺が認められるから，個別執行の場面でも相殺を認めるべきであるという考え方については，本当にそれでよかったのか疑問がないわけではないと思っています。個別執行の場面では，差押えを受けた第三債務者が反対債権を有しているとき，被差押債権と相殺できなくても，他の債務者財産に対する権利行使は自由にできますし，対象となる財産も限定されません。これに対して，破産という究極の場面では，債権者の権利行使の方法は厳格に制限されており，破産財団に対する権利行使は限定されます。相殺は，債権者平等を破り，その優先回収を認めることになりますが，このような究極の場面だからこそ，相殺が最後の権利行使として重要な意味を持ちます。破産債権を現在化，金銭化して相殺を認めるのもそのためです。したがって，倒産の場面で相殺が認められるから個別執行の場面ではそれ以上に相殺を認めるべきであるという考え方を一般化して，差押えを受けた債権と相殺できる反対債権の範囲を，倒産の場面と同様に拡張するのが適当であったのか，なお疑問を持っています。この点について，もし野村さんからご意見があればご教示いただけるでしょうか。

野村 今回の改正では，民法の規定を倒産法の規定に合わせるというのが基本的な考え方であったように思われます。本日の問題ではありませんが，詐害行為取消権についての規定はその典型ではないかと思っています。

一般論としては，倒産法制と民法とを統一すべきであるという考え方については，中井さんと同じように多少疑問を感じております。確かに，倒産法制においては，ある債務者について，全ての債権者との関係における当事者

間の公平を考えるということは重要であると思います。しかし，ある債務者について，特定の債権者との関係のみを考えるときには，必ずしも全ての債権者との関係を考慮に入れなくてもよい場合があるのではないかと考えています。

2.「差押え前の原因」について

中井 一般論はこの程度にして，もう少し具体的な議論をしたいと思います。改正法511条2項が，無制限説を更に拡張したことは先ほど野村さんから説明のあったとおりですが，具体的にどのような場面が想定されるのでしょうか。

野村 例えば最高裁平成24年5月28日判決（民集66巻7号3123頁）が参考になるかと思います。この最高裁判決は，傍論になりますが，預金者から委託を受けて保証した銀行が，破産手続開始後に債権者に対して保証履行したことに基づいて，破産手続開始時の預金債務と，預金者に対して取得した事後求償権と相殺することを認めたものです。破産手続開始時において，委託に基づく保証契約が存在していたことから「開始前の原因に基づく債権」として相殺ができます。預金債権を差し押さえた時点で，委託に基づく保証契約が存在すれば，差押え後に保証を履行したことに基づいて取得した事後求償権と預金債務は相殺できることになります。

中井 それは部会審議でも取り上げられた最高裁判決だったと思いますが，この「差押え前の原因」について，もう少し具体的に事例を見ていきたいと思います。

　債権者A_1は債務者B_1の第三債務者C_1に対する貸金債権を差し押さえた場合に，債務者B_1と第三債務者C_1との売買契約に基づいて，売主であるB_1が買主C_1に引き渡した目的物に契約不適合があるために，買主C_1が取得した損害賠償請求権について相殺できるのはどのような場合なのでしょうか。差押え前に損害賠償請求権が生じていた場合は，もちろん511条1項で相殺ができます。

　2項について，私の理解する有力な見解は，差押え前に売買契約があれば足り，売買の目的物の引渡しは差押え後でもよいとするものです。要するに，差押え前に契約があれば，前の原因の要件を満たすとする考え方です。しか

し，この考え方では買主 C_1 は，貸金債権の弁済期が到来しても弁済せずに，売買契約に基づく目的物の給付を受けるのを待って，それに契約不適合があり損害賠償請求権を取得すれば相殺できるという結論になります。果たしてそれでよいのでしょうか。

これに対して，差押え前に売買契約があるだけでは足りずに，契約不適合の目的物の引渡しも終えている必要があるとの考え方もありうるように思います。また，貸金債権の弁済期までに反対債権である損害賠償請求権が具体化している必要があるとする見解もあります。

野村 この「差押え前の原因」という言葉の意味については，破産法における議論から示唆が得られるのではないかと考えております。今の売買の例では B_1C_1 間の売買契約の時点で買主 C_1 の B_1 に対する損害賠償債権と B_1 の C_1 に対する貸金債権との相殺に対する期待があったと言えるのか。むしろ，損害賠償債権は，売買代金債権のように，売買契約から当然に生ずる債権とは言えないので，少なくとも，差押え前に損害賠償債権が発生していること，つまり契約に適合しない物が給付されていることが必要ではないかと考えられるところであります。

ただ，このように考えると，契約に適合しない物が既に給付された時点で損害賠償債権が発生しているということになるので，2項ではなく1項の問題になるのかという疑問も感じております。

そうだとすると，確かに売買契約だけでは広すぎるということで，それにプラス α の要件が必要ということになりますが，このような例ではプラス α がうまく考えられるのかという気がちょっとします。

中井 確かに，売買の事例で，差押え前に物が引き渡された場合は，1項に基づく相殺の例と考えることができるかもしれませんが，野村さんも，差押え後に契約不適合の物が引き渡された場合に，相殺を認めるのはおかしいという意見と伺いました。

同じように貸金債権を差し押さえた場合に，第三債務者 C_2 が売主で，債務者 B_2 が買主となる売買契約があり，売買代金債権は納品によって発生するという特約がある場合，差押え前に売買契約が締結されていれば足り，差押え後に契約の義務に基づき物を納品することにより発生する売買代金債権は，2項に基づき貸金債権と相殺できると思います。これは，売買契約に基

づいて物の給付自体が義務づけられているので，売買代金債権の発生が具体的であることが理由で，売買契約が前の原因に当たります。しかし，先ほどの例では，差押え段階で，売主である債務者 B_1 から物も給付されていない，それに契約不適合があるかもわからない，にもかかわらず，差押え後に給付された物に契約不適合があれば相殺できるというのは，第三債務者 C_1 の保護としてはいきすぎのように感じます。そう意味では，「売買契約」があるというだけでは決定的ではない，ということです。この点は，いかがでしょうか。

野村 中井さんの出された新しい事例では，C_2 と B_2 の間の売買契約だけでは，代金債権は発生せず，その後 C_2 による納品の時点で代金債権が発生するということですが，そのことが差押え前の売買契約の時点で定められているので，差押え後に納品があって，代金請求権が発生したときには，C_2 が相殺をもって差押えに対抗できると考えてよいと思います。ただ，売買契約の時点でその後の納品の数量・代金額などについて，確定した数字でなくても，何らかの合意があることが必要ではないでしょうか。

中井 ご指摘のとおり，前の原因となりうる売買契約は，個別契約として売り渡すべき物と売買代金が特定されていることが必要で，取引基本契約があるというだけでは足りないように思います。

　場面を変えますが，債務者 B_3 を貸主，第三債務者 C_3 を借主とする建物賃貸借契約があり，建物の屋根に穴が開いて雨漏りがするので，C_3 が緊急修理をして必要費を支出した場合に，必要費償還請求権と貸金債権を相殺できるのはどのような場合でしょうか。差押え前に賃貸借契約があれば足りるとする見解に立てば，差押え後に，例えば台風がやってきて屋根に穴が開いた場合でも相殺できることになりますが，果たしてそれでよいのでしょうか。

　やはり差押えまでに賃貸借契約があるだけでは足りず屋根に穴が開いていることが必要ではないかと思うのです。ここでも，「差押え前の原因」として，契約だけでは足りず，反対債権の発生を基礎づける具体的事情が必要ではないかと思うのですが，いかがでしょうか。

野村 賃貸借の例では，売買の例とパラレルに考えると，差押え前に C_3 が自らの負担で緊急修理したことが，仮に，その費用を現実に支出していなくても，必要ではないかということになりますが，これは先ほどの 2 項ではな

く1項の問題になるという疑問が出てくるところです。ただ，この賃貸借の場合には，差押え前に雨漏りがしていて，修理が必要であるという状態になっていれば，それで差押え前の原因に当たるという解釈も可能であるかと思っております。したがって，先ほどの売買（損害賠償債権）の例と賃貸借の例ではちょっと違うのかなと思います。

中井 野村さんの見解では，差押え前に雨漏りの原因があれば，相殺はできる，ただ，その根拠が，2項ではなく1項と考えることもできるのではないか，というご指摘かと思います。その点は，根拠条文の違いがあるかもしれませんが，差押え後に雨漏りの原因が生じた場合は相殺を認めないという点では，一致しているように思われます。つまり，この場合も，差押え前の原因としては，賃貸借契約だけでは足りないと理解されているのでしょうか。

野村 賃貸借契約を締結しただけでは，将来必ず賃借人が自ら修理し，費用償還請求権を取得するとまでは言えないように思います。したがって，差押え後に雨漏りが生じた場合については，相殺を認めなくてもいいのかなという気がしています。少なくとも，賃貸借契約で賃借人が修繕し，その費用を賃貸人に請求することが予め合意されていることが必要ではないかと考えています。

中井 倒産法の世界では「相殺の合理的期待」という言葉がよく使われます。具体的には破産手続開始後に，破産債権と相殺できる受働債権の範囲や，破産財団に所属する債権と相殺できる自働債権の範囲を画するキーワードとして機能しているように思います。差押えと相殺の場面でも，第三債務者が相殺できるのは，「相殺の合理的期待」がある場合と理解してよいのでしょうか。倒産法における「相殺の合理的期待」が，個別執行の場面でどのように機能するのかというような観点から，もしご意見があればお願いできるでしょうか。

野村 「相殺の合理的期待」という言葉の意味ですが，これは相殺権者が債務を負担する時点において，あるいは債務負担に至る原因が生じた時点において，将来相殺によって自分の債権の回収を図ることを期待するということが合理的かどうかということだと思います。合理的であると言うためには，一方で相殺適状の要件充足の確実性があるということであり，他方で相手方のそのことに対する認識，認容とまでは言えないかもしれないのですが，少

なくとも認識があるということが必要ではないかと思っております。

中井 私は，差押えと相殺における反対債権の種類としては，差し押さえられた債権と客観的な牽連関係がある場合，具体的には売買代金債権とその目的物に契約不適合があって生じる損害賠償請求権などですが，そのような関係のある反対債権，客観的牽連関係のない反対債権，もう1つは「主観的な牽連関係」と私は呼んでいますが，当事者間で合意をして相殺を予定しているような反対債権と，3つの場面に分けて検討すべきではないかと思います。

511条は，2つ目の客観的牽連関係のない場面を念頭に規定されていると思います。1項は，差押え時に対立関係があれば相殺できる。2項で，差押え後に生じた債権でも，前に原因があれば足りる，しかし，その債権債務について客観的牽連関係を要求しているわけではありません。この場面で，相殺を認めるとすれば，相殺の合理的期待を基礎づけるに足りる事情が必要ではないか，それが，売買契約の契約不適合に基づく損害賠償請求権であれば，物の給付が必要ですし，賃貸借契約に基づく必要費償還請求権であれば，建物の損傷の発生が必要で，売買契約や賃貸借契約がある，というだけでは足りないと考えています。他方，売買代金債権で相殺するのであれば，売買契約だけで十分でしょう。

1つ目の客観的牽連関係のある場面については，相殺を広く認めてよいと思うのですが，この点は，債権譲渡と相殺の議論の後に改めて議論をしたいと思います。

3つ目の主観的牽連関係のある場面ですが，例えばαのβに対する債権（$\alpha\beta$債権）とβのγに対する債権（$\beta\gamma$債権）について$\alpha\beta$債権が差し押さえられた場合に$\beta\gamma$債権で相殺できる旨を$\alpha\beta\gamma$の3者間で合意しているときに，βがした$\beta\gamma$債権と$\alpha\beta$債権との相殺を差押債権者に対抗できるのか，という問題です。3者間相殺の合意がある場面で，法的倒産手続が開始したときに相殺できるのかという問題について，事案は異なりますが，最高裁平成28年7月8日判決（民集70巻6号1611頁）は，債権債務が対立していないので相殺できないという判断を示したわけですが，これが個別執行の場面ではどうなるのか，気になるところです。

このような整理についてご意見をお聞かせいただければと思います。

野村 三者間の相殺の合意については，その合意が存在することは，外部か

らは必ずしも知りえないことを考えると，そのような相殺を認めることについては，慎重に判断しなければならないと考えます。三者間の特別な関係——例えば，そのうちの二者が親子会社関係にあり，実質的に二者間の相殺と同視しうるような事情がある場合——が存在し，それが外部に知られていることが必要ではないでしょうか。

IV. 債権譲渡と相殺

1. 改正法 469 条の概要

中井 ありがとうございます。後ほど差押えと相殺の場面に戻りますが，「債権譲渡と相殺」に移りたいと思います。

現行法では，債権譲渡と相殺に関する明文規定がありません。差押えと相殺に関する議論が債権譲渡と相殺についても概ね妥当して，やはり制限説と無制限説の対立があり，判例実務では，無制限説を採用しているように一応理解することができます。

改正法 469 条はこの債権譲渡と相殺について明文化をして，その 1 項で無制限説を採用し，2 項で無制限説を更に拡張しています。2 項 1 号では，差押えと相殺における 511 条 2 項と同様に，債権譲渡の対抗要件具備時を基準時として，その後に生じた債権であっても，対抗要件具備時の前の原因に基づいて生じた債権については相殺できるものとしました。譲渡債権の債務者の相殺期待を保護しようとするものです。

従来，学説においては，債権譲渡と相殺については，差押えと相殺に比べて，相殺できる反対債権の範囲はむしろ制限的に理解されていたように思います。それは，債権譲渡により債権債務の対立関係がなくなること，譲受人が唯一の当該債権の権利行使者になること，また債権譲渡取引の保護を図る必要性があることなどの理由で，差押えと相殺の場面における差押債権者よりも債権譲受人の保護の必要性が高いという判断が背景にあったように思われます。

野村さんは，債権譲渡と相殺について，差押えと相殺と同様に無制限説を採用したこと，更にそれを 511 条 2 項と同様に，469 条 2 項 1 号で拡張した点についてどのようにお考えでしょうか。

野村 この問題については，最高裁昭和 50 年 12 月 8 日判決（民集 29 巻 11

号1864頁）というのがあります。これは無制限説を採ったのと同一の結論になっているというように理解されておりまして，今回の改正はそういう方向をはっきりさせたということだと思うのです。

　ここで問題になるのは，譲渡債権の債務者の相殺への期待と債権の譲受人との間の利益衡量ということになると思います。これまで，債権の流通性の保護，相殺は公示されていないということ，それから債務者には例えば譲渡禁止特約を付けるなど自衛の手段があるということなどから，差押えよりも相殺権者により厳しい考え方が採られてきたと思われます。しかし，改正法469条1項は受働債権を差し押さえた者と受働債権を譲り受けた者とを同じに扱っております。結局，債務者の相殺への期待をより強く保護するものと言えるかと思います。

　こういうルールが新たにできたということを前提にして，債権の譲受人としては債権譲渡を受けるということになるかと思います。まだこれから解釈がどう展開していくかよくわからないところもありますので，実務家の書かれたものを見ますと，今の段階ではなかなか見通せないというようなことも書かれております。

中井　469条2項1号は511条2項と同じ構造になっていますので，ここで言う対抗要件具備前の原因に基づいて生じた債権，その反対債権の範囲については差押えと相殺に関する511条2項の解釈論とほぼ軌を一にするのではないかと思います。

　ここでの問題は，更に改正法469条2項2号で将来債権譲渡を前提に，対抗要件具備後に締結した契約に基づく債権と同じ契約に基づく反対債権との相殺を認めたことです。その典型例としては，継続的取引に基づく売買代金債権を譲渡した場合に，その売買代金債権と同じ契約に基づく債権，例えば，引き渡した目的物に契約不適合がある場合の損害賠償請求権との相殺を認めるというものです。

　野村さんから，そのような相殺を更に認めることにした趣旨について説明をお願いします。

野村　改正法469条2項1号は，511条と同様の規定であります。469条1項と同じように，差押えの場合と同じに扱うものと考えられます。次に述べる2号とは異なって，譲受人の取得した債権と無関係の債権であってもよい

ことになります。例えば，債権譲渡の対抗要件具備時より前に譲渡人である債権者を委任者，債務者を受任者とする委任契約が締結されていて，それに基づく受任者の費用償還請求権が債権譲渡の対抗要件具備後に生じた場合が考えられるのではないかと思います。不法行為や事務管理など，法定債権でもよいとする見解も見られます。

　さらに469条2項2号は，相殺できる範囲を将来債権にまで拡張しております。これについては債権譲渡後も，譲渡人と債務者間の継続的な契約が維持されることへのインセンティブを債務者に与えるために，差押えよりも広く債務者を保護することにしたということが説明されております。

2. 相殺できる債権の範囲の拡張が実務に及ぼす影響

中井　469条2項2号というのは，将来債権譲渡を専ら念頭に置いて定められたものです。金融取引において，将来債権を譲渡して，譲渡人が銀行から資金を調達するということが行われています。銀行は，担保として集合債権を譲り受けるわけですが，相殺できる反対債権の範囲が改正法で拡張されるということは，それだけ譲受債権の価値が毀損される可能性が増えることを意味します。そうすると，金融取引としての集合債権譲渡の利用を阻害することにならないか，という懸念が生じます。この点，部会審議においては，将来債権譲渡を想定して，相殺できる反対債権の範囲を拡張して債務者を保護することにより譲渡債権の発生を確保するためであり，それは債権の譲受人の利益に資するのだと説明されていました。この点，野村さんはどのようにお考えでしょうか。

野村　確かに改正法では，相殺への期待が強すぎるという印象を受けるところでもあります。ただ，民法のルールが明確にされたということで，集合債権の譲渡を受けるということについても，ある程度相殺のリスクというものの計算が可能になるだろうと思います。そういう意味で集合債権の譲渡に，これまで考えられてきたような期待はできないかもしれないけれど，少なくともある程度ルールが明確になったということで，それを覚悟して利用することになるのではないかと考えております。

中井　実際に将来債権を譲渡するとなると，譲渡の対価，つまり資金調達できる金額は，将来発生する売掛金債権の総額が基準となるのではなくて，場

合によっては目的物に契約不適合があることによって生じる損害賠償請求権の発生を一定の確率で予測し，その金額を控除した債権額を想定して決まることになるのかもしれません。それが野村さんのおっしゃった，ルールを明確化することによって譲受人である金融機関はそれを想定した取引をすることになるという趣旨かと思われます。そうしますと，債務者の相殺できる反対債権の範囲を拡張することによって譲渡債権の発生を確保するという利益と，債務者に相殺を広く認めることによって譲渡債権の価値が減じるという不利益をどのように見込んで実務が動くことになるのか，将来の課題かと思われます。

　さらに，将来債権が譲渡された場合に，同じ契約に基づく反対債権との相殺ができると規定したわけですから，例えば，対抗要件具備後に1個10万円の部品の売買契約が成立し，部品を納入したことにより10万円の売買代金債権が発生した場合に，納入した部品に契約不適合があるために反対債権として30万円の損害賠償請求権を取得したとき，その損害賠償請求権と売買代金債権10万円を相殺できることは明らかです。問題は，この損害賠償請求権と，当該売買契約と連続して行われている他の売買契約に基づく売買代金債権とも相殺できるのか，という点です。条文上，直ちにそのようには読めないのですが，いかがでしょうか。

野村　継続的な売買契約において，1回ごとの売買契約上の売買代金債権と，債務不履行に基づく損害賠償債権とが対応関係にある，あるいは牽連性があるということについては問題ないと思いますが，他の売買契約との関係については別に考えることになるのか，それとも同じように，牽連性があるというように考えていいのかという問題だと思います。この問題は，もうちょっと一般的な射程を持っていて，同時履行の抗弁権などとも関連するように思います。

　同時履行の抗弁権で言えば，前回の売買契約上の債務不履行を理由に，次回以降の代金債務の請求を拒めるかということになるわけですけれども，相殺については，非常に難しい問題だという気がしております。当然できるという考え方と，できないという考え方と両方ありうると思うのです。ちょっと曖昧なところがあります。例えば，相殺できる債権の範囲を拡張すること，すなわち，継続的な売買において，債務不履行に基づく損害賠償債権とそれ

より後の売買代金債権とを相殺できるということを合意していた場合ですと，相殺はできるということになりそうです。ただ，当事者間ではいいですけれども，これを債権譲渡されたりすると果たしてどうなのか。これは元のところに戻るのですけれども，相殺への合理的な期待の範囲がどこまでかという問題になるのではないかと思っております。

中井 野村さんのおっしゃるように，取引基本契約で複数の売買代金債権が発生する場合に，その1つの売買契約に基づいて給付した目的物に契約不適合があって，反対債権として損害賠償請求権が発生したとき，それを他の売買代金債権と相殺できるという合意は，両当事者間では異論なく承認できると思います。そのような合意がある場合に，将来債権が譲渡されたときに，当該合意を債権譲受人に対抗できるのか，というのが，今の問題だと思います。

469条2項2号のみを見ると，譲受債権の発生原因である契約に基づいて生じた債権と書いていますので，条文上は，売買契約に基づいて給付された目的物について契約不適合があるために取得した損害賠償請求権は，同じ契約に基づく売買代金債権としか相殺できないように思われます。原則は契約単位で考えることになると思いますが，取引基本契約で合意されている場合はどうなるのでしょうか。

もう1つ，継続的な取引基本契約がここで言う「同じ契約」，1つの契約という解釈も，条文上は無理があると思いますが，この点もいかがでしょうか。

野村 469条2項2号で想定されている契約に，個別の売買契約ではなく，その基となる基本契約で相殺を拡張するような条項が定められていた場合も含まれるかについては，これまで，十分に考えたことがありませんが，やや広がりすぎるような印象を受けます。しかし，将来債権の譲受人は，その債権の発生原因である契約を知っているはずであるとすると，そのような相殺の可能性を認識していたと考えられるので，相殺を認めてもよいようにも思います。今後の検討課題ということでしょうか。

3. 債権債務に客観的牽連関係がある場合とない場合

中井 469条2項2号で将来債権の譲渡について，このような相殺が認めら

れる理由は，1つの契約に基づく対立する債権債務，つまり売買代金債権と同じ契約に基づく損害賠償請求権で，それはある意味，客観的な牽連関係があるからだと思います。そうしますと，そのような客観的な牽連関係があるから相殺できるとすると，2項2号というのは果たして相殺できる場合を拡張する創設的な規定なのか，そもそも相殺できる場合を確認する規定なのかが問題になるように思うのですが，その点，野村さんはどのように考えますか。

野村 中井さんのご疑問をうまく理解できているかはわからないのですが，469条2項1号と2号との関係は，次のように考えられるのではないでしょうか。1号は，「前の原因に基づいて生じた債権」と言っているので，債務者が対抗要件具備時よりも後に取得した債権であっても，その債権が前の原因に基づいて生じたものであれば，債務者は相殺をもって債権譲渡人に対抗できる趣旨であると解されます。これに対して，2号は，まず，「前号に掲げるもののほか」と言っているので，1号を拡張したものと考えられます。そして，「譲受人の取得した債権の発生原因である契約に基づいて生じた債権」と言っているので，一方で発生原因が対抗要件具備時よりも前である必要はなく，他方で相殺の対象となる両債権が同一の契約から生じていることを要件としています。将来生ずる売買代金債権の譲渡が行われたときに，その後，買主が売主（譲渡人）に対して，目的物が契約に適合しないことによる損害賠償債権を取得したような場合を想定していると考えられます。あるいは，将来生ずる請負代金債権の譲渡が行われた後で，請負契約の目的物が契約に適合しないことによる損害賠償債権を取得したような場合も同じように考えられます。

中井 1つの売買契約を起点として生じる売買代金債権と損害賠償請求権というのは，客観的な牽連関係があって，相殺が認められる典型場面だと思います。511条2項の「前の原因」については，受働債権と自働債権の間に牽連関係が要求されているわけではない。そうすると，牽連関係のない場面では一定程度制限的に解する必要がある。潮見佳男教授の『新債権総論Ⅱ』（信山社，2017年）315頁〜316頁に書かれているように，「相殺への期待を直接かつ具体的に基礎づける程度のもの」が必要だと思うのです。

この「直接かつ具体的に基礎づける程度のもの」というのは，どういうも

のかというと，牽連関係のない場合ですから，貸金債権が差し押さえられたときに，売買の目的物に契約不適合がある場合の反対債権としての損害賠償請求権は，売買契約があるだけでは足りず，差押え前に目的物の給付が必要ではないか。賃貸借契約に基づく必要費償還請求権であれば，賃貸借契約があるだけでは足りず，差押え前に少なくとも屋根に穴が開いているというような事情が必要ではないか。牽連関係がない場合は，そういう具体的事情が必要ではないか。

　これに対して，客観的な牽連関係がある場合は，例えば，売買代金債権と目的物の契約不適合に基づく損害賠償請求権や，賃料債権と賃貸目的物に損傷があるために生じた必要費償還請求権の場合などは，差押えや対抗要件具備という基準時の前後を問わず相殺を認めてよいのではないか。そういう意味で，469条2項2号の規律は確認的に置いたと解する余地もあると思うのです。

野村　中井さんの考えは，511条2項及び469条2項1号の場合，受働債権と自働債権との間の牽連関係が要求されていないので，制限的に解釈する必要があるが，469条2項2号の場合には，牽連関係があるので，相殺を広く認めてよいのではないかという趣旨と理解しました。確かに，相殺への期待をどこまで保護するかという観点からすると，受働債権と自働債権との牽連関係は保護すべき相殺への期待についての重要な判断要素になると思います。しかし，牽連関係だけではなく，売買契約における損害賠償債権，賃貸借契約における必要費償還請求権などがどこまで確実に生ずるものと差押債権者や債権の譲受人が認識していたのか，認識すべきであったのかも重要な判断要素であるように思います。結局，「相殺への期待をどこまで保護すべきか」という抽象的な命題をどのように具体化していくのかということで，今後に残された問題ということでしょうか。

4. 差押えと相殺の場面における債権債務の牽連関係

中井　ご指摘のとおり，今後に残された問題と思いますが，その点をさらに検討するため，差押えと相殺の場面に議論を戻したいと思います。債権譲渡と相殺について469条2項2号では，将来債権について，その譲渡債権と同じ契約に基づく債権であれば相殺できる，表現を変えれば，客観的牽連関係

があれば相殺できるという定めになっているわけです。同じ事態は，差押えと相殺の場面でも発生するのではないか。例えば，向こう6カ月間の売買代金債権は，それが具体的に特定できる限りにおいて，現在の執行実務では差押えが認められています。そのとき，売買契約に基づき債務者が第三債務者に部品を供給する義務があるなら，差押えを受けても債務者は部品を供給することがあるでしょう。その部品に契約不適合があって損害賠償請求権が発生したとすれば，売買代金債務について差押えを受けた第三債務者は，売買代金債務と当該損害賠償請求権を相殺できるのではないか，むしろ相殺を認めるべきではないかという問題意識です。

　部会審議の過程で，債権譲渡と相殺に関して，469条2項2号のような規律を設けるのであれば，差押えと相殺の場面でも同じような事態は起こりうるので，同様の規律を設けてはどうかという意見を述べたことがあります。しかし結論として，その意見は採用されませんでした。その理由は，将来債権譲渡は主に平時で起こるので，債権譲渡がなされた後も継続して将来債権が発生するから，将来債権の発生を想定した相殺の規律を置く必要があるが，差押えの場面では，もはや差押え後に将来に向かって売買代金債権が発生することは考え難いから，同じような規律を設ける必要はないというものでした。

　しかし，差押えがあっても債務者は常に窮境に陥っているわけではありません。何らかの事情で差押債権者に支払をしていないこともありますし，売買代金債権の差押えを受けたという場合でも，将来的にも債務者が第三債務者に対して目的物の給付義務を負っているなら，債務者は契約に基づく給付をする可能性はあるわけで，差押えを受けたら債務者と第三債務者の取引が止まるわけではないと思います。この点，部会審議で採用されなかった論点の蒸し返しで申し訳ないのですが，ご意見をお聞かせいただければと思います。

野村　立法者の意思としては，改正法511条で469条2項2号のような規定がない以上，債権譲渡と同じに考えることができない，という結論になるのではないかと思います。ただ，今後はどのように解釈論が展開していくのか。必ずしも立法当時の考え方がそのまま維持されるとは限りませんので，何とも言えないところではあります。先ほども申しましたけれども，この問題は

1個の基本契約から生ずる複数の個別的な契約相互間をどのように考えるかという問題です。例えば同時履行の抗弁，不安の抗弁，相殺の抗弁など，契約当事者相互間の関係が問題になるシチュエーションには色々な場合があります。それを全体として統一的に考えていくのか，同時履行の抗弁権についてはこう考える，不安の抗弁権についてはこう考えるというように，個別的に考えていくのかというのは，今後の問題ではないかと思います。

中井 更に私の理解を敷衍するようなことを申し上げることになるのですが，差押えの場面を考えた場合，債権者から債務者の第三債務者に対する売買代金債権の差押えを受けたときに，目的物に契約不適合があれば，改正法563条により，買主である第三債務者は契約不適合を理由に代金減額請求権を行使できます。代金減額請求権を行使すると，それは形成権ですから，当然に差押えを受けた売買代金債権そのものが減額されることになります。

　代金減額請求権が行使できる前提として契約不適合があり，売主である債務者に帰責事由があれば，損害賠償請求権を行使することもできるはずです。つまり，代金減額請求権という形成権が行使されると，差押えを受けた売買代金債権は当然減額されるにもかかわらず，減額請求権を行使せずに損害賠償請求権を行使しようとしたときに相殺できないという結論は，どうも平仄が合わないように思うわけです。それはやはり客観的な牽連関係がある場合に対価的な均衡を図るのが衡平であるということから考えれば，減額請求権を行使せずに損害賠償請求権を行使する場合も，相殺を認めるという結論がありうるのではないか。第三債務者は，減額請求権の行使はできるけれども，損害賠償請求権との相殺はできないという結論の違いが正当化できるのか疑問に思っているものですから，くどくどと申し訳ありません。

野村 確かにそういう考え方もありうるかと思いますけれども，この場合に代金減額請求権を行使するか，履行に代わる損害賠償債権を行使するかというのは，買主である第三債務者の選択に委ねられているわけですよね。それが相殺にどう跳ね返るかということも判断した上で，買主である第三債務者が選ぶということでやむをえないのかなと思っております。

中井 ご指摘のとおり，いずれを行使するかの選択の問題かもしれません。同じことは，将来の賃料債権の差押えでも起こります。賃貸目的物の一部が滅失した場合，改正法611条により，賃料は当然減額になります。そうする

と将来の賃料債権の譲渡であれ，将来の賃料債権の差押えであれ，目的物が一部滅失すれば，譲受人もしくは差押債権者は，当然減額された賃料しか回収できないことになります。

そういう一部滅失とは言えないような損傷が，差押え後もしくは対抗要件具備後に生じたときに，その損害賠償請求権や必要費償還請求権との相殺はできないのかという問題です。債権譲渡の場合はできるという結論になりますが，差押えの場合はどう考えるか。差押え前に賃貸借契約があるから，差押え後に生じた損傷に基づく請求権も511条2項で，前に原因があると考えて相殺可能と考えれば，それでよいのかもしれません。しかし，2項による相殺ができるのは，単に契約があるだけでは足りない，損傷が必要であるという考え方を採用した場合，2項による相殺はできません。しかし，賃料は使用収益の対価ですから，差押え後に使用収益の対価として発生した賃料債権と，目的物の損傷によって生じた損害賠償請求権や必要費償還請求権とを相殺できるという考え方は，賃料債権と目的物の損傷による損害賠償請求権等との間に客観的な牽連関係があることが正当化理由になるように思うのです。

元々511条は，牽連関係のない債権債務が対立した場合を想定して，相殺できる反対債権の範囲について，まずは1項で無制限説を採用し，2項でそれを拡張したもので，客観的牽連関係のある債権債務については，明文の規定を待つまでもなく相殺できると解する余地があったのではないかと思います。そうすると，469条2項2号では，なぜこれを規定したのかという問題が生じるのですが，それは，譲渡債権と反対債権は，当事者を異にして債権債務の対立関係がないから，確認のために規定を置いたにすぎないのではないか。そうしますと，差押えと相殺の場面では，被差押債権と反対債権は，対立関係にあるから規定をわざわざ置かなかっただけで，相殺を認めない趣旨ではないと解する余地があるように思います。

しかし，先ほど野村さんがおっしゃったように，469条2項2号に，将来債権と反対債権が相殺できる場合について明文規定を置いて，同じような規律を置くかどうか審議をした結果，同じ規定は置かないという結論を採用したわけですから，私のような見解は，極めて苦しい解釈論かもしれませんし，部会審議における立法者意思にも反するのかもしれません。ご意見がありま

したらお願いしてよろしいでしょうか。

野村 やはりこれも先ほどと同じ答えになってしまいますが，469条2項2号のような規定を511条のほうに置かなかったということで，両者を意識して区別して扱っていると言わざるをえないのではないかと思うのです。ただ，先ほども申し上げましたが，解釈論が今後どう展開していくかということも，他方で注目に値するかなとは思います。

V. 設例の検討

中井 ありがとうございます。ここまで設例には触れないまま議論を進めてまいりましたが，最後に設例を見ていただきます。設例の1つ目は，将来債権を譲渡した場合について，対抗要件具備後に個別契約が締結されて部品が納入されたけれども，その部品に契約不適合があった場合の損害賠償請求権ということです。これは469条2項2号の明文で，相殺できるという結論になります。他方で2つ目のように将来の売買代金債権が差押えを受けて，同じような事態が起こった場合，511条にはこれが相殺できるという明文規定を置かなかったわけですから，野村さんのご見解のように部会審議を踏まえれば，相殺できないという結論になると思います。

ただ，設例の代金債権と損害賠償請求権のように客観的牽連関係がある場合は，明文規定はないけれども，差押えの場面でも相殺できると解する余地があるのではないかと，私は考えているわけです。その点の議論を深めたいと考えて，このような設例を用意させていただきました。差押えと相殺，債権譲渡と相殺について，改正法は511条と469条に新しい規律を設けたわけですが，野村さんからまとめと感想をお願いできるでしょうか。

野村 今回のテーマについて申し上げますと，相殺への期待を具体的にどう考えるかということが，一番大きな問題です。これは今後の実務の積み重ね，あるいは判例によって具体化が進められていく，あるいは学説がそれを整理していくということが必要ではないかと思うのです。特に合意によって相殺できる範囲を拡張していったときに，相殺は外から見てもなかなか見えにくいこともあり，どこまで相殺への期待として保護されるのかというのも，今後の重要な課題ではないかと思っております。

最後に，民法改正の方針としてわかりやすい民法にするという目的から，

確定した学説・判例を明文化するということが今回の債権法改正では行われました。従来ですと議論の余地があったところがなくなったので，それだけ，判例・学説が明確になっていたということではありますが，今日の話題である相殺などについても色々と議論が分かれているというところで，解釈の余地，議論の余地をかなり限定してしまっているということが，果たしてよかったのかどうか。これも今後の実務の推移で明らかになっていくのではないかと思っています。

中井　相殺については新たな条文が複数置かれましたが，少なくとも相殺できる範囲を拡張したことは間違いありません。その拡張の範囲・程度については，ここまでの議論からもおわかりのように，まだまだ検討すべき事項が多いように思います。今後の解釈論の展開に期待したいと思います。長時間にわたりどうもありがとうございました。

〔2018 年 2 月 23 日収録〕

債権譲渡制限特約

山野目章夫　　深山雅也　　井上　聡
YAMANOME Akio　　MIYAMA Masaya　　INOUE Satoshi

設例　債権譲渡制限特約付債権による，資金調達は活性化するか。

☞ 債権者が，譲渡制限特約に違反して債権を譲渡した場合，債権譲受人は，誰に対して，どのような請求ができるか。

☞ 債権者が，譲渡制限特約に違反して債権を譲渡した場合，
　① 債務者は，契約違反を理由に譲渡人たる債権者との取引基本契約を解除できるか。譲渡人たる債権者と債務者との間で，譲渡制限特約に違反して譲渡した場合は取引基本契約を解除できる旨の合意をしていた場合はどうか。
　② 債務者は，契約違反を理由に譲渡人たる債権者に対して損害賠償請求できるか。譲渡人たる債権者と債務者との間で，譲渡制限特約に違反して譲渡した場合は違約金として〇〇円を支払う旨の合意をしていた場合はどうか。

☞ 債権者が，譲渡制限特約に違反して債権を譲渡した後に，譲渡人たる債権者に破産手続開始の申立がなされ，その後に，債務者が譲渡人に対して弁済した場合，債権譲受人は，譲渡人の破産管財人に弁済金の引渡しを請求できるか。破産手続開始決定前の弁済と破産手続開始決定後の弁済とで結論は異なるか。

☞ 金融機関が譲渡禁止特約付債権を担保として譲り受けて貸付けを実行した場合，金融機関は，譲渡人に債務者との契約に違反させる行為を促したことになり，金融機関としてのコンプライアンス（法令遵守義務）に反しないか。

I. 従前の規律・実務上の問題点

深山 今回のテーマは「債権譲渡制限特約」です。債権譲渡制限特約付債権をめぐる問題について山野目章夫さん，井上聡さんと意見交換をさせていただきたいと思います。意見交換にあたり，「債権譲渡制限特約付債権による資金調達は活性化するか」というテーマの下にいくつか設例が設けられておりますが，設例の検討に入る前に，少し従前の規律や今回の改正の内容について振り返ってみたいと思います。今回の改正において，債権譲渡制限特約の効力について見直しがなされました。すなわち，従前は，債権譲渡制限特約は，当事者間においてはもとより，第三者との関係においても絶対的な効力が認められており，特約違反の債権譲渡は第三者との関係においても無効と解されていたわけです。その点について，特約の効力を相対的な効力にとどまるものと見直し，特約違反の債権譲渡は有効であることが明記されました。

　まず，従前の条文の解釈について山野目さんにお伺いしたいのですが，従前の条文はどのように理解されていたのでしょうか。

山野目 現行法の466条は，文理を整理して述べますと，いわゆる債権譲渡禁止特約がされている場合において，債権を「譲り渡すことができない」と定めていたことになります。一般に民事の法制において，「何々することができない」の文言は，その効果を否定する趣旨に理解されます。事態の性質に即して，例外の解釈がされる場合もあり，まさしくこの債権譲渡の場面についても異なる理解を示す学説がありますが，多くは債権譲渡の処分的効果そのものが否定されるという趣旨に理解してまいりました。

深山 今回の債権譲渡制限特約の効力の見直しは，債権担保による資金調達の促進を目的とするものと説明されておりますが，従来の規律において，あるいは従来の解釈においては，債権担保による資金調達というのは，どのような問題や支障があったのか，その中でどのような工夫がなされていたのかということについて，井上さんいかがでしょうか。

井上 譲渡禁止特約は強い債務者の要求で付されることが多いですから，譲渡禁止特約付債権は，一般に，債務者の信用力が高い債権です。典型的には，大企業に商品を納入することによって納入業者が取得する売掛債権などが挙

げられます。多くの場合，債権者にとって是非とも担保として利用したい財産です。

　しかし，通常，そのような債権を担保に取るときは，貸付人側からすると，譲渡禁止特約が付いているかどうかを確認し，特約が付いていれば担保としては評価せず，貸付けを差し控えることが一般的です。なぜなら，譲渡禁止特約が付いていることがわかりますと，悪意と評価されて，現行法の下では有効な担保を取得できないからです。したがって，この手の債権は，価値の高い債権であるにもかかわらず，担保として利用されることが少なかったように思います。

　そのため，実務上は，借入人が有する譲渡禁止特約付債権の回収について，貸付人・借入人・第三債務者の合意によって強い振込指定，あるいは代理受領といったアレンジをしたり，最近では，譲渡禁止特約付債権について自己信託を設定して，その受益権を担保に入れたりといった形で，実質的な排他的優先権を確保し，資金調達に利用している例があるように思います。

II. 改正法の概要

深山　今回の改正においては，特約違反の債権譲渡を有効とした上で，特約について悪意又は重過失の譲受人に対しては，債務者は債務の履行を拒絶することができ，また譲渡人への弁済等を対抗できるということになりました。その趣旨について，山野目さんにお伺いしたいのですが，ここで言う「対抗できる」という意味合いは，どのように理解したらよろしいのですか。

山野目　ご指摘の法文にある「対抗することができる」は，いわゆる対抗問題のようなことが主題になっているものではなく，その事由がもたらす効果を前提とする法律関係を主張することができるということであり，事由が弁済であるときは，債権消滅の効果を主張することができます。この局面において，譲受人が債権消滅の効果を否定することができないということになるとすると，他に債権消滅の効力を争う者は考えられませんから，結局，債権は，弁済により消滅したということになるものではないでしょうか。

深山　また，譲受人からの履行請求に対して債務者が履行しない場合に，譲受人が相当の期間を定めて譲渡人への履行を催告したにもかかわらず，その催告期間内に履行がなされないときには，債務者は，譲受人からの履行請求

を拒絶できず，また譲渡人に対する弁済等を譲受人に対抗できなくなるという規律が設けられました。この規律の趣旨は，山野目さん，どのように理解したらよろしいのでしょうか。

山野目 債権譲渡制限特約というものが，一体何のためにするものであるかという債権譲渡制限特約の趣旨は，引き続き債務者が，当初の債権者に弁済することができる利益の保護ということであり，そのチャンスは，催告という仕方で債務者に提供されました。せっかく与えられたそのチャンスを活かすということでないならば，債権譲渡が有効であるという基本的な法律状態に帰り，譲受人の権利行使を認めなければならないということでありましょう。

深山 井上さんも同じようなご理解ということでよろしいですか。

井上 はい，改正法は，現行法における債権譲渡禁止特約の効力が債務者の利益保護のために必要な限度を大きく超えている，過剰であるという価値判断に立って，特約の効力を債務者の利益保護のために必要十分な範囲にとどめようとして到達したルールだと理解しておりまして，ここはその表れと言えるのではないかと思います。

深山 また，譲渡制限特約が付された金銭債権が譲渡されたときには，債務者は，その債権額の金銭を履行地の供託所に供託できるという規律も設けられました。この供託の規律については，山野目さん，どのように理解したらよろしいですか。

山野目 債権譲渡を考える際の基本的な心構えとして，債務者を不安定な状態に置いてはならないということがあります。譲受人に，悪意又は重大な過失があるかどうかは，債務者からしてみれば存じ上げない事項であり，そこの判断を誤ると弁済の効力が認められないという展開は迷惑であります。この厄介な法律関係から離脱する途が開かれています。供託しなければならないものではなく，「供託することができる」とされていることも注視しておきたいと考えます。債権者を確知することができないというものではなく，従来にない新しい供託原因が登場したことを法務局の供託実務などに周知する施行準備が要請されます。

深山 井上さん，この点について何かコメントはございますか。

井上 基本的には同じ理解です。ただ，「不安定」の意味の問題かもしれま

せんが，債務者は譲受人に弁済すればよいと考えれば，必ずしも不安定な状態に置かれているわけではないとも言えます。強いて言えば，「譲渡人に弁済してもよいかどうかは不安だ」とは言えますので，この権利供託は，「知らない人に弁済したくない」という債務者の利益を保護するものではないかと思います。

深山 いわゆる債権者不確知を供託原因とする供託とは違う類型の供託原因を認めたということだろうと思います。

さらに，新しい規律として，譲渡人について破産手続が開始されたときは，譲渡につき対抗要件を具備した譲受人たる債権者は，債務者に対し供託請求できるとの規律も，改正法466条の3として設けられました。この規律については，山野目さん，いかが理解したらよろしいでしょうか。

山野目 イメージを比喩的に述べますと，譲渡人の経済活動が順調である限り，債務者が譲渡人に弁済するお金は，譲渡人が手許にとどめる理由がありませんから，譲渡人から譲受人に渡され，そのような仕方で幸福なお金の循環を想像することができます。譲渡人の事業が不成功ということに帰するならば，このお金の回廊が遮断されます。そこで譲受人から請求を受けた債務者は，こちらは供託をするかしないかの選択ではなく，これをしなければなりません。その供託がされた場合の還付請求権は譲受人に帰属します。「倒産五法の改革」という言葉が叫ばれた頃を懐かしく想い起こしますが，倒産手続は破産に限りません。そのことを睨みながら，多くの場面において，破産について規定を置くというものが，民法の一般的な立法態度でありますが，ここで話題にしている問題につきましても，再建型の倒産手続において，どのような扱いになるかということは，引き続き論議されてよいことであります。

深山 この点について，井上さんは，いかがお考えでしょうか。

井上 債権譲渡が有効で第三者対抗要件を備えたものであるならば，譲渡人が倒産しても，譲受人は債権を独り占めすることができます。しかし，倒産直前の回収により譲渡人の手元に滞留している金銭については，いわゆるコミングル・リスクにさらされることになります。この義務供託の制度は，そのリスクが破産手続開始後の回収金に拡大することを防ぐ効果があるように思います。破産手続開始後の回収金に係る譲受人の引渡請求権は財団債権に

なると考えられますが，破産手続においては，財団債権であっても財団不足によって全額弁済されないことがしばしばあるということに鑑みると，この義務供託には大きな意義があると思います。

　一方で，破産手続以外の倒産手続においては，手続開始後の回収金に係る譲受人の引渡請求権は共益債権になると考えられますが，破産手続における財団債権と比べますと，共益債権が全額弁済されないことは稀です。ですので，この義務供託が適用される場面を破産手続に限定したことについて，その評価は議論になりうるところですが，その実務上の影響は限定的であると思います。

深山　お２人が指摘された再建型の手続との関係について，少し確認したいのですが，山野目さんのご発言は，一般的に民法の規定の在り方として，破産手続について規定を置くときは，必ずしも破産手続に限定する趣旨ではなくて，再建型の倒産手続にも類推適用する余地が解釈としては残るということを含意されておっしゃったのでしょうか。

山野目　類推解釈する可能性ということが，今後の論義の積み重ねの中で，はなから否定されているという性質の議論ではなくて，開かれた議論を皆さんにしていただくということがよいのではないかという観点から申し上げました。

　私個人として，なるべく類推解釈をすべきであるという考え方を推すというつもりで申し上げたものではありません。理由を１つ２つ挙げますと，再建型の倒産手続の場合には，倒産手続が開始された債務者の経済活動が続いているという局面の大きな性質上の違いがありますし，加えて，今，井上さんからご指摘があったように，財団債権と共益債権は法的な性質を共通にする部分が大きくありますが，倒産実務上の実態においては異なる様相も呈していますから，その点も考慮しなければならないと考えているところです。

Ⅲ. 設例の検討──譲渡制限特約違反の法的効果

深山　債権譲渡制限特約に関する改正法の規律について，この後ご検討していただく設例に関連する部分を中心に確認してきたわけですが，今までのお話も踏まえて，設例の検討に入りたいと思います。

1. 譲受人の請求権

深山 1つ目の論点は，債権者が譲渡制限特約に違反して債権譲渡を行った場合に，債権の譲受人が，誰に対して，どういう請求ができるかという問題ですが，まず，私の理解を申し上げます。

　特約の存在について，善意無重過失の譲受人は，譲渡について対抗要件を具備すれば，債務者に対して履行が請求できる。これに対して，特約の存在について，悪意もしくは重過失の譲受人は，譲渡につき対抗要件を具備して債務者に対して履行請求したとしても拒絶されてしまうことがある。ただ，債務者が履行を拒絶した場合には，債務者に対し，相当の期間を定めて譲渡人に対して履行するよう催告することができ，その催告期間内に債務者が履行しないときには，債務者に対して改めて履行請求できる。そして，債務者が履行を拒絶した場合に，譲受人が譲渡人に対して何か請求できるかという点については，譲渡人との間でその場合に何か特約，例えば，譲渡人が債権額相当額の損害金を支払うという特約などですが，そのような特約があれば格別ですが，そうでなければ，特段の請求はできない。なお，譲渡人が破産手続開始決定を受けた場合には，譲渡につき対抗要件を具備した譲受人たる債権者は，債務者に対して供託の請求ができる。以上のように新しい規律に従って整理できようかと思いますが，このような理解，整理で，よろしいでしょうか。

山野目 このあたりは，やや複雑になっていて，理解に慣れていないと，将来，例えば択一式の試験などで出題されたときに，なかなか難儀であるかもしれません。ただいまの整理は「正しいものはどれか」と尋ねられたと仮定しますと，「全てが正しい」とお見受けしました。譲渡人と譲受人の関係は，ご指摘の特約のことも含め，契約関係に即して解決されるということでしょうね。

2. 譲渡制限特約違反と解除

深山 では2つ目の論点に進みます。まず，2つ目の論点の前段ですが，これは，譲渡制限特約に違反して債権譲渡がなされた場合と解除権との関係を問うものです。

　まず，譲渡制限特約に違反して譲渡がなされたときには，取引基本契約を

解除できるという明文の合意があるような場合を考えてみますと，これは，いわゆる約定解除事由を定めた合意ということになろうかと思います。この場合には，特約の有効性を否定するような特段の事情がなければ，約定解除事由に該当することになり解除できるというのが原則であろうと考えます。

このような約定解除事由の特約がない場合には，法定解除の可否の問題になるわけですが，譲渡制限特約違反が，「その契約及び取引上の社会通念に照らして軽微であるとき」という例外的な場合に当てはまらない限りは解除ができるということになろうと思います。この点については，個々の契約の趣旨なり，特約の趣旨を踏まえて，個別に判断するべきだろうと思いますが，基本的には，今申し上げたような理解をしております。この点について，山野目さんは，いかがお考えでしょうか。

山野目 法定解除についておっしゃった後段は，そのとおりであり，特に付け加えることはありません。解除事由が特約で定められた場合，つまり，約定解除事由の効果をいささか考えてみたいと感じます。

話を抽象化すれば，ある財産権があって，その主体と誰かとの間において，その財産権の行使や処分について合意をすると，それが有効であり，定められた方法と異なる行使や処分を財産権の主体がすると，契約違反に当たるとして，契約を解除することができるということになります。

この帰結が認められてよいか，3層の議論があることでしょう。第1に，財産権の秩序の公序性を強調する立場です。財産権の主体は，その財産権を随意に処分することができるということでなければならず，同人を永久に縛ることはできないという前提が市民社会になければならない。1789年にフランスの人権宣言が市民に保障した財産権とはそのようなものであると考えられます。買戻しの特約で不動産の使用方法を実質的に制限しようとしても10年が限度であるという規律は，ここに源流を見出すことができます。もっとも，処分などを制約する特約に全く取引上の正当な需要がないかというと，そうでもないでしょう。2012年には，その当のフランスにおいて，ある財団が他人に土地を譲渡する際，財団が存続し，"詩人たちの集う家"などとして土地を用いる限り，これを所有者は受け容れなければならないとする1932年に作成された公署証書の契約条項を破棄院が有効とし，人々を驚かせました（破棄院第3民事部2012年10月31日判決）。財産権というものが，

その主体にどこまでの処分のフリーハンドを保障するかは，近代法の永遠の問いであるかもしれません。

　第2に，財産権一般という大なたをかざすところまでしなくても，債権譲渡取引の自由度を確保するという今般改正の趣旨に照らし，その意義を実質的に損なう特約は許されないというアプローチもあります。つまり，債権譲渡制限特約に関連する民法の規定の趣旨に公序性を認める発想です。そこから考えると，約定解除権を行使することに正当な取引上の需要がない場合には，その約定解除事由の特約は無効であるというように，特約の制限解釈が行われることになるでしょう。

　第3に，約定解除事由の特約を公序違反として効力を問うということをせず，契約自由の原則を素朴に考え，この特約を一応は有効とし，ただし，取引上の正当な需要がないのにされる解除権の行使は，権利の濫用に当たるという考え方があります。穏当な解釈論はこのあたりであるかもしれません。けれども，なぜ濫用であるかを問うならば，その理論的基盤には，第1や第2の観点が控えており，やはり，それらの考察を引き続き深めることが期待されます。

深山　井上さんは，この辺いかがお考えでしょうか。

井上　個別の事案ごとに考察するという点においては同じ理解ですが，形式論理上の意味ではなく実質的な意味において，原則と例外のニュアンスがやや異なるような気がいたします。

　私は，譲渡制限特約違反を明示して解除事由を約定している場合以外の場合については，個別の事案において軽微な違反でないと評価すべき特段の事情がない限り，むしろ，法定解除事由にも約定解除事由にも当たらないことが多いのではないかと考えております。

　また，譲渡制限特約違反を明示して解除事由を約定している場合には，形式的には約定解除事由に該当すると解さざるをえないわけですが，強い債務者と弱い債権者という図式が成り立つ，むしろ典型的な場合においては，個別の事案において，軽微な違反にとどまらないと評価すべき特段の事情がなければ，解除権の行使が権利の濫用とされることは，むしろ少なくないのではないかと思います。

　また，このような解除事由が定型約款に定められている場合には，対象と

なる定型取引において譲渡制限特約違反が類型的に軽微な違反にとどまらないと評価されるような特殊な事情がない限りは，そのような解除条項が不当なものと評価されることが多いのではないかと思います。

深山 特約違反を解除事由にするという，約定解除事由の定めがある場合に，原則として解除ができると解するのか，むしろ，原則は解除できないと解するのかという点で，少し井上さんと考え方が違うという印象を受けたのですが，もちろん，色々なケースがあるので，常にこうだと申し上げるつもりはないです。山野目さんが言及された権利濫用として解除権の行使が制約されるということについても，もちろん，理屈の上でそういうことがありうることは十分理解をするのですが，実務的な感覚としては，権利濫用の抗弁が通ることは，自分自身の経験のみならず，判例等を見てもあまり見受けないわけです。権利濫用の抗弁の主張がなされることは少なからずあるわけですが，それを容認した裁判例というのは極めて少ないだろうと思います。

　理屈の整理としては，おっしゃるように権利濫用で制約するということもありうるのでしょうが，実務的に多くの場合そうなるかと言うと，私はそうでもないという気がするのですが，いかがですか。

井上 様々な場面で解除の有効性が争われ，権利濫用の抗弁が主張された事案のうち，その主張が判決で認められた例は確かに少ないかもしれませんが，何ら相手方に不利益を及ぼしていない形式的な契約条項違反のみで継続的契約が解除されて解除の効力が争われた事案に限れば，契約の解除が認められなかった例は，しばしばあるのではないかと感じております。この改正が施行された後，譲渡制限特約付債権が果たしてどのように譲渡され，それについて解除の有効性がどのように争われることになるのかよくわかりませんが，私が希望するように，そういった債権が担保等として利用されていく状況になれば，むしろ継続的契約の解除の法理その他何らかの法理を用いて解除の効力が否定されることが一般的になるのではないかと思っております。そこは確かに時間的経過に伴う状況の変化も含めて，見方が分かれるところはあるかもしれません。

3．譲渡制限特約違反と損害賠償

深山 2つ目の論点の後段の点，すなわち，譲渡制限特約違反の債権譲渡と，

損害賠償の関係に移りたいと思います。解除権との関係とも，やや関連ないし共通する側面もあろうかと思います。この点についても私の意見を先に申し上げますと，債権者と債務者との間で，譲渡制限特約に違反して譲渡した場合には，違約金として〇〇円を支払うという特段の合意をしていた場合には，その違約金の合意が何らかの理由で有効性を否定されるような特段の事情があれば別ですが，そうでなければ，約定どおりの違約金の請求ができるのではないかと考えております。

　そのような違約金の合意がないような場合，これは債務不履行一般の議論ということに帰着するわけです。特約上の義務がある以上，それに違反すれば債務不履行にはなろうかと思いますが，特約違反との因果関係のある損害というのは，なかなか観念しにくいのかなという気もします。すなわち，因果関係のある損害が主張，立証されれば，債務不履行に基づく損害賠償請求の余地はあると思うのですが，現実的には，そのような損害を認定できる場合というのは少ないような気がします。

　ただ，例えば金融機関から，借入債務者の保有する債権について譲渡担保の設定要請を強く受けて，その要請に応じなければ倒産してしまうという倒産の危機に瀕した状態で，やむなく押し切られるような形で譲渡担保の要請に応じた場合を考えてみますと，それは債務不履行だとしても，いわゆる免責事由が認められるということもありうるかという気もします。以上のとおり，原則としては債務不履行の問題にはなりうるというのが私の理解ですが，この点について，山野目さんはいかがお考えですか。

山野目　大筋で整理していただいたとおりであると考えますとともに，違約金の定めを無制約に効力を認めてよいかという問題は，約定解除事由についての先ほどと同様な考察が要請される側面が大きいものではないかと感じます。やはり，ここのところも違約金を請求することができるほうが原則でしょうか。それとも，例外的に違約金を請求することができる場合がありうるということでしょうかという，一度見た風景が繰り返されるような予感がします。

　信義則や権利濫用といったような，一般条項のみに，いわば裸の仕方で頼る限りは，約定解除権のところについて深山さんがおっしゃったように，なかなか信義則や権利濫用の法理を使って，違約金などの特約の効果を例外的

に否定することは実務的にハードルが高いかもしれません。しかしながら，今般の債権譲渡制限特約によって，債権の譲渡可能性，流通可能性を高めようとしたのですという，法の趣旨を，いわば補助的に，常に考慮の要素として忘れてはいけませんよということを念押ししながら，それをもって一般条項の使用に実質的な意味を与える仕方での解釈態度をしていけば，また違った解決の在り方が出てくるかもしれません。

深山 この債務不履行なり，違約金の問題について，井上さんはどのようにお考えですか。

井上 ここでも，理論的な意味での原則というより，むしろ解釈のアプローチとして，実際にはどう解釈できる場合が多いかという観点で申し上げますと，譲渡制限特約違反に基づく損害が現に発生していると認められるけれども，その金額評価が困難であるような場合で，かつ，定められた違約金が不当に高額であるとまでは言えないような場合には，違約金条項には合理性があって，その効力をそのまま認めてよいのではないかと思いますが，そのような場合は稀だと感じます。違約金条項の有効性に関して一般に議論されているのと同じように，あるいはそれとは別に，譲渡制限特約違反に基づく損害が発生しているとはおよそ認められない場合，私はそういう場合が実際には多いのではないかと思うのですが，そういう場合には，違約金条項の効力は及ばないと解すべきではないかと考えています。

　このような違約金条項は，一般に，損害の金額評価が難しい場合には，当事者が予め合意した金額を払う旨定めることに合理性があると思われるのですが，何の損害も発生しないことがむしろ見込まれる場合に，あえて違約金条項を定めることに合理性はなく，しばしば力関係に基づいて結ばれることが多いことから，その効力が否定あるいは制限される場合が多いのではないかと考えます。例えば，違約金の額が過大である場合と同視されるおそれがあるのではないかと考えています。

　これについても，違約金条項が契約約款に定められている場合には，債権譲渡によって類型的に定型取引において債務者に損害が生じうるような特段の取引事情がない限りは，そういった違約金条項が不当条項と評価されることが多いのではないかと思います。

深山 違約金を○○円支払えという定めがなされることというのは，実務的

にはそう珍しくないわけですが，その趣旨というのは，ケース・バイ・ケースだろうと思っております。1つは，420条の定める「損害賠償額の予定」として定められていると理解される場合であり，これは井上さんからご指摘のあったように，損害の評価ないし立証が困難である場合を救済する意味合いがあると思います。他方，そうではなくて，文字どおり，違約に対する制裁金として○○円支払えという類いのものもあるのだろうと思います。

　損害賠償額の予定については，今回の改正で，裁判所が増減できないという条文が削除されましたが，それは不当に高額だったときには，裁判所が後で是正をすることがあって然るべきだという価値判断だと思います。ここは，損害賠償額の予定の場合と，いわゆる違約金の場合とで，違う解釈ないし当てはめになるということでしょうか。

井上　違約罰としての違約金条項が，債権譲渡制限特約違反について，どういう場合に正当化されるのかにかかると思います。改正法は，当事者が譲渡を禁じたところで，譲渡を有効とした上で，債務者に迷惑がかからないように手当てをしたものと考えます。だとすれば，そもそも，そういう手当て付きの譲渡が違約なのかということかもしれません。つまり，譲渡した上で，譲受人が直接取り立てに行けば，違約罰の対象となる契約違反に該当するのかもしれませんが，実際には，譲受人が，ずかずかと債務者のところに行ったりせずに，従前と全く同様の回収方法を継続して，債務者にとって何の不都合もない態様で回収が継続されている場合にも，改正法の下で，違約罰条項の効力がなお及ぶと解釈するのかについては疑問があって，限定解釈することも十分ありうるのではないかと感じます。もちろん，個別の取引事情により，違約罰を定めることに合理性があって，改正法の定めを守っても譲渡されては迷惑なのだと，非常に困るのだという事情があれば，違約罰条項も有効になると思います。

4. 譲渡人の破産手続開始決定

深山　では，3つ目の論点に移りたいと思います。これは譲渡制限特約に違反して債権を譲渡した後に，譲渡人が破産手続開始の申立を受けたという場面の問題です。この場面において，債務者が譲渡人に対して弁済をしたときに，譲受人は管財人に対して弁済金の引渡しを請求できるかを問うものです。

まず，破産手続開始決定前に弁済がなされた場合について，私の考えを申し述べます。この場合，破産手続開始決定によって，その弁済金は破産財団を構成する財産ということになりますが，そもそもその弁済は債権者ではなくなった譲渡人に対してなされたものであるため，弁済としての効力は認められないと考えるのが原則だろうと思います。もっとも，債務者が債権譲渡の事実自体を知らないような場合であって，そのことについて過失もないような場合には，その弁済は受領権者としての外観を有する者に対する弁済として，478条によって有効な弁済になるだろうと解されます。そして，有効な弁済によって，債権は消滅することになると考えられます。

　そうなると，債権を失ってしまった譲受人としては，譲渡人に対して不当利得返還請求権を取得することになり，その権利は破産手続開始決定によって破産債権になると理解できます。また，債務者が債権譲渡の事実について，悪意もしくは有過失の場合には，原則どおり弁済は無効になるので，債権は消滅しないわけですが，その場合，譲受人は債務者に対して履行請求することができますので，それゆえ譲渡人に対して不当利得返還請求権を持つことはないだろうと考えられます。もっとも譲受人が特約について悪意もしくは重過失の場合であれば，債務者は譲渡人への弁済を譲受人に対抗することができますから，その場合には譲受人は債務者に対して履行請求できないことになります。このとき，先ほど確認しましたように，対抗できるということの意味を有効な弁済になると理解してよいということであれば，これによって債権は消滅しますので，債権を失ってしまった譲受人は，譲渡人に対して不当利得返還請求権を取得することになり，破産手続開始後は破産債権者として手続参加できると，このように整理しました。山野目さん，この整理，理解でよろしいでしょうか。

山野目　債務者対抗要件が具備される前に譲渡人に対してした弁済は，特段の事情がない限り有効であり，また債務者対抗要件が具備された場合においても，譲受人が悪意又は重大な過失があるときに同人からの催告の期間が経過する前に譲渡人に対してした弁済は，やはり有効であると考えます。これらの場合において，譲受人は譲渡人に対して不当利得返還請求権を取得し，それが破産債権になるということでしょう。実務上，実際には保全管理命令が発せられる場合もあるかもしれません。その場合においても，保全管理命

令が発せられたことを知らないで，債務者が譲渡人に対してした弁済は同じ扱いになるものではないかと考えます。

深山 井上さんは，この場面について，どのようにお考えでしょうか。

井上 深山さんが整理してくださった場合分けの順序に従って分析すれば，ご説明いただいたとおりになると思うのですが，冒頭にも申し上げましたように，譲渡制限特約が付いているかどうかを確認した上で担保に取ったり譲り受けたりすることが金融取引においては通常ですので，その場合に絞って考察するのがわかりやすいように思います。そう考えると，実際上は，債務者から譲渡人への弁済は有効であり，債務が消滅することになりますので，その結果，債権を失った譲受人は，不当利得返還請求権を譲渡人に対して取得することになると思います。

　破産手続に先立って，譲渡人と譲受人との間で債権回収に関する委任契約が締結されていた場合には，その契約関係が継続するか否かによって，譲受人の回収金引渡請求権の性質に関する分析が変わってくることもありえますが，何らかの形で，引渡請求権が譲受人に成立することにはなると思います。また，保全管理人に弁済され，保全管理人がその職務の一環として回収事務を行う場合には，譲受人が取得する債権が財団債権になると考えられます。

深山 最後にご説明いただいた保全管理人への弁済がなされると財団債権になるという部分について確認をしたいのですが，これは不当利得返還請求権が財団債権になるという趣旨なのでしょうか。あるいは，取立委任を目的とする契約があるから，それを承継するという意味で契約上の債権が財団債権になるということなのでしょうか。

井上 不当利得返還請求権という性格づけの場合は，破産手続開始後に生じたものが財団債権となるわけですので，破産手続開始申立後開始前の弁済金については，不当利得返還請求権としてではなく，保全管理人の権限に基づいてした行為によって生じた請求権として財団債権になると考えるのではないかと思います。

深山 これは破産法の解釈の問題かもしれないのですが，保全管理人がその権限に基づいて行った行為は財団債権になるという条文があったかと思います。弁済を受けるという受け身の行為が，これも保全管理人の権限に基づいて行った行為に含まれるのだとすると，破産法の148条4項でカバーできる

という解釈もあるのかなと思って聞いていたのです。しかし，単に弁済金を受け取るだけでは，保全管理人の権限に基づく行為とまでは言えないのではないでしょうかね。

井上 そこについてですが，私は言えるのではないかと思います。実際上は，破産手続ではなく再建型の倒産手続において問題になることが多いのですが，手続開始申立時の保全命令は，弁済禁止の範囲を申立前の回収金に限定しており，申立後の回収金については，弁済禁止の保全処分から外して，実際にも払出しが行われています。ということは，少なくとも再建型の倒産手続においては，従前どおり取引先から回収金を受け取って，これを譲受人に渡すといったことが，保全管理人の業務と評価されていると考えております（民再120条4項，会更128条1項）。ですので，破産においても，仮に事業譲渡等を予定するなどして，保全管理人が選任されて，取引先との関係を継続することが想定されているような場合には，受け身の弁済受領行為であっても，保全管理人の権限に基づく行為と評価し，回収金を優先的に払い出してもよいと考えた次第です。

深山 それでは，次に破産手続開始決定後に弁済がなされた場合について考えてみたいと思います。この場合も，やはり破産管財人に対する弁済が有効かどうかということがポイントになると思うのですが，先ほど申し上げましたように，債務者が債権譲渡の事実自体を知らず，そのことについて無過失であるようなとき，あるいは譲受人が特約について悪意もしくは重過失であるというときには，弁済が有効になると考えられますので，その場合には債権を失った譲受人は，譲渡人の破産財団に対して不当利得返還請求権を取得することになり，その不当利得返還請求権は財団債権と考えられると思います。逆に，それ以外のときには，債権者でなくなった譲渡人に対してなされた弁済は無効ということになり，他方でその場合には譲受人は債務者に対して履行請求ができますので，破産管財人に対しては不当利得返還請求権を主張できないというように理解いたしました。山野目さん，この点はこれでよろしいでしょうか。

山野目 債務者対抗要件が具備される前に譲渡人に対してした弁済は，特段の事情がない限り有効であり，また債務者対抗要件が具備された場合において，譲受人が悪意又は重大な過失があるときに同人からの供託の請求を受け

る前に譲渡人に対してした弁済は，やはり有効であると考えます。これらの場合において，譲受人は譲渡人に対し不当利得返還請求権を取得し，それが財団債権になると考えます。

深山 井上さんは，この点どのようにお考えでしょうか。

井上 先ほど申し上げたように，譲受人が悪意，少なくとも重過失であることを実務的には想定しますと，破産手続開始後の弁済金については，深山さんのご説明のとおり譲受人の請求権が財団債権になると考えます。

5. 金融機関のコンプライアンス

深山 それでは，4つ目の論点に進みたいと思います。ここでは，金融機関が譲渡禁止特約付債権を担保として譲り受けて貸付けを実行した場合に，金融機関は，債務者に譲渡人との契約に違反させる行為をした，あるいはそれを促したという意味において，コンプライアンス違反ということが問題になるのではないかということが問われております。

コンプライアンス違反，あるいは法令遵守義務違反が認められるかどうかという点は，個別具体的な事案に即して判断されるべき問題だろうと思いますので，一律に違反になるとも，ならないとも言い難いとは思うのですが，特約違反の譲渡を有効にするという今回の立法の趣旨を踏まえるならば，少なくとも直ちにコンプライアンス違反になるということにはならないのだろうと思います。しかし，特約違反の効果について，先ほども話題となりましたように，約定解除事由と定められている場合であったり，一定の違約金条項が定められているというような場合を想定すると，それにもかかわらず債権譲渡担保の提供を求めるという場合には，コンプライアンスが問題になる場面もあるように思います。

さらに言えば，先ほども言及しましたが，債務者の窮境状態につけ込むような形で債権譲渡担保の提供を求めたというような場合を考えますと，そのような場合には金融機関としてのコンプライアンス違反が問題になりうるのではないかと考えるところです。コンプライアンスの問題について，山野目さん，いかがお考えでしょうか。

山野目 金融機関が法令遵守義務違反に問われる場面は，金融機関が不正に法令に違反する行為をした場合であり，まず善意で重大な過失なく譲渡制限

特約のある債権を担保としたとしても，法令遵守義務違反にはなりません。本日，井上さんが繰り返し強調なさっていただいたように，このような場合はほとんど考えられないかもしれませんが，理論的にまずそのことは確認されてよいことです。

　加えて，井上さんのお話で，こちらのほうが多いというご指摘をいただいているところですが，譲渡制限特約があることを知り，又は重大な過失により知らないで担保とする場合であっても，まずは譲渡人（担保設定者）に弁済をし，然る後に譲渡人がそれを原資として譲受人に返済をするという順路がおびやかされるものではありませんから，普通は害される債務者の利益が考えられず，したがって，金融機関に問われるべき法令遵守義務違反は通常は考えにくいと感じます。

深山　井上さんはコンプライアンスについて，どうお考えでしょうか。

井上　ここでも一応，議論の前提として，金融機関は譲渡制限特約について悪意であることを前提としたいと思います。個々の事案によるわけではありますが，譲渡制限特約違反が軽微な契約違反にとどまらないと評価すべき特段の事情があって，かつ，金融機関がそのような特段の事情を知り又は知りうべき場合のような，かなり例外的な場合を除くと，金融機関がコンプライアンス違反に問われることは考えにくいと思います。

　企業価値防衛の観点から，「コンプライアンス」の意味内容に法令のみならず社会規範の遵守等も含めるという立場に立ちますと，譲渡制限特約違反に基づく損害が発生しているとは，およそ認められない場合に，なお継続的契約を解除したり，違約金を求めたりするような債務者の行為こそ，取引上の優越的地位の濫用又はそれに準ずる行為として，むしろコンプライアンス上の問題があると評価されるのではないかと思います。

深山　先ほど申し上げたように，これは一律にというよりは，事案に応じて考えるべきだと思うわけですが，金融機関と，ひと口に言っても，銀行を想定するのと，いわゆる貸金業者等を想定するのとでは，かなり様相が違うような気がいたします。そういう意味で言うと，今回の立法の趣旨は，銀行などの金融機関が正常な取引の中で資金調達に関わる場面を想定しての立法だろうと理解をしております。しかし，法律ができれば，そのような想定場面よりも，もう少し幅広く規律が適用されることになります。金融機関以外の

債権者にも，もちろん適用されますし，金融機関の中でも様々な業種・業態の金融機関が含まれるということを考えると，コンプライアンスの問題1つを取っても，あるいは，解除とか債務不履行の問題もそうかもしれませんが，これらの問題は，個々の事案や契約によって結論は異なってくるような気がいたしております。

井上 債務者の窮境につけ込むという点ですが，これも貸付人の行為にどのように光を当てるかによって，随分見え方が変わってくるのではないかという印象を私は持っています。窮境にある債務者こそが，ほかに目ぼしい財産を持たない場合が多く，事業再生のために資金を調達したいときに，銀行としては譲渡制限特約付債権を担保に取ることができれば資金を貸すことができるけれども，この債務者に無担保で貸すことは，もはやできないという判断は，ごく普通にありうるところで，それを債務者に伝えることが窮境につけ込むことになると評価されると，あるいはそれがコンプライアンス上の問題になるということになると，債務者にとってこの手の資金調達手段が必要なときに限って，金融機関を萎縮させることになりかねないような気もします。むしろ，この特約が保護しようとしている債務者の利益がおよそ害されないような場合には，たとえ借入希望者に対して金融機関が譲渡制限特約付債権の担保拠出を求めても，一般的にコンプライアンス上の問題はないと言うべきではないかと，私としては思っているところです。

深山 なるほど。確かに窮境であるということだけで問題視するというのは，ちょっと妥当でなかったと思います。同じく窮境の場面を想定するとしても，例えば窮境の状態ではあるものの，何とか事業継続を図るために，最後に残された財産である債権を担保に入れて資金調達を図る場面は，確かに想定できるし，それは誰にとっても必ずしも悪いことではないのでしょう。けれども，そうではなくて，例えば既に貸付けがなされていて，いわば追加担保のような形で債務者の保有する債権を担保に提供させる場合とか，あるいは大した金額の融資がなされないにもかかわらず，わずかな資金提供と引き換えに，額面の大きな債権を担保に取ってしまう場合とか，あるいは既存の債務への代物弁済のような形で債権譲渡を受けてしまう場合とか，色々な場面を想定すると，場合によっては，それはやりすぎだろうとか，それは他の債権者との関係でまずいだろうという場面があるということを，実務的な感覚と

してイメージして申し上げました。もちろん，偏頗な弁済であれば，否認権行使などの別の規律で是正するという余地もあるのでしょうけれども，債権譲渡自体を問題にする余地もあるのかなと思って申し上げた次第です。

山野目 金融機関のコンプライアンスの問題について，どう問題に取り組むかという論点の扱い方として，この3人が語り合っていることは，基本的な方向は異なっていないというか，対立はないようにも感じますが，よく聴いていると，深山さんのご発言に，しばしば「事例によって異なることでしょうが」というフレーズが出てきて，それを強調しておられるところは，そこを注目しておかなければなりません。反面，井上さんのお話の中の「一般的には」，ここも「一般的には」をゴシックか傍点にしてもいいくらいですが，コンプライアンス違反にはなりにくいでしょうとおっしゃっている。これらの点に係るお2人の間には，いささか見過ごすことができない差違があるものであって，これから債権譲渡取引を改正法の趣旨に照らして活性化していくためには，金融機関の立場から見たときに，安んじて債権譲渡取引ないし債権譲渡担保取引，この取引空間に入ってきてもらうという環境作りが必要であろうと感じます。そのことを意識しつつも，深山さんは一種，実務的に手堅くおっしゃろうとしたし，井上さんは，しかし，そこを更に考え込もうとしたというお話のように伺いまして，大変興味深い意見交換がされたものではないかとお見受けします。

Ⅳ. おわりに——譲渡制限特約付債権による資金調達は活性化するか

深山 今までの話のまとめのようなことになるかもしれませんが，本日の全体のテーマである，今回の改正によって，譲渡制限特約付債権による資金調達は活性化するだろうかということについて，それぞれお考えをお聞きしたいと思います。

　先に私の意見ないし印象を申し上げますと，従前の規律と比較すれば，やはり債権譲渡担保による資金調達が活性化する余地はあるのだろうと思います。しかしながら，特約違反の効果の定め方如何によっては，そのことによって債権の流動化の阻害要因になるという場面も想定できるように思います。元々譲渡制限特約というものは，社会的あるいは経済的な力関係において強い債務者によって利用されることが多いと言われておりますが，そうである

ならば，強い債務者としては今回の規律の変更を踏まえた特約違反の効果を契約の中で定めるであろうと予想されます。そうなりますと，立法趣旨に沿うような目覚ましい資金調達の活性化というところまでは期待できないのではないか，というのが私の印象です。山野目さんはいかがでしょうか。

山野目 全くご指摘のとおりであり，強い債務者の欲求による特約の効力をどこまで押さえることができるかに，これからが大きく依存していると痛感します。2004年の臨時国会は，債権譲渡取引の活性化による企業の資金調達の推進と個人保証の弊害の除去という2つの課題に取り組んだものですが，いずれにも課題が残されていました。いわば宿題が残されていたこれら2つの課題は，2017年の債権関係規定の見直しにおいて，どこまで進展が達成されたでしょうか（山野目章夫「2004年臨時国会の2つの宿題と今般の債権法改正」日弁連法務研究財団ニューズレター JLF NEWS 67号〔2017年〕10頁）。私の見るところ，どちらも法制上，さらなる半歩の前進があり（個人保証については，「保証」〔NO.08〕を参照），しかし依然，解釈運用上の課題や遺された立法課題があり，途半ばというところであると見ます。

深山 井上さん，いかがでしょうか。

井上 この債権譲渡制限特約の目的は支払先の固定であるにもかかわらず，譲渡をとにかく禁止しよう，無効にしようという契約上の定めを，取引社会が過剰であると感じるようになっていけば，私は譲渡制限特約付債権を譲渡することに対する実務上のハードルは低くなっていくのではないかと感じております。そのような一般取引慣行を確立することができれば，譲渡制限特約付債権を徐々に資金調達に利用できるようになるのではないかと期待しているところです。その過程では，既に申し上げたような解除に関する解釈，あるいは違約金請求のような債務者からのリアクションに関する解釈とともに，コンプライアンスに関する認識，あるいはそれに関連して金融当局による検査・監督の姿勢も重要になると思います。

深山 今回の譲渡制限特約の規律というのは，債権譲渡担保を利用した資金調達の活性化を図るという，かなり政策的な目的，意図を明文化した改正点だろうと思います。それは社会の一定のニーズがあって実現したことだと思いますので，そういう方向で進むというのは，当然，期待もされているのでしょうし，そうなることがあるだろうと思います。そうなったときに，従前

の解釈も，おのずと社会なり取引慣行の変化に応じて変わってくるのかなと想像します。解除の有効性にしろ，違約金条項の有効性にしろ，その解釈は，取り巻く社会経済情勢によって影響を受けるということも少なからずあると思います。今後，そのあたりの解釈は社会の動きと連動して変化していくものと想像しております。

　他方でちょっと懸念するのは，先ほど申し上げましたように，1つの規律は色々な場面で適用され，特に今回の譲渡制限特約の規律は，金銭債権に必ずしも限られておらず，およそ債権一般の規律ということになっている点です。立法に関与した人が想定したり，目指していた資金調達の場面とは全然違う場面にも適用されることを考えると，やや想定外の副作用のようなものが出てもいかんなということも少し懸念をしているところです。山野目さん，この規律の社会全体に及ぼす影響については，どのようなお考えかをお聞かせいただければと思います。

山野目　ご指摘のとおり，通常の金銭債権に限定した規律ではなくて，債権譲渡についての普遍性を持った規律ですから，おっしゃったような予想外の帰結が生じることへの対応ということも勉強していかなければなりません。本日は，金融機関が債権を担保に取るような場面を，中心的な想定に置いて議論してきましたが，ご指摘のように，そうではない側面への注意も要ることでありましょう。通常の金融債権とは異なる扱いだから考えなければいけませんね，ということが，法制上，明示されているものが預貯金の債権の譲渡であって，そこは法制上の手当がされていますが，おっしゃられたように債権譲渡の世界は広いですから，引き続き視野を大きく取って各方面での研究がされなければならないものではないかと感じます。

深山　井上さん，何かありますか。

井上　私も，全く山野目さんのおっしゃるとおりで，主として想定されている場面とは異なる場面，あるいは主として想定されている場面であっても，債務者，あるいは取引の実態に応じて，異なる結論が導かれるべき場合はあると思います。この特約の趣旨はあくまでも債務者の保護にあり，今回の改正の趣旨は，債務者の保護に必要十分な限度に限定して，それ以上の過剰な効力を削ぎ落とそうという観点で捉えればよいのではないかと思いますので，事案によっては，取引実態，その他，場合に応じて債務者の保護の観点から，

譲渡制限特約の効力をしっかり認めていくような解釈をすべき場合もあるのではないかと感じました。

深山 譲渡制限特約をめぐる様々な場面を念頭に，今後の実務で予想される問題について，色々なご意見をいただき，大変充実した議論をさせていただいたと思います。どうもありがとうございました。

［2018 年 4 月 16 日収録］

将来債権譲渡と抗弁の対抗

松岡久和　　MATSUOKA Hisakazu

高須順一　　TAKASU Junichi

設例　Aは，Bとの継続的契約に基づいて，現在及び向こう6カ月間に発生する部品の売買代金債権をAの親会社であるCに譲渡し，その旨をBに通知した。ところが，Aの供給した部品の一部に契約不適合があり，Bは，その部品を組み入れた製品のクレームが発生して初めて不適合を知った。

☞ Bは，部品の契約不適合に基づく損害賠償請求権を自働債権として，譲渡債権と相殺をするとの意思表示をしたが，相殺をCに対抗できるか。契約不適合な部品の引渡時期が，債権譲渡の通知前の場合と通知後の場合とで異なるか（論点1）。

☞ 現行法の下で，Bが，債権譲渡について，異議をとどめない承諾をしていた場合は相殺をCに対して主張しうるか。また，親会社であるCが，譲受け時に部品に契約不適合のあることを知っていた場合と過失により知らなかった場合とで結論に影響が出るか（論点2-1）。

☞ 改正法の下で，Bが，通知を受領した後に，Aに対して有する「現在及び将来の一切の抗弁権を放棄する」旨の書面をCに差し入れた場合は相殺をCに対して主張しうるか。Cが，部品に契約不適合のあることを知っていた場合と，過失により知らなかった場合とでは結論が変わるか（論点2-2）。

I. 将来債権譲渡の規律の導入

1. 将来債権譲渡と譲渡制限特約（466条の6）

高須 今回のテーマは「将来債権譲渡と抗弁の対抗」です。債権譲渡，その中でも将来債権譲渡の規律が新しく規定されておりますので，それに関わる事柄を松岡久和さんのお話を伺いながら考えてまいりたいと思っております。将来債権譲渡については今まで民法典には全く規定がなかったわけですが，今回，改正法で，466条の6という条文が置かれました。1項と2項は，将来債権が譲渡可能であるということ，譲渡された将来債権は譲受人が当然に取得するということで，今まで判例法理が築き上げてきた将来債権譲渡の法理を確認するものであると理解されます。

とりわけ，最高裁の平成11年1月29日判決（民集53巻1号151頁）というのがよく指摘される判例でして，将来債権であっても一般的に譲渡可能だということを宣言した判例などといわれていますが，その意味で1項と2項は，確認的な規定です。その上で，今回の規律の中では，3項が重要な規定になると思っている次第です。松岡さんのご評価，ご意見は，いかがでしょうか。

松岡 将来債権が譲渡され，対抗要件も備わった後に，当初にはなかった譲渡制限特約が付加されても，譲受人がそれに縛られる理由は全くありません。一方，債権譲渡が対抗要件を備える前に譲渡制限特約がされていれば，譲受人はそのような制限のある債権を譲り受けたので，債務者は譲受人が善意であっても譲渡制限を対抗できるのも妥当でしょう。

高須 法制審議会で議論している最中だったわけですが，東京地裁の平成24年10月4日判決（判時2180号63頁）という裁判例が，まさにこのことを取り上げていて，譲渡禁止特約は譲受人との関係でも一律に有効としています。善意のときは譲受人を保護するために対抗できないという規定になっている。しかし，将来債権譲渡が先行してなされており，その段階では譲渡禁止特約なるものがない以上は，善意ということもありえないのだから，譲渡禁止特約は，むしろ一律有効である，こういう判断が示されたということです。少なくともそのような裁判例がある中で，譲渡制限が対抗要件具備後になされたときはそうはいかないという改正になりました。むしろ，そのとき

は譲受人の利益を保護する。要するに，債務者対抗要件の具備の先後で分けるという規律です。これはやはり，松岡さんのご評価でも合理的ですかね。

松岡 譲渡後は，譲渡人は債権の譲渡性を奪う特約を結べません。債務者も債務者対抗要件により既に譲渡を認識しているので，弁済先を固定する利益を守る特約を結べなくても仕方がありません。東京地裁の判断は，譲渡禁止特約違反が無効である現行法を前提にしている上，譲渡人の債権者が禁止違反の無効を主張した事例です。今回の改正では，譲渡制限特約があっても債権は移転し，差押えより前に第三者対抗要件が備われば，譲受人が差押債権者に勝ちます。特約があっても債権譲渡を確定的に有効とした以上は，この結論になるのが合理的です。

高須 今回の規律は折衷説と呼ばれるものであって，要するに対抗要件具備の先後で分けるという規律になりましたと説明されたりしておりますが，ここでさらにお伺いしたいのですが，対抗要件の具備というときには通知と承諾ですね。そのいずれかということになりますね。

松岡 はい，通知でも承諾でも，いわゆる債務者対抗要件であればいずれでもよいということになります。

2. 対抗要件としての通知と承諾

高須 そうすると，例えば，通知しました，少しタイムラグがあって，「わかりました」と言った場合に，それはその最初の通知のところで，この対抗要件具備の時期と見るのか，それとも，「わかりました」と言った以上は，そこには一種の合意があって承諾になるのではないかと，そうすると，その「わかりました」を言ったときを基準に今回の466条の6第3項の適用を考えるのか，厳密にはその点が問題になるものでしょうか。タイムラグが生じる場合というのは起こりうるのでしょうか，松岡さん，どうでしょうか。

松岡 通知又は承諾のどちらか早いほうによって，債務者が譲渡を認識しますので，通知の後から承諾を重ねても，その時点で新たに承諾があったと見る必要はありません。基準時を後の承諾の時点にずらす意味もありません。

高須 松岡さんの今のご説明で明確になりました。認識する時期がポイントだということであり，遅らせる必要はないわけですね。

松岡 そうです。少々脱線しますが，改正の議論の途中までは，対抗要件か

ら承諾を外すという案がありました。特に実務家の皆さんは，承諾が有用であるとおっしゃっていたように思いますが，高須さんのご経験でもそうですか。

高須 確かに，債権譲渡の事実を知らせるというだけであれば通知でよいのであろうと思います。ところが，「実務は」というと大袈裟な言い方で恐縮ですが，やはりトラブルを避けたいという意識が強いです。聞いたということと納得したということの意味合いの違いを非常に重視して，伝えただけではなくて，あなたに了解してもらいましたよと，そういう形跡を作りたい，そこで実務的に多くのケースでは，せっかく知らせるなら，「わかりました」まで取りたい，承諾を得たいとなります。

松岡 だから，先ほどおっしゃったのは，通知もするけれども，通知した後，了解しましたという承諾書を取るという意味ですね。

高須 はい。それで，そうすると，どうも承諾のほうに重きが置かれるというか，これで安心だみたいなところがあって，承諾を重視するという傾向が契約実務の中に間々あります。そこで，法制審議会でも「弁護士会等では，やはり承諾は必要ですという要求があります」と，このようなことを申し上げたところです。それで，ついつい承諾が大切という発想が出てくるということです。ただ，松岡さんから先ほど教えていただいてわかりましたけれども，やはり場面場面によって，相手がまさに認識することが大事であるなら，それは一番先に知ったところでいいですよ，何でも承諾，承諾という必要はありませんよということになりますね。

松岡 そのとおりです。承諾に独自の意味があるのは，例えば譲受人から通知をした後で債務者が譲渡を認識したことを表明した場合です。譲受人の通知は対抗要件と認められないのですが，承諾による債務者対抗要件具備が認められることになります。

高須 わかりました。ついつい実務が何でも了解を取ろう，簡単に言えば判子をもらおうとするのは，検討の余地があるだろう，そのように思っております。

松岡 私自身は，承諾を重視することが理解できないわけではなく，事前の包括的承諾で複数の債権の譲渡についてまとめて対抗要件を備えることができますし，例えば，債務の承認による消滅時効の更新（152条）の効果を発

生させたり，最後に取り上げていただく抗弁権放棄も，承諾と結びつけた扱いのほうが実務的にはやりやすいのだろうと思います。
高須 債権譲渡を譲り受けるほうからすれば，たぶんそういう一連のスキームが有り難いのだろうと，そういうことにつながる気がいたします。

Ⅱ. 債権譲渡と相殺に関する規律

1. 従来の理解

高須 今回の企画では，設例を用意しておりますので，以下，具体的に設例の検討を行いたいと思います。

　将来債権譲渡と相殺の点をまず検討したいと思います。469 条が相殺との関係に関する規定となっています。債権譲渡と相殺については，従来から重要な論点となっていました。この点に関しては最高裁の昭和 50 年 12 月 8 日判決（民集 29 巻 11 号 1864 頁）という判例があります。この判例については，その読み方が色々とあるようで，特殊な事案であるとの前置き的な説明が付けられた上ではありますが，差押えと相殺の昭和 45 年の大法廷判決（最大判昭和 45・6・24 民集 24 巻 6 号 587 頁）などに倣って，債権譲渡と相殺についても基本的には無制限説的に理解した判例であると，実務ベースではよくそのような話がなされます。したがって，債権譲渡においても相殺というのは非常に強力な対抗手段になると理解されています。このような理解をしていたところなのですが，差押えと相殺と違って，こちらの論点については，果たして無制限説でよいのかどうかということが，より問題となり，民法学説には色々なご意見があったように思いますが，そこは，松岡さんいかがでしょうか。

松岡 今，ご指摘になったとおりで，差押えと相殺のほうは，無制限説でもやむなしというのが学説の意見分布状況でしょう。相殺に対する合理的な期待が認められる場合であることが必要だとする制限説が，差押えと相殺の問題にも根強くありますが，債権譲渡と相殺については，その反対意見がより強いという学説状況です。だからこそ最高裁昭和 50 年 12 月 8 日の判決も，一般的に無制限説を述べているのではなく，債権の譲渡人が会社で譲受人がその代表取締役であるという特殊な場合についての事例判断である，とする読み方がありえます。

無制限説に批判的な理由のうちで一番大きいのは，差押えと譲渡の性格の違いです。差押えの場合は，差押債権者は差押債務者の財産状態のあるがままを前提に差し押さえるわけですから，相殺の抗弁が付着している債権を差し押さえたのであれば，相殺を対抗されてもやむをえないわけです。これに対して，債権譲渡の譲受人は，対価を支払って買い受けたり，それを担保に融資をしたり，既存債務の消滅と引換えに代物弁済として取得するので，当該債権につき新たに利害関係を持つことになります。この場合には，やはり取引の安全を確保するべきだとの要請が強く働きますから，譲受人の利益を相殺より厚く保護する方向に力が作用します。そうすると，確かに相殺の期待も大事かもしれないけれども，利益保護の均衡の問題としては，譲受人にもう少し配慮した解釈論が成り立ちやすいわけです。ドイツ民法406条が，自働債権の弁済期が譲渡された受働債権の弁済期よりも後に来る場合には，債務者からの相殺を認めないと規定しているのは，そのような立法例です。

　もう1つは，債権譲渡について，今回の改正で微妙に影響を受けますが，相殺予約と組み合わせて債権譲渡制限特約を入れておけば，債務者は相殺の抗弁を，特約につき悪意又は重大な過失のある譲受人に対抗できます。逆に，譲渡制限特約によって自衛していないのであれば，相殺の期待はそれほど強くはなかったという理由で相殺を制限することも考えられます。

2. 改正法の内容（469条）

高須　結果的に，議論の末に，469条は，1項で特に弁済期の先後その他に一定の要件を設けることなく相殺をもって対抗できることを明らかにしました。さらに2項で，この後で議論させていただきますが，相殺の期待をより保護するような規律を設けました。

　実務では無制限説が強いということではあるのですが，私個人はどちらかというと，制限説に分があるように思っていたものですから，今回の改正の経緯を振り返りますと，すんなりと無制限説で収まってしまったかのような印象を持っているのですが，松岡さんは今回の法制審議会の経過を振り返って，どのようなご印象をお持ちでしたでしょうか。

松岡　私もそういう感じは受けました。差押えと相殺の無制限説に対しては，根強い反対説があったわけですし，委員・幹事の中にもそういう主張をされ

ている方がおられるので，もう少し異論が出ると思っていました。しかし，昭和45年の大法廷判決が出て以来，もう半世紀近く無制限説を前提とした実務が積み重ねられてきました。そのため，今更ルールを変えるだけの理由がなく，むしろルールを変更して混乱を招かないでほしいとの意見が強いことを私は了解していました。理論的には確かに反対説にも魅力はあるのですが，現実の改正を考えるときには，やはり改正の副作用も考慮しなければならない，と考えました。それゆえ，大体の委員・幹事は，差押えと相殺の問題について無制限説を条文化することはやむなしと感じて対応されたのだと思います。

　意外だったのは，債権譲渡と相殺の問題です。先ほど申し上げたように，債権の譲受人の利益，あるいはそれを含むより広い債権取引の安全をもう少し強く保護する必要があるのではないかという指摘が多かったのに，むしろ逆に，相殺が対抗できる範囲を拡げる結果になりました。ただ，私は，改正法の規律は間違っていないと思います。というのは，将来債権について広く譲渡が認められ（466条の6第1項・2項），また，譲渡制限の意思表示があり，債権の譲受人がそれを知り，又は重大な過失によって知らなかったとしても，債権の譲渡は有効となりますから（466条2項・3項），相殺の可能性を拡げることで債務者の相殺の期待を保護して，譲受人の利益との新たな均衡を図る必要が高くなったからです。

3．設例の検討

高須　それでは設例の検討に入らせていただきます。AB間で継続的売買契約が締結され，商品を納入しているAが，Bに対して継続的に代金債権を持つ関係に立っています。このときに，Aは，将来債権譲渡ということで，現時点で発生している代金債権及び向こう6か月間に発生する代金債権を親会社のCに譲渡しました。これを全て前提とした上で，最初のケースは，将来債権譲渡をし，かつ，ここでは債務者に対してその旨も通知した後に，新たに納入した商品に契約不適合がありました。これまでは，瑕疵という言葉を使いましたけれども，改正法では契約不適合という表現になりました。約束どおりの品物ではないので，BはAに対して損害賠償請求権が発生すると思われます。そうなると，BがAに対して損害賠償請求権を根拠とし

て，代金債務との間で相殺をする可能性がある。

　このようなことを考えたときに，まず，部品の引渡時期が債権譲渡の通知前，つまり債権譲渡がなされたということを知る前に契約に適合しない物が納入されているケースを考えたいと思います。

　いつ損害賠償請求権が発生するのかという問題はあろうかと思いますが，いずれにしても，このケースは引渡しまで受けているということですから，引渡しを受けた物に契約不適合があれば，新しい担保責任の規定によれば，564条で債務不履行責任の規定の適用を妨げないということになっていますから，損害賠償請求権が発生することになります。まだ，ここでは通知を受ける前に既にそういう状況になっているということなので，469条のまさに1項そのもの，対抗要件具備時より前に取得した譲渡人に対する債権，損害賠償請求権による相殺をもって譲受人に対抗できるとなる。いわば無制限説を採れば当然の帰結と申しますか，履行期がいつかとかいうことは一切関係ないのだという理解です。このような理解でよろしいかと思いますが，松岡さん，いかがでしょうか。

松岡　結構だと思います。契約に適合しない商品が引き渡されたことで債務不履行になっているのですから，その時点で損害賠償債権は期限の定めのない債権として発生します。契約不適合を発見し損害が顕在化したのが，例えば転売先からクレームが来て違約金を払わされたというように，ずっと後になることももちろんあるのですが，抽象的には，やはり不適合給付の時点で損害賠償債権は発生していると考えられます。

　確かに，買主は，契約不適合を発見し，かつ損害額が確定するまでは，その対応策を立てることも，売主に損害賠償請求をすることも現実的にはできません。それにより消滅時効や除斥期間の起算点をずらすことが問題になりますが，責任そのものの発生は，やはり引渡時からと考えてよいと思います。

高須　わかりました。続いて，部品の引渡時期が債権譲渡の通知を受けた後のケースを考えます。つまり，将来債権譲渡をしました。現に通知がなされました。その後に新たに部品を納入しました。この品物が契約に適合していなかった。そうすると，先ほどの松岡さんのご指摘のように，引渡しを受けたところで契約不適合があれば損害賠償ではないかとなるわけですが，それは既に債権譲渡の対抗要件具備後である。この場合でも相殺が可能となるの

か。いかがでしょうか。

松岡 引渡時に損害賠償債権が発生すると考えましても，引渡前に債権譲渡が既に通知されているわけですから，損害賠償債権は債務者対抗要件が備わった時点では未発生です。反対債権は，債務者が通知を受けた後に取得したものですから，基本規定である469条1項によれば，債務者は相殺を債権譲受人には対抗できない，ということになります。とりわけ譲渡されたのが将来債権ですと，債権発生前にも対抗要件を備えることができるので（467条1項への括弧書の追加），債務者はおよそ相殺が主張できなくなります。

これに対して，469条2項は，債務者対抗要件具備後に債務者が反対債権を取得した場合においても，2つの場面で例外を拡大しています。

同項2号を先に見ると理解しやすいように思います。債務者が取得した反対債権が譲渡された債権と同一の契約に基づいて発生している場合には，債権譲渡にもかかわらず，両債権の対価的牽連性を確保することが債務不履行をされた当事者の救済として必要です。代金減額請求の抗弁も損害賠償請求権による相殺の抗弁も解除の抗弁もいずれも譲受人に対抗できます。債権の譲受人もそのような抗弁の付着する債権であることを必ず知って譲り受けていますから，不測の損害を受けることはありません。この2号は1号の特殊型だとも理解できます。

同項1号は同一契約から生じたものではない一般の反対債権について，その発生原因が債務者対抗要件具備時より前にあるときは，相殺の期待が保護に値するとするものです。債務者が債務者対抗要件具備時より後に他人から反対債権を取得した場合には，その時点で債務者に相殺の期待はありませんので，例外が適用されないというただし書の規定が適用されます。

いずれにしても，基本的な考え方は，譲渡される債権の債務者は，自ら全く与り知らない債権譲渡によって，債権譲渡がなければ債務者対抗要件具備の時点で期待することができたはずの抗弁を奪われるべきでない，ということだと思います。

さて，以上を前提に設例を考えますと，2号が適用される場合も，1号が適用される場合も，さらにいずれも適用されない場合もあると思います。

継続的供給契約の類型によっては，1つの契約が結ばれていて，個々の部品の引渡しは単に発注と納品が繰り返されるだけで，個別の契約が別々に結

ばれているとは考えにくいものがあります。そのような場合には，譲渡された代金債権と損害賠償債権とは1つの契約に基づくものとして，2号が適用されることになり，相殺の抗弁が広く認められることになりましょう。

これに対して，基本契約が結ばれ，さらにそれに基づいて発注ごとに仕様や性質を決めるなどして個別的に契約を結んでいく類型ですと，ある時点のA契約と，別の時点のB契約は1つの契約とは見にくいでしょう。そうすると2号は適用されません。

この場合に1号が適用されるか否かは微妙です。1号の「対抗要件具備時より前の原因に基づいて生じた債権」としては，例えば対抗要件具備時より前に発生していた保証債務に基づき，その後にその保証債務を弁済したことによって主たる債務者に対して取得した事後求償権や，対抗要件具備時より前に結ばれた賃貸借契約に基づき，その後に契約を終了し，明渡しをして発生した敷金返還請求権などが考えられます。これらはいずれも対抗要件具備時より前にその後の反対債権の発生が既に義務づけられていたものです。法制審議会の議論の初期には，両当事者間に継続的に売買・反対売買の契約が繰り返されていて一定時期で互いの代金債務を相殺処理して差額決済としている場合などにも相殺の期待があるとして保護することが提案されていましたが，広すぎるとの批判があり，撤回されました。これを踏まえますと，基本契約に基づいて，A契約が締結され，そこから生じる債権が譲渡されて債務者対抗要件を備えた場合において，その後に同じ基本契約に基づいて締結されたB契約における不適合給付を理由に債務者に損害賠償債権が生じたときは，1号によっても相殺はできないでしょう。難しいのは債務者対抗要件を備える前にB契約が締結されていて，その後に不適合給付を理由とする損害賠償債権が生じたときです。損害賠償債権の発生原因を不適合給付と見れば相殺はできませんが，B契約を原因と見れば1号により相殺ができることになります。

高須 そうなると，どのような契約かによっては2項の1号も2号もありうるということですね。

松岡 そうです。どちらが適用になるのかは，契約内容次第だと思います。

高須 なるほど。確かに継続的な売買契約というときに，松岡さんがご指摘のように色々なタイプがありまして，1個の売買契約によって，月々，一定

の数量の商品を，決められた代金額で納入していくタイプの契約もあるかと思われます。少し事案は変わりますが，建物賃貸借契約における賃料支払債務などはそのような類型だと思います。債務者対抗要件具備前に締結された賃貸借契約に基づいて，対抗要件具備後に発生した賃料債権などは，469条2項1号の「対抗要件具備時より前の原因に基づいて生じた債権」と理解されており，賃借人が賃貸人に対して有する別債権を譲渡した場合，賃貸人は対抗要件具備後に発生した賃料債権をもって相殺することが可能となります。これが469条2項1号のケースですね。

松岡 良い例を挙げていただきました。既に締結されていたB契約に基づいて，債務者対抗要件具備後に譲渡人の債務不履行があった場合とは異なって，賃貸借契約に基づいて当然に賃料債権が生じるので，この場合には1号は確実に適用されます。

高須 一方で，月々，どの程度の商品を購入するかは，その都度，個別の売買契約を締結して決するというタイプもあります。基本契約には大きなスキームだけを書いておいて，後は個別売買契約によるという契約類型です。その個別売買契約もいちいち契約書などを作っているわけではなくて，発注書と請書をもって代えるなどという約定にしておくことが多いです。

そうすると，契約内容次第ではあるけれども，今の松岡さんのご指摘でも，個別売買契約がその都度，締結されるようなケースでは，2号の適用の余地があるということですね。

松岡 はい。同一の継続的売買契約から譲渡された債権と反対債権が発生したと見ることができれば2号の適用の余地があるでしょう。

高須 その場合には，今回改正法が2項の2号までを作ったということの意義が出てくるということでしょうか。

松岡 そうですね。

高須 差押えと相殺では，いわゆる2項の2号に相当する規定はなくて，1号の類型のみが規定されています。債権譲渡に関してのみ，この2号の類型を設けています。今回はそういう改正になっていますから，今のようなケースのとき，つまり，個別売買契約が債務者対抗要件具備後に締結されたが，その代金債権については将来債権として，予め譲渡されている。このようなケースで，債務者対抗要件具備後に締結された個別売買契約により引き渡し

た目的物にたまたま契約不適合があって損害賠償請求権が発生する，まさにこのようなときに2号の適用があり，このような場合でも相殺は可能ということになりましょうか。

松岡 はい。2号は，とりわけ契約締結前にそうした契約から生じる将来債権の譲渡を広く認めたこととの均衡を取っています。契約締結前の段階で未発生の将来債権を差し押さえることは考えにくいので，差押えと相殺にはこれに類する規定が置かれていないものと思われます。

高須 そういうことなのですね。ありがとうございました。469条は，そういう意味では今後，重要な規定となる可能性があると思います。

また，この規定に関しては，「譲受人の取得した債権の発生原因である契約」という規定の解釈についても色々と問題になりそうですね。

松岡 現代的な契約の中には複数の色々な給付を組み合わせる形で，複合契約のようなものになっている場合があります。それ自体が1個の契約であるのか，複数の契約を組み合わせているのにすぎないのかが，相殺の抗弁との関係で問題になります。特に第三者が入ってくると一応は別個の契約になると思いますが，それがワンセットのパッケージ商品として三者間契約として締結されているとなお1個の契約であると見られる可能性もあります。思い付きで述べているのでどういう結論になるかはわかりませんが，このあたりは，今後さらに問題になる可能性がありますね。

高須 そういう意味では面白い論点になりそうですね。

Ⅲ. 異議をとどめない承諾の改正

1. 現行法下の規律（論点2-1）

高須 ありがとうございます。ここまで，将来債権譲渡と相殺との規律について，松岡さんから色々とご教示いただきました。

続いては論点2-1ですが，異議をとどめない承諾の問題について，まず現行法の内容を検討したいと思っております。

改正前の468条1項はご承知のとおりで，異議をとどめない承諾をしたときには抗弁を対抗することができないという規律になっています。異議をとどめない承諾というと特別なように聞こえますが，要するに何も言わないで承諾すれば異議をとどめない承諾になる，そういう理解になっておりますの

で，普通に承諾をしてしまうと，仮に債務者が一定の抗弁を持っていた場合でもそれを言うことができない，封じられるということになります。

なぜそうなのかという説明は，従来は，これは債権の譲受人の保護とか，取引の安全の観点から，一種の公信力を与えたものだとか，そのような考えが主流だったように思います。

判例もそれに追随するような形で，結局，仮に信頼の保護であれば，譲受人がそのことを知っていれば，必ずしも異議をとどめない承諾があったからといって抗弁を対抗できないとする必要はない。最高裁昭和 42 年 10 月 27 日判決（民集 21 巻 8 号 2161 頁。以下「最高裁昭和 42 年判決」）などでは，悪意の場合には別だとしています。その悪意もこれは解除絡みの事案だったと思うのですが，要するに，解除をしうるということを知っていればいいというような形で，かなり踏み込んだ認定をした上で，悪意者を排除するというような指摘がなされていたと思います。

その上で，最高裁平成 27 年 6 月 1 日判決（民集 69 巻 4 号 672 頁）は，やはり異議をとどめない承諾をした事案で，ここではむしろ過失の有無が問題になった事案において，仮に譲受人に過失があれば，それはそれでやはりこの条文の適用はないと判断しています。そうなると善意・無過失という要件になってきます。この判決を言い渡した最高裁第二小法廷は，同じ日に別事件についても同様の判断をしており，判例はこのように一定の絞り込みをしていると思われるのですが，その辺は松岡さんはどのようにお考えでしょうか。

松岡 改正前 468 条 1 項は，説明が難しい条文です。そもそも，承諾というものが，日常用語の承諾とは違いまして，債権譲渡があったことを知ったという認識の表明にすぎないわけです。しかも，事前に債権譲渡を許諾するかどうかという話ではなくて，既に譲渡されたことを私は知りましたというだけです。これは意思表示ではなく，観念の通知とされています。そのような認識の表明をしただけなのになぜ，抗弁権を放棄したのと同様の抗弁の切断という重い効果が発生するのかは，非常に説明しにくいのです。この難点が問題の出発点で，この規定自体の合理性は，かなり強く疑われていました。

それゆえに，学説は，色々な説明の工夫を積み重ねてきました。現在の通説によるとこの規定は，債権に抗弁が付いていない単純な債権（主として金

銭債権）として譲り受けたのだという譲受人の信頼を保護することによって，債権譲渡の取引の安全や債権の流通を促進する趣旨であるとされます。そのような趣旨に照らしますと，条文上は全く手がかりがないのですが，抗弁について譲受人が知り，又は知ることができた場合には，この規定は適用されないことになります。善意・無過失を要件として追加して，適用範囲を絞っているわけです。しかも，先ほど高須さんがご紹介になった最高裁昭和42年判決のように，具体的に抗弁が発生していなくて，それについての知・不知が問題にならないときでも，制限がかかります。未履行双務契約上の債権を譲り受けたのであれば，対価的牽連性に基づく抗弁があることについては譲受人は常に悪意だから，異議をとどめない承諾の後に譲渡人の債務不履行があり，債務者がそれを理由に解除すれば，債務者の解除の抗弁は切断されないのです。

　なぜこの場面でだけ「公信力」という言葉を使うのかは理解できないのですが，とにかく譲受人には善意・無過失が必要だというのが通説的見解です。判例は長い間，無過失まで要件とするのか否かがわからなかったのですが，先ほどご紹介になった最高裁平成27年判決は，通説的見解と足並みを揃えて，善意・無過失を要するとしました。

2. 設例の検討

高須　債権譲渡実務では，従来の異議をとどめない承諾制度は譲受人に非常に都合のよい内容になっているものだから，今，松岡さんからご指摘いただいたような，理論的にこれでいいのかという面がありながら，承諾してもらえば取引はより安全となるとの理解がありました。

　それに基づくと，今回の設例の論点2-1は，結局，異議をとどめない承諾を与えたと評価されますと，今回の事例で言えば相殺の主張ができなくなります。ただし，譲受人が悪意若しくは有過失であれば，この規定は取引の安全あるいは善意・無過失の譲受人の保護という趣旨なので，いくら異議をとどめない承諾をしていても，今度は悪意・有過失を理由に相殺が主張できるようになる。今まではそのような理解でしたということですかね。

松岡　そうです。ただ，先ほどの最高裁昭和42年判決をどう理解するか次第で，広い範囲で相殺ができる可能性もあったように思います。設例の論点

2-1は，親会社であるCが，債権を譲り受けた時点で部品が契約不適合であることを知っていた場合ですから，債務者は相殺の抗弁をCに対抗できます。譲り受けたのがその部品の供給の代金債権であるということを知っていたにすぎない場合であっても，債務不履行があれば，当然に相殺処理なり代金減額なり解除なりの主張が債務者である買主からされることはわかっているわけですから，不適合給付が承諾時点以後にされたときでも，広く抗弁は失われず相殺も対抗できると解される可能性が現行法下でもあったと思います。最高裁昭和42年判決は，契約解除が争われた事案であり，債権の譲受人は解除の効果から保護される545条1項ただし書の第三者ではありませんので，解除の抗弁を対抗されてしかるべきでした。それ以外の抗弁，とりわけ，債権譲渡の債務者対抗要件の具備後に債務不履行により損害賠償債権が発生した場合の相殺の抗弁についてどうなるかは，十分には議論されていなかったのではないかと思います。現行法でも，そういう意味で必ずしも明確ではありませんが，相殺の抗弁が主張できる場合は広いのではないでしょうか。

高須 わかりました。そういう意味ではやはりこれまでの判例等をきちんと分析することは大切ですね。そういう前提がある中で，今回の改正に至ったという点は重要なことだと思います。表面的な理解ですと，異議をとどめない承諾のところが改正になって，今後はそれが使えなくなりましたというようなことをいう向きがあるのですが，実は今行われている実務も，何でもかんでも抗弁の切断を認めていたわけではないとの理解があるわけですね。これは大事な点ですね。

松岡 はい，そうです。

3. 改正による法理の変更（論点2-2）

高須 ありがとうございます。一応そのような取扱いがある中で，今回の改正法では先ほど松岡さんからご説明もあったように，そうは言ってもこの条文の作り方があまりよくはないということで，改正法は異議をとどめない承諾が抗弁権の遮断を導くという規律を排除して，新しい468条は，むしろそのまま対抗要件具備時までに譲渡人に対して生じた事由をもって譲受人に対抗することができるとのニュートラルな規定になりました。したがって，異

議をとどめない承諾による抗弁権の排除，喪失，遮断ということはなくなった。では，どうしたらよいのかという点は，法制審議会でも議論があったように，抗弁権の放棄の意思表示をしてもらえばよい。それで，債権譲渡取引の安定的な実務運用を確保できると説明されています。

　そこで，この抗弁権の放棄の意思表示について検討したいと思っております。この場合の抗弁権の放棄は意思表示であるという形になれば，既に松岡さんからは，異議をとどめない承諾制度とは違うということのご説明はいただいておりますが，論点2-2に関して，改正法の下で，Bが通知を受領した後に，Aに対して有する「現在及び将来の一切の抗弁権を放棄する」旨の書面をCに差し入れた場合はどうでしょうか。現在及び将来の一切の抗弁権を放棄する旨の書面ですから，これを意思表示と捉えれば，仮に先ほどの設例のような契約不適合の商品の授受があり，損害賠償請求権が発生しうるとしても，それはCには言わない，こういう意思表示をしたということになるので，とりあえずはここでは相殺の主張はできませんと。まあ，なりそうなのですが，いかがでしょうか。

松岡　包括的な放棄がどこまで許されるかについては，後で別に議論する必要がありますので，その場合を除きますと，抗弁権放棄の意思表示がされた場合には，その意思表示に瑕疵があるときを除き，譲受人の主観的要件に関係なく，意思表示の効果として，債務者は，相殺を含む抗弁を譲受人に主張できなくなるとの結論になると思います。

　従来の468条1項の異議をとどめない承諾についても，意思表示に基づく責任だと説明する考え方によれば，条文にない善意・無過失は追加しませんので，譲受人の主観的態様は問題にならないとされていました。

Ⅳ. 抗弁放棄の意思表示の規律

高須　わかりました。既に口火を切っていただいているのですが，実際の契約実務では，債権譲渡の安定的な取引を実現したい，まして将来債権譲渡で最初に大枠として譲渡を受けるとなると，その段階で，つまり，譲受けの一番最初の段階で，放棄しておいてくださいねという要請が譲受人側からは出てきます。したがって，債権者と債務者間における継続的契約の開始時点において，放棄特約が契約書に盛り込まれる。しかも，そもそもどんな抗弁が

出るかもわからないわけですから，いわゆる包括的，かつ，事前の放棄の意思表示となる。放棄をするのは債務者ですから，設例で言えばAとBとの継続的契約の一番最初の段階で，Aが将来の将来債権譲渡をいわば想定して，最初の段階でBの事前の包括的な放棄の意思表示を特約で取っておきたいということになる。このようなことが予想されるのですね。

松岡 予想されますね。

高須 そういう場合，どこまでその特約が，つまり意思表示が有効となるのでしょうか。これは厄介な問題だと思うのですが。

松岡 非常に厄介な問題です。1つは約款問題，もう1つは債務者が消費者の場合の消費者問題として考えることになります。

　ただ，改正民法では，グレーリストやブラックリストを不当条項として定める案は，経済界の反対が強くて採用できませんでしたので，問題は，定型約款の拘束力を否定する548条の2第2項や消費者契約法10条という一般条項的な規定の解釈適用に委ねられます。これらの規定が抗弁権放棄の意思表示についてどこまで使えるかは予測ができません。

高須 おっしゃるとおりですね。日弁連内の意見としては，比較的多くの方から，やはりこういう特約は駄目だと。松岡さんからご指摘があったように，それは一種の不当条項だよねという指摘が，現になされています。確かに消費者契約などを念頭に置いたときには，そういう可能性はあるかもしれないと思います。

松岡 はい。売買契約において，購入した物にどのような契約不適合があっても債権譲渡の譲受人に対しては文句を言わないという特約が最初から入れられる事態は十分に考えられます。それはご指摘のように，不当条項と評価するべきだと思います。ただ，そのことを明記した規定はありませんので，消費者問題であれば，消費者契約法10条を使わざるをえません。確かに，同条は一種の消費者公序を定めたものであり，民法90条の消費者版として，情報の質及び量並びに交渉力の格差を考慮して，民法に比べて無効とする基準を緩やかに考えることができると思いますが，争われると裁判で決着するまで待たなければなりません。こうした紛争が社会的問題になったときには，的確に規制する明確な規定を速やかに追加する必要があります。

　厄介なのは消費者問題でない事業者間の関係です。一部上場の大企業と個

人企業に近い小さな会社とが取引をしている場合には，約款を使って一方的に定められた条項の入った契約しか結べないことがあります。事業者間の関係は民法適用の問題であり，消費者問題ではないけれども，そのような格差に対しては民法でも対応していかなければならないという意見が，法制審議会でも学者や弁護士からはかなり強く主張されていました。私もそのように考えています。

　しかし，事業者間の関係において，そういう格差を基準にした契約内容への介入は，民法ではおよそ認められないという非常に強い反対が経済界から出ましたので，結局改正について意見が一致することはなく，引き続き解釈論に委ねられます。よほど社会的に是認されない状況がある場合には90条違反となる可能性がありますが，なかなかそのハードルが高いですね。

高須　経済界は，抗弁権の放棄について，包括的な事前の意思表示条項が駄目だと言われたら実務は成り立たないというぐらいの勢いなのですね。

松岡　そうです。中小企業はいつも微妙な位置にあり，あまり厳しく規制をすると，取引自体が萎縮して取引の機会を失うおそれがあるし，消費者と向き合う場合の自分たちには不利に作用するおそれがあるということで，民法に規定を置くことには躊躇されています。

　抗弁を放棄することにより，債務者にとっては非常に不利益に見えるけれども，譲渡される債権が，抗弁が付着しないことになって，より高額に譲渡したり，譲渡担保に提供してより多くの融資を期待できることになるので，債務者の立場にも債権を譲渡する立場にも立つ中小企業にとっては，全体として見れば改正は利益となる。こういう説明をされてしまうと，強く反対することができないのでしょう。

高須　確かに，その種の議論がいくつかございましたね。

松岡　はい。その種の議論が繰り返してなされたと思います。

　次の疑問に重なるのですが，そういう特約の解釈の中で，特約をさらに少し制限する考え方がないわけではありません。潮見佳男ほか編著『Before/After民法改正』（弘文堂，2017年）273頁で，京都大学の和田勝行准教授が，債務者の保護が旧法よりも後退することを防ぐために，譲受人の知らない抗弁は主張しないというように，抗弁放棄の意思表示を解釈することは可能だろうと指摘されています。文字通り一律に抗弁を放棄したと理解するのでは

なく，譲受人の知らないような抗弁を後から主張しないとする趣旨にすぎないと縮小解釈することになります。そうすると，現行法下の公信力説に従って譲受人が十分に知っていると期待できる抗弁については，抗弁放棄の効果は生じない扱いをすることは可能かもしれません。

高須 比較的多くの意見は，今までは公信力説でした。したがって，善意あるいは善意・無過失の場合にしか，抗弁切断の効果は生じないと理解していました。ところが，今回は放棄の意思表示構成になった。ということは，意思表示をした人の問題だから，相手方がそれを知っていようと知るまいと切断の効果は生じることになります。今後は善意，悪意の問題は関係なくなる，そのような説明が比較的多かったように思うのですが，今の和田先生の内容ですと，むしろそうとは限らないということになりますね。

松岡 そうなのです。ただ，まさに一切の抗弁を放棄するという意思表示がされている債権を譲り受けるということは，抗弁が付いていることは知っている，あるいは注意を払えば知りうる立場にあるけれども，そのような抗弁が対抗されないという意思表示を信頼して安心して譲り受けていると見ることもできます。そうすると，包括的な抗弁放棄をできるだけ縮小解釈して考えるという対応策は十分に考えられるけれども，それでよいかどうかは少し微妙です。

高須 これは契約の解釈の一般論の問題として理解できるのでしょうか。

松岡 契約解釈の一般論がどの程度共有されているのかが問題です。契約の解釈には，非常に多くの内容が含まれています。ここで問題にしていることについては，結果の妥当性を予め想定して，それに合うように解釈で操作できないかと言っているにすぎないので，解釈の理屈の立て方によっては考えられる選択肢は増えるけれども，そのような解釈でなければならないとは言えません。

　私は一概にそれが悪いとは思ってはおりませんで，色々なケースが積み重なって，契約解釈の名で行われる価値判断が次第に少しずつ明らかになってきて，うまく整えられるのであればルール化していくということは，将来的にはありうることだと考えています。解釈という形で価値判断を行うことが駄目だとまでは言いにくいですよね。

高須 そういうことですよね。確かに，最後にご指摘いただいた論点は，こ

れからいよいよ発展可能性のある問題かなと思います。

松岡 はい。実際に争われることになるのでしょうね。

V. まとめ

高須 そろそろ今回，主に取り上げました将来債権譲渡に関する改正全般を振り返ってみたいと思います。

　先に私から発言させていただきます。法制審議会において債権譲渡取引を活発化させるとの方針の下に，色々な議論を行いました。その中で将来債権譲渡については一定の法理を構築することができ，特に譲渡制限特約との調整の規律，これは明文の規律がないとなかなか導けないところでしたので，その限りにおいては，1つのルールを定めることができました。そのこと自体は積極的に評価してよいと思っています。ただ，第三者対抗要件も当初は大きく改正しようと言っていたのが，議論の結末としては比較的，小規模なものにとどまりました。譲渡禁止特約も劇的に変わったとまでは言えなさそうだなとの印象を持っています。債権譲渡ビジネスが今回の改正を契機により活性化するのかというご質問をよくいただくのですが，確かに疑問が残ります。私自身はそういうご質問に対しては，今回の改正自体は直接に債権譲渡の活性化に結びつくところは少ないかもしれないのだけれども，今回の改正が1つの考え方というか，精神の転換を迫っているのではないでしょうかとお答えしています。譲渡制限特約のところで物権的効力説を債権的効力説に改正したように，債権譲渡ということを広く認めていくべきだという考え方への転換です。従来，大企業とのビジネスでは，債務者側が大企業のときには譲渡禁止特約が多くなされているという報告があるわけですが，将来的にはあまりそういうことを大企業が行わないほうがいいというような発想が広まり，譲渡制限特約が社会的に容認されなくなる時代が来るのではないかと。そのための1つの切っ掛けというか，最初の契機にはなるのではないでしょうかと。そのような説明をさせていただいているのですが，松岡さんのご感想としては，今回の債権譲渡法制の改正というものについては，どのようにお考えでしょうか。

松岡 基本的には高須さんと同じ感想を持ちます。改正は，ほぼ譲渡制限特約に焦点を当てたものになり，対抗要件制度そのものは，結局ほとんど改正

がないことになりました。

　債権譲渡が誰によってどういう場面で使われるのかというと、個人間で債権譲渡をすることはほとんど考えられません。債権譲渡が専らビジネスにおいて行われることを前提に考えるのであれば、通知又は承諾に代えて、債権譲渡登記制度をもう少し使いやすいものにし、債権譲渡登記によって一元的に処理するのは十分にありうる選択肢だったと思います。しかし、債権譲渡登記制度が使いやすいものになるように検討し、そこにも細かく改正を加えていくことが時間的に難しかったので見送られてしまいました。その点は残念ではあったのですが、仕方がなかったとも思います。

　高須さんが言及された譲渡制限特約について触れますと、債権譲渡について従来の禁止特約を制限の意思表示という名前に改めた上で、そういう制限の意思表示によって保護されるべきは債務者が弁済先を固定する利益であるとして、そのような利益を十分に保護できれば、制限違反があっても債権は譲受人に移転するとの制度が作られました。弁済先を固定する利益を保護するために、一方で、制限特約違反の譲受人が悪意又は重過失の場合には、債務者が、譲渡人に対する弁済や相殺などの抗弁を一定の時点まで譲受人にも対抗できるようにしました。他方で、譲受人の側からも、いつまでも抗弁を対抗されるのは困るので、早く譲渡人に弁済しろとか、あるいは供託しろなどの対抗手段を認めて、両者の利益保護の均衡をよく考慮した規定になっています。細かい規定で読みにくいのですが、そういう形で利害調整を図り、売買であれ譲渡担保であれ、債権譲渡を資金調達のためにより使いやすくしようという趣旨での改正となっています。明確に条文にはならず、確認もされていませんが、これだけ法律の規定で手当をしているのだから、譲渡制限違反があっても、譲受人が悪意又は重大な過失である場合には、損害が発生しないとして契約違反の責任を追及できないという結論となるのが素直です。譲受人が善意・無重過失で債務者が抗弁を対抗できない場合にのみ責任問題が生じます。かつては債権譲渡による資金調達は、倒産間際の最後の手段だと思われていたようですが、2000年代に入ってからは、特に取引先に対する優良な債権を持っている中小企業が、不動産はなくても、また個人保証に頼らなくても、そうした債権を担保にして、あるいはそれを売却等にすることによって、資金調達が容易にできることが望ましいという判断が積み重な

ってきました。動産債権譲渡特例法などは，その手続的な制度整備でした。それがついに民法にも反映されたわけです。決して国民にわかりやすい制度ではありませんが，先ほど申し上げたように，債権譲渡を必要とするのは国民一般ではないので，制度としては精密に仕組んだ，それなりによくできた規定になったと思っています。

高須 わかりました。その意味では，ここの改正は将来につながる改正にはなっているのかと思います。そのようなところでまとめとさせていただいて，対談を終了させていただきます。どうもありがとうございました。

［2018年5月21日収録］

定型約款

山本敬三	深山雅也	山本健司
YAMAMOTO Keizo	MIYAMA Masaya	YAMAMOTO Kenji

設問　定型約款規制による具体的影響

☞ 定型約款の不当条項規制と公序良俗違反又は信義則違反との関係。
☞ 不当条項規制は，不意打ち条項に及ぶか。
☞ 定型約款の内容の表示義務を怠った場合の効果（合意前の不履行と合意後の不履行の違い）。
☞ 定型約款に含まれない約款の存在とそれら約款に対して定型約款規制は及ぶか。

I. はじめに

深山　今回は，改正法において新たな明文規定が設けられた「定型約款」について，山本敬三さん，山本健司さんと意見交換をさせていただきます。「定型約款規制による具体的な影響」というテーマのもとに，4つの設問が用意されていますが，設問の検討に入る前に，約款をめぐる従前の議論について確認しておきたいと思います。

II. 従前の議論の確認

深山　まず，約款の定義や，約款の拘束力についての法的根拠など，約款に関して従前どのような議論がなされていたのかについて，山本敬三さん，ご説明いただけますか。

山本（敬）　約款については，戦前から議論があったところでして，初期の

項は，約款が拘束力を持つ根拠をどのように説明するかという拘束力の根拠論が議論の中心でした。そこでは，約款に法規性を認める見解や特殊な制度として説明する見解のほか，約款によることが商慣習になっているとする見解が有力に主張されました。

　その後，1960年代から70年代にかけて，約款に関する問題を私的自治や意思自治の観点から批判的に検討する見解が有力に主張されるようになりました。その結果，特に80年代以降，約款に拘束力が認められる根拠を「約款による」という合意に求める見解が多数を占めるようになりました。

　このような動きとともに，議論の力点は，約款が契約の内容になるための要件と内容規制に移っていくことになりました。

　約款が契約の内容になるための要件について，特に問題視されたのは，戦前の判例（大判大正4・12・24民録21輯2182頁）が採用した意思推定説です。それによると，当事者双方が約款によらない意思を表示せずに契約をしたときは，契約時に約款内容を知らなかったとしても，反証のない限り，その約款による意思を持って契約したものと推定されます。しかし，契約時に約款の内容を知る機会がない場合にまで，約款が契約の内容になることを認めるのは，契約の拘束力に関する一般原則と相容れません。そこで，「約款による」という合意が認められるためには，約款の開示など，約款の内容を知ろうとすれば知ることができる機会が与えられている必要があるという見解が有力に主張されました。

　ただ，そのようにして約款が契約の内容になったとしても，個々の条項について合意がされたわけではありません。そこで，当初は，不当な条項についてまで契約の内容にすることは合意されていないとして，そのような条項の効力を否定するという考え方が有力に主張されました。しかし，その後，そのような「隠れた内容規制」ではなく，不当な条項はその内容が不当であることを理由に効力を否定すべきであるとして，信義則に反して顧客に不当な不利益を与える条項は端的に無効とすべきであるという考え方が一般的になりました。

　以上が約款に関するこれまでの議論の流れですが，そこで対象となる約款は，当初は，保険約款や運送約款のような不特定多数を相手にした画一的・定型的な取引で使用されるものが主として念頭に置かれていました。しかし，

その後は，約款に拘束力が認められる要件と特別な内容規制の整備を図るという観点から，対象となる約款も，一方当事者があらかじめ作成した契約条項群を広く指すものとして捉えられるようになったということができます。

深山 次に，改正法において設けられた定型約款の明文規定の内容について，設問に関係する部分につき確認しておきたいと思います。

Ⅲ. 改正法の概要の確認

1. 定型約款の定義

深山 定型約款の定義については，改正法548条の2第1項において，「ある特定の者が不特定多数の者を相手方として行う取引であって，その内容の全部又は一部が画一的であることがその双方にとって合理的なもの」を「定型取引」と定義した上で，「定型取引において，契約の内容とすることを目的としてその特定の者により準備された条項の総体」を「定型約款」と定義したわけですが，法制審議会において，どのような議論がなされたのか，その経緯について，山本敬三さん，ご説明願います。

山本（敬） 法制審の部会審議で出発点とされたのは，「約款」を規制の対象として，これを「多数の契約に用いるためにあらかじめ定式化された契約条項の総体」として定義するという考え方です。これは，先ほどご紹介した現在の学説の理解に対応しています。

しかし，このような考え方に対しては，事業者間取引で使われる契約書のひな形と就業規則が含まれるおそれがあり，適当ではないという批判が強く出されました。その結果，この両者が規制の対象から外れるようにするために，約款をどのように定義するかが議論の中心を占めることになりました。

定義の絞り込み方については，最初は，対象となる契約条項群を限定することが試みられましたが，中間試案以降は，約款が使われる取引を限定することによって対応することが検討されました。具体的には，定型的な取引とそうでない取引を区別して，規制の対象を定型的な取引に限定し，定型的でない取引は規制の対象としない。先ほどの契約書のひな形が使われる事業者間取引や就業規則が使われる労働契約は，定型的な取引に当たらないので，規制の対象から外れるという説明です。改正法548条の2第1項の「定型取引」への限定は，このような考慮によるものです。

規制の対象については，経済界から，最終段階に至るまで，事業者間取引を除外すべきであるという意見が強く主張され続けていましたが，最終的には，このような意見は採用されませんでした。改正法548条の2第1項の定義をみても，そのような限定は直接的にはみてとれません。ただ，事業者間取引のうち，取引先との取引の多くは，「定型取引」，つまり「不特定多数の者を相手方として行う取引」であって「その内容の全部又は一部が画一的であることがその双方にとって合理的なもの」には当たらないとしますと，その当否は別として，定型約款の規制から外れるものが多くなるということになりそうです。

深山 この点について，山本健司さんは，どのように理解ないし評価されていますか。

山本（健） 「定型約款」の定義に関しては，ユーザーの立場から見て，具体的な該当性の判断が悩ましいと感じております。特に「定型取引」の範囲，具体的には「内容の全部又は一部が画一的であることがその双方にとって合理的な」取引という要件の解釈や具体的なあてはめが難しいと感じております。

法務省の『一問一答』（246頁）では，鉄道の旅客運送取引における運送約款，宅配便契約における運送約款，電気供給契約における電気供給約款，普通預金規定，保険取引における保険約款等が，「定型約款」の具体例として例示されております。確かにこれらは不特定多数との画一性の高い取引とそこにおける契約条項群である点において，定型取引，定型約款の典型例と言えると思います。

また，法制審における議論経緯から，労働契約における就業規則と，事業者間取引において修正がありうることを前提に呈示される契約書案（契約書のひな形）は，「定型約款」に該当しないという点は理解しやすいところです。

これらに加えて，法務省の『一問一答』（246頁）では，建物賃貸借契約書のひな形について，個人が管理する小規模な賃貸用建物について，ひな形を利用して賃貸借契約を締結しているといった場合におけるそのひな形は定型約款には該当しないとされる一方，複数の大規模な住宅用建物を建設した大手の不動産会社が，同一の契約書のひな形を使って，多数に上る各居室の賃

貸借契約を締結しているといった事情がある場合には，そのひな形は定型約款に該当しうるとされています。また，国会審議では，政府参考人から，実際の取引実態によるという留保付きで，銀行取引約定書は定型約款に該当せず，住宅ローン契約書は定型約款に該当すると考えるとの答弁がなされています（第192回国会衆議院法務委員会議録15号19頁）。しかし，このあたりになってくると，定型取引，定型約款の該当性判断はかなり難しいように思います。

　定型約款の該当性判断の問題は，山本敬三さんもご整理くださったように，問題となっている契約条項群が用いられている取引が客観的な画一性を有する「定型取引」に該当するかどうかをまず考察する必要があると思われますが，これまでに公刊されている文献を見ますと，要件の解釈や具体的なあてはめが難しいとされているものが少なくありませんし，私自身もそのように感じております。改正法が施行されるまでに十分な議論と共通認識が必要であると思います。

　この機会に，山本敬三さんにご質問をさせていただきたいのですが，例えば，ある事業者のある事業活動において，99％の取引は不特定多数の顧客との画一的な取引で，そこでは事業者の用意した契約条項群が画一的に使用されている，残る1％の取引は極めて強い交渉力を持った一部の顧客との取引で，そこでは同じ契約条項群が個別交渉のたたき台として顧客に呈示され，一部に修正を付加する等の合意のもとに使用されているという事案を考えた場合，99％の顧客との取引は定型取引で，そこで使用されている契約条項群は定型約款である一方，1％の一部顧客との取引は定型取引ではない個別取引で，そこで使用されている契約条項群も定型約款に当たらないと考えられるようにも思われます。その点，いかがお考えでしょうか。

山本（敬）　山本健司さんのご質問は，改正法が「定型取引」に当たるかどうかを適用範囲を画する要件に設定したことから出てきた問題です。問題は，不特定多数の者を相手に展開している取引において，個別合意がされる場合が一定程度あるときに，そのためにそもそも「定型取引」でなくなるのか，それとも，全体としては「定型取引」だけれども，その個別合意がされた者との取引は，「定型取引」には当たらないのか，改正法548条の2第1項の要件に即して言いますと，事業者が当該相手方とした合意が「定型取引合

意」に当たらない，あるいは，「定型取引合意」は行われているけれども，個別合意がされた限りで，その個別合意が優先することになるのかということだと思います。

　規定の仕組みに従って言えば，そのような顧客がいることによって「不特定多数の者を相手方として行う取引」から外れるかというと，そうではないでしょう。問題はやはり，そのような顧客がいることによって「その内容の全部又は一部が画一的であることが双方にとって合理的なもの」と言えなくなるかどうかです。

　この要件が設定されたのは，契約内容の全部又は一部を画一的にすることによって，不特定多数の者に対して一定の商品やサービスを一定の対価で提供するという取引が成り立つ，そのような取引を対象とする必要があると考えたためでしょう。実際の判断は，それぞれの取引の実情によって違ってくると言わざるをえないと思いますが，全体としてそのような評価が可能な取引かどうかが重要であって，特定の顧客がいることによってそのような評価ができなくなるかどうかが分かれ目になるのだろうと思いますが，いかがでしょうか。

深山　個別合意がなされることがあるからといって，直ちに定型取引でなくなるというわけではないのでしょうね。

2. 定型約款の組入要件

深山　次に，定型約款の組入要件については，改正法548条の2第1項に「定型約款を契約の内容とする旨の合意をしたとき」又は「定型約款準備者があらかじめその定型約款を契約の内容とする旨を相手方に表示していたとき」に約款を構成する個別条項について「合意をしたものとみなす」との規律が定められましたが，法制審において，どのような議論がなされたのか，その経緯について，山本敬三さん，ご説明願います。

山本（敬）　組入要件に関しては，中間試案の段階までは，約款が契約の内容になるためには，①約款を用いることの合意のほか，②契約締結時までに，相手方が合理的な行動をとれば約款の内容を知ることができる機会が確保されていることを要件とするという考え方が提案されていました。①は，いわゆる組入合意に相当するもので，②は手続要件として位置づけることができ

ます。これは，先ほどご紹介した現在の学説における多数の考え方に概ね対応しています。

それに対して，中間試案以降では，まず，②の手続要件，つまり相手方が定型約款の内容を知ることができる機会は，原則として，組入要件から切り離されることになりました。

さらに，①の組入合意要件については，最終的に，改正法548条の2第1項1号で，「定型約款を契約の内容とする旨の合意をしたとき」として明文化されましたが，それだけでなく，2号で，定型約款準備者が「あらかじめその定型約款を契約の内容とする旨を相手方に表示していたとき」が追加されました。これを組入表示と呼ぶことにしますと，この組入表示については，最初は，「相手方が異議を述べないで」契約を締結したことが要件とされていました。しかし，異議が述べられた場合は，契約が成立することは実際上ありえないと考えられることから，「異議を述べないで」という部分は無意味なことを規定しているとして，最終的に，この部分は削除されることになりました。

さらに，組入合意であれ，組入表示であれ，定型約款が契約の内容になるためには，先ほどの定型取引を行うことの合意，つまり定型取引合意が必要とされることになりました。

なお，組入要件については，旅客運送をはじめとした一定の公共的な取引に関しては，表示すら難しいことを考慮して特則を定める必要があることが留保されていまして，最終的に，整備法（平成29年法律第45号）で，鉄道営業法等の8つの法律について，「表示していた」という部分を「表示し，又は公表していた」とすることとされています。

部会審議の経緯は以上のとおりですが，特に組入表示について，それだけでなぜ契約の内容となるのかという問題が，国会審議の場で指摘されました。それに対して，法務省の立案担当者からは，これは，黙示の合意があると言いうる局面を想定した規定であるという説明がされました。つまり，あらかじめその定型約款を契約の内容とする旨を相手方に表示していた場合において，当事者が実際にその定型取引をしたのであれば，通常は定型約款を契約の内容とする旨の黙示の合意があったということができる。しかし，黙示の合意の認定は必ずしも容易でないこともあるので，定型約款を利用した取引

の安定を図るという観点から，このような規定を置くこととしたというわけです。さらに，このような趣旨からすると，「表示」とは，取引を実際に行おうとする際に，相手方に対して定型約款を契約の内容とする旨が個別に表示されていると評価できるものでなければならない。例えば，ホームページなどで一般的にその旨を公表するだけでは足りない。インターネットを介した取引などであれば，契約締結画面までの間に画面上で認識可能な状態に置くことが必要であるという説明がされています。この説明は，法務省の『一問一答』(250頁)にも記載されています。

深山 この点について，山本健司さんの理解ないし評価はどうですか。

山本（健） 約款内容の認識可能性は組入要件として規定した方が望ましかったと思います。

もっとも，改正法下においても，定型約款準備者は約款内容に関する相手方の認識可能性を無視してもよいということにはならないと思います。

まず，定型約款準備者には，定型約款の重要な事項について，業法上の説明義務や，民法の信義則に基づく説明義務があります。この点は国会における審議でも確認されているところです（第192回国会衆議院法務委員会議録11号14頁）。

また，改正法548条の2第2項の規定には不意打ち条項は契約内容にならないという法規範も含まれていると解されておりますので（第192回国会衆議院法務委員会議録11号15頁），もし定型約款準備者が約款内容の認識可能性を無視した場合には，相手方から不意打ち条項として法的効力を争われるリスクがあります。

それらの点を考慮すれば，改正法下における定型約款準備者の実務的な対応としては，相手方と定型約款に基づいて定型取引をする旨の合意ないし表示をする際に，定型約款の具体的な条項内容も認識可能な状況にしておくこと，具体的には，定型約款の内容を見られる場所やWebサイトを併せ知らせておくことを，むしろ原則的な対応方針としておくことが無難であると考えられます。

なお，約款の事前開示に関しては，法制審における民法改正論議が終了した後，内閣府消費者委員会の消費者契約法専門調査会において，消費者契約法に規定することが検討されました。この専門調査会では最終的に継続検討

事項となりましたが，平成30年6月8日に成立した消費者契約法の一部を改正する法律（平成30年法律第54号）には，参議院の委員会採決の際に「消費者が消費者契約締結前に契約条項を認識できるよう，事業者における約款等の契約条件の事前開示の在り方について，消費者委員会の答申書において喫緊の課題として付言されていたことを踏まえた検討を行うこと」という附帯決議が付されておりますので，ご紹介させていただきます。

3. 定型約款の組入除外要件

深山 定型約款の組入除外要件として，改正法548条の2第2項において，「相手方の権利を制限し，又は相手方の義務を加重する条項であって，その定型取引の態様及びその実情並びに取引上の社会通念に照らして第1条第2項に規定する基本原則に反して相手方の利益を一方的に害すると認められる」条項については，「合意をしなかったものとみなす」との規律が定められましたが，法制審において，どのような議論がなされたのか，山本敬三さん，ご説明願います。

山本（敬） 定型約款の組入除外要件については，部会審議の最後の段階に至るまで，先ほどの組入要件を満たして約款が契約内容になった上で，不当条項を無効とするという形で段階的に構成されていました。これは，先ほどご紹介した現在の学説における多数の考え方に対応しています。さらに，不意打ち条項も，不当条項規制とは区別して，組入要件を補完する例外ルールとして検討されていました。

　それに対して，部会審議の最終段階になって，組入要件と不当条項規制をいわば合体させるような構成が提案され，それが改正法548条の2となりました。それによると，まず，先ほどの組入要件を満たしたときは，「定型約款……の個別の条項についても合意をしたものとみなす」とされました。その結果，不当条項規制は，個別の条項について合意をしたものとみなされない場合として位置づけられることになりました。そうすると，不意打ち条項も同様であって，いずれも，その条項についてまで合意したとみなすことができるかどうかという問題として一元的に捉えられることになります。このような組入要件と内容規制を統合して捉えるという構成は，現在の学説からは異論が強いところです。

組入除外要件の中身については，最終的に，「相手方の権利を制限し，又は相手方の義務を加重する条項」とした上で，考慮事由として，「その定型取引の態様及びその実情並びに取引上の社会通念」を挙げ，判断基準として，「第1条第2項に規定する基本原則に反して相手方の利益を一方的に害する」を挙げるという形に落ち着きました。

　このうち，考慮事由として「定型取引の態様」が挙げられたのは，契約の内容を具体的に認識しなくとも定型約款の個別の条項について合意をしたものとみなされるという定型約款の特殊性を考慮するためだとされています。不意打ち的な要素もこれによって考慮されると説明されています。「その実情」，「取引上の社会通念」が挙げれらたのは，信義則に反するかどうかを判断するにあたっては，当該条項そのものだけでなく，取引全体に関わる事情を取引通念に照らして広く考慮するためだとされていました。

　判断基準として信義則が加えられたのは，条項の内容面における不当性だけでなく，相手方が当該条項の存在を明確に認識していないことを加味した上で不当性を広めに判断するという現在の裁判実務の運用を阻害しないようにするために，「最も包括性・抽象性の高い指導理念を示した条項である信義則によることとするのが適切である」（「部会資料86-2」3頁）と説明されています。

　結果として，消費者契約法10条が挙げる基準とかなり重なってきますが，両者は，適用範囲を異にするだけでなく，その判断において重視すべき考慮要素も異なり，導かれる結論に違いが生ずることもありうると説明されています。

深山　この点について，山本健司さんの理解ないし評価は，どうですか。

山本（健）　不意打ち条項規制と不当条項規制は，本来別個の法制度であるはずですし，要件・効果の明確化という観点からも，中間試案のように別々の条文として規定した方が望ましかったと思います。

　しかし，厳しい意見の対立があった中で，約款取引の手続の適正化と契約内容の適正化を図りうる明文の法規範ができたことには大きな意義があると思います。今後はこの規定を解釈・運用で充実した内容にしていくことが重要な課題であると思います。

　この点，改正法548条の2第2項は，本来的に異なる2つの制度が1つの

条文にされており，かつ，抽象的な条文であることから，法文だけを見ても具体的な内容や判断基準がわかりにくい規定となっています。最終的には裁判例の蓄積を待つ必要があるのでしょうが，実務対応は待ったなしですので，改正法が施行されるまでに，この規定が実務で使いやすいものとなるよう，この規定の適用が問題となりうる種々の紛争事例における具体的な主張・立証の内容・方法，判断基準等に関する議論を深める必要があると思います。

　なお，不当条項規制に関しては，法制審における民法改正論議が終了した後，内閣府消費者委員会の消費者契約法専門調査会において，消費者契約法における不当条項リストの追加が議論され，一部が立法化されております。

　具体的には，平成28年5月25日に成立し，平成29年6月3日から施行の平成28年改正法において，事業者に債務不履行等がある場合の消費者の法定解除権を排除する契約条項を無効とする規定（消費契約8条の2）が，新たな不当条項リストとして追加されております。また，消費者の不作為をもって意思表示をしたものとみなす条項で消費者契約法10条の後段要件を満たす契約条項は無効である旨が確認されております。

　さらに，平成30年6月8日に成立し，令和元年6月15日から施行の平成30年改正法において，消費者の後見等の開始のみを理由に事業者の解除権を肯定する条項を無効とする規定（消費契約8条の3）と，事業者が自らの損害賠償責任等の存否を自ら決められる条項を無効とする規定（消費契約8条・8条の2）が，新たな不当条項リストとして追加されておりますので，ご紹介させていただきます。

4. 定型約款の内容の表示義務

深山　定型約款の内容の表示義務について，改正法548条の3第1項において，「定型取引合意の前又は定型取引合意の後相当の期間内に相手方から請求があった場合には，遅滞なく，相当な方法でその定型約款の内容を表示しなければならない」との規律が設けられましたが，法制審において，どのような議論がなされたのか，山本敬三さん，ご説明願います。

山本（敬）　定型約款の内容の表示義務については，中間試案以降になって，原則として，組入要件から切り離し，行為規制として定め，違反したときの効果を明示しないこととされました。

これは，実際には，相手方は約款の内容をあえてみようとしない場合がほとんどであって，自ら合理的な行動をとってまで約款の内容をみようとすることはさらにまれであるという認識に基づきます。このような事情を考慮すると，約款の開示は，それによって相手方が現実に認識する可能性が乏しく，相手方保護の観点からも必ずしも大きな効果を期待できないと考えられたわけです。

　ただ，相手方が，自分が締結しようとし，又は締結した契約の内容を確認することができるようにすることは必要なので，相手方の請求があった場合には，定型約款準備者はその内容を示さなければならないこととしたと説明されています。

　当初は，このような行為規制を定めることに限定されていたのですが，少なくとも悪質な事案に対応する必要があることが指摘されて，最終的には，改正法548条の3第2項として，定型約款準備者が定型取引合意の前において第1項の請求を拒んだときは，一時的な通信障害が発生した場合その他正当な事由がある場合を除いて，定型約款の組入れは認められないこととされました。

　以上のような規定の問題点として，相手方から請求されない限り，定型約款の内容を相手方に示す必要はないと誤解される可能性があることが指摘されています。現代の市場社会の公正なルールとして，当事者に自己責任を求める前提として，少なくとも自己責任を引き受ける上で重要となる事柄については事前にわかるようにしておくことが要請されていることと相容れないということもできます。特に，消費者には，事前の開示請求を要求することはできないので，対応が必要であるということも指摘されています。この点について，消費者契約法の改正に関してさらに議論があったことは，先ほど山本健司さんが紹介してくださったとおりです。

　このほか，開示請求をして，そこに問題のある条項があることがわかったとしても，既に定型取引合意をしているときは，その契約から離脱する術が用意されていないということも，問題として指摘されているところです。

深山　この点について，山本健司さんの理解ないし評価は，どうですか。

山本（健）　前述のとおり，約款内容の認識可能性を組入要件として規定した方が望ましかったとは思いますが，表示義務違反の効果として一定の組入

否定が規定されたことは有意義であると思います。

また，相談現場では「事業者が約款の開示に応じてくれない」といった相談案件も存在します。表示義務の明文化は，そのような相談事例の早期解決につながりうる点でも有益であると思います。

なお，表示請求によって問題のある約款条項の存在が判明した場合，実務上は，当該契約の締結経緯や契約内容に鑑みて，説明義務違反，不意打ち条項などの主張の可否を検討することになろうかと思います。

深山 改正法548条の4の各項に定められた定型約款の変更の要件も非常に重要な規律ですが，設問とは直接関係しないので割愛することとし，設問の検討に入りたいと思います。

Ⅳ. 設問の検討

1. 定型約款の不当条項規制と公序良俗違反又は信義則違反との関係

深山 1つ目の設問の「定型約款の不当条項規制と公序良俗違反又は信義則違反との関係」について，まず私の意見ないし理解を述べさせていただきます。

先ほど，山本敬三さんからもご説明いただきましたように，法制審の議論の過程においては，不当条項を規制する規律を独自の規律として明文化することが目指されていましたが，最終的に定められた不当条項規制は，定型約款の個別条項につき合意したものとみなされるための要件の例外則として，「相手方の権利を制限し，又は相手方の義務を加重する条項」であって，信義則に反して「相手方の利益を一方的に害すると認められるもの」は「合意をしなかったものとみなす」という形で明文化されました。

このように「合意をしなかったものとみなす」という規制は，当該条項については合意の成立自体を否定するものであり，合意したことを前提として，その効力を無効とする公序良俗違反の規律とは，法律効果の構造を異にするものと言えます。また，信義則違反についても，合意の存在を前提とした上で合意に基づく効力を主張することを許さないという規律であることから，定型約款の不当条項規制とは，法律効果の構造を異にするものと言えます。

したがって，不当条項規制の適用される条項については，もはや公序良俗違反や信義則違反を問題とする余地はなく，他方，不当条項規制の適用され

ない条項については，理屈の上では公序良俗違反や信義則違反を問題とする余地があるということになろうかと思います。

　この点について，山本敬三さん，いかがでしょうか。

山本（敬）　問題は，改正法548条の2第1項の「個別の条項についても合意をしたものとみなす」，第2項の「合意をしなかったものとみなす」の意味をどう理解するかということだと思います。

　まず，前提として，第1項の「合意をしたものとみなす」については，大きく分けて，2通りの理解がありうると思います。

　1つは，文字どおり，合意の存在を擬制するという理解です。これによると，個別の条項について合意があったものとされるわけですから，反証を許さないということになります。

　もう1つは，これは，個別の条項が契約の内容になったということを意味するだけであるという理解です。「契約の内容になった」ということは，他に無効となる事由等がない限り，契約として「効力を生じる」ということです。「合意をしたものとみなす」というのも，そのような意味にすぎないと理解するわけです。

　次に，改正法548条の2第2項の「合意をしなかったものとみなす」の意味についても，2通りの理解がありうると考えられます。

　1つは，当該条項について合意が存在しなかったものと擬制するという理解です。これによると，当該条項についておよそ合意がなかったものとされるわけですから，その条項を援用することが信義に反するという主張はもちろん，その条項を無効とすることも観念できないと理解する余地が出てきます。深山さんが指摘された可能性は，このような理解を前提にしているとみることができそうです。

　もう1つは，当該条項は契約の内容として効力を生じないということを意味するだけであるという理解です。先ほどの第1項の2つ目の理解に従って，第2項も，契約として「効力を生じない」ということ以上の意味を持たないと理解するわけです。これによると，他に無効となる事由があるときは，「効力が生じない」事由が複数存在する場合にすぎないのだから，他の無効となる事由，例えば公序良俗違反を選択して援用することも認められる。また，無効を主張せず，その条項を援用することが信義に反すると主張するこ

とも，否定する理由はない。そう理解することになるでしょう。

ただ，いずれにしても，改正法548条の2第2項は，公序良俗と比べると「ハードルが低い」ということは，国会審議の場でも立案担当者が明言しているところですし（第193回国会参議院法務委員会会議録14号11頁），信義則はこの規定の中に判断基準として取り込まれているわけですから，あえて公序良俗違反や信義則による援用制限を持ち出す必要は，例外的な場合を除いてないのではないかと思います。

深山 消費者契約法10条との適用関係も問題となろうかと思いますが，その点も含め，山本健司さんは，どのようにお考えですか。

山本（健） 改正法548条の2第2項に基づく主張が可能である場合には，例外的な場合を除き，あえて公序良俗違反や信義則による援用制限を持ち出す必要はないのではないかという点は，私も同意見です。

改正法548条の2第2項の「合意をしなかったものとみなす」の意味については，山本敬三さんが整理してくださったように，2つの考え方がありうると思います。

しかし，元々本条が本来的に無効を効果とする不当条項規制と組入除外を効果とする不意打ち条項規制を1本化した規定であることを踏まえれば，その効果については，不当条項規制と不意打ち条項規制の双方の性格に適合しうる点で，後者の「当該条項は契約の内容として効力を生じないということを意味するだけである」という考え方で理解した方が合理的ではないかと思います。

また，実際上も，前者の「当該条項について合意が存在しなかったものと擬制する」という考え方に立てば，存在しない条項を無効とすることは観念できないことから，この規定に該当する不当条項には消費者契約法上の不当条項規制が及ばなくなるのではないか，そうすると，例えば適格消費者団体が消費者契約法上の不当条項に該当することを理由として約款条項の差止めを求めた団体訴訟において，被告の事業者が「そもそも改正法548条の2第2項の要件を満たす不当条項であるから，消費者契約法に基づく差止請求はできない」といった反論をすることが可能になるのではないかといった新たな問題が生じうるように思います。しかし，上記のような反論を認める必要性も，相当性も無いように思われます。このような点で前者の考え方には具

体的な弊害もあるように思われます。

　このような観点から，改正法548条の2第2項の「合意をしなかったものとみなす」の意味について，私は後者の「当該条項は契約の内容として効力を生じないということを意味するだけである」という考え方で理解すべきであると考えます。

　なお，国会の法案審議の際，政府参考人は，改正法548条の2第2項と消費者契約法10条の両規定を消費者は選択的に主張可能と回答しています（第193回国会参議院法務委員会会議録13号34頁）。また，上記両規定の関係について，平成27年3月6日に開催された内閣府消費者委員会消費者契約法専門調査会における法務省民事法制管理官の回答は「消費者契約法10条に該当するという主張に対して，それはそもそも契約内容となっていないという形で，その主張を否定する関係にはならないと理解しております」というものでした（消費者委員会消費者契約法専門調査会第6回議事録7頁）。これらの回答も後者の考え方を前提としているように思われます。

深山　改正法548条の2第2項の「合意をしなかったものとみなす」の意味については，第1項の「合意をしたものとみなす」と整合的に理解する必要がありますが，いずれの「みなす」も，反証を許さない法律上の擬制と解すべきではないとの点は私も同意見です。

2. 不当条項規制は，不意打ち条項に及ぶか

深山　次に，2つ目の設問の「不当条項規制は，不意打ち条項に及ぶか」について，まず私の意見を述べた上で，お2人のご意見を伺いたいと思います。

　そもそも，不意打ち条項規制は，条項の内容が不当であることではなく，条項が含まれていること自体が相手方にとって合理的に予測しがたいことに着目した規律であり，条項の内容が不当であることに着目した不当条項規制とは，その本質を異にするものです。先ほどご説明いただいたとおり，法制審における議論においても，当初は，不意打ち条項規制と不当条項規制とは別個の規律として明文化することが検討されていました。そして，その効果についても，不意打ち条項は合意自体からの排除，不当条項は無効な合意というように，異なる規律として提案されていました。

　しかし，最終的に定められた不当条項規制は，不意打ち条項規制と，いわ

ば1本化されて、「合意をしなかったものとみなす」という形で規律されましたので、不意打ち条項についても、不当条項規制を定めた組入除外要件の適否の問題として判断されることになります。そして、相手方にとって予測しがたい条項が置かれている場合には、信義則に反すると評価される蓋然性が高いでしょうから、そのような意味合いにおいて、不当条項規制は不意打ち条項に及ぶものと言えると考えます。

山本（敬） 改正法548条の2第2項の組入除外要件と不意打ち条項の関係と立案の経緯については、先ほども少しご紹介したところですが、両者の関係については、厳密にいうと、2通りの理解の可能性があります。

1つは、組入除外要件の中に不意打ち条項の規制が取り込まれたという理解です。部会審議でも、立案担当者は、この規定によって、組入除外要件と不意打ち条項規制を「一本化」することとしたという説明をしています（「部会資料83-2」39頁）。不当な内容の条項についてまで合意したとみなすことができないとすれば、不意打ち条項も同様であり、この両者は、その条項についてまで合意したとみなすことができるかどうかという問題に集約することができると理解するのでしょう。深山さんが示された可能性も、このような理解によるとみることができそうです。

もう1つは、組入除外要件の中に不意打ち条項規制がそのまま取り込まれたわけではなく、条項内容の不当性とともに、その条項の「不意打ち的要素」もあわせて考慮することとされたという理解です。国会審議の場では、不意打ち条項と改正法548条の2第2項との関係について、立案担当者は、定型取引の特質に鑑みれば、「相手方である顧客にとって客観的に見て予測し難い条項が置かれている場合において、その条項が相手方に多大な負担を課すものであるとき」は、「相手方において内容を知り得るようにする措置を定型約款準備者が講じておかない限り、これは信義則に反することとなる蓋然性が高い」。このような定型約款を利用した取引の特質が考慮されることを表すために、考慮事由として「定型取引の態様」を明記していると説明しています（第193回国会参議院法務委員会会議録12号23頁）。同じことは、法務省の『一問一答』（253頁）でも指摘されていますが、そこではさらに、「信義則に反する不当な条項であるかを判断するに当たっては、不意打ち的要素が一つの重要な判断要素となるが、不意打ち的な条項であるからという

理由で直ちに信義則に反する不当な条項とされるのではなく，内容的な不当性との総合考慮が予定されている」(254頁注1)と明記されています。これが，立案担当者の理解だとみてよいでしょう。

ただ，このような理解を前提にすると，2つの事柄が検討課題になると考えられます。

1つは，内容の不当性にかかわらない，純粋の不意打ち条項はどうなると考えるべきかです。改正法548条の2第2項に直接該当しないとしても，このような条項は，組入合意又は組入表示，これは立案担当者によると，黙示の組入合意がある場合を意味しますが，そうした明示又は黙示の組入合意によってカバーされているとは考えられません。そうすると，このような純粋の不意打ち条項は，やはり契約の内容にならないということが，不文法，あるいは改正法548条の2第2項の趣旨の理解によっては，その類推によって基礎づけられるのではないか。そうすると，深山さんが示された可能性と結論において重なることになります。

もう1つは，改正法548条の2第2項の趣旨，ないしそこでの信義則の内容をどのように理解するかという問題です。

定型約款や消費者契約等に関する不当条項規制で信義則が判断基準とされる場合，そこで求められる信義則の要請とは，突きつめれば，「自分の利益のみを考えて，相手方の利益を配慮しないような態度は許されない」というものだと考えられます。これによると，正当な理由もなく，双方の利益の間に不均衡をきたす条項が信義則に反しその効力を否定されることになります。

これに対して，「不意打ち的要素」が信義則違反の判断要素とされる場合は，前提となる信義則の要請が違っていると考えられます。それは，突きつめれば，「相手方と契約をするためには，相手方がその内容を明確に予測できるようにしなければならない」というものだと考えられます。これは，「透明性の原則」と重なるもので，そのような趣旨が改正法548条の2第2項に含まれていると考えられます。これによると，先ほどの純粋の不意打ち条項についても，改正法548条の2第2項を少なくとも類推する余地があると考えられることになりそうです。

山本（健） 改正法548条の2第2項は，法制審における議論経緯からも，不意打ち条項規制と不当条項規制が1本化された条文と理解すべきものと思

われますが，1本化の意味合いや，1本化された後の具体的な判断基準や主張・立証の在り方に関しては，考え方が分かれうると思います。

　本条の理解に関しては，1本化される前に議論されていたような不意打ち条項規制と不当条項規制という2つの制度が抽象度の高い1つの条文に統合された規定である，1つの条文で2つの意味を持ち，2つの局面に使える規定になったと理解すべきではないかと思います。この点については，国会における法案審議の際も，「不意打ちであっても不当でなければいいとか，不当であっても不意打ちでなければいいとか，そういうことではなくて，両方，この条文で対応していくんだ」という点に関する議員の確認や，「いわゆる不当条項と不意打ち条項，いずれも含むものでございます」という政府参考人の答弁もなされていたところであると思います（第192回国会衆議院法務委員会議録11号15頁）。また，実際上も，手続的に問題のある不意打ち条項で，現実に相手方に予期せぬ不利益を与えている契約条項について，さらに不当条項性を肯定できなければ信義則違反とは評価できない，当該契約条項の効力を否定できないというのは，結論として不合理であるように思います。そのような観点から，改正法548条の2第2項については，不意打ち条項規制と不当条項規制のいずれか一方の趣旨に抵触すれば信義則違反として契約条項の効力が否定される条文と理解すべきであると思います。その点，本条項の適用に際しては，典型的な不意打ち条項事案と不当条項事案において，信義則違反の判断基準や重視されるべき考慮要素を分けて考える必要があるように思います。そして，そのような基本的な理解に立った上で，本来的に異なる2つの制度が1つの条文に1本化されたことによって「合わせ技1本」的な信義則違反の主張にも条文上の基礎ができたと理解すべきではないだろうかと思います。

深山　1つの条文の中に盛り込まれたとしても，不意打ち条項規制と不当条項規制とがそれぞれ独立の規制類型として機能すべきであり，さらに「合わせ技1本」という第3の規制類型を認めるべきであるとの山本健司さんのご意見に，全く賛成いたします。「結果的に」であれ，第3の規制類型を容認する基礎ができたと解釈できるならば，この条文に積極的な評価を与えることができると思います。

3. 定型約款の内容の表示義務を怠った場合の効果
（合意前の不履行と合意後の不履行の違い）

深山 次に，3つ目の設問の「定型約款の内容の表示義務を怠った場合の効果（合意前の不履行と合意後の不履行の違い）」について，まず私の意見を述べた上で，お2人のご意見を伺います。

まず，定型取引合意前に内容の表示請求があった場合に表示を怠ったときについては，一時的な通信障害が発生した場合など正当な理由がある場合を除き，合意擬制が働かないことが明文で規定されています（民548条の3第2項）。

これに対し，定型取引合意後相当の期間内に内容の表示請求があった場合に表示を怠ったときについては，明文規定は設けられていません。そこで，解釈の問題となりますが，表示を怠ったことに起因する損害が発生すれば，相手方は損害賠償請求をなしうるものと解されます。もっとも，損害の範囲については，既に定型取引合意自体は成立していることを前提として，事後的な表示の懈怠と因果関係のある損害として発生したものに限定されるものと思われます。

また，因果関係のある損害の発生が認められるとしても，事前に表示を求めることなく定型取引合意を成立させている以上，事案によっては，相手方の過失の有無も問題となりうるように思われます。

他方，事後的な表示義務は，定型取引にかかる契約における付随的義務であると解されますが，軽微な義務違反と評価されることも少なくないと想定されます。そうすると，事案にもよりますが，定型取引後の表示義務違反を理由に定型取引にかかる契約自体を解除することは，原則的にはできないものと解されるのではないでしょうか。

山本（敬） 定型取引合意後にこのような拒絶がされた場合について，法務省の『一問一答』（256頁注4）でも，この場合は，定型約款準備者は約款の内容の表示をすべき債務を負うから，その強制的な履行を請求することができるほか，その債務の不履行により生じた損害の賠償を請求することが可能であるとしています。もっとも，そこで認められる損害賠償の内容については，特に明記していません。

賠償範囲については，一般原則，つまり改正法416条によると考えられま

すので，表示義務の不履行から通常生ずべき損害，又は予見すべき特別の事情によって生じた損害が賠償されることになります。深山さんが事後的な表示義務の懈怠と因果関係のある損害とおっしゃるのは，このようなものということでしょう。一般論としては，そのとおりだと思います。

　この場合の表示義務とは，定型約款の内容を知る機会を与える義務ですので，相手方がその定型約款の内容を知っていれば回避できたはずの損害が賠償されるべき損害ということになるはずです。例えば，相手方が権利を行使する期間や契約不適合を通知すべき期間が短く設定されていたために，それを知らずに徒過してしまったというような場合は，その権利を行使していれば得られたであろう利益の賠償が認められるということになるでしょう。

　この場合に，事前に定型約款の内容の表示を求めることなく定型取引合意をしていたことをもって相手方の「過失」とみてよいかどうかは，議論の余地があるところでしょう。改正法548条の3第1項が，相手方から請求があったときに遅滞なく相当な方法でその定型約款の内容を示さなければならないとしたのは，その限りで相手方に定型約款の内容を知る権利を保障するためだと説明されています（第193回国会参議院法務委員会会議録13号32頁以下）。この規定の趣旨からしますと，相手方には，事前に定型約款の内容の表示を求める義務があるとして，それを怠ったことを相手方の「過失」とみることは，かなり飛躍があります。ここでは，定型約款準備者が，事前に定型約款の内容を知る機会を相手方に与えていなかったことが前提なのですから，そのような定型約款準備者が，相手方が事前に表示を求めていればよかったのだと主張することは許されないのではないかと思います。

　最後に，定型約款準備者が事後的な表示義務の履行を怠った場合について，国会審議の場では，立案担当者は，改正法541条による解除も可能になることがありうると説明していました（第193回国会参議院法務委員会会議録13号32頁）。しかし，法務省の『一問一答』では，解除については言及していません。これは，深山さんが指摘されるように，表示義務の違反は「軽微」な不履行に当たるので，解除は原則として認められないという理解に立つことになったのかもしれません。

　ただ，定型取引合意の後，相当の期間内に定型約款の内容を示すよう請求したのに，それを示さない場合に，本当にそれが「軽微」な不履行にすぎな

いかどうかは，疑問の余地も残ります。契約の内容がわからなければ，自分がどのような債務を履行しなければならないか，相手方の履行が契約に適合したものかどうかといったことなどを判断しようがないわけですから，そのまま契約に拘束され続けることは危険でしょう。むしろ，原則として，解除を認めてもよいという考え方もありうるところですが，いかがでしょうか。

山本（健） 山本敬三さんのご意見に異論ありません。最後の点については，事案によっては解除が認められて然るべき場合もあるように思いますので，一律に軽微な不履行と位置づけるべきではないと思います。

深山 その点は，個別条項の内容如何によって結論が変わるということかもしれません。

4. 定型約款に含まれない約款の存在とそれら約款に対して定型約款規制は及ぶか

深山 次に，4つ目の設問の「定型約款に含まれない約款の存在とそれら約款に対して定型約款規制は及ぶか」について，まず私の意見を述べた上で，お2人のご意見を伺います。

　先ほどご説明いただいたように，定型約款の定義は，従来「約款」について議論されてきた定義よりも限定的であると言えることから，定型約款に該当しない約款も存在することになります。そして，改正法が「定型約款」という新たな概念について定義規定をおいて規制を設けた以上，定型約款に該当しない約款については，定型約款規制は，少なくとも直接適用はされないと言えるのではないかと思います。

　しかしながら，定型約款に該当しない約款の効力を解釈するにあたっては，定型約款規制が参照されることは十分にありうるし，場合によっては類推適用される場面もあると思われます。例えば，定型約款の変更の要件などは，定型約款に該当しない約款の変更の効力を解釈する際にも参照ないし類推適用されて然るべきであると考えます。

山本（敬） ご意見の前提として，改正法が規制の対象を「定型約款」に限定した趣旨と，そこでいう「定型約款」の範囲をどのように捉えるかという問題があるように思います。「定型約款」の範囲について特に問題となるのは，「定型取引」の射程，特に「その内容の全部又は一部が画一的であるこ

とがその双方にとって合理的なもの」という限定をどのように捉えるかということです。

改正法の規定の内容について批判的な立場からは，そのような規定が適用される「定型約款」の範囲は狭く捉えるべきだと主張されることになります。例えば，公共的な性格を持つサービスや独占的なサービスなどに関する取引で使われる約款，あるいは，法によって既に一般的な開示義務が定められ，内容の正当性が業法規制等によって担保されている特殊な業法上の約款に限られるという見解などが主張されています。

このように「定型約款」の範囲を狭く捉えるという考え方につながる理解は，立案担当者の説明にもみてとることができます。特に国会審議に移ってから後，定型約款に関する規制を定めることの正当化について，立案担当者は，客観的にみて画一性が高い取引であることなどから，相手方も約款の具体的な内容を認識しようとまではしないのが通常であるという特質があることを強調するようになりました（第193回国会参議院法務委員会会議録12号22頁）。このような説明からすると，先ほどの学説ほどではないとしても，「定型約款」に当たるのは，不特定多数の者を相手とし，かつ客観的にみて画一性が高い取引で用いられる，したがって相手方もその具体的な内容を認識しようとまではしないのが通常であると言えるような約款に限られるとみる可能性があります。

それに対して，この要件が元々意図していたのは，事業者間取引で使われるひな型や労働契約における就業規則に相当するものを規制の対象に含めないということだったという点を重視すると，それらに含まれない約款は広く「定型約款」に当たると考える余地もあります。立案担当者も，国会審議以降，法務省の『一問一答』（240頁）においても，定型約款に関する規律は，「約款を用いた取引の法的安定性を確保する」ためのものであり，それによって「適切な解決の枠組みが示され，紛争の未然防止にも役立つ」ものであることを強調するようになっています。これによると，「定型約款」の範囲を広く捉えることが適当だということになりそうです。

ただ，そのような立場でも，これまで約款に当たると考えられてきたものの全てが「定型約款」に含まれるわけではないということは，部会審議の過程でも何度も確認されていました。つまり，「定型約款」に当たらない約款

が存在するということは，前提とされていたわけです。問題は，そのような約款についてどのような規律が妥当するかです。

　先ほどのように，定型約款に関する規律によって「適切な解決の枠組み」が示されているという考え方によりますと，定型約款に含まれない約款についても，特別な事情がない限り，定型約款に関する規定の類推適用を広く認めてよいということになりそうです。深山さんが示された可能性も，そのようなものと捉えてよいかもしれません。

　それに対して，定型約款に関する規律の趣旨を狭く捉えて，「定型約款」の範囲を限定するという考え方からは，定型約款に含まれない約款については，定型約款に関する規律の趣旨が当てはまらないわけですから，定型約款に関する規定は類推適用されないということになると考えられます。ただ，実際にそのように主張する学説でも，定型約款に関する規定のうち，改正法548条の2第2項の合意擬制の除外に関する規定は類推を認めてよいという見解も主張されています。

　では，定型約款に含まれない約款について，それ以外はどのような規律が妥当するかという点については，学説では，従来の「約款法理」が妥当すると理解されていると思います。もちろん，そこでいう「約款法理」の具体的な内容については，完全に一致をみていないかもしれませんが，少なくとも組入要件に関しては，組入合意と約款の事前開示が原則として必要になると考えられます。

　この点について，法務省の『一問一答』（248頁）では，「基本的には，民法の意思表示や契約に関する一般的な規定が適用される」とされています。ただ，民法の意思表示や契約に関する一般的な規定がそのまま適用されるとしますと，約款の内容についても意思表示の合致が必要になってしまいそうです。しかし，『一問一答』の説明も，そのようなことを想定しているわけではないでしょう。そうすると，学説の理解とそう違いはないと考えられます。

山本（健）　「定型約款に含まれない約款」については，約款に関するこれまでの考え方や運用が今後も妥当すると思われますので，実務的には，組入に関しては意思推定説的な考え方での対応，不当条項や不意打ち条項に関しては信義則，公序良俗，契約の合理的解釈といった手法での対応，約款変更に

関しては相手方の承諾やその擬制といった対応を継続することになろうかと思います。

　もっとも、改正法に定型約款の規定ができたことで、その規定内容による影響を受ける場面も出てくるように思います。

　例えば、改正法548条の2第1項が定める約款による旨の包括的な合意や表示に関する考え方は、「定型約款に含まれない約款」についても組入要件の下限ないし必要条件としての役割を果たすようになっていくのではないか、それすら認められない場合に組入れを認めてよいのかといった形で意味を持つようになっていくのではないかと思います。

　また、改正法548条の2第2項に内包される不当条項規制及び不意打ち条項規制という考え方は、「定型約款に含まれない約款」について信義則、公序良俗、契約の合理的解釈などといった手法によって約款取引の手続の適正化や契約内容の適正化が図られる場面において、その判断の在り方に影響を与えていくであろうと思います。

　さらに、改正法548条の4が定める約款変更の実体要件と手続要件も、約款の変更要件の下限ないし必要条件としての役割を果たすようになっていくのではないか、それすら認められない場合に約款変更を認めてよいのかといった形で意味を持つようになっていくのではないかと思います。なお、改正法548条の4の変更規定は、約款の中でも特に相手方が不特定多数で取引内容の画一性の要請が強い定型取引で使用される定型約款の変更手続であること、個別承諾の取得の困難さ、取引内容の画一性確保の高度の必要性等といった基礎事情を特に考慮した規定と思われますので、少なくともそのような基礎事情が当てはまらない場合には「定型約款に含まれない約款」に改正法548条の4の類推適用を認めるのは適切でないように思います。

深山　定型約款規制がどのような場合に類推適用されうるのかという点については、今後の議論が注目されるところです。

5. 定型約款規制による具体的影響

深山　最後に、「定型約款規制による具体的影響」という今回のテーマ全般について、私の意見を述べた上で、お2人のご意見を伺います。

　既にご説明いただいたところですが、約款規制の明文化をめぐっては、法

制審の議論の中でも最も激しい意見対立が見られたところでありました。その意見対立は，明文化に消極意見を強く主張する経済界を代表する委員と他の委員幹事全員とが対峙するというような対立構造でしたが，全員一致の要綱案の作成を目指すという法制審の慣例に従うならば，約款に関する明文規定の実現は，最後まで危ぶまれる状況であったと言えます。そのような議論状況の中で最終的に明文化された定型約款の規制は，多分に妥協の産物であるとの面も否めませんが，とはいえ，民法典の中に明文化されたことの意義は大きいと考えられ，定型約款を用いた取引についての法的な予測可能性を高める効果を発揮する点において，取引社会に及ぼす影響も少なからずあるものと思われます。

　定型約款が作成される際に，定型約款規制を踏まえた検討がなされるなど，約款使用者の行為規範としての機能を有するとともに，定型約款を用いた定型取引をめぐる紛争が生じた際には，裁判規範として機能することとなり，裁判に至る以前の交渉段階においても，そうした裁判規範を意識した解決が図られることになるものと予想されます。

山本（敬）　定型約款に関する規定の内容については，私も含めて，学説では批判的な意見が少なくありませんが，それでも，民法に定型約款に関する規定が明文化されたことの意味とその影響は，おっしゃるとおり大きいと考えられます。特に重要と考えられるポイントとして，少なくとも次の4つを挙げることができそうです。

　第1に，定型取引をする者は，定型約款を契約の内容とする旨の合意をするか，少なくとも，あらかじめその定型約款を契約の内容とする旨を相手方に表示しておく必要があることになりました。組入表示に関しては，一般的に公表するだけではなく，相手方に個別に表示する必要があるとされています。その場合は，抽象的に「約款によります」というのではなく，どの約款かということを特定する必要があるでしょう。これは，約款を用いた取引の仕方について見直しを迫るものだということができます。

　第2に，定型取引をする者は，少なくとも相手方から請求があれば，遅滞なく，相当な方法で定型約款の内容を示すことができるよう，準備をしておく必要があります。事前の請求の場合は，遅滞なく示さないと，定型約款が契約の内容になりませんので，この準備を怠るわけにはいきません。定型約

款の開示に関する体制を見直す必要が出てくると考えられます。

　第3に，定型約款の条項について，改正法548条の2第2項に掲げる考慮事由に照らして，信義則に反して相手方の利益を一方的に害していないかどうかを，あらためてチェックする必要があります。消費者契約に関しては，従来からも消費者契約法8条から10条に反していないかどうかをチェックする必要がありましたが，民法の改正によって，事業者間取引に使われる定型約款についても，チェックが必要になったということができます。これは，約款の適正化を進めるという観点からは，大きな意味と影響があると考えられます。

　第4に，定型約款の変更について，特に不利益変更をするときは，改正法548条の4第1項2号に定める事情に照らして合理性があるかどうかをチェックする必要があります。また，同条2項・3項に従って，定型約款を変更するときには，適切な方法による周知も求められます。これまでは，変更条項をおいて，後は一方的に変更するというようなことが行われていた可能性がありますが，今後は，この規定に従わなければならないという点も，規定の内容の当否については異論の余地があるとしても，これまでの実情に照らすとやはり大きな意味と影響があると考えられます。

山本（健）　山本敬三さんのご指摘はいずれもそのとおりであると思います。

　加えて，実務法曹の1人としては，定型約款に関する明文の民事ルールができたことにより，相談現場，交渉事案，クレーム案件等において，これまでよりも紛争やクレームを早期に終結できる案件が出てくるのではないかと期待しています。

　また，できあがった法規範の趣旨を踏まえ，その内容が充実したものとなるような解釈や実務運用を行っていく必要があろうと思っております。特に改正法548条の2第2項のみなし合意除外規定と改正法548条の4の約款変更の実体要件は今後の実務運用が非常に重要であると思います。

V．おわりに

深山　定型約款をめぐる規律に関しては，今後様々な解釈問題が生じることと思いますし，立法的課題も残されているように思いますが，何か付言していただくことはありますか。

山本（敬） 改正法の内容についての立法論的な問題点は，私自身，既に別のところで述べていますので，ここでは繰り返しません。ただ，1点，改正法を前提とした上での将来に向けての立法課題について，指摘させていただきたいと思います。

　改正法548条の2第2項には，組入除外規定が定められていますが，先ほども検討しましたように，これは，実質的には不当条項規制に相当するものです。ただ，特に定型約款のように不特定多数の者を相手にした定型取引で使われるものについては，個々の相手方が個別訴訟でこの規定を援用して拘束力から免れる道を開くだけで十分とは言えません。むしろ，条項の使用を差し止める可能性を認める方が，実効的な規制を実現することができるといってよいでしょう。

　実際，国会審議でも，立案担当者は，「立法論として，定型約款の無効を主張することによって効力を他に及ぼす」「団体訴訟のようなものであるとか，あるいは一種の代表訴訟的なものであるとか，そういったものの検討は十分考えられる」と述べています（第193回国会参議院法務委員会議録14号12頁）。

　もちろん，民法の定型約款の規律は，消費者契約だけを対象とするものではありませんので，消費者契約法のような適格消費者団体による差止訴訟を認めるだけではなく，他の事業者等による差止訴訟のようなものも視野に入れて検討しなければならないでしょう。考えなければならないことはかなりありそうなところですが，このような立法課題があることは忘れないようにしておく必要があると思います。

深山 定型約款に関する新たな規律について，充実した意見交換をさせていただきました。誠にありがとうございました。

　　　　　　　　　　　　　　　　　　　　　　　［2018年7月31日収録］

売買

山野目章夫 YAMANOME Akio　　**中井康之** NAKAI Yasuyuki

設例	購入した自動車のブレーキに欠陥がある場合に，買主は売主に何が請求できるか。 　　自動車を購入する契約を締結したが，その後に，予想できない大雨で購入予定の自動車が水没したためにエンジンが損傷した場合に，買主は売主に何が請求できるか。

☞ 10年前に登録した中古自動車を友人から購入した場合はどうか。
☞ 自動車メーカーのディーラーから新車を購入した場合はどうか。

I. はじめに

中井　今回のテーマは「売買」です。売買目的物に欠陥がある場合について山野目章夫さんと検討してまいります。よろしくお願いいたします。

山野目　どうぞよろしくお願い申し上げます。

中井　売買目的物に欠陥がある場合，現行法は570条が566条を準用して，契約の目的を達成できない場合には契約を解除でき，契約の解除ができない場合は損害賠償の請求のみができると定めています。この現行法の定めの理解については，責任の性質や対象となる目的物が特定物だけか不特定物も含むのか等について，見解が分かれています。改正法は目的物に欠陥がある場合を契約の不適合として，これを債務不履行責任と整理したと説明されています。ここでは改正法の中身について，具体的に議論したいと思います。

Ⅱ. 改正法 562 条の対象

中井 改正法 562 条は,「引き渡された目的物が種類,品質又は数量に関して契約の内容に適合しないものであるときは,買主は,売主に対し,目的物の修補,代替物の引渡し又は不足分の引渡しによる履行の追完を請求することができる」と定めました。

まずお尋ねしたいのは,この 562 条の対象となる目的物には,設例で言えば,友人から購入する中古車,つまり特定物も,自動車のメーカーのディーラーから購入する新車,つまり不特定物も対象になるのでしょうか。

山野目 法文の文理に注目しますと,562 条は特定物の売買であるか不特定物の売買であるかということを区別した規律にはなっておりません。現実の取引の問題として考えてみましても,売買の目的が特定物であるか不特定物であるかの見究めが難しいものもあることでしょう。562 条は特定物の売買にも不特定物の売買にも適用される,両者が対象になる規定であると考えられます。

中井 確かに,自動車の新車を買う場合も,果たして不特定物なのか気になります。普通,自動車を買う場合,車種を決めた後,塗装の色を選び,カーステレオやカーナビなどを注文して,当該車に装着してもらいますから,おそらく自動車工場では,ある車はこの顧客分と特定されて製造されていると言えるかもしれません。しかし,それはメーカー内の問題で,新車売買は不特定物売買と考えてよいように思いますが,このような例を見ても,特定物か不特定物かは,それほど明確に区別できない場合がありそうです。

Ⅲ. 特定物の契約不適合

1. 特定物と改正法 483 条

中井 友人から中古車を買うとすれば,現状有姿で買うことが多いので,引き渡す時も現状有姿でよいように思えます。改正法 483 条は,特定物を引き渡す場合に,目的物の品質を定めることができないときは,引き渡すべき時の現状でそのものを引き渡さなければならないと定めています。特定物の売買の場合,この規律が適用されているのでしょうか。

山野目 改正法 483 条は,特定物を現状で引き渡す,と単純に述べるもので

はありません。「契約……及び取引上の社会通念に照らしてその引渡しをすべき時の品質を定めることができないときは」，引渡しをすべき時の現状で引き渡さなければならないと定めます。この鉤括弧で包んであって，この文言で念押しされている，ここが重要ではないでしょうか。

中井 その「重要」という意味をもう少し詳しく教えていただけますか。売買契約の場合は，契約及び取引上の社会通念で通常，品質が決まる，明示の合意がなくても契約の目的や社会通念などを考慮した解釈で決まるとすると，「品質を定めることができない」として，この483条が適用されるのは，売買契約，その他契約の場面ではないということでしょうか。そうだとすると，主にどのような場面が想定できるのでしょうか。

山野目 ご明察のとおりであり，しっかりと契約の解釈を行う限り，売買契約をはじめ，契約の場面で483条が活躍する場面は考えにくいものであります。しかし，そうすると483条はどのような場合で働くかという疑問が，当然のことながら生じます。

これに対して，主に同条は法律上の原因に基づいて生ずる債権の場面に適用される，と申し上げることが無難なお答えになるであろうと感じます。優等生的なお答えと言ってもよろしいでしょうか。

しかし，それだって，例えば事務管理に基づいて引き渡すべき物の品質は，「債権の発生原因」である事務管理の経過に照らして定まるべきであり，同条を振り回すことはいかがなものでしょうか。483条は，本当に契約やその他の債権発生原因の解釈により処することができない場面が皆無であるか，という一種の法制上の"心配症"から設けられた，という彩りが濃いと感じます。

中井 なるほど，483条とはそういうものなのですね。

2．特定物における品質性能

中井 友人から中古自動車を買う場合でも，車検に合格しており，公道をそのまま運転できる，そのような品質性能を有する自動車であることが売買の当然の前提であると理解すれば，ブレーキに欠陥があれば，もちろん車検には合格しませんし公道を走ることもできませんので，契約に不適合の自動車を引き渡したことになるのだと思います。50年前に製造されたクラシック

カーの売買であれば，明示の合意があれば，もちろんそれにより，明示の合意がない場合には契約の目的やクラシックカーであること自体から，引き渡すべき自動車の品質や性能が決まると言ってよいのでしょうか。

山野目 よく当事者の意思を見究め，取引上の社会通念も参照して，契約の趣旨目的を見定めることになるでしょう。契約の解釈ということが，極めて大切であると考えます。

お挙げになった自動車とは別の例を掲げますと，売買される土地に文化財が埋まっていたとしましょう。土地を買って工場を建てようと考えて取引をした人にとっては，迷惑なことです。これに対し，文化財を市民に味わってもらうための公園にしようとしていた場合は，むしろ文化財が存在しないことが契約不適合になります。何が契約不適合になるかは，当事者が共有していた趣旨目的を見究めなければなりません。

もう1つ例を挙げます。横須賀新港には，戦艦三笠，あのバルチック艦隊と戦った帝国連合艦隊の旗艦でありますが，それが今は係留され博物館として用いられています。もしあれを売買しようとしたときに，自衛隊の護衛艦と同じような能力がないから契約不適合であるという人はいないのではないでしょうか。今は艦というより1つの物であり，歴史を伝えるための博物館としての機能を持つことが求められ，かつ，それで十分であるという趣旨の売買契約であろうと考えます。

中井 そういえば，裁判例で不動産取引の対象土地の土壌に一定基準のフッ素が含まれている場合にどのように考えるかという事例がありましたね。

山野目 あれも適例だと思います。特定の化学物質が有害であるということが契約成立時に法制上明らかになっていなかったときに，現行法ですから瑕疵の概念が用いられますが，契約成立時を基準とするから，という理由により原則として瑕疵にならないという判断がされています。しかし，あの最高裁判所判決を注意をして読むと，併せて，普通はそうであろうけれども，「人の健康に係る被害を生ずるおそれのある一切の物質が含まれていないことが，特に予定されていた」ことが契約の趣旨であった場合には，たとえ特定の化学物質の扱いが法令上明確になっていなくても，瑕疵担保責任を生じさせることがありうるということも注意的に示唆しています（最判平成22・6・1民集64巻4号953頁）。

そのような意味では，契約の趣旨目的を重視して，瑕疵とか，改正後は契約不適合になりますが，そういうものを考えていこうという思考は，改正法によって初めて，突然に登場してきたものではなく，従前の判例を含む日本の法律家の思考の中にあったものであると言うこともできるであろうと感じます。

中井 今回の改正も従来の考え方の延長線上にあり，瑕疵が契約不適合に変わりましたが，契約不適合の中身については，契約当事者の意思の見極めが大事なのだと理解しました。

また，現行法では「隠れた瑕疵」が要件となっていますが，改正法ではそのような限定がありません。欠陥があることを知っていても，引き渡すべき目的物にその欠陥のないことを合意すれば契約の内容になるから，「隠れた」という要件は不要になったのだと解されます。

3. 追完請求権の内容

中井 次に，特定物売買で契約不適合の目的物が引き渡された場合に，買主は売主に対してどのような請求ができるのでしょうか。改正法562条によると，修補と代替物の引渡しと不足分の引渡しができるようですが，特定物でも，代替物の引渡しを求めることができるのでしょうか。友人から自動車を買ったときに，欠陥があるからといって友人に代替物を請求することはできないように思います。この点はどのように考えたらよろしいのでしょうか。

山野目 常識で考えますと，特定物の売買において，「代替物の引渡し」という追完はそぐわないと感じます。そして，多くの事例においては特定物の売買にあって，代替物の引渡しという解決は親しまないということも現実であろうと考えます。

しかし，新しい562条は，特定物であるか不特定物であるかを截然と分けて追完の方法を定める，という発想で作られてはおりません。一応，特定物の売買であると考えられる場合であっても，その契約の趣旨によっては，代替物の引渡しということを考えてよい場面が，例外であるかもしれませんが，ありうると考えます。

店頭にあるものを「現品限り」という趣旨で買う場合がありますね。その物の品質に問題がある場合において，それであれば同じ種類の代わりの物を

調達することが適正である。そういう適正な給付をすることが追完として望まれるということだってあるものではないでしょうか。

中井 確かに，中古車センターで，車種や年代や走行距離などを考慮して，展示されている自動車を買うと決めた場合も微妙なように感じます。その車に欠陥があるとき，修補請求だけでなく，同じ車種，年代，走行距離の代わりの自動車というのは考えられるわけですから，その引渡請求ができるのかもしれません。

しかし，一般には代物請求ができるということは，反対に言えば当該契約は不特定物売買だったということかもしれません。

特定物の場合に修補請求しかできないとしても，修補の仕方は色々あると思います。ブレーキに欠陥がある場合に，ブレーキ全体を取り替える，ブレーキの一部の部品を交換する，それ以外の修補の方法もあるかもしれません。売主が合理的な追完の方法を選択できるという考え方もありえたと思いますが，改正法はその点をどのように整理したのでしょうか。

山野目 562条1項の，まず本文に基づき第1次的には買主が追完の方法を選びますが，売主は，同項ただし書に基づき，「買主に不相当な負担を課すものでない」という評価を根拠づける具体の事実，この要件は規範的要件であると考えられますから，その具体の事実を主張立証して，買主が請求した方法とは異なる方法による履行の追完を提供することができます。

中井 そうすると，ブレーキに欠陥があるとき，買主はブレーキの全面交換を求めても，売主として全部交換するまでもなく，ブレーキの中の一部の部品の交換で性能的には十分であるというような場合，それが，買主に不相当な負担を課すものでないことを売主において主張立証するということになるというわけですね。

ただ，どのような事情を主張立証すればよいのか若干わかりにくいのですが，それは今後の実務の課題と言えそうです。

4. 契約不適合を理由とする解除

中井 ブレーキに欠陥はあるが修補が可能な場合に，買主として，契約の解除はできるのでしょうか。解除については，現行法のような特別の定めがなく，改正法564条は，解除権の行使を妨げないとしています。そこで，541

条以下の解除の規律が適用され，修補の請求をしても，売主がその合理的な期間内に修補をしない場合は，催告解除ができそうです。現行法より解除の可能性が広くなったと理解できるのでしょうか。

山野目 541条は，「債務」の不履行があるときに，履行を催告しても履行がなければ解除をすることができると定めており，この「債務」には562条が定める追完義務も含まれると考えられますから，541条の定める手順に従って契約を解除することができるものではないでしょうか。

中井 そうすると，現行法では契約目的不達成の場合のみ解除できますが，改正法では催告をして不履行なら解除できるというのが原則だとすれば，やはり解除できる場合が現行法より広くなったように思います。その理由はどのようなところにあるのでしょうか。つまり，ブレーキの欠陥であれば，修補請求をしたのに相当期間内に修補をしない場合は，解除されてもやむをえないように思います。他方，ワイパーの調子が悪いという程度の場合に，その修補を求めたが修補をしない場合に，解除を認めるとすれば広すぎるようにも思います。改正法を前提とした場合，541条ただし書にある「軽微」に該当するかどうかという問題に帰着するのでしょうか。

山野目 おっしゃるとおり「軽微」であるかどうかという541条ただし書の問題になりますから，通常の走行の用に供する自動車を獲得しようとする買主の契約目的の達成にとって本質的ではない事項についての契約解除は阻まれることになるでしょう。

今のお尋ねではワイパーを例に挙げておられましたが，とは言え，ワイパーというのは，言葉は悪いですが，そんなに軽く扱われてよいものでしょうか。私は実は運転をしないものですから，ワイパーの問題であったら大した話ではないというように言い切れるかどうか，正直を申しまして自信がありません。例を考えるのがいささか難しい部分がありますけれども，ごく一部の塗装が剥落しているような場合に，修補がされないからといって解除ができるということにはならないと考えます。

現行法と比べて，解除をすることができる場合が広いか狭いかという問題提起を頂戴いたしました。まず現行法の541条と比べてみますと，催告不応接ならば常に絶対的に解除を許すという運用ではなく，隠れた欠缺補充がされ，見えないただし書があったと考えます。が，その内容をなす規範が可視

的ではありませんでしたから，それと新しい541条ただし書とを比べて，広い狭い，を述べることはなかなか難しいと感じます。

　それから，お尋ねにおいては，現行法の570条が確かに契約目的不達成を主張立証した上で解除することができるという規律になっており，それと比べると，新しい541条が普通に適用される改正後の規定のほうが解除ができる場合が広くなったのではないかという話もあり，そこは確かにその限りではそのように見える部分もあるであろうと感じます。しかしながら，最初からご指摘のとおり，現行法が瑕疵担保責任という債務不履行責任とは区別された特殊な基盤の中で，解除の要件を決めていたものでありますから，新しくできた債務不履行責任の一環に位置づけられる541条との関係で広い狭いを言うということも，なかなか容易には論じにくいところがあると感じます。

中井　そうですね。ワイパーの調子が悪いという例を示したのですが，車の運転にとって，ワイパーも安全に運転するためには必要ですね。しかし，エンジンに欠陥がある，もしくは車の安全にとって不可欠なブレーキに欠陥があるという場合と，ワイパーとでは質的な違いもあるように感じます。つまり，ワイパーは修理さえすれば機能する，でもエンジンは修理をしたからそれでいいのかと言うと，必ずしも同じではないように思えます。

　さらに，解除の要件については部会審議でも様々な議論があったわけですが，相当期間を定めて催告をしたにもかかわらずそれに応答しない場合に，解除できるのかどうか，明確に判断できるのが好ましいし必要ではないか。それが541条の催告解除という制度と，542条の無催告解除という制度の2本立てにした経緯であったようにも思います。

　したがって，現行法における契約目的不達成の場合に限るという解除の特則を廃して，原則規定の541条，542条の規律が適用されるとしたことによって，軽微性の判断に委ねられる面があるとはいえ，一般論としては解除できる範囲が広がったのではないかと思います。

5. 契約不適合を理由とする損害賠償

中井　ブレーキに欠陥のある自動車の引渡しを受けた後に，その自動車を運転した際にブレーキが作動せずに事故が発生したとします。そのとき，契約不適合に基づく債務不履行責任として売主に事故による損害の賠償を請求で

きるのでしょうか。現行法では，信頼利益の賠償に限られるという考え方もありましたが，改正法の下ではどのような損害の賠償を請求できるのでしょうか。

山野目 改正法564条に照らし，415条に基づく債務不履行の損害賠償の請求をすることができますし，その賠償の範囲は信頼利益に限られるというようなことはなく，416条の通則により定まります。418条も適用されますから，場合によっては過失相殺ということがあるかもしれません。

　言わずもがなのことを付け加えますと，それらの帰趨にかかわらず，買主は事故で損害を与えた者に対し，通常は自動車損害賠償保障法3条ただし書の免責を主張立証することがかなわず，賠償責任を負うことになるものでありましょう。

中井 ブレーキに欠陥があり事故が発生した場合の損害賠償の根拠を契約不適合に基づく担保責任と考えると，改正法566条により1年間の期間制限を受けてしまいますが，この点，生命身体に対する売主の保護義務違反を根拠とする見解もあるようで，その見解に基づけば同条による期間制限を受けないことになりそうです。この点はいかがでしょうか。

山野目 期間制限は契約不適合責任に基づく効果の話ですから，そうでない一般の債務不履行責任を構成することができる場合において，その責任に566条は働きません。それは確かですが，どうもブレーキという話題が厄介で，買主が自らケガをしたり他人にケガをさせたりしますから，契約不適合責任のピュアな考察を妨げる側面があります。私も自賠法など余分なお話をしたことを反省しなければなりません。

6. 代金減額請求権

中井 改正法563条には，代金減額請求の規律が置かれました。買主は，ブレーキの修補を求めたがその履行がないときは，代金減額請求ができることになります。修補が不可能であるときは，催告も不要で，直ちに代金減額請求ができます。これらは形成権と解されていますが，実質的には一部解除に等しいものです。売主の帰責性を要件としないこと，修補が不能の場合は催告を要しないこと，買主に帰責性があれば行使できないこと，効果としても，不適合部分はそのまま受け入れる代わりに，それと対価関係にある代金部分

が減額されることから，一部解除のように言えそうです。

　契約不適合の場合に，代金減額請求権が設けられたことについて，どのように整理し，考えたらよろしいのでしょうか。

山野目　給付の均衡ということが売買をはじめとする有償契約においては重要であり，この要請を受け止める制度が代金減額請求権にほかなりません。また，まさにご指摘のとおり，その代金減額請求権は性質上一部の解除という本質も有していると考えられます。

中井　代金の減額と契約の全部解除は両立しません。代金の減額と損害賠償請求との関係は，どのように考えればよろしいのでしょうか。つまり，減額分を損害として重ねて請求できないことは当然でしょうが，解除と損害賠償請求は理論的には矛盾しませんから，減額と両立する損害の賠償請求は可能なのでしょうか。

　そうすると，例えばですが，ブレーキに欠陥があれば，まずは帰責事由を問わず代金減額請求ができる。形成権行使をした後，別途，債務不履行に基づく損害賠償請求は可能で，その場合，売主は帰責事由がないのだという抗弁を提出して，その損害賠償責任を免れることができるということになるのでしょうか。

山野目　代金減額請求をして，なお損害があれば415条に基づく損害賠償請求をすることができるということは当然でありますが，代金減額請求を先にしなければならないものではなく，売主が免責事由を立証しない限り，代金減額の分を含めた損害の賠償請求をすることも妨げられません。おっしゃったとおり，契約の解除，つまり契約の全部解除に関する545条4項が定めているルールの趣旨が，言わば本質が一部解除に当たるところの代金減額請求権の効果を考えるにあたっても，有力なヒントになるものではないでしょうか。

中井　若干気になるのは，減額請求権を行使すると，それに対応する不適合はなくなるという説明もされています。そうすると，当該不適合に基づく損害は減額と両立しませんから，賠償請求できないということになりそうです。仮にそうだとすると，例えば契約不適合があるために修補請求をする。しかし修補しないときには，修補に代わる損害賠償として，例えば代金額の15%相当額の金額が必要な場合，その損害賠償請求ができる。ところが代金

減額請求なら割合的にいって10％減額となるような場合，この比率は仮定ですが，先に減額請求してしまうと10％の減額のみで，差額の5％については追加して損害賠償請求ができないという理解もありそうに思われます。

仮にそれが正しいとすれば，売主に帰責事由があるときは損害賠償請求をする，帰責事由がない場合には代金減額請求をするという棲み分けになるのかもしれません。

山野目 帰責事由がある場合とそうでない場合とで区別して解決を与えることは，そのとおりでしょう。現実の紛争解決過程で注意をしなければならないことは，代金減額請求をするという態度に出た買主が，損害賠償の問題について売主に帰責事由がないことを争わない趣旨であると理解することは，軽々にされてはならないと考えます。

また，代金減額により償われるものは，目的物の減価に相当する不利益であり，その他の損害の賠償請求は，帰責事由のある売主に対し，することができなければなりません。

代金減額請求と重複しない損害賠償は請求することができるということがまず確認される必要があると感じます。雨漏りがあることによる減価を代金減額請求で償うとしても，それにより建物の内部にある衣服が汚損したことの損害は，416条の範囲内であれば賠償しなければならないものではないでしょうか。

加えて，10％と15％の数字を例として挙げてお示しいただいた問題につきましても，本当に減額請求をすると不適合がなくなる，したがって，その点についての損害賠償請求は考えることができないという発想でよろしいかということは，今後，代金減額請求権の効果の細部を理論的に考え，更にその運用についても色々と積み重ねられていく中で，引き続き検討されてよいことであると感じます。

中井 代金減額請求権の行使と損害賠償の関係については，そういう意味では両立するのかどうか，という解釈問題の検討が必要だと認識しました。

また，代金減額請求権を行使した場合，その不適合の程度に応じて減額されることになっていますが，その減額される金額はどのように決まるのでしょうか。減額と損害の違いにも関わるのですが例えば，ブレーキがきちんと機能する中古車の価値と，ブレーキの利かない中古車の価値との差額という

ことでしょうか。それとも，修理費用相当額の減額でしょうか。また，その中古車について，契約時は100の価格だったのが，その後，引渡し時点までに同じ車種や年式の中古車の人気が急上昇した場合，減額する差額にも影響が出そうですが，その基準時や計算方法はどのように考えるのか，という問題もありそうです。実務的には計算方法が気になるところですが，いかがでしょうか。

山野目 お話のあった2つの考え方のうちの前者のほうではないでしょうか。修理費用相当額という発想ではなく，言わば仮想現実である適合品の価格と，現実の不適合品の価格とを比べて割合を明らかにし，それを約された代金額に当てはめて，減ぜられる新しい代金額を得ます。今までは数量の場合のみでありましたが，これからは品質について減額の見定めをするという難しい仕事を実務にお願いすることになります。裁判官の方々と議論をさせていただく機会がありましたときに，建築紛争の処理を専門的に扱っておられるような部の裁判官の方からは，土地の面積が少ないというような数量指示売買のときの減額請求の計算はさほど困難がないのに対して，これからは建物の品質のようなことについても代金減額請求を考えなければいけない，その認定判断をしなければいけないということになると，難儀なお話であるという感想もいただきました。

まさに難儀なお話でありまして，だからこそ，そこについて実務でいささかご苦労はおありだとは思いますけれども，お願いをしていかなければいけないところであろうと感じます。

それから，減額分を超えて修理費用が生ずる場合についても問題のご示唆をいただきました。そちらは債務不履行の損害賠償で受け止めることになるというのが，おそらく標準的な考え方でありましょう。なお，追完を買主が自らすることに伴い，485条の弁済の費用を求償するものであるという法的構成もあるかもしれません。この点は本当にそういう考え方が成り立つかということも含めて，今後また議論が続けられていくべき点であると考えます。

中井 もう1点，契約時と引渡し時が時期的にそれほど違いがない場合は問題にならないのでしょうが，目的物によっては契約時と引渡し時で物の価格が変動している場合もありうるかと思います。そのような場合に減額する金額を算定するにあたって，契約時を基準とする考え方と，引渡し時を基準と

する考え方があるようですが，この点を補足して説明していただけるでしょうか。

山野目 言わば仮想現実である適合品の価格と，現実の不適合品の価格とを比べる際の基準時は，当事者が法律関係を定める契約の時という考え方と，危険が移転する引渡し時とする考え方とが想定されます。いずれにも得失があり，引渡し時を採ることにした国際物品売買契約に関する国際連合条約50条の起草に際しても，論議があったようです。562条1項の文理は，この基準時について明確な指示を与えておりませんから，この点もこれから論議が深められるべき事項であると考えます。

中井 代金減額請求権についてはこれから議論すべき点が多いように思われます。

Ⅳ. 改正法566条の期間制限

中井 次に，改正法566条では，買主がその不適合を知った時から1年以内にその旨を売主に通知しないときは，買主は，履行の追完の請求その他の権利行使ができないと定めています。現行法でも1年の期間制限があります。判例は，「具体的に瑕疵の内容とそれに基づく損害賠償請求をする旨を表明し，請求する損害額の算定の根拠を示す……必要がある」としていますが（最判平成4・10・20民集46巻7号1129頁），改正法では不適合の事実を通知すれば足りるようです。具体的にどのようなことを通知すれば足りるのでしょうか。

山野目 現行法が1年以内にしなければならないとする契約解除は意思表示であり，また，同じ扱いを受けている損害賠償請求は意思の通知としての性質を持つものでありますが，改正後は，契約不適合を知らせる観念の通知となります。この通知を求めることにした規定の趣旨目的に照らし，契約不適合の事実の概要を通知することを要し，また，それで足りると考えられます。概要であり，不適合のあらましを伝えるということですが，具体的に，どのくらいの具体性を持った通知を求めていくかについては，多様な事例に向き合ったときに，色々問題があることであろうと感じます。この点も今後の実務のお知恵をいただいていかなければなりません。

中井 売主が不適合の事実を知っていたとき，重過失により知らないときは，

期間制限はありません。数量不足も，権利の不適合の場合も期間制限がありません。その結果，これらの場合，追完請求権は通常の消滅時効にかかることになります。品質性能の場合と，このような場合とで違いを設けたわけですが，その理由は何でしょうか。

山野目 この期間制限は，買主の保護を狭めるものであり，要らないとする意見もありましたけれども，売主が知らないままでいることを防ぎ，契約不適合という当事者双方にとって不幸な事態が存在していることの認識を当事者が共有するためのものとして設けられました。ご指摘がありましたように，この期間制限が設けられている場合と，そうでない場合とがありますけれども，期間制限が設けられた場合は，結局，通知をしてもらわないと，お話ししたような不幸な事態が存するということの共通認識が得られにくい局面でありまして，数量に代表されるような，相対的にそういう心配が小さくて済む場面については期間制限が設けられていない。このような振り分けになるものではないでしょうか。

V. 改正法 567 条——危険の移転

中井 改正法 567 条 1 項は，売主が買主に目的物を引き渡した場合，目的物の滅失等の危険が買主に移転し，引渡し後に滅失しても，買主は，売主に追完請求その他の請求はできないものと定められました。不特定物の売買については後ほど議論しますが，特定物売買の場合は，引渡しを境目に危険が移転することが明示されました。つまり，引渡し後に，予想できない大雨で駐車場が冠水し自動車が水没しエンジンが損傷した場合のように，売主にも買主にも帰責事由がなくて目的物が滅失損傷した場合ですが，買主は，この滅失損傷を理由に追完請求，代金減額請求，解除，損害賠償請求はできません。つまり，目的物の価値喪失リスクは，引渡し後は買主が負担することになります。その当然の帰結というか前提として，引渡し前は，売主がその危険を負担することになります。対価については，引渡し後に滅失しても買主は代金を支払う義務があり，対価危険も引渡しの時点で移転することになります。契約後，売主買主の責めに帰すことができない事由で目的物が滅失したときは，536 条 1 項の規律が及びますので，本条は，その特則として機能することになります。なお，567 条 1 項では，売主買主に帰責事由がない場合とさ

れていますが，買主に帰責事由がある場合も同じ結論になります。この規律は，元々売主の帰責事由によらずに滅失した場合，として議論されてきましたけれども，最終的に条文は，売主買主に帰責事由がない場合の規律という体裁を採っています。これは，一般にわかりやすさの観点から，このように典型例として規律されたと解されています。

　この567条1項の原則に対して例外があります。買主が受領を拒絶した場合は，その時点で引渡しがあったのと同じ扱いとなり，受領拒絶前は売主が危険を負担し，受領拒絶後は引渡し前であっても買主が負担することになります。567条2項はそのことを定めています。したがって買主は追完請求ができず，代金の支払義務があります。これは，413条の2第2項の考え方が，売買において具体的に表れたものと言えます。

　他方，特定物の引渡し後に滅失損傷した場合でも，滅失損傷について売主に帰責事由があれば，売主が危険を負担します。例えば，引き渡した特定物に契約不適合があるために目的物が滅失損傷したときは，その危険は売主が負担することになります。具体的には，ブレーキに欠陥があり，運転中にブレーキが利かないために自動車事故が発生して全損となった場合などは，その例と言えるのでしょうか。567条の一般的理解について，以上のように整理いたしましたが，補足していただけることはありますでしょうか。

山野目　危険の移転に関して定めている567条と，そもそも危険負担についての基本規定である536条について詳細なご説明をいただき，様々な場面への適用の具体的な帰結についても網羅的にお話をいただきました。各規定の解釈理解などは，おっしゃったとおりではないかと感じます。

　536条1項の危険負担の基本規定についても，法文は，当事者いずれの責めにも帰すことができない事由という局面を適用対象にするという文理になっていますが，債務者に帰責事由がある場合についても，536条1項の規定に基づく代金支払の拒絶が許されると理解されています。だったら，そのように法文を起草すればいいではないかというご意見もあるかもしれません。しかしながら，ただいまお話があったとおり，これは国民から見ての法文のわかりやすさという観点から，典型的な事例について記したものであって，さらなる規定の細部の理解や運用の留意が必要な部分については専門家に委ねるという見地から，先ほど付け加えていただいたような規範も得られると

ころであります。民法の法文が要件事実を無視していけないことは確かでありますけれども，全部が全部，要件事実的に精密な仕方で書き切るということも，これまた難しいと言いますか問題が生じる部分があります。色々な評価はあるでしょうけれども，536条1項などの規定は，そのような工夫，配慮の積み重ねの上に得られた法文であるということも，皆様方にお知らせしておきたいと考えます。

中井 確認をしておきたいのですが，契約不適合のある特定物を買主に引き渡したとき，買主は，修補などの追完請求ができるわけですが，引渡し後に滅失したときは，その危険は買主が負担し，もはや追完請求はできないことになります。しかし，契約不適合の事実はあったわけですから損害賠償の可能性は残ると考えられますが，そのような理解でよろしいでしょうか。

山野目 それは確かに，そのとおりであり，損害賠償の可能性が残りますし，追完が不能になりますから代金減額請求をすることができます。さらには，代金減額請求をもってしても十分でない場合もありうるでしょう。追完を要する事態という意味での一部の不履行が契約目的不達成をもたらすような深刻なものであるときは契約を解除することもできるものではないでしょうか。

Ⅵ. 不特定物の契約不適合

1. 追完方法の選択

中井 特定物についてはこの程度にして，次に，不特定物の売買について検討します。具体的設例を考えたいと思います。自動車メーカーのディーラーから新車を購入する売買契約も不特定物売買と思います。車種，年式，型式，色などを決めて契約し，どこかの段階で買主に引き渡すべき自動車が決まり，それが，ディーラーの手元に届き，そしてディーラーの手で買主名義の自動車登録をして，買主に自動車と鍵を一緒に引き渡す。このような手順になろうかと思います。

　その新車のブレーキに欠陥があったとすれば，買主はどのような請求ができるのでしょうか。追完請求として修補請求と代物請求がありますが，買主は修補か代物か自由に選択できるのでしょうか。ブレーキのような自動車にとって重要な部品に欠陥があれば，買主として別の新しい自動車を引き渡すよう請求したくなるものですが，売主は修補で我慢してくださいと言えるの

でしょうか。売主が，買主の求めた追完方法と異なる方法で追完できる場合はどのような場合か，改正法はどのように整理しているのでしょうか。

山野目 562条1項本文は，買主が追完請求をすることができると定め，少なくとも第1次的には，買主が追完の具体的な方法の選択提示をすることが想定されているのではないかと感じます。このような理解を前提として申し上げますと，ブレーキやエンジンといったような自動車のかなり生命線に関わる本質的な部分について不具合がある場合に，買主が「取り替えてくれ」と代替物の引渡しを請求することができてよいということは，少し前に私は自動車を運転しないのでよくわからないと申し上げましたが，そのような私ですら，それはそのように感じますし，常識で理解することができます。ですから，この場合には代替物の引渡しということを買主が主張していき，多くの場合において，それが認められるべきであるという解決になるものではないでしょうか。

中井 ところで，山野目さんのお書きになった『新しい債権法を読みとく』（商事法務，2017年）では，「虫の入ったワイン」を例にされています。買主から，「瓶詰めしたワインから虫を取り除いてくれ」と請求されると大変ですね。最近の家電製品でも同じことが言えるように思います。炊飯器でも洗濯機でも，うまく作動しないときは，修理をするより新品と交換するほうが安いが場合もあるでしょう。

　反対に，新車を購入したけれども，ブレーキのような中枢部分ではなくて，例えばワイパーが壊れている場合に，別の新車を納入せよと請求できるのか。それは若干行きすぎのようにも思います。他方，ブレーキ以上に重要なエンジンに欠陥がある場合，たとえエンジンの修理が可能でも，別の新車への交換を求めたいと思うでしょう。新車を買った買主の気持ちも考えると，ケチのついた自動車は要らないと思うのもわかります。しかし，このあたりの線引きはなかなか難しいように思いますが，いかがでしょうか。

山野目 私は自動車は嗜みませんが，ワインの中でもとりわけ赤ワインは好物でございまして，赤ワインを嗜む際には，長年保存された赤ワインの底に澱が溜まっている。あの澱を一緒に味わうことも楽しみの1つとしております。それはワインの味わいの奥行きを醸し出すものとして大事でありますが，反面，澱ではなくて虫が入っているようなことは言語道断でありまして，そ

のようなワインを買わせられたときには，ご指摘のとおり修補ということは考えられませんから，別な物を持って来てくれというお話になるのは当然のことであります。

　反面におきまして，話題としてご提供いただきました自動車のワイパーであれば，自動車の運転のことを，もう少しよく伺ってみなければわからない部分もありますけれども，この場合については，何が何でも代替物を持って来なければ追完をしたことにならないと，そういうふうにこだわることも変であると感じます。562条1項を話題にしておりますが，実はこの1項の規定にはただし書があり，既にご紹介いたしましたように，売主の側が，「買主に不相当な負担を課するものでない」と主張立証をして，代替物の引渡しではなく，売主による修補をする追完の仕方で解決を求めていくことが認められており，ワイパーのケースについては，それが大いに考えられると感じます。

2. 不特定物に契約不適合がある場合の解除や損害賠償

中井　次に，納品された新車のブレーキに欠陥があるときに，解除や損害賠償はどうなるのでしょうか。ブレーキに欠陥がある中古車の特定物売買と基本的に同じでしょうか。もし違いがあるとすれば，どのような点でしょうか。

山野目　基本は，この場合も564条により，415条・416条・541条・542条により処されるということであり，特定物の場合と異なりません。特定物の場合は，その自動車のブレーキが壊れていて修補が困難であるということになれば履行不能ということになりますが，不特定物であれば，代替物の引渡しという追完の選択肢がありえますから，不能が生ずる場面が狭まるということはあることでしょう。

中井　代金減額請求や権利行使のための期間制限なども特定物と同じ取扱いとなります。

3. 不特定物売買の危険の移転

（1）引渡し後に滅失した場合

中井　次に，引渡しによる危険の移転について議論したいと思います。ここは少し厄介で，よくわからないところですので教えていただければと思いま

す。567条1項括弧書は，不特定物の売買でも特定された場合は，引渡しにより危険が移転すると定めています。つまり，買主の注文した新車が自動車メーカーからディーラーの倉庫に届き，それが買主に引き渡された後に，売主買主の帰責事由なくして滅失損傷したとき，そのリスクは買主が負担することになり，買主は追完請求できません。ここまでは特定物売買と同じです。

(2) 引き渡した目的物に契約不適合がある場合

中井 ところで，ディーラーの倉庫に届けられた新車のエンジンやブレーキに欠陥がある場合，その新車がそのまま買主に引き渡され，その後，天災で滅失した場合，買主は，売主に対してどのような請求ができるのでしょうか。つまり，不特定物について契約不適合な目的物が引き渡された後に目的物が滅失損傷した場合の取扱いについて，どのように整理し理解したらよろしいでしょうか。

山野目 エンジンやブレーキといったような，自動車の運行，運転にとっての本質的な事項，とりわけ運転者や関係者の生命，身体の危険に関わる事項に係る不具合があるような物を引き渡したとしても，買主は追完請求権の行使として代替物の引渡しを請求することができることは，先ほどお話ししたように当然のことでありまして，そうであるからには，普通，引き渡された物は「売買の目的として特定したもの」（567条1項括弧書）に当たりません。ですから，買主は代替物の引渡しを請求することができなければなりません。また，契約に適合しない物であっても，買主が「ひとまずそれを受け取りましょう」と述べたときは，その述べたことの意味をよく見究めなければならないと感じます。

中井 今の問題を不特定物の特定の問題として考えると，ディーラーに届いた新車のエンジンやブレーキなど自動車の心臓部分に欠陥があるとすれば，ディーラーとして新車の引渡しをするのに必要な行為が終わっているとしても，さすがに，特定を認めて買主の代物請求，つまり売主の再調達義務を否定することは不当であるように思います。

しかし，例えば扉に傷がある，ドアミラーが動かないという程度なら，目的物の特定を認めて代物請求，つまり売主の再調達義務を否定してもよいように思います。そういう場合，修補は可能ですから，買主は修補請求ができるでしょう。結局，その不適合な目的物が引き渡された場合に，買主が追完

請求として代物請求が相当な内容の不適合か，それとも，修補請求が相当な内容の不適合かによる区別とも言えるように思います。

　ただ，不特定物は，本来，契約に適合した目的物を買主に引き渡すべきで，契約に適合しない目的物の場合は，たとえそれが形式的に特定されたとしても，本来の契約に適合する目的物を再調達すべきで，また再調達できるはずであり，そのような義務を売主に課しても酷ではないように思います。反対に，軽微な契約不適合の場合は，特定した後に，なお売主に再調達義務を課す，買主に代物請求を認めるというのは売主に酷であり，買主も修補で我慢すべきではないかと思うのですが，このような考え方についてどのように思われるでしょうか。

山野目　売主が562条1項ただし書に言う「買主に不相当な負担を課するものでない」という評価を根拠づける具体の事実を主張立証して，買主からの代替物の引渡しの請求を斥けて修補に赴くことが可能である場面などでは，その意味において，たとえ修補の必要があるとしても，その引き渡された物は「売買の目的として特定したもの」（567条1項括弧書）という方向で見ることができます。このような思考を経て，契約不適合が軽微であるかどうかに応じ解決を考えることは，常識にも合し，魅力のある考え方であると感じます。

中井　仮に，このような考え方が許されるとすると，要するに不特定物売買で目的物が買主に引き渡された後に滅失した場合，特定されていると評価できる場合には，改正法567条で，その危険は買主が負担し，未だ特定されていないと評価される場合は，その危険はなお売主に残り，買主は代物請求ができ，売主は再調達義務があるということになりそうに思われます。

（3）　引渡し前に滅失した場合

中井　さらに，次の場面ですが，自動車メーカーから，ディーラーに新車が配送され，買主のために自動車の登録手続が履行されたが，引き続き倉庫に保管されているうちに，その倉庫が放火にあい，新車が焼失した場合，買主は本来の請求ができ，売主に再調達義務があるのでしょうか。それとも，買主に引き渡すべき新車は既に特定されていますので，売主の債務は履行不能となって，買主は本来の履行請求はできず，契約の解除又は損害賠償請求ができるだけでしょうか。

改正法567条は，引渡し後の滅失について，買主は追完請求ができないが，引渡し前のことは明記されていませんので，反対に解釈すれば，引渡し前の滅失の場合は追完請求ができると解釈することも可能です。この考え方は，不特定物売買では，特定では危険は移転せず，売主の再調達義務は消滅しない。引渡しで移転するという整理になります。

　他方，引渡し前の特定を重視すれば，特定後の滅失の場合は，特定物売買と同様に，新車の引渡し義務は履行不能になったと考え，買主は，契約の解除か損害賠償ができるにとどまるという整理も可能です。合意によって特定した場合は，なおさら，目的物を合意した時点で，危険も売主から買主に移転すると考えるのが素直であるようにも思えます。いかがでしょうか。

山野目　新しい規定は，引渡しを境として危険が移るというルールしか設けておらず，567条のほかに危険が移転する局面を安易に考えるべきではないと考えます。現行法においても，いわゆる特定があったならば危険が移転するという理解は，相当の問題を含んでいたと感じます。もちろん，新しい567条も任意規定であり，「債権者の同意を得てその給付すべき物を指定したとき」（401条2項）や，端的に当事者が合意して特定の物を目的物として絞った場合において，567条とは異なる危険移転の合意がされたと見られる事例は，ありうると考えます。

中井　この点について，中田裕康教授の『契約法』（有斐閣，2017年）で，不特定物については特定を重視して，特定があれば特定物と同様に引渡し前に滅失したら履行不能となり，売主は再調達義務を負わないという考え方が示されています（330頁〜331頁）。実際，新車が販売店の倉庫に入って，買主名義の登録手続が終わると，給付対象となる自動車はその車に特定され，その自動車を売買の目的とすることが合意されたと評価でき，その合意をした時点で，当該自動車の給付危険は売主から買主に移転し，引渡し前であっても，滅失すれば履行不能になると考えることもできるように思います。

　山野目さんは，先ほど「特定があったならば危険が移転するという理解は，相当の問題を含んでいた」と指摘されました。その意味について，もう少し説明をお願いできるでしょうか。

山野目　今，話題になっているこの場面は，なかなか難しい問題であると感じます。実質的な支配が移転した場面に限定して適用するという，現行法の

534条1項の制限解釈が，同条2項の不特定物の場面でどのように展開するか，論議がありうるところであったと感じますが，改正後は危険移転の規定が直截明示には401条2項を参照するものになっていないという問題状況の変化も見られます。法文の読み方の問題として，401条2項が「特定」の語そのものを用いておらず，567条1項括弧書と必然的に結びつけることも，今後，検討を要することであると感じます。それらの点において，問題提起をいただいたことは，これから更に勉強し，考えていかなければいけない事項です。当面，実際問題として，売主が物を分離して買主に通知すると，買主の主体的な関与がないまま危険が移転する，という解決になるとすると，それでよいか，いささか案じられるところはあります。

(4) 引渡し前の目的物に契約不適合がある場合

中井 さらに問題設定を複雑にしてしまうのですが，同じように新車売買で目的物が特定され，その自動車のエンジンやブレーキに欠陥がある場合はどうでしょうか。契約不適合のある自動車ですから，先ほど議論したように，その段階では特定は未了とすれば，それが滅失しても無関係で，買主は，本来の履行請求として新車の引渡しを求めることができます。

契約不適合があっても特定されていることを重視すれば，引渡しは履行不能になり，買主は，代金の支払拒否，更に解除ができますが，代わりの新車の引渡しは請求できません。このように契約不適合のある自動車が，引渡し前に滅失した場合，どのように考えるのでしょうか。

山野目 この局面も，既にご指摘があったようないくつかの観点が交錯する仕方で論議が展開していくことになり，必ずしも論議が単純には進まない部分があると感じます。567条とは異なる危険移転の合意がされることがありうるという発想ないし観点を否定してはいけませんが，しかし，そのような合意の認定は慎重でもあるべきです。ブレーキやエンジンに不具合があるにもかかわらず，危険が移ることを受け容れ，代替物を請求する権利を失ってよいとする趣旨の合意がされたという認定判断は，安易にされてはいけないことであると感じます。

中井 そうしますと，山野目さんは，567条と異なる引渡し前の危険の移転について，不特定物の特定の効果として考えるのは相当でない，仮に引渡し前の危険の移転があるとしても，それは合意の効果として考えることができ

る，ただし，その合意の認定は慎重であるべき，このような整理と理解しました。

　仮に危険の移転が特定の効果と考える場合，中田先生の考えはそのように理解できるのですが，契約不適合の程度によって，特定されているかどうかが分かれるとする先ほど述べた考え方に立てば，ドアミラーのような不適合の場合は，目的物はもう既に特定されており，引渡し前に滅失すれば履行不能になり，売主は再調達義務を負わない。しかし，エンジンの欠陥のような場合は，まだ特定されていないとして，それが引渡し前に滅失しても無関係で，買主は本来の履行請求ができる，このような整理も可能であるように思います。

　ただ，実務的に新車の売買を考えた場合，引渡し前の滅失であれば，欠陥の内容や程度を問わず，おそらくディーラーとしては，大切なお客様である買主との取引継続こそが大事ですから，普通は，代わりの新車を調達して買主に納品することになるように思います。そうすると，この実務を見る限りは，新車の売買に限ってのことかもしれませんが，「特定」より「引渡し」が大事で，引渡しによって危険が移転すると考えているようにも思いますが，いかがでしょうか。

山野目　既にいくつかの局面を話題にした際に出てまいりましたように，契約不適合の程度によって区別して，実際の場面ごとに安定的な解決を得ようとする考え方は，実務の感覚にも合するものであって魅力のある考え方であると感じられます。そのような考え方を推し進めるとすれば，いわゆる特定の概念と硬直的に結びつけて追完請求の内容や危険の移転を考える見立ては，反省を迫られる部分があると考えます。新しい債務不履行責任と，その一環をなす契約不適合責任を前提として，これからの401条2項の持つ意義ということがどのあたりにあるか，引き続き学問研究としても深められていかなければなりませんし，実務のほうでお悩みになることを伺って，そのご努力の積み重ねも拝見していかなければなりません。

　(5)　危険の移転のまとめ

中井　改正法567条の危険の移転については，特定物を念頭に置いたときに引渡しを基準として危険が移転するというのは非常にわかりやすい。不動産取引などはその典型で，全ての契約で引渡しをもって危険が移転すると明記

しています。ところが，不特定物売買では，567条には，慎重に考えなければならない問題が多いことを理解いたしました。401条2項で，「その物を債権の目的物とする」ことについて「特定」という言葉を使うことが許されるとすれば，この特定によって特定物売買と同じになるとして，「特定」を重視する考え方がありうる。これを401条2項重視説と言ってもよいのかもしれません。それに対して，不特定物の場合，基本的に不特定物だから再調達義務を広く認めて，特定より「引渡し」を重視する考え方がありうる。これを改正法567条重視説と言ってもよいのかもしれません。この2つの考え方の対立があるように思います。通常，不特定物の場合は契約不適合があっても，契約に適合する目的物を引き渡すことが一般的に可能かつ容易ですから，代替物の再調達を認めても売主に酷ではないと言えます。したがって，401条2項重視説に立っても，契約不適合であるときは特定を認めないことにより，引渡しの前後を問わず，滅失しても再調達させる方向になります。改正法567条重視説からは，不適合があるときは，引渡し前の滅失の場合は，当然，再調達をすべきことになり，引渡し後の滅失でも，特定が未了であるとの理由で再調達を認めることになります。結局，違いは，引渡し前に特定したと評価できる場合に，その後，引渡しまでに滅失したときです。改正法567条重視説に立つ場合，引渡し前の滅失により再調達義務を否定できるのは，特定の時点で危険の移転を合意した場合に限るということになるのでしょうか。今後の解釈問題と言えるように思います。

　ここまで売買に関して改正法の条文に即して，順次，議論をさせていただきました。議論からもわかるように，今後とも解決していくべき論点は数多いということが理解できました。ありがとうございました。

山野目　どうもありがとうございました。

［2018年3月16日収録］

請負契約の契約不適合責任

道垣内弘人	岡 正晶
DOGAUCHI Hiroto	OKA Masaaki

設例　Aは，工務店B社とアパート建築の請負契約を締結し，工事を発注した。Aは，建物の引渡しを受けて，アパート経営を始めようとしたが，数々の不具合が発見されたので，B社に修補等を要請し，まず修補計画書を提出するよう求めた。しかしB社から提出された修補計画は，Aから見れば不誠実そのもので信頼できず，AとしてはB社ではない他社に修補等をしてもらいたいと考えている。

☞ (1) Aは，B社の修補計画を却下し，他社に修補等を発注し，それに要した工事金額をB社に損害賠償請求できるか。C社の見積金額は，B社が行う場合の想定金額より約30％割高である。
☞ (2) 不具合の内容が，耐震構造の計算ミスで，ただ契約金額の10％相当の補強工事をすれば契約建物と同等の強度を回復することができ，かつ見栄えはやや悪くなるがアパート経営をすることが可能と言えるとき，Aは契約を解除できるか。
☞ (3) 引渡しから15年後に，雨漏りが生じた。調査したところ，屋根瓦の製品不良が原因であった。AがただちにB社に修補請求をしたところ，B社は消滅時効を援用した。この消滅時効は認められるか。

I．修補に代わる損害賠償請求権

岡　今回のテーマは「請負契約の契約不適合責任」です。請負のこの責任に

については，改正法559条によって売買の契約不適合責任の規定が準用されることになりましたので，基本的に売買と同様の規律となります。したがって，請負人が，種類又は品質に関して契約の内容に適合しない仕事の目的物を注文者に引き渡したときは，注文者は，①修補などの追完請求，②代金減額請求，③債務不履行によって生じた損害の賠償請求，④契約の解除の4つの権利を行使することができます。このうち，①と②については，本書 **NO. 13** の売買のところ（298頁以降）をご覧いただくこととし，ここでは，③の損害賠償請求と，④の契約解除について議論をしたいと思います。もっとも，①と②についても，請負について，特別な問題があれば，議論したいと思います。対談のお相手は道垣内弘人さんです。よろしくお願いいたします。
道垣内 よろしくお願いします。

1. 改正法415条2項の適用の有無

岡 まず，③の損害賠償請求です。本設例では仕事の完成が遅れ，アパート経営開始が遅れたことによる遅延賠償の請求ができると考えられますが，本日は「修補に代わる損害賠償請求」を取り上げます。近時，弁護士の間で話題になっているのが，請負契約において，改正前と同様に，修補に代わる損害賠償請求を，修補請求することなく，直ちにできるかという問題です。すなわち，現行法634条2項は「注文者は，瑕疵の修補に代えて，又はその修補とともに，損害賠償の請求をすることができる」と定めていました。これは修補要求・催告をすることなく，直ちに損害賠償請求できる旨の規定と思いますが，まず現行法の理解はこれでよろしいでしょうか。
道垣内 現行法の理解としては，直ちに損害賠償ができるというのが判例であり（最判昭和52・2・28金判520号19頁），学説にもさほど異論はなかったと思います。
岡 ところが，今回の改正では，この現行法634条2項が削除され，改正法415条2項は，「債務の履行に代わる損害賠償の請求」は，同項所定の場合に限ってできると定めました。このため，私を含む複数の弁護士は「修補に代わる損害賠償請求」も，この415条2項の適用を受け，改正前のように，「直ちに」請求することは「できなくなった」と考えていました。ところが，法務省の解説では，請負契約で「修補等に代えて損害賠償請求をする場合に

ついては，新法第415条第2項……は適用されず……，……同条第1項の枠内で処理される」とされました（『一問一答』341頁注2）。これは，我々にとっては驚きであり，「本当だろうか」というメールが飛び交いました。この点はどうお考えですか。

道垣内 ここでまず問題になりますのは，改正法415条2項にいう「履行に代わる損害賠償」という文言の意味です。これは，伝統的には塡補賠償と言われてきたものであり，どのような場合に塡補賠償が認められるかについては判例・学説上，色々変遷があるのですが，一言で言えば，履行請求権がリーガルに存在しない場合，又は，履行請求権はリーガルには存在するが，プラクティカルには存在しない場合に認められる，というのが結論だったわけです。そして，それを規定したのが改正法415条2項であると理解できます。415条2項1号というのは不能の場合であり，3号は解除があった場合ですよね。これは履行請求権がない。2号は，債務者が債務の履行を拒絶する意思を明確に表示したときということで，プラクティカルには履行請求しても意味がなくなっているという場合ですね。

　さて，そうなりますと，修補が可能なときに修補に代えて損害賠償するという場合には，修補請求権がリーガル又はプラクティカルに存在しない場合ではありませんから，改正法415条2項は適用されず，改正法415条1項が適用されるというのが，法務省の解説で言われていることだと思います。そして，そう考えますと，現行法634条2項にいわゆる「瑕疵の修補に代えて，……損害賠償の請求をすることができる」という場合の損害賠償と，改正法415条2項にいう「履行に代わる損害賠償」というのは意味が違うのです。現行法634条2項の定める損害賠償請求権は，瑕疵修補請求権が存在している場合に，その代わりに損害賠償を請求するというものであり，瑕疵修補請求権がリーガル又はプラクティカルに存在しない場合ではありませんから。

岡 そうすると，改正法415条2項の「債務の履行に代わる」損害賠償の請求とは，全部債務の履行に代わる損害賠償を指すということになるのですか。

道垣内 それも必然的ではありません。一部しか履行されていない，しかしながら残部は履行不能であるという場合というのがあるわけですよね。この場合，残部について履行請求権は存在しなくて，そこについては履行に代わる損害賠償を請求するということはあります。

岡 なるほど。修補請求が可能なときの，修補請求に代わる損害賠償請求は，少なくとも改正法415条2項にいう「債務の履行に代わる損害賠償の請求」には含まれないという解釈ですね。それは売買の場合も同じですか。

道垣内 売買の場合も同じではないでしょうか。売買契約において，例えば目的物に契約不適合があったとします。そのとき，一般的には追完請求なり修補請求なりができるわけですが，それをしないで損害賠償請求をすることも可能であり，それは，改正法415条1項によるのでしょう。ところが，全体として目的を達することができないという理由で解除がされる，あるいは一部解除がされるということになると，このときは解除によって契約自体がなくなりますので，残ってくるのは履行に代わる損害賠償請求権ということになり，同条2項が適用されるのだと思います。

岡 しかし，そうすると，改正法533条の同時履行の抗弁のところで，括弧書で「債務の履行に代わる損害賠償の債務の履行を含む」とわざわざ書き込んでおり，法務省の解説では，修補に代えた損害賠償請求は，この533条が直接適用されるとしています（『一問一答』341頁注3）。この533条の括弧書内の文言は改正法415条2項の文言と同じですが，異なる意味として理解することになるのでしょうか。

道垣内 私は異なる意味になっていないと思います。例えば，代金支払と物の引渡しが同時履行になるというときには，両方とも契約の本旨に従った債務が未履行の状態になるわけですね。そして，修補請求の場合も，契約内容としてそれが存在していると考えると，その修補請求と代金支払というのが，一部になるかもしれませんが，同時履行関係になる。ところが，履行請求権がリーガル又はプラクティカルには存在しなくなり，損害賠償請求権のみがあるという状況になったとすると，本旨債務同士の同時履行の話とは異なってくるのであり，そこで，括弧書で，「債務の履行に代わる損害賠償の債務の履行を含む」と書いたということですよね。本旨債務の履行請求が可能な場合の損害賠償請求というのは，改正法533条においても括弧外の「債務の履行」に該当し，リーガル又はプラクティカルに存在しなくなると，「債務の履行に代わる損害賠償の債務の履行」になるので括弧内になるというわけで，構造は同じではないかと思います。

岡 しかし道垣内さんがおっしゃるような意味にするのであったら，もっと

いい表現がありそうな気がしますね。

道垣内 ええ。そのとおりなのですが，填補賠償の位置づけに関しては，色々な見解がありますから，ニュートラルな言葉で書いた，そして，改正法533条でも括弧書は不要かもしれないが，念のために書いた，ということだと思います。

岡 論理としては少しわかりにくいところはありますが，現行法どおりで，請負において，修補請求に代えて直ちに損害賠償請求ができる，改正法415条1項でいけるというのは，弁護士にとっては受け入れやすい結論です。また，それが売買にも及びうるというのは興味深いです。

2. 請負人が合理的な修補計画を提示した場合の取扱い

岡 修補に代わる損害賠償請求権について，次に，請負人側の対抗手段について考えていきたいと思います。請負人は，突然，修補に代わる損害賠償請求をされたとき，必ずそれに応じないといけないのでしょうか。私がきちんと修補しますといっても通らないのでしょうか。

道垣内 改正法562条1項では，「目的物の修補，代替物の引渡し又は不足分の引渡しによる履行の追完」とされており，損害賠償については規定されていないから，損害賠償請求については同項ただし書による調整というのは効かないのではないかという疑問ですね。

岡 このただし書の精神を準用するというのは解釈論としては難しいのでしょうか。

道垣内 注文者は損害賠償を請求をしてきたのだけれども，修補したほうがよほど合理的だという場合には，修補ができておかしくないですよね。そこで，少し伺いたいのですが，現行法については，修補に代わる損害賠償請求は修補請求をしなくてもできると言われてきたわけですね。ところが，実際に建物を建てたというときに，請負人に修補させたほうがよほど合理的だという場合というのはあるはずですが，そのような場合についてはどのように考えられてきたのですか。

岡 請負人が提示した修補プランが客観的にも合理的で，発注者のほうもまともな人であれば，その修補で解決されていたと思います。

道垣内 請負人が修補するというのが合理的な場合には，請負人に修補させ

るという処理がされてきたとするならば，条文上，あるいは最初に確認した判例上は，修補に代える損害賠償は修補請求を介さないでできるというものであったわけですから，条文の文言あるいは判例法理にもかかわらず，そういう処理を行ってきたということですよね。

岡 実務としては，そういう処理はあったと思いますね。改正法下においてもその処理を行うとして，その解釈上の根拠を，売主の追完権というべき562条1項ただし書に求めることはいかがでしょうか。なお，同ただし書の準用ではなく，信義則に基づいて，一定の場合には修補に代わる損害賠償請求は認められないという考え方もありうると思います。どうでしょうか。

道垣内 あるいはアクロバティックな解釈論になりますが，追完可能性があって，その追完が注文者に不相当な負担をかけるものではないときには，その部分については損害が発生していないと考えることも可能かもしれませんね。

岡 請負人が合理的な修補をするといって体制を整えていれば，遅延損害しか損害がないというわけですね。それは妥当な方向だと思います。請負人が合理的な修補をするといって，それは裁判官から見ても真っ当な態度だと評価されるときに，発注者のほうが嫌だといって，あえて他の人に修補をさせてしまった場合の処理として，他の人にやらせると通常は割高になりますので，その割高部分の賠償請求を認めるのは不当だと思うのです。しかし，完成はしていないわけですから，修補に相当する部分，請負人が修補をしたら，請負人にかかるであろう真っ当な価格を引いた金額を報酬として認めて，割高部分の損害賠償請求は認めないと。これは実務的には，いい発想だと思うのですが，どうですか。

道垣内 もっと理論的に言えば，損害というのを算定するわけですが，支出額というのは算定資料にすぎないですよね。そうなったときに，これを客観的に算定したときに，500万円になると考えるならば，1000万円かけて修補したのはあなたの勝手であって，500万円の損害であるとすること，つまり損害賠償額の算定において調整することも可能ですよね。そして，このように考えて，請負人は自分で修補すれば支出せざるをえなかった費用分だけを損害賠償額として支払うということにできれば，請負人にあえて修補権限を認める必要はないという見方もできるかもしれませんね。そういう解釈で，

改正法562条1項ただし書に該当する規律が損害賠償請求については存在しないという問題をクリアするわけです。

岡 できますね。妥当な結論だと思います。そうしたら請負人としては，「自分でやってもいいけれども，あなたが勝手に他にいくのだったらそれは止められないけれども，うちの報酬はうちがやったらできる分しか引きませんよ」と。裁判所がそれを認めてくれるのだったら，請負人も騒ぐ必要はないですよね。

道垣内 そうなると，修補に代わる損害賠償というのが現行法で認められてきたときに，その修補に代わる損害賠償請求が行われたときの算定実務というのがどうなっているのかという問題になりそうですよね。

岡 そうですね。その研究が必要ですね。ただし，合理的な修補計画を請負人が提示している場合は，その合理的な修補に相当する賠償請求しかできないというのが原則だとしても，実務としては微妙な事例があって，請負人が信用できない事例のような場合で，第三者に発注して，確かに割高になったが，増加額はそれほど多くない場合には，割高部分についても損害賠償請求できてもよいように思いますね。また注文者の個人的な思い入れが強く，それが契約の内容になっている場合は，「合理的な修補」の認定の際に，その思い入れを加味してあげないといけないように思います。

道垣内 それはそうだと思います。また，改正法562条1項ただし書が準用されたとしても，同じ結論になると思います。買主と売主との間の信頼関係がなくなっている，債権者が債務者を信用できなくなっているといったときに，なお債務者に色々やらせるというのは，債権者に不相当な負担を課すると言えるのではないでしょうか。

岡 「不相当な負担」というのは価値判断を内包する用語なので，実務的にはうまく使い回わせる言葉だと期待するところもありますね。

道垣内 もっとも，不安定な言葉でもあるかもしれませんが。

岡 関連して，修補にかかる費用が500万円だとしたとき，請負人に対する報酬から500万円を差し引く理由は，損害賠償請求と報酬請求権の相殺なのか，報酬請求権自体が発生していないのか，563条の代金減額請求権でいくのか，そのあたりはいかがですか。

道垣内 相殺なのか代金減額なのかということなのですが，代金減額という

発想自体が，代金債権は全部発生しているということを前提にしていますよね。そうなると，後でまた出てくると思いますが，一応の完成があって，全部の引渡しがされているということになると，観念的には報酬請求権は全額発生していると考えるわけです。相殺か報酬減額請求権かというのは，どちらでもよいように思いますが，一応の完成がなければ，まだ未完成分に対応する報酬請求権がそもそも発生しないというように考えるのではないかと思いますので，どの時点になると，報酬債権が全額発生していると言えるのか，というのが，むしろ重要な問題になりますね。

3. トラブルを避けるための特約の具体例

岡 先ほど，改正法562条1項ただし書の「不相当な負担」という言葉について，「不安定」という懸念も出ましたし，また，同ただし書が損害賠償請求があったときに準用されるかという点について，準用を否定して損害賠償額の算定で調整するという話も出ましたが，これも予測可能性は十分ではありません。そこで例えば，注文者有利の特約としては，「注文者が，引渡しを受けた仕事の目的物に契約不適合があると判断した場合で，注文者が，他社に修補させることが相当と判断したときは，注文者は，その旨を請負人に通知した上で，他社に修補させることができる」が考えられますし，請負人有利の特約としては，「注文者は，引渡しを受けた仕事の目的物に契約不適合があると判断した場合，直ちに請負人に通知する。通知を受けた場合，請負人は，調査の上，速やかに，修補の要否，可否，修補等の具体的方法等を，注文者に通知する。修補等の具体的方法が，注文者に不相当な負担を課するものでないときは，請負人は直ちにその修補等を行うものとする」といったものが考えられるかと思います。このような特約については，特に違和感はないということでよろしいですか。

道垣内 基本的には問題ないのですが，注文者有利の特約については，若干，問題があるかもしれません。最近，あまり議論がないのですが，かつて，川島武宜先生などを中心に，公共工事の約款について，その不平等性を指摘する学説が展開されました。例えば，帰責事由がいずれにあるかといった点についての解釈権限が注文者に認められていることが問題とされたのです。川島先生があげられる約款例は，「工事受渡前に生じたる損害は乙〔請負人〕

の負担とす但し甲〔注文者〕の責に帰すべき事由あるとき又は稀有の天災事
・・・・・・・・・
変に起因する既済部分の損害にして甲が重大と認むるものは此の限りに在ら
・・・・・・
ず」といったものなのですが,「『稀有の天災事変』によるという厳格な表現
・・・・・・
のほかに,さらに『甲が重大と認むるもの』(客観的に重大であるだけでは
・・・・・・・・・
足らず,甲が主観的に重大と認めるものであることを要する)という文言を
附加することにより」,「旧来の請負人の事実上の『懇願』がこのような成文
化によって『権利』に転化すること(それは慣行の質的変化を意味する)を
・・・・・・
恐れ(前述の条文では法律効果を『此の限りに在らず』という文言で表現し
ている),権利化する範囲を狭くすること,を目的としているものであった」
(川島武宜「建設請負契約における危険負担」松坂佐一ほか還暦記念『契約法大系
Ⅳ』〔有斐閣,1963 年〕142 頁)というものです。そのような観点からすると,
自由に判断できる,という特約は,適正なリスク配分となるように,制限的
に解釈されるべきだということになるかもしれません。

4. 設例(1)の回答

岡 A は,B 社に,修補をさせず,修補に代わる損害賠償請求をすることが
できる。ただし,B 社が客観的に合理的な修補計画を提示していた場合は,
A は,その B 社修補に係る費用相当額だけしか,損害賠償請求できず,C
社に発注することによって生じた割高部分の請求はできない。しかし,B 社
の対応に問題があり,B 社に修補させたくないという A の選択が,契約の
趣旨及び取引上の社会通念に従って是認されるようなときは,合理的と認め
られる割高部分についても損害賠償請求できる。こういうまとめで,どうで
しょうか。

道垣内 よろしいのではないかと思います。

Ⅱ. 請負契約の解除権

1. 催告解除(改正法 541 条)の要件である「非軽微性」

岡 それでは,次に契約解除の論点に移ります。まず,現行法 635 条は,建
物の建築請負については,仕事の目的物に瑕疵があり,そのために契約の目
的を達することができないときでも,注文者は契約の解除をすることができ
ないと定めていましたが,今回の改正で削除されました。改正法では,541

条や542条の要件を満たせば、建物の建築請負契約であっても、条文上の制約はなく、注文者から解除できることになりました。

そして、改正法541条の催告解除については、同条のただし書は、催告「期間を経過した時における債務の不履行がその契約及び取引上の社会通念に照らして軽微であるとき」には解除はできないと定めました。逆から言えば、軽微でないときに催告解除ができることになりますが、この概念と無催告解除の要件として一般的に定められた「契約目的不達成」という概念との関係が議論されています。「軽微でない」は、契約目的不達成より一般論としては広いとする見解と、文言は異なるが基本的には同じであるとの見解の対立だと思います。道垣内さんは、本書 NO. 04（99頁）で、「『軽微である』の前には、『その契約及び取引上の社会通念に照らして』という言葉が入っているわけであり、そこでは『契約をした目的』が自ずから考慮される」と発言されていますね。

道垣内 同じ項目についての対談において、私は、債務不履行に対する救済手段の相互関係を考えなければならず、例えば、代金減額で調整したほうがよい、という判断が軽微性の解釈にも影響を及ぼす、とも述べています（本書99頁〜100頁）。

岡 他の救済手段、具体的には修補請求、代金減額請求、あるいは修補に代わる損害賠償請求で客観的に妥当な結論が得られる場合は、契約解除は認められない。改正法541条の文言で言えば、そういった場合は「軽微である」から解除できない、という趣旨ですね。私も契約解除は、ちゃぶ台返しのようなもので、他の救済手段で賄える場合には解除は認めなくていいという発想でよいと考えています。催告解除の出口と無催告解除の出口は実質的には同じだと考えてよいのではないでしょうか。

道垣内 具体例としては、耐震構造の計算ミスの話が出ているのですが、若干の追加工事をすれば耐震強度が簡単に回復できるといったときに、それは軽微な不履行であり、契約目的の不達成には至っていないという判断も当然可能だろうと思います。しかし、やはり建物というものの性格に照らして、一旦その設計が不正規であったものについて、いくら補修をしてくれても、安心して居住できる建物を取得するという契約目的には既に反しているのだという主張も可能かもしれません。売主と買主間あるいは、その請負人と注

文者間の信頼関係の問題に関わってきて，債務不履行の軽微性の判断において，それをどれだけ取り入れるかという問題も存在していますね。

岡 その問題について，まさに研究者の感覚をお伺いしたく，この事例を用意したのです。修補工事をしても不安が残る場合には解除ができると思いますが，構造上は不安は全く残らず，追加される工事金額も10％ぐらいで多少見栄えが悪くなるといった場合は，催告解除できますか，できませんか。

道垣内 10％といった想定にされる理由は，こういうことでしょうか。注文者からすると，修補には今までかかった費用の半分以上の費用がかかる，つまり50％以上であるというときには，文字どおりの意味における軽微性というものが欠けているので，それはやはり軽微ではないと言わざるをえないという感じがするのに対し，10％ならば文言上との齟齬は生じないということですか。

岡 そうです。

道垣内 ただ，その費用は請負人が支出するのならば，注文者にとってはどうでもよいということにはならないのでしょうか。「軽微」というのは，契約目的との関係でその達成に支障を来さないという意味なのだと考えると，別に50％以上でもどうでもいいことにもなりますよね。しかし，かなりの費用がかかる場合には，さすがに「軽微」というのは無理なのではないかという感覚でしょうか。

岡 そうですね。

道垣内 耐震偽装については，錯誤を認める判決例もありますね（札幌地判平成22・4・22判時2083号96頁，札幌高判平成23・5・26消費者法ニュース89号203頁）。ただ，若干疑問なのは，耐震設計にミスがあることを請負人が引渡前に気が付き，慌てて地下部分の柱に鉄板を巻いて耐震の基準値が満たされるようにしたという場合はそれでよいはずですよね。にもかかわらず，一旦，引渡しがされたら，それができなくなるのはおかしいという気もします。

岡 それは耐震構造の計算ミスというのがとても大変なものだという印象が強すぎるだけであって，契約金額の10％ぐらいの補強で再計算したら，もう絶対問題ないという場合には私は解除はできないし，修補で済ませていいと思います。

道垣内 また，もう1つ申し上げなければならないのが，一般的な売買と異なり，請負の場合には，請負人による投下費用が大きいことが多いという事情があることです。そうすると，軽微性の判断，あるいは目的達成可能性の判断においても，売買よりも請負のほうが軽微であると考えられる場面というのが増えてきてもおかしくないような気がします。

岡 費用の大きさ，信頼関係，あるいは作り込みという意味で，売買とは違った要素があるのは間違いないと思いますね。

道垣内 もっとも，投下費用の大きさというファクターは解除を認めない方向に働くのに対して，信頼関係の存在というファクターは解除を認める方向に働きます。そういった難しさがありますよね。

2．設例（2）の回答

岡 ここで設例に戻りますが，契約金額の10％相当ぐらいで完璧に修補できるのであれば原則として解除はできない。見栄えが悪くなるという点については，特段の事情がある場合のみ，例えば，契約交渉過程で，これは外観が大事だと，私の思い入れどおりにやりたいのだと，そういうやり取りがあってそれが契約の内容になっているような場合にのみ，「軽微でない」とか「契約目的不達成」という判断が出てくるのかなというのが私の感覚です。

道垣内 それはそうですね。

3．改正法634条の「仕事の完成」と同636条の「仕事の目的物の引渡し」

岡 改正法634条は，判例法を踏まえて，「請負が仕事の完成前に解除されたとき」の特則を設けました。また，契約不適合責任が発動する要件として，改正法636条や566条は，「目的物の引渡し」という概念を用いました。この2つの言葉の関係ですが，従来は，瑕疵担保責任が発動される要件として「完成」概念を使っていたはずで，従来の「完成」概念が，今回「目的物の引渡し」概念に変わったのか，従来の完成概念と改正法634条の完成概念は同じなのかという質問をされたことがあります。この点，いかがですか。

道垣内 問題は3つあるように思います。第1は，改正法566条にいう「引渡し」とは，請負について適用されるときに，どういう概念なのか，ということであり，第2は，改正法634条2号の「仕事の完成」というのはどうい

う概念か，第3に，その2つの概念はどのような関係にあるのか，ということですね。そして，この3つの問題は密接に関係しています。

　まず，改正法566条の「引渡し」という概念が，請負について適用されるにあたって，単純な物理的な意味での占有移転を意味するのか，については議論がありえます。つまり，現行法の下における解釈と同じように，請負においては，請負人による単純な債務未履行という状況から，現行法634条の担保責任が問題となる状況に移転するという段階があると考えるかどうか，ということでして，現行法では，これを「予定された行程が終了した段階」とか「一応の完成があった段階」という概念を用いることによって，仕分けをしてきました。例えば，東京高裁昭和36年12月20日判決（高民集14巻10号730頁）は，「工事が途中で廃せられ予定された最後の工程を終えない場合は工事の未完成に当るものでそれ自体は仕事の目的物のかしには該当せず，工事が予定された最後の工程まで一応終了し，ただそれが不完全なため補修を加えなければ完全なものとならないという場合には仕事は完成したが仕事の目的物にかしがあるときに該当する」としています。改正法でもこの2段階を区別し，その区別の基準を「引渡し」という概念に求めようとしますと，「引渡し」の有無については，単純な物理的な状態の観察ではなく，状況を変容させるべきか，という規範的な解釈が要求されるのではないか，と思います。これに対して，「いや，改正法はこのような区別を廃して，物理的な引渡しがある前は，単純な未履行であり，ただ，このときも，軽微な不履行であれば解除はできないわけだから，軽微性という概念によって，ほぼ完成しているのに，未履行だからといって解除され，請負人が過大な損害を被ることを避ける，という規律になっているのだ」という理解も可能だと思います。

岡　ただ，そのような規範的な判断が要求され，これまでは，全工程の一応の終了とか，一応の完成とかといった曖昧な概念で操作していたところを，「引渡し」と明文化したわけですから，従来の判例法とは違って，請負の場合に，未履行責任から契約不適合責任に移行するポイントを「目的物の引渡し」という明確な基準に変えたということになりませんか。

道垣内　そういう考え方もできるし，さらに言えば，単純未履行から担保責任へ移転するという段階を観念しなくなった，とも言えますね。そして，私

も，それは素直な解釈だとは思いますが，この点では，笠井修教授が次のように述べている点が重要だと思います。すなわち，「役務提供自体の不履行責任とは区別されるべき，目的物の種類・品質にかかわる不履行責任への転換」という考え方をとるかどうかについては，「両者を連結させた予定工程終了説が今日の確立された実務であり，改正後もそれが維持され連続性が確保される利益をどこまで重視するかという点も一定の考慮要素となろう（予定工程終了による契約不適合責任の追及を肯定する場合には，562条の『引渡し』は請負における準用においては『予定工程終了（一応の完成）』と読み替えることになる）」（笠井修「契約不適合責任のシステム」ジュリ1511号〔2017年〕42頁），というわけです。

岡 理論的な性格が変わらないとしても，実務上は，単純未履行段階から契約不適合責任段階に移転することにより明確にステージが変わります。責任追及についての期間制限（改正法566条）がかかってくることがその典型です。そのステージを変える要件事実として「目的物の引渡し」概念が採用され，明確にされたのだと理解します。ただ，引渡しを要しない場合の要件事実として採用された「仕事の終了」概念は，まだ見慣れない用語で微妙です。今後，実務で，明らかにしていかなければなりません。

道垣内 繰り返しになりますが，素直な解釈は，債務不履行一本になったというものだと思うのです。そして，債務不履行責任の内容として，修補義務などがあるというわけですね。しかし，先ほども話に出ましたが，請負における投下資本の大きさを考える必要もありますよね。まあ，軽微性の判断において，そのような問題を考慮することによって，請負人に過大な負担を負わせないようにするということで十分なのかもしれませんが。

岡 改正法634条の「完成」概念との関係はどうですか。

道垣内 これは，未履行であっても，可分であれば既履行部分については報酬を請求できる，ということですが，改正法634条本文は，「仕事の完成とみなす」というわけですから，本当は「完成」はしていないということですね。だから，「みなす」のです。同条2号の「完成」は，まさに完全な完成なのでしょうね。契約不適合があるときにはまだこれに該当せず，ただ，その契約不適合を根拠にして解除ができるか否かは，軽微性の判断で行う。改正法641条の「完成」も完全な完成だけれども，このときは損害賠償がされ

るというわけですね。

4. 改正法634条の「可分な部分の給付によって注文者が利益を受けるとき」

岡 これからは，改正法634条そのものについて，少し詳しくお話を伺いたいと思います。まず要件として「可分な部分の給付によって」注文者が利益を受けるときと書かれています。今回用意した設例のように，耐震構造の計算ミスで強度不足になっている建物の場合でも，他の業者に修補させれば使うことができるというときは，本条の適用を認めてよいと思うのです。しかし，「可分な部分の給付」という感じはしないですよね。そうすると，「可分」という概念が何か不適切な気がするのですが，いかがでしょうか。

道垣内 確かに，可分という言葉は可分債務とか不可分債務という概念のもとでも使われているわけで，その典型例は，10本のビールを給付するといったときに8本しか給付されていなくても可分であるということですね。それとの関係で言えば，耐震補強がされていない，という状態を可分な給付の一部がされているというのは，何となく違和感があるというわけですね。

しかし，改正法634条1項の「可分」という概念を，可分給付・不可分給付という意味と同じに解する必然性はありません。残りの部分，つまり，ここで言えば耐震構造の計算ミスで強度不足の建物ができたときに，その強度不足の建物に価値があるかどうか，という問題で考えていかざるをえない。そして，その価値があるかどうかというのは，そのままの状態で価値があるかということではなく，例えば1億円投下すれば10億円の建物になるというならば，それは9億円の価値があるわけであって，可分な部分の給付がされていると考えるべきでしょう。そうすると，現在の給付だけで独立の価値があるか否かで判断する概念だということになりそうですね。

岡 「可分」にそうこだわらなくてよいということですね。「仕事の結果のうち，既にした部分の給付によって」注文者が利益を受けるときなどと表現すればよかったという気がします。

次に改正法634条本文には，「注文者が利益を受けるとき」と書かれていますけれども，これは不完全な仕事の目的物を受け取って，修補すれば契約の趣旨に適合した建物にできるとき，というのと，ほぼ同じ意味なのでしょうか。

道垣内 耐震強度不足の場合には，そのとおりだと思いますけれども。例えば，建築面積が200㎡の建物を建てるといったときに，180㎡しかできていないとします。しかし，20㎡をその後に付け足すというのは難しい。そのときに，200㎡ないと注文者にとって意味はないというのならば，注文者に利益はないわけですが，180㎡であっても一応は使えるといったときはどうでしょうか。当初の契約の趣旨に適合した建物にはできないわけですが，「注文者が利益を受けるとき」に該当しないかというと，該当する場合もあるような気がしますけど，どうなのでしょう。

岡 なるほど。契約の趣旨に適合しない結果だけれども，社会的に有用だし，発注者としても我慢しようと思ったら我慢できるのであれば，解除して取り壊せというのでなく，本来の金額よりも「かなり低い金額」を利益と認定して——ここがポイントだと思いますが——，利益調整するというのは，実務家としてはしっくりくる結論です。

道垣内 ただ，勝手に押し付けられて，「お前，あったら，それ便利だろう」と言われるのは困る場合もありますよね。国民経済的利益が云々というのは，明治時代から大正時代にかけての発想だという感じがします。改正法634条が不当に広い範囲で適用されないようにすべきだとは思っています。

岡 現行法635条の「建物その他の土地の工作物」については，瑕疵を理由にして解除できない，という規律を削除しましたが，「解除は国民経済的に酷である」との発想は，合理的な範囲では生かされる可能性があるということですね。

5. 改正法634条の「注文者が受ける利益の割合に応じて」

岡 次に，改正法634条では，「受ける利益の割合に応じて」報酬を請求することができるとされています。これに関連して，改正法563条の代金減額請求権の算定に関しては，「不適合の程度に応じて」代金の減額を請求することができると書かれています。そして，同条の代金減額請求権の算定方法としては，いわゆる相対的評価説，目的物が現に有する価値と，契約に適合していたら有するであろう価値との割合を算出し，それを代金額に乗じるという計算方法を，立案担当者としては想定しているようです（『一問一答』279頁注）。改正法634条についても同様の考え方がとられそうに思いますが，

どうでしょうか。

道垣内 そのとおりだと思います。ただ，この注文者が受ける利益に応じて報酬が取れるというのが新しい規律なのかというと，それは決して新しい規律ではなくて，大審院にも最高裁にも同趣旨の判決があることですね。例えば，最高裁昭和56年2月17日判決（判タ438号91頁）は，途中で解除された事案ですけれども，これまでの仕事部分については報酬が取れるという判断をしています。そうなりますと，これまでの裁判例でどういうふうに算定されてきたのかというのが，まず第1に問題になると思います。ただ，これがなかなか研究者にはわかりにくいところがあります。代金額の算定の問題ですので，最高裁判決にはなりにくいですから。ただ，法務省の説明している方法が，現在の下級審判決の大勢なのでしょうね。

ただ，算定方法は常に同じなのかという問題があるような気がします。つまり，解除原因が請負人と注文者のいずれにあるかで変わってくるように思います。641条に基づく解除についての一般的な解釈は，請負人は，これまで投下した費用はもちろんのこと，最後までやり切ったときの報酬相当額が損害として取れるというものです。ところが，債務不履行解除のとき，いくら可分だからといって既履行部分の報酬を当然に取れるのかは疑問であり，改正法634条1号についても，請負人に帰責事由がある場合には，既履行部分について費用を超える純粋な報酬分については取れないということもありうるように思いますし，同条2号についても，誰の責任で解除されたのかによって認められる報酬額は変わってくるのかもしれないという気もします。しかし，他方で，改正法634条というのは割合的な報酬額なのだから，債務不履行解除であろうが注文者の勝手な解除であろうが，それは取れるのであり，それで取れないもの，あるいは，取りすぎになるものは損害賠償の問題として処理する，というのが素直なのかもしれませんが。

岡 改正法634条の「利益の割合に応じて」が，どちらの債務不履行で解除されたかで変わってくるということ，また，641条との関係も考えなければいけないというのはよくわかります。しかし，その上で，改正法634条が「利益の割合に応じて」と書いているのが気になっていて，代金減額と同じようにいわゆる相対的評価によるというのは実務家にとって馴染みにくいと思うのです。

道垣内 それほど難しい議論を展開しているわけではなく，完成すれば10億円の価値がある建物のうちの7億円分が完成し，現在，7億円の価値があって，あと3億円を別の業者がやればできるということならば，7割は取れてもいいだろうという単純な発想ですね。それに対立するとされる，絶対的評価というのはどういう発想ですか。

岡 代金額が10億円だとして，あと3億円かけないと完成しないという場合に，代金から必要な3億円を引くだけの単純な計算方法を意味しています。

道垣内 なるほど。同じになる場合もあるけれど，分数のかけ算で算出するか，引き算で算出するか，ということですね。

岡 まあ，実務家としては，相対的評価説が通説になるとしても，代金額と契約不適合がない場合の価格が一致すれば，そんなに大きな問題はないということが確認できれば前に進めると思います。

道垣内 繰り返しになりますが，割合的な請求というのは，これまでも認められてきたところであり，そこにおける算定方法が今後も続くというだけのような気がします。

6. 改正法634条は請負契約解除の要件を緩めるか

岡 改正法634条に関する最後の問題になりますが，契約解除がされた後，同条によって，仕事の完成とみなされて，割合報酬が認められたその「部分」について，将来，契約不適合が発見されたときは，契約不適合責任を負うはずですね。そうなると，その部分について解除ができないということではないでしょうか。同条は，その「部分」の解除ができないことを定めたと考えてよいでしょうか。

道垣内 なるほど。改正法634条2号を見ますと「請負が仕事の完成前に解除されたとき」と書いてありまして，ここからすると，契約の全部解除が行われた上で，なお一部の報酬請求権は例外的に存続すると読めてしまう。しかし，実は，可分とされた部分について，その後，契約不適合責任等を論じるためには，そこは解除されていないというべきだということですね。確かに，先ほどあげた昭和56年判決は，「建物その他土地の工作物の工事請負契約につき，工事全体が未完成の間に注文者が請負人の債務不履行を理由に右契約を解除する場合において，工事内容が可分であり，しかも当事者が既施

工部分の給付に関し利益を有するときは，特段の事情のない限り，既施工部分については契約を解除することができず，ただ未施工部分について契約の一部解除をすることができるにすぎない」としており，解除自体を制限するという考え方ですよね。大審院からそうですし，下級審裁判例も多くあります。まあ，しかし，このような判例法理は，単に「解除」とだけ書いてある条文のもとで形成されてきたものですから，改正によっても変化はないと言えるかもしれません。改正法634条2号の「解除」も一部解除であり，可分給付部分に関する規律は，解除されていない部分について報酬の支払義務が発生する理屈づけを「完成」とみなすという手法によっただけである，ということになるでしょうか。ただ，そうすると，前に議論した「完成」概念と「引渡し」概念との問題が生じてきて，「完成」というのは契約不適合のない状態でできあがったことである，と考えると，さしあたって解除が認められない部分についての担保責任の説明がしにくくなるということですね。

岡 改正法634条の新設により，どんな場合の解除であっても，注文者に利益があるときは，利益のある部分については解除できないし，報酬請求もできるとなったので，まあ，広く解除を認めても不適切な結果が出なくなったと言えるのではないでしょうか。そうするとそのことが，請負契約の解除の要件について，「軽微ではない」とか「契約目的不達成」とかといった要件の解釈に影響を及ぼし，広めに解除を認める方向に働くのではないでしょうか。

道垣内 売買契約の全部解除の場合と違って，債務者側の負担というのは相対的には小さいだろう，したがって，それも加味して軽微性等の判断をすべきであろうというお考えは大変説得的であると思います。

III. 請負人の契約不適合責任の消滅時効――客観的起算点

岡 設例(3)に移ります。最高裁平成13年11月27日判決（民集55巻6号1311頁。以下「平成13年判決」）は，売買における瑕疵担保による損害賠償請求権について，それは現行法167条1項にいう債権に当たり，知った日から1年という除斥期間の定め（現行法570条・566条3項）があっても，10年の消滅時効の適用を受け，この消滅時効は買主が売買の目的物の引渡しを受けた時から進行すると解すると判断しました（なおこの判決は，時効の援用が

権利濫用に当たるとの再抗弁等についてさらに審理を尽くさせるため，事件を原審に差し戻した）。この判決の射程は，改正法下の売買及び請負における契約不適合責任である修補請求権・損害賠償請求権・契約解除権などにも及ぶのでしょうね。そうしますと，設例(3)の事例のように，15年後に雨漏りが生じた場合について考えると，改正法166条1項2号の客観的起算点である「権利を行使することができる時」というのは，どこになるとお考えですか。

道垣内 平成13年判決は，改正後も適用されると思いますので，施工不良自体が完成時に存在していたならば，法的には，その時点からできると考えて，引渡し時から進行するのではないでしょうか。

岡 屋根瓦の防水機能が15年もたないという製品不良は，確かに引渡し時点からあった可能性が高いでしょうが，引渡しの時点では，通常，発見は不可能と思います。15年経過時点で初めてわかるものだと思います。それなのに，引渡しの時から客観的に権利行使可能であったと言えるのでしょうか。常識的に受け入れ難いと感じるのです。

この点に関し，最高裁平成15年12月11日判決（民集57巻11号2196頁。以下「平成15年判決」）は，生命保険の死亡保険金の請求権につき遺体が発見されるまでの間は進行しないという，少し微妙な判示ですが，「当時の客観的状況等に照らし，その時からの権利行使が現実に期待できないような特段の事情の存する場合」は客観的起算点が遅れるとしていますね。私は，こちらのほうが，納得感があるのですが，いかがでしょうか。

道垣内 おっしゃることはよくわかりますが，現実に期待できないときの特段の事情というものを判断する際に，平成15年判決には，その事案において，夫が車で外出して帰ってこなかったのだが，崖の下に落ちてしまっていて発見できなかったというときに，妻ないし家族の側で，認定死亡を申し立てて死亡保険金請求権を行使せよというのは，あまりに酷だろうという判断が背景にあると思うのです。そういう特殊な背景のある事案であって，一般的な施工不良ないしは品質の欠如によって損害が10年経った以降に生じたというときに，どこまで権利濫用になるかというと，少し難しいような気もします。例えば私が誰かのためにパソコンを作って渡したとします。信頼できるパーツ店で部品を買ってきて，パソコンを組み立てて，債権者に渡した。しかしながら，私には，その1個1個の部品の性能ないしは適格性を判断す

るだけの能力がないところ，——まあパソコンは10年もたないかもしれませんが——10何年か経過した時点でその欠陥が発現し，パソコンが壊れたというとき，私は責任を負うのかというと，負わないですよね。

岡 それはパソコンだとそうかもしれませんが，鉄橋だとか，ダムだとか，20年，30年もつのが前提の契約において，想定された期間の品質・性能をもっていなかったという事例は山のようにあると思うのです。屋根瓦が少なくとも15年はもたなければいけない，もつという前提で請負契約を締結・施工した場合に，15年もたなかったという場合ですよ。

道垣内 そういう場合には，10年間の品質保証契約が10年間続いているという処理をすべきではありませんか。

岡 品質保証契約違反として争えというのは，確かにおっしゃるとおりです。注文者側の実務家は，リスク減免のために，品質保証期間を明記した契約書を作るべきです。この合意があれば，合意違反が明らかになった時が，客観的起算点になるのですね。ただ，一般論として，契約不適合責任の損害賠償請求権の消滅時効の客観的起算点について，平成13年判決のように，原則引渡しから進行し，権利濫用で調整するという考え方よりは，平成15年判決のように，権利行使が客観的に現実的に期待できないときは，それができるようになった時から進行するというほうが，素直な解釈だし，納得感が高いと思うのです。

道垣内 おっしゃることは非常によくわかります。

岡 設例(3)の回答としては，①品質保証契約がある場合は，その債務不履行に基づく修補請求を行うべし。この構成だと消滅時効は完成していない。②引渡しから10年経過しているので，客観的起算点からの時効は完成している。ただ時効の援用が権利濫用に当たる場合は，Ａの修補請求は認められる。③「引渡し時からの権利行使が現実に期待できないような特段の事情」が認められれば，客観的起算点が後ろにずれて，時効未完成となりうるが，そう簡単ではない。というまとめになりましょうか。

道垣内 「そう簡単ではない」というまとめはニュートラルですが，判断は難しいですね。

Ⅳ. おわりに

岡 今回は,請負について3つの論点を扱いましたが,最後に,道垣内さんから何か感想をお願いいたします。

道垣内 請負契約というのは,四会連合とかの約款の解釈の問題で処理されていることが多くて,判例法理が具体的にどうなっているのかは,細かい点まではわかりにくいところもあります。ですから,現在,実務を踏まえて,弁護士の先生方の間でどういう議論がされているのかを伺えたのは大変有り難い機会でした。心から感謝申し上げます。また,請負の担保責任の問題はかなりの特殊性があるものであって,売買のところに担保責任を規定し,有償契約だから,後はそれを準用すればよい,ということで済むのかという問題があると思います。したがって,解釈論でどのように調整していくのかという問題があります。今後,さらに勉強していきたいと思います。

岡 修補に代わる損害賠償請求権と改正法415条2項の関係,その場合の損害額の考え方,目的物の引渡しと完成概念との関係,改正法634条の要件と効果,特に同条によって請負契約の解除の要件が緩くなるのか,消滅時効の客観的な起算点と請負においてよく見られる品質性能保証違反との関係など,請負契約の改正部分について悩んでいたことについて,色々と道垣内さんから教えていただきました。私が勘違いをしているところもあると思います。読者の皆さんからもご指摘をいただき,さらに研鑽を重ねたいと思います。長時間にわたり本当にありがとうございました。

[2018年7月4日収録]

振り返り，及び残された課題

道垣内弘人　　　中井康之
DOGAUCHI Hiroto　　　NAKAI Yasuyuki

I.「合意の重視」再論

道垣内　前章まで，実務家と研究者のみなさんに様々なテーマについて議論をしていただきました。最後に，この連続対談・鼎談を企画した中井さんと私で，まとめと言っては僭越ですが，少しお話をして，結びに代えたいと思います。

中井　よろしくお願いします。

道垣内　さて，中井・道垣内による対談は，この連続対談・鼎談の開始にあたっても行われました。その際，二人のあいだでまず議論になったのが，今回の債権法改正における「合意の重視」という言葉の意味ないし位置づけについてです。「合意の重視」というのが，今回の民法改正におけるキーワードの1つであると中井さんがおっしゃったのに対して，私が，改正前の民法に比べて，とくに合意が重視されていると言うべきではないのではないか，とお話しして，少し議論をしたわけです。

　その議論における私たち二人の理解の相違は，その後の各テーマについての対談においても，具体的な例に基づいて展開されていると思います。たとえば，中井さんの担当されたところですが，売買契約において，契約上要求される品質・性能がどのようなものなのか，というときに，合意によって決まるのか，もっと客観的に決まるのかという話があり，議論していただいているわけです。中井さんは，この点で，更にお考えになったことはありますか。

中井　「序」としての対談において，私は，今次の民法改正の1つの特徴点として従来に比べて「合意の重視」という方向に舵を切ったのではないかと

いう趣旨の発言をさせていただいて，道垣内さんから，必ずしもそうではないという見方もできるというご指摘がありました。

　そして，今次の民法改正における「合意の重視」ということをいかに理解するか，という問題は，「序」に続く，いくつかの対談においても出てきたように思います。私が山野目さんと対談した「売買」（NO. 13）についてもそうですし，道垣内さんと岡さんが対談された「請負契約の契約不適合責任」（NO. 14）もそうです。

　売買において，どういう品質・性能のものを引き渡すのか，請負であれば，どういう品質や性能のものを完成させるのか，ということは，必然的に問題になってくるわけであり，そこにおいて，両当事者が合意した品質・性能を備えた物を引き渡し，あるいは完成させる必要があるというのは，一般論として正当だと思うのです。

　では，全ての売買において，もしくは全ての請負において，常に両当事者が品質・性能をきちんと合意して契約をしているのかというと，必ずしもそうではない。そのとき，どういう品質のものを引き渡すのかとなると，従来は，通常有すべき品質・性能のものを引き渡すと言われ，そのような，ある意味で客観的な基準から導かれるものが，当事者間の合意の内容を形成するというか，明らかにしている，といった関係にあったのだと思うのです。

　契約が守らなければならない，守らなければ責任を負うのは合意に根拠があるとしても，合意の内容を形成するのは両当事者が喧々諤々議論して合意に達したものに限らず，概略的合意と言えばよいのでしょうか，概略的合意があれば，その具体的内容は，取引上の社会通念や，場合によっては業界の慣習などの客観的な基準，規範的なものによって，その合意内容が明らかになっていく，そういう議論だと思っています。今次の改正における「合意の重視」というものも，合意のみによって内容が決まるといった行き過ぎた理解にならないように解すべきだと思っています。

道垣内　それはそのとおりなのです。そして，今の中井さんのお話に完全に賛成した上で，それは現行法の下でも，改正法の下でも同じであり，そのような点で何らかの変更を行うという趣旨を改正法はもっていないというのが，私が繰り返し申し上げていることです。

　売買契約において，売主・買主がどのような意図であったのか，どのよう

な合意がされたのか，ということを，現行法により現在の裁判制度の下で確定するときを考えますと，このとき，主観的な意思の合致としての合意内容はどうだったのかということを全ての点について直接に探究することはできません。そこで，例えば，代金の支払時期について明確な合意がないときに，そのような目的物がそのような当事者間で売買された場合は，引渡後30日というのが取引慣行であるというのであれば，当事者間の権利義務関係は，そのようになる。それを，通常はそういう意思があったはずだと評価するという合意の解釈の問題として位置づけるのか，それとも，意思がないときの補充の問題として位置づけるのか，という理論的な問題はあるかもしれませんが，いずれにせよ，そのような取引上の社会通念や業界の商慣習によって当事者間の権利義務関係が定まることは，改正前と改正後で同じです。また，「弁済期は5月末とする」という明確な合意があったときも，5月末が日曜日だったら6月1日でよいというのか，それとも，5月29日の金曜日までに支払わなければならないということになるのか，という問題があり，それは，当該売買契約における商慣習に基づいて，当事者の意思を認定し，あるいは，補充するわけですね。そうなると，改正によって合意が重視されるようになったといっても，これまでと変わったことがなされるわけではないと私は理解しています。

　そして，先ほど私は，取引上の慣習などによることを，通常はそういう意思があったはずだと評価するという合意の解釈の問題として位置づけるのか，それとも，意思がないときの補充の問題として位置づけるのか，という理論的な問題はあると申しました。慣習による「補充」というのは，当事者が「その慣習による意思を有しているものと認められる」ときにされるわけですから（民92条），補充ともいえますが，合意の解釈の問題であるともいえます。そして，たしかに，合意は欠缺していると評価され，取引上の社会通念や商慣習によって，補充されるという場合もあると思いますが，取引上の社会通念や商慣習に基づいて当事者意思を解釈することによって，合意の内容が定まる，つまり，取引上の社会通念や商慣習が問題となっているが，あくまで合意の内容を明らかにしているのだという範囲は結構大きいと私は考えています。それが，まさに中井さんがおっしゃった，「契約上予定された品質・性能」と「通常の品質・性能」との関係なのです。

最高裁平成22年6月1日判決（民集64巻4号953頁）は，売買された土地の土壌に，売買契約後に設定された環境基準を超えるふっ素が含まれていたことが問題になった例ですが，「居住その他の土地の通常の利用を目的として締結される売買契約の目的物である土地の土壌に，人の健康を損なう危険のある有害物質が上記の危険がないと認められる限度を超えて含まれていないことは，上記土地が通常備えるべき品質，性能に当たる」から，という理由で，ふっ素が含まれていることが民法570条の瑕疵にあたるとした原判決を破棄して，「売買契約の当事者間において目的物がどのような品質・性能を有することが予定されていたかについては，売買契約締結時の取引観念をしんしゃくして判断すべきところ，前記事実関係によれば，本件売買契約締結当時，取引観念上，ふっ素が土壌に含まれることに起因して人の健康に係る被害を生ずるおそれがあるとは認識されておらず，被上告人の担当者もそのような認識を有していなかった」し，「人の健康に係る被害を生ずるおそれのある一切の物質が含まれていないことが，特に予定されていたとみるべき事情もうかがわれない」から，ふっ素が含まれていたことは瑕疵にあたらない，としたものです。

　この判決をもって，瑕疵担保責任における「瑕疵」について主観説と客観説とがあるところ，客観説を採った原判決を破棄して，最高裁は，主観説を採ることを明らかにしたといった評価がされることがあるのですが，話はそう簡単ではありません。

　まず，主観的な瑕疵，つまり，当事者がどのような品質・性能を予定したかがポイントだと考えるときでも，本判決は，その解釈は，「売買契約締結当時の取引観念をしんしゃくして判断すべき」であるとしているわけですね。つまり，当事者の合意の解釈・意思解釈と，取引観念は無関係ではなく，後者を考えながら，前者を解釈するわけですよね。

　また，この判決を基にするとき，次のような場合をどう考えるか，という問題があります。すなわち，平屋建ての家を造る目的で土地を購入したときに，何メートルか下を掘るとコンクリート片などの産業廃棄物が埋められていたのだが，これは瑕疵にあたるか，ということなのですが，平屋建ての家を建てるという目的で土地を購入したのだから，地下に何があっても瑕疵にはならないのか，というと，私はそうではないと思います。なぜならば，例

えば私が家を建てるために土地を買うとき，地下室は作らない予定で購入するわけですが，将来，それを第三者に売却するかもしれず，その際，「私は地下室を作る予定なのですが，あなたの土地の下には産業廃棄物がありますから」という理由で値段が安くなっては堪らない。そうすると，購入時点で，木造の家を建てるという目的であっても，産業廃棄物が地下に入っていないという品質も求められているはずであり，そして，それを認めるためには，当事者は，特段の事情のない限り，目的物が通常の品質・性能を有しているということを前提にしている，ということで，それを合意に組み入れるのだと思うのです。

そうすると，取引上の社会通念を斟酌するということと，合意の内容を明らかにし，それによって当事者の権利義務関係が決まるということは矛盾しないと思うのです。

中井 たしかに，当事者意思の解釈というのは，取引通念などを含めて解釈するという作業だったのでしょうが，なお私が改正によって変化があったと考えているのは，アプローチの仕方なのです。つまり，従来は客観的基準なりが存在し，それに当事者の意図したものを取り込む形だったものが，当事者の合意した品質・性能をスタートラインとして，それを具体化したり，補充したりするときに，業界慣習や取引上の社会通念が織り込まれて判断されることになる。

それが実務にどう影響するかについては，アプローチもしくは説明の違いにすぎず，実質は，これまでの判例からすれば，改正法によって大きく変わるものではないと整理することに異存はないのですが，この辺の見方はいかがでしょうか。

道垣内 結論については一切，中井さんに反対するものではないのですが，私は，当事者意思の解釈というのは，従来から，取引通念などを含めて解釈するという作業であったわけであり，改正後もそうであるというだけだと思っています。

もちろん，このような慣習がある，という主張が，だから，それが当事者の意思だと解釈できるという主張であるときと，このような慣習があるから，その慣習が，当事者の意思という言葉を介さないで，適用されるはずだという主張とは，若干違うのかもしれません。ただ，実際に裁判上や交渉上で何

を主張していくのかということについては変わらない。

中井 私自身が現行法の理解をこの対談で説明しているというより，法制審議会の部会審議の中に5年あまりもいたことによって，その審議の経過を思い浮かべてしまい，このような発言になっているのかもしれません。「序」の対談でも申し上げたように，当初，契約当事者の意思強調路線が，研究者の方々から出てきたことに対する危惧感が実務家にあったのは事実です。そこの調整をどうするかという中で，確かに契約である以上，当事者の意思を尊重しなければなりませんね，契約の内容は当事者が合意して決めることですね，ということについては積極的承認を与えながらも，その内容を決めるにあたっては，当事者の合意のみを強調することに対するリスクを感じ取り，客観的もしくは規範的な基準，業界だったら業界団体のルール，そういうものが機能しなければ落ち着きが悪くなるという議論を展開し，むしろ合意内容の解釈問題として，社会通念なりを考えましょうという整理に落ち着いたのだという理解です。

　これは，品質性能に限らず，帰責事由の考え方，不能もしくは履行請求権の限界の考え方，または400条の善管注意義務の内容にも通じるものだと思います。

　それを，当事者の合意のみで全てが決まる，当事者のリスク分配で全て決まると言われてしまうことに対して，従来はそうではなかったし，仮に全てが当事者のリスク分配で決まるなどとなると，到底，実務的には堪えられない。仮に当事者の合意で決まることを正当として承認するにしても，従来の実務が阻害されないように，規範的または客観的な考え方を取り組んでくださいと，それをある意味で言い続けたつもりだったのです。それが現在の理解として，繰り返し申し上げているところなのですが。

道垣内 全くそのとおりだと思うのですが，私も，法制審の部会の議論に立ち戻って言うならば，そこでの議論で，なぜ「合意」と「社会通念」というのが対立的に論じられるのかがわかりませんでした。合意の解釈には社会通念が用いられる，という発言は，私だけではなく，何人かがしたと思うのですが。ただし，中井さんのおっしゃる「アプローチの仕方が変わる」というのは，なるほどなあ，と思いました。

Ⅱ．「債務者の責めに帰することができない事由」をめぐって

道垣内 先ほど中井さんが，「債務者の責めに帰することができない事由」という考え方をめぐっても，合意をめぐる議論の対立構造が引き継がれたという話をなされました。この点で私が気になっていることについて，中井さんのご意見をうかがえればと存じます。

　潮見さんは，「債務者の責めに帰することができない事由」について，「契約で合意されたリスク分配ないし契約類型上のリスクの分配を超えた障害」のことであるとされています（潮見佳男『新債権総論Ⅰ』383頁～386頁〔信山社，2017年〕）。ここでは，「債務不履行の概念と免責事由の概念とが異質のものである」ことを前提に，債務者の帰責事由の不存在を，債務不履行があるにもかかわらず，損害賠償責任を不発生に導く事由だと捉えており，リスク配分の外の話だと考えるわけですね。これに対して，日弁連や大阪弁護士会の方々がお書きになった本では，あくまで契約当事者がリスク配分を定めるのだが，そのリスク分配の解釈にあたっては，契約書の文言だけによるのではなく，規範的な評価が必要であり，そのために，「契約その他債務の発生原因及び取引上の社会通念に照らして債務者の責めに帰することができない事由によるものであるとき」という免責要件の規定が必要になるとされています（日本弁護士連合会編『実務解説 改正債権法』〔弘文堂，2017年〕106頁～108頁，大阪弁護士会民法改正問題特別委員会編『実務解説 民法改正』〔民事法研究会，2017年〕83頁～84頁）。

　中井さんは，後者のお立場ですね。

中井 部会審議の当初に，帰責事由についても当事者が合意したリスク分配によって決まるというような表現ぶりが，部会資料（5-2の29頁参照）もしくはその前の基本方針（【3.1.1.63】提案要旨4参照）などで出てきたことに対して，弁護士会としては，「えっ，それはどういうことか」と。そこまで当事者がリスク分配して合意しているのですか，そもそも事実レベルの問題として疑念があるし，そのようなリスク分配で現実の債務不履行についての免責事由は判断されていないのではないかという素朴な疑問があって，当初提案については，かなり反発した記憶があります。

　裁判所も，そのようなリスク分配を債権者または債務者に立証させて判断

しているのではなくて，債務不履行があるという事実の下で，損害賠償責任を負わせるのに相当な事情，売買なら，その契約の目的もあるでしょうし，目的物の性質，当事者間の属性などを考えて，不履行に対する帰責事由の有無を判断することになる。それは結局，損害賠償義務を負わせるに足りる事情があるかないか，足りる事情がなければ，帰責事由はないという判断をし，足りる事情があれば，損害賠償義務を課す。まさに「責任があるときに責任がある」という批判を甘んじて受けるのだけれども，それが実務的には穏当な良い解決になっている。それを当初提案は，当事者の合意したリスク分配に従って，それが決まるのだとギリギリ言われてしまうと，現在，実務が行っている上手な解決ができなくなる，まさにそういうリスクを実務家は恐れた。リスク分配優先主義に対するリスク，怖さという意味で，それは先ほどの合意優先主義の怖さに通じるものがあるのではないか。

逆に言えば，帰責事由というのも，当事者のリスク分配の外にある客観的，規範的事情によって決まるという側面があるのではないかということを，私は言いたかったのですが。

道垣内 結論には異議がないのですが，ただ，リスク分配優先主義はいけない，それを修正しなければ，と言われると，そうかなあ，という気がします。つまり，先ほどの求められる品質・性能の場合と同じく，取引上の社会通念などを踏まえて，当事者がどのようにリスク分配を行ったのかを決定するのは当たり前だろうと思うのです。

中井 リスク分配も同じですか。

道垣内 はい。ただ，リスク分配についての当事者の決定内容を定める，ということになりますと，それは結局，どのような場合にどのような履行義務があるか，あるいは，ないか，という話であり，債務内容の決定なのですね。ところが，一般論としては，債権者が債務者の債務不履行責任を追及しようとするときは，債務の内容はすべて債権者が主張立証しなければならないはずでして，そうなりますと，債務者側に主張立証責任のあるはずの「帰責事由がないこと」というのは，何を主張立証するのか，という疑問が生じます。このようなことを考えてくると，結局，現在，実務上は，債権者が完全に債務内容を立証していかなければならないことにはなっていないと理解すべきだろうと思うのです。

例えば，7月15日までに引き渡さなければならないと契約では決まっているところ，15日が過ぎてしまったとします。しかしながら，例えば，い草の売買を考えましょう。といっても，最近は，い草は輸入が中心で，かつ，国内産も刈り入れたら機械で乾燥させるようですが，ここでは昔ながらの天日乾燥を考えます。さて，引渡期日として定められた7月15日は過ぎてしまったのですが，ここのところずっと雨が降っているおり，そのため，7月15日には乾燥ができていなかったとします。そして，天日乾燥は雨が降るとできないのであり，そういったときには，ある程度，遅れるのが仕方ないというのが当事者の通常の意思であろうし，い草の売買の商慣習であるとします。こういったとき，債権者は，最初の段階から「雨が降っても7月15日が引渡期日である」とまで言わなければいけないのかというと，そうではなくて，債権者の側は，「7月15日でしょう。それを過ぎたら債務不履行ですよね」と言えばよいのであり，それに対して，債務者が，「い草の売買で収穫後に雨が降り続いた場合には，猶予期間というものがあるのが商慣習であり，それが当事者のリスク分配ですよね」と言わなければいけないのだと思うのです。

　これを，当事者の合意が尽きたところである，だから，帰責事由の不存在を債務者が立証すべき場合になっているのだ，と説明することもできないではありません。しかし，それは不自然なのであり，雨が降ったら引渡期日はどうなるか，というのも，当事者間の合意で決まるリスク分配の話だろうと思うのです。

　そうなると，債務の内容の立証において，アブノーマルな状況において，ノーマルな状況と債務内容が変化するときには，その立証責任は債務者にあり，そのことも，改正法415条1項ただし書が定めていると考えるべきなのではないか。同ただし書は，「雨が降ったときには，履行期が繰り延べされる」と言わなければいけないのは債務者であるということも含んでいると考えています（道垣内弘人「債務者の帰責事由の位置づけ」安永正昭ほか監修『債権法改正と民法学Ⅱ　債権総論・契約(1)』〔商事法務，2018年〕49頁～52頁）。

中井　今，道垣内さんのおっしゃっている中身について，私も全く違和感がなくて，契約で何が定まっているのかといえば，7月15日までにい草を納めることである。この定まっていることを債権者が主張立証したにもかかわ

らず，7月15日を過ぎても，納めていないという事実で債務不履行の債権者側の主張立証としては足りている。そのうえで，債務者側が，雨で遅れた場合は，い草のような天候に左右されるものについては，遅れたことに帰責事由はないとして損害賠償は免れる，こういうご説明だとすれば，そのことについて違和感はないのです。

　少なくとも今おっしゃっている問題について，道垣内さんと違う見解，すなわち債権者側で，い草を納めるときには，雨が降ったときのリスクも債務者である売主が負担して，雨が降って遅れても責任を負うのだということを，債権者が主張立証しなければならないのかといえば，いや，それはそんな考え方ではないし，法もそれは求めていないのではないかと，私も思っています。

道垣内　そのような契約解釈における立証責任の分配は，415条1項本文とただし書で導かれるのでしょうか，それとも，この条文ではないところで導かれるのでしょうか。

中井　リスク分配優先主義こそ，そこまでの主張立証を債権者に求めているように思うのです。むしろ，私の理解は，415条1項本文とただし書で素直に導けると思っています。契約内容の中身としては，7月15日にい草を納める。その不履行を主張立証することが本文で尽きている。抗弁として，「い草についてはこういう事情があったら，遅れても免責です」という主張ができる。この抗弁部分を本当に天災事変だけの免責事由のみに限るというような考え方をもってくると，リスク分配全部について，債権者側が主張立証しなければならないことになりかねません。そういう考え方は，おそらく採られていないと思います。い草の例でいえば，遅れても免責が認められるのは，売主が，天日乾燥をしている農家か，そのような農家から仕入れる業者であるという客観的事実があるからで，売主が，国際的にい草を仕入れている総合商社だとすれば，同じ7月15日までに引き渡すという合意内容は一見同じでも，日本で雨が降ったからと言って帰責事由がないとは言えないわけで，そのような当事者の属性や客観的事情をどのレベルで考慮するのか，それをリスク分配の合意の中に取り込んで考えるのか，帰責事由の判断の中で客観的事情なども踏まえて規範的に考えるのか，そういう違いなのかなと思います。

道垣内 おそらく、中井さんと私との違いは、合意の解釈についてと同じく、取引上の社会通念などを基準とする帰責事由が不存在のとき、どうなるのか、ということが、合意で定まる債務内容そのものの話なのか、より客観性・規範性をもったものなのか、という点にあるのでしょうね。中井さんは後者の見解であり、これは、一見すると、「契約で合意されたリスク分配ないし契約類型上のリスクの分配を超えた障害」という潮見説と近いようにも思えますが、リスク分配が契約における合意で定まると考える範囲が、中井さんと潮見さんとでは大きく異なり、そうなると、中井さんの見解は、日弁連や大阪弁護士会の方々が書かれた本と同内容になるのでしょうね。

中井 なるほど、そういう整理になりますか。

III. 解除について

中井 同じように改正審議の過程で、弁護士会として抵抗を示したもう1つに解除の問題があります。当初の提案として、重大な不履行があれば解除できるという、重大不履行解除一元化説（部会資料5-2の62頁以下）に対して、実務家はかなりの抵抗をしました。結果として、催告解除と無催告解除の二本立てが残り、催告解除の中に、例外的に軽微な不履行の場合は解除できないという構造におさまり、従来の実務の延長線上に、解除の全体的な枠組みが残り安心しました。しかし、その枠組みのもとで、個別契約類型の売買契約や請負契約あたりで、契約の不適合が生じ、どういう場合に解除できるのかという具体論になったときに、いささか困ったのが、その軽微性の判断と当該契約の目的を達成できない場合の関係です。最終段階で要綱案が煮詰まりかけたあたりで、もう少しよく検討しなければならないと思った次第です。

　本書の「売買」そして「請負」、また「解除と損害賠償」（**NO. 3**）のところでも、この解除の要件について重要な議論がなされています。その点、道垣内さん、どういう見方をされていますか。

道垣内 軽微性と契約目的との関係ですが、不履行が軽微であるか否かは契約目的との関係で考えなければならない、と、私もいろいろなところで主張してきました。ただ、そのように主張するだけでは問題は解決しないのではないか、ということなのだろうと思います。各場面における解釈のあり方については、本書において、それぞれの方が論じられていますので、ここでは、

総論的な話を1つだけしておきたいと思います。

　改正前の民法でも，売買の規定は広く有償契約に適用されるということになっておりましたが（民559条），例えば請負については，担保責任や契約解除に関して，請負の箇所に特別な規定が置かれていたのですね。ところが，改正法になって，解除の規定にせよ，追完請求の規定にせよ，売買の条文が準用されるということで，特別な規定は置かれませんでした。これが本当に良かったのかというのが，大前提の問題としてあると思います。

　しかし，そのように改正が行われたわけですから，今後は，その一元化された解除法制，履行請求権法制の中で，契約類型による違いを，解釈論によって，どのようにしてうまく反映させて結論を出していくのか，が課題となります。そして，そのとき，その全てを不履行の軽微性の判断と不能の判断に負わせて，それで妥当な結論を導くことが可能なのか，ということですね。

中井　部会審議の前半では，解除一般論について喧々諤々の議論をした割に，個別契約類型に入って売買，更に請負あたりになると審議時間が十分ではなかったですね。特に，請負に関する種々の特則が消えたのは，かなり突然のことで，売買の準用だけでは済まない問題であったように思います。

　それはさておき，私も改正法施行に向けて各地で講演等をする機会があるのですが，売買で契約不適合があったときに，どういう場合に解除できるのか，請負ではどうか，具体的な事例に即して説明することを心掛けています。その際，新築の建売住宅の売買において，建物の柱に強度不足があった場合と，自分の土地に建物を新築する請負契約を締結して完成建物の柱に強度不足があった場合を例にしています。

　この強度不足の柱は修補請求が可能で，強度のある柱に交換する方法がある。売買で買った建売住宅でも，請負の完成建物も柱を修補すればちゃんと強度は保てる。問題は，修補請求したけれども，売主あるいは請負人が修補しないという場合に，買主・注文主は解除できるのかということです。私は，売買と請負では結論が異なることは十分にありえて，それは，売買契約と請負契約の性質の違いに由来する，と説明しています。

　売買であれば，買主は契約解除して，その建売住宅を売主の所有に戻せばよい。売主は，その後どのような修補をするか自由で，値下げして売るのも自由です。だから，解除を認めても，売主と買主の利益調整としてそれほど

違和感はない。

　それに対して請負の場合に，請負人が柱の取換え修理をしなかったら，注文主が解除できるのかというと，それは少し違うのではないか。ほかの工事業者に建物を修補させて，損害賠償請求をすれば足りる。そういう追完の仕組みが用意されている中で，請負契約の解除を認める要件は売買と違って良いのではないかと思うのです。

　そして，どこで違う結論を導くのかと言うと，催告したが履行しなかったときに解除できる，ただし軽微な場合は解除できない，この「軽微な場合は解除できない」という条文を手掛かりに，両方の結論を落ち着きのよいところにする。そうすると，売買の場合は決して軽微ではない。柱に重大な契約不適合があるのに修補しなかったら軽微ではないから解除できる。住宅としての契約目的は達しているけれども解除できる。これに対し，請負の場合は，それは軽微にあたる，建物はちゃんと住宅として使えるわけで，修補もでき，契約目的は達成できるから，それは軽微にあたり解除できない。こういう解釈論が可能ではないか。そのように軽微性を相対的に考えるべきだという話をしているのですが，いかがでしょう。

道垣内　全く異論がないのですけれども，建売住宅の売買のときに，柱に強度不足があったら，修補できようができまいが解除できるとはお考えにならないのですか。

中井　私は，基本的に修補が可能であれば修補請求をして，その不履行を待って解除するという理解をしているのですが。

道垣内　私は，請負に関する対談において，耐震偽装問題の例を出したのです。耐震基準を満たしていることについて設計上で偽装があったマンションで，仮に，地下の柱に鉄板を巻くことによって耐震基準を満たすことができたとします。しかし，買主としては，これから自分が一生住んでいこうということで新築のマンションを購入したのに，出だしから「設計に偽装があり強度不足でしたから直します」と言われたのでは，それはもう嫌だ。耐震基準に合致した施工がされている新築のマンションを大企業たる不動産会社から購入するという契約においては，安心して終の住処として暮らせるマンションを取得するというのが契約の趣旨なのだから，設計に偽装があったので修補します，というのでは安心できない。修補できるのであっても，解除で

きますというのも，ありうるのかなという気がしました。契約類型との違い，売買であっても物の種類による違い，請負においても目的などによる違いはあるでしょうが。

中井 「売買」の対談における，新車のベンツのエンジンが壊れていたら解除できるかという設例と似ていますね。新車のベンツを買ってエンジンが壊れていたら，修補が可能でも修補請求をするまでもなく，新車をよこせと言えると思います。

道垣内 エンジンという基本的な部分について欠陥があったのであれば，そのときはエンジンを入れ替えるだけでは安心できないので，別の物を引き渡せ，ということですよね。ただ，それは種類物だからですよね。

中井 確かに建売住宅は特定物で，代わりのものをよこせはないですね。修補請求をするまでもなく，契約解除という選択が同じ論理としてありうるのかということですね。

道垣内 ありうるとしたとき，どの条文の操作でその結論を導くのかが問題になります。軽微性というのは，催告後の話であり，修補請求をしたが，それがなされなかったときの話ですよね。改正法541条ただし書ですね。これに対して，修補ができようができまいが解除ができると考えるとしますと，それは，もはや安心してその家に住めるという信頼が崩されてしまったので，柱に鉄板を巻こうが，柱の材質を変えようが，もはや追完不能であるというように考えるのでしょうか。

中井 それは催告解除と無催告解除からすれば，無催告解除類型の最後の包括受皿規程の契約目的不達成で解除できるかという解釈論かなと思います。542条1項5号で，債務者がその債務の履行をせず，債権者が催告をしても契約をした目的を達するに足りる履行がされる見込みがないことが明らかであるときですか。

道垣内 1項5号にいう「契約をした目的を達するのに足りる履行がされる見込みがないことが明らかである」というのは，債務者が追完行為をする見込みがないという場合が主でしょうが，債務者が，債務者なりの追完行為をしても契約目的を達成できそうもない，という場合を含むということなのでしょうか。それよりも，1項3号にいう「債務の一部の履行が不能である場合……において，残存する部分のみでは契約をした目的を達することができ

ないとき」に該当するというのが素直な気もしますね。

中井 なるほど。ただ，一部の履行が不能の場面と言えるのかですね。改正審議の当初は，パンデクテン体系を崩して，個別契約類型ごとに，それに即した豊富な内容を盛り込もうという流れも一時ありましたが，結局それはやめて，債権総則，契約総則，契約各論と従来の体系に落ち着けた。その中で，この解除に関する規律が契約総則一本で規律されることになって，契約類型ごとの特則が基本的にはなくなった。それによって，かえって特徴のある契約類型ごとの解除の要件が，包括規定である541条，542条で解決しなければならなくなった。その結果，541条，542条の解釈問題が広がり，そこに負荷がかかるという，改正法による新たな問題が生じているのかなと思いました。

道垣内 そして，先ほども述べましたように，私は，「不能」という概念や，「軽微であるとき」という概念に該当するかどうかは，契約目的との関係で定まると主張しているわけですが，ここでも，そのように契約目的から定まるというような言い方について，中井さんは，「不能」や軽微性の判断において，社会通念というか取引慣行といった客観的な基準を排除するような雰囲気が漂って，よくないという感じがされますか。

中井 それも，契約の性質，債務の内容，契約の類型などに基づく契約解釈というなら，理解しやすいというか，近い感じがします。ただ，純粋に当事者の契約目的のみと言われたときに，やはり怖さを感じるのは変わらないですね。

道垣内 問題の出方はここでも同じですね。合意の解釈，帰責事由の解釈，不能・軽微性の解釈において，取引上の社会通念などが考慮されるのは当然であり，そのことについて異論はないのだけれど，それを当事者意思の解釈の問題に埋め込むのか，外出しするのか，ということですね。

中井 当事者意思を強調する立場に立てば，当事者の意思が明確でない場面でも，当事者の属性，その置かれた業界や社会通念などの客観的事情を，当事者の意思に還元して説明することになるのだろうと思いますが，当事者としては文言通りに合意しただけで，そういう場面は実務的には非常に多いと思うのですが，当事者の意思に容易に還元できない場面では，やはり意思の外側にある諸事情を，まさに規範的に考慮しなければ適切な契約解釈ができ

ないように感じています。

　とはいえ，契約の合意の重視という中身について，アプローチの違い，説明の違いがあるにしろ，現行実務を改正法によって大きく変えるものではないという確認はできたように思います。解除については，いささか微妙なところがあって，今のお話でも，売買と請負も541条と542条で解決するという選択をした結果として，541条の軽微性や542条の契約目的不達成の解釈問題なりに，道垣内さんのご指摘のように，結構重い負荷がかかることになったように思います。

IV．その他の問題——とくに消滅時効と保証

道垣内　解除に限らないかもしれませんが，全体として改正法によって実務というのが大きく動くわけではないとしても，この部分は気をつけないといけないとお考えのところはありますか。

中井　ここまで議論してきたのは，契約がなぜ拘束されるのか，その正当化根拠はどこにあるのかといった，ある意味で理論面の争いで，それなりの審議もあったのですが，実はあまり大きな影響は生じないのではないかという基本認識を持っています。

　それに対して制度が変わったところ，消滅時効しかり，法定利率しかり，また弁護士会が非常に強調した保証人保護の問題しかり，こういう制度は明らかに変わったわけですから，実務に対する影響は大きいと思います。

　例えば消滅時効は，主観的起算点から5年，客観的起算点から10年になり，通常の取引行為に基づく債権には主観的起算点から5年が適用されて，企業の取引債権等の管理は5年で統一する実務になっていくのだろうなと思います。それでも契約に基づく損害賠償請求権等もあり，この主観的起算点や客観的起算点は，それら債権の消滅と関わるので注意が必要だろうと思います。

　法定利率についても，5％が2020年4月から3％に変わることによる影響は，交通事故訴訟における逸失利益の計算に端的に表れてきます。従来の損害論をそのまま適用すると，損害賠償額が大きく変わりますが，それで済む問題なのか，裁判所側も，人身損害の逸失利益の考え方自体を変えていく，そういう可能性も含まれた改正と思います。

また保証人の保護については，貸金等債務の第三者保証について公証人による意思確認制度ができたわけですが，改正法によって実務は第三者保証がなくなる方向に動くのではないか。結果として，弁護士会が提唱した，公証人による保証意思確認制度自体が使われない，つまり第三者保証を取らない実務になるのではないかと考えています。

　さらに，責任財産の保全制度としての債権者代位権は，債権者が権利行使をしても債務者の権利行使は妨げられないと大きく改正されましたので，使い方はかなり変わるのではないか。研究者から，債権者代位権廃止論が提案されたわけですが，現実に訴訟の場面で代位権が使われるのは，かなり限定的になると思います。

　また，詐害行為取消権については，従来の判例法理を明らかにするとともに，倒産法との平仄を合わせましたが，これにより一連の倒産法との逆転現象が解消されたという意味で，使いやすく，また見通しが明るくなり，評価できる改正ではないかと思います。

道垣内　消滅時効，法定利率，保証，債権者代位権，詐害行為取消権についてご指摘いただきましたが，このうち，消滅時効に関連して，改正法166条1項において，債権等の消滅時効期間が，「債権者が権利を行使することができることを知った時から5年間」というのと，「権利を行使することができる時から10年間」という二段階構成になったことによって，実務にどのような変化が生じるのでしょうか。

中井　関心事は，客観的起算点から10年という現行法の規律が残り，そこに主観的起算点から5年という規律が新しく入った。このとき，客観的起算点から10年という，この起算点が，現行法の理解より，より客観化していくのではないか，これは私の危惧するところです。

　権利行使できるときから10年という起算点は，単に権利行使について障害事由がないというだけではなく，裁判例によっては，権利者保護の観点も含めて，権利行使することが現実的に可能である，期待できるということを踏まえて起算点を考えている，そういう事例が少なからずあり，それが実務だと理解しています。

　しかし，権利行使を具体的に期待できるというのは，権利者の主観的事情を考慮して決まるものですから，改正法で残った客観的起算点は，知ったと

きから5年という規律ができた関係で，より客観化されて，従来の権利行使ができることが期待可能だというような事情が削ぎ落とされて，純粋に障害事由がなかったら，そのときから起算するという解釈が広がるのではないかと，そういう危惧感を持っています。

「請負」の対談で議論があったのは，屋根に雨漏りがある，雨漏りはなかなか発見できない，たまたま10年経ったところで雨漏りのあることを知って，すぐに請求した，しかし，それは引渡しを受けたときから既に10年経っていた。そのときは，もう客観的起算点から10年経っているので消滅時効が成立しているのではないかということでした。それなどは私の危惧していることの表れではないか，と思うのです。

道垣内 2つ申し上げたいことがあります。

まず，改正法166条1項の1号と2号との問題ですが，本書では鹿野さんと高須さんに対談をいただいています（「消滅時効」NO. 2）。そこでは，鹿野さんも高須さんも，改正法166条1項2号にいう「権利を行使することができる時」というのは，現行の判例法理における行使の期待可能性を含んで解釈される概念であると理解すべきであり，その上で，「権利を行使することができることを知った」という特定された主観的な要素というのがあったときだけ，同項1号によって5年の消滅時効期間になるという理解を示されていますね。権利行使が期待できないときには，消滅時効期間そのものが進行しないという現行法の解釈論は維持されるはずだというわけです。私も「維持されるべきか否か」という観点からしますと，その理解に賛成なのですが，1号と2号とが並んでしまいますと，別の解釈が生まれるのではないか，という心配はあります。

次に，2番目の雨漏りの例について申しますと，売買契約における瑕疵担保についての現行法における判例法理は，引渡しのときから10年で瑕疵担保責任は時効消滅するといっているわけです（最判平成13・11・27民集55巻6号1311頁）。この判例法理が妥当か否かですが，仮に引渡しもない場合を考えますと，この引渡義務は10年で時効消滅するはずなのですね。そうすると，大もともなくなるぐらいの期間なのだから，引き渡したものに瑕疵があったときの責任も引渡しのときから起算して10年でなくなるのだと考えますと，それはそうだろうと思われるわけです。

そうしたときに，先ほどの雨漏りが家屋の引渡しから10年以上経過した後に見つかったという請負の事案を考えますと，現行法では救済されないのではないかと私は思うのです。そこで，救済を求め得ないのはおかしいのではないかと岡さんがおっしゃったのに対して，おかしくないのであり，黙示の保証契約みたいなものを認定するほかはないのではないかと申し上げたのです。

中井 その対談を読んだとき，雨漏りがわからないのに時効消滅は気の毒だなという岡意見に同調したのですけれどもね。

道垣内 どう解釈すべきか，黙示の合意の存在をどこまで広く認定すべきかという問題はあるでしょうが。売買契約でも救済されないというのが，少なくとも現行法である，ということでしょう。

中井 そうですね。

道垣内 次に，保証については，先ほど中井さんが，第三者保証自体がほとんどされないという方向になるでしょうとおっしゃったのですが，それは，公証人などの利用が実務的には煩雑で耐えられないということですか。

中井 そうです。コストがかかって煩雑で耐えられない。だから金融機関が使うことはなくなるだろう。実際，第三者に保証させることは，近時の金融取引における正当性根拠を失いつつある。中小企業にとって経営者が保証することは，経営者が中小企業の経営を担う以上やむをえないとしても，その中小企業の経営と全く利害を持たない第三者がリスクだけを引き受けるような契約自体，基本的に消極的評価をしており，部会審議でも第三者保証自身が禁止されてよいという発言をしていました。ただ，真実，保証意思がある場合に，なぜしてはいけないのか，なぜ無効になるのかという問いかけに対して，保証人の意思は希薄だ，対価なく責任だけがあり暴利行為に類し公序良俗に反するなどと発言したにとどまり，きちんと反論できず，その結果として，意思を確認する制度として公証人による意思確認制度ができたという理解をしています。これは，やむなくそういう仕組みを作ったものの，第三者保証は契約類型として存在自体適切ではないので，将来的には，公証人による意思確認制度は使われないまま第三者保証は消滅に向かう，これが最適シナリオであり，金融実務においては現にそうなっているのではないかと思います。ただ，問題は貸金業者で，とにかく金を貸して回収しようとする業

者は存在するわけですから，そこでは第三者保証も残るので，公証人による意思確認制度はきちんと機能してもらわなければ困るという認識は持っています。

道垣内 仮登記担保契約に関する法律は，それが制定されたことによって，仮登記担保が使われなくなったという効果をもたらしました。しかし，それは立法の失敗かというと，私はそうではないと思っています。実行などについて厳格な要件を課することによって面倒になり，さらに清算義務がきちんと課されて，うまみがなくなることになり，それゆえに使われなくなったということならば，それはそれで，立法目的は達成できたのではないかと思います。

それと同じ話で，第三者保証について，公正証書の作成等，面倒な義務を細かく規定したものだから，使われなくなってしまった，としまして，それは，法改正の意味がなかったのか，失敗だったのか，というと，ハードルを高くすることによって使われなくなれば，私は立法としては大成功なのではないかと考えています。

中井 方向性は同じでして，参考に申し上げれば，法務省民事局長が令和元年6月24日付で，この公証事務の取扱いについて通達を出しています。この通達には，公証人が保証意思確認の公正証書を作るときに，法律上定められている事項を履践すべきことが，詳細に定められているのですが，それに加えて，例えば委託に基づく保証の場合は主債務者が保証人予定者に主債務者の財産及び収支の状況等を情報提供しなければならないという改正法465条の10を踏まえて，この保証意思を確認する際に，公証人は，主債務者からいかなる情報の提供を受けたのか，その内容を確認し記録化することを求めています。

加えて，保証するに至った経緯や，借入金の使途，弁済方法，主債務者との関係などを確認し記録化することを推奨しています。このように，保証意思確認の一環として，法の定めた以上のものを確認して記録化せよとしていることについては，弁護士会としては大変評価したいし，それが結果として債権者の負担になり，第三者保証が使われなくなる，この制度自体が使われなくなることは，大変良い方向だと思っています。

V. 改正が実現されなかった点

中井 この企画では14の論点について議論をしたわけですが，部会審議で要綱案段階まで相当に検討したにもかかわらず，最終的には明文化されなかった論点がいくつかあります。その中には，非常に残念なものがあると思っています。

他方で，代償請求権が改正法422条の2で明文化されました。これは，債務者が履行できないときに，債務者が代わりに権利もしくは利益を取得したときに，債権者がその権利ないし利益に対し代償として請求できる権利ですが，実は要件もはっきりせず，例えば債務者に帰責事由が要るのか要らないのか，また権利の行使方法もよくわからない。給付請求なのか形成権的に移転するのか。このように要件も効果も行使方法も必ずしも明確ではないけれども，代償請求権という1箇条を設けることに合意した。

こういう民法改正の在り方は評価してよいのではないか。つまり，代償請求権があると一般的に言われていましたが，この条文を置くことによって，今後，その要件効果等の議論が進化し，判例も生まれる契機になる，そういう議論の場を作ることができたと思います。

民法は，私人間の権利関係を調整する規律ですから，様々な場面で，様々な法理があるはずで，その1つの法理を条文として明文化することは，将来のために非常に価値のあることではないか。

そういう意味で，逆に大変残念だと思うのは，例えば暴利行為について，要件効果についてかなり突っ込んだ議論をして，条文化の直前まで弁護士会も応援をしたのですが，残念ながら合意が成立せず明文化されなかった。これなども一般的規律として置くことによって，今後の実務で議論され判例法理が形成され，より内実のあるものになっていくはずです。条文を設ければ正面から議論ができるのに，その場を設けずに裏の世界のままで議論する，これは表現が悪いですが，そのような結果になったのは残念です。そういう論点がほかにもあります。

とすると，条文化されなかった落ちた論点については，更に実務や裁判もしくは研究を通じて，その要件効果等を明らかにしていく，そういう作業が大事ではないかと思っています。

道垣内 もっともなお話です。私は，そのような例として，連帯債務における相対的効力の原則に関連して，連帯債務者が1つの事業のために共同して債務を負ったような場合には，請求に絶対的効力が認められるべきであり，そのような場合を切り出す概念として，「協働関係」という概念を用いて，場合の切り分けをしようという提案が，部会の初期の段階でされていたことを思い出します。その見解は，「協働関係」があるか否かは一義的に判断できないので妥当ではない，ということで，あっという間に葬り去られたのですが，これは，一義的に判断できないのは当然であり，「協働関係」という言葉を作ることによって，「協働関係」とは何かという議論が生じ，たとえば請求の相対的効力と絶対的効力との場合分けについて，明確な議論がされるようになることが重要だったのですね。それが理解されなかったことについては，私はいまだに若干不満なのです（大村敦志＝道垣内弘人編『解説・民法（債権法）改正のポイント』517頁～518頁［道垣内弘人］〔有斐閣，2017年］）。

Ⅵ. おわりに

道垣内 ほかにもご指摘いただいた点はあるのですが，まとめに入りたいと思います。最後に全般的な感想をお願いします。

中井 この14の対談・鼎談を読ませていただいて，非常に勉強になりました。今後の実務で何を注意したらよいのか，かなりの部分で明らかになったのではないかと思います。同時に新たに議論すべき論点もたくさん生じていることがわかりました。このような企画に参加させていただき大変有り難いと思います。

道垣内 この企画に限らず，改正法に関する議論のレベルが，最近，とみに上昇しているように思います。一通りの解説の時期を脱して，細かな解釈とか今後の方向とか残された問題とかの議論が進んできており，それらは，既に高いレベルに達してきているのではないかという気がしております。

　対談・鼎談を行ってくださった皆様のおかげで，この企画も，そのような議論状況に貢献する内容となり，やってよかったな，楽しかったなと思います。中井さんにも，色々とご教示いただきましてありがとうございました。

中井 どうもありがとうございました。

［2019年7月16日収録］

事項索引

ア 行

安全配慮義務違反を理由とする債務不
　履行責任 …………………………… 23,27
異議をとどめない承諾 ………………… 259
一部の解除 …………………………… 56,307
一部の履行不能 ………………………… 75
一部不能 ………………………………… 56
請　負 …………………………………… 322
　──一部解除における軽微性の判断 … 340
　──可分な部分の給付によって注文者
　　　が利益を受けるとき ……………… 336
　──仕事の完成と仕事の目的物の引渡し
　　　 ……………………………………… 333
請負契約の契約不適合責任 …………… 322
　──消滅時効 …………………………… 340

カ 行

解　除 …………………………………… 303,354
　──帰責事由 ………………………… 55,81
　──軽微な債務不履行 ………… 98,304,331
解除と危険負担の関係 ………………… 83
改正が実現されなかった点 …………… 364
隠れた瑕疵 ……………………………… 302
過失責任主義 …………………………… 63
過失相殺 ………………………………… 71
過大な代物弁済 ………………………… 140
可分な部分の給付によって注文者が利
　益を受けるとき ……………………… 336
完全変動制 ……………………………… 17

危険の移転 ……………………………… 311
危険負担制度の廃止 …………………… 87
帰責事由 ……………………………… 55,62,95
客観的起算点 ………………………… 33,360
　──判例法理の変更可能性 …………… 34
キャッシュフロー情報 ………………… 186
休業損害
　──発生時期 …………………………… 22
協議による完成猶予 …………………… 53
強制執行・担保権実行による時効の完
　成猶予 ………………………………… 47
協働関係 ………………………………… 365
金銭債務の不履行 ……………………… 68
軽微な債務不履行 ……………… 98,304,331
契約その他の債務の発生原因及び取引
　上の社会通念 ………………………… 9
契約締結後のやりとり ………………… 66
契約の解釈 ……………………………… 3
契約の趣旨 ……………………………… 58
契約不適合と契約の趣旨・目的 ……… 300
契約不適合を理由とする解除 ………… 303
牽連説 …………………………………… 85
後遺障害 ………………………………… 24
後遺障害における逸失利益 …………… 28
合意の重視 …………………………… 1,344
合意を重視する前提 …………………… 2
公証人による保証意思確認制度 ……… 360
公証人による保証意思確認についての
　法務省民事局長通達 ………………… 363
抗弁放棄 ………………………………… 263

個人根保証契約 …………………… 174
誤　認 ……………………………… 191
誤認による保証契約締結 …………… 191

サ　行

債権者代位権 ………………………… 101
　　――行使の効果 ………………… 105
　　――債務者の権利不行使 ……… 103
　　――債務者本人の権利行使との関係 … 102
　　――事実上の優先弁済 ………… 105
　　――訴訟告知 …………………… 109
　　――訴訟参加 …………………… 114
　　――訴訟追行の在り方 ………… 117
　　――判決主文の内容 …………… 119
債権者の悪意・有過失 ……………… 193
債権者の情報内容確認義務 ………… 194
債権譲渡
　　――異議をとどめない承諾 …… 259
　　――抗弁の放棄 ………………… 263
　　――債務者による供託 ………… 228
　　――破産時の供託請求 ………… 229
債権譲渡禁止特約違反
　　――譲渡人の破産 ……………… 237
債権譲渡制限特約 …………………… 225
　　――将来債権 …………………… 249
債権譲渡制限特約違反
　　――金融機関のコンプライアンス …… 241
　　――損害賠償 …………………… 234
　　――取引基本契約の解除 ……… 232
債権譲渡と相殺→相殺と債権譲渡

債権譲渡の対抗要件
　　――承諾の意義 ………………… 250
催告解除 ………………………… 96,304,330
　　――軽微な債務不履行 ……… 98,331
在庫の準備等 ………………………… 66
財産の時価評価額 …………………… 183
裁判上の催告 ………………………… 45
裁判上の請求等 ……………………… 45
　　――一部請求 …………………… 46
債務者及び他の債権者の訴訟参加 …… 147
債務者の危険負担等 ………………… 88
債務者の帰責事由 …………… 55,62,95
債務者の帰責事由の位置づけ ……… 350
債務者の履行拒絶権等 ……………… 91
債務不履行
　　――帰責事由 …………………… 55
詐害行為取消し
　　――債務者及びその全ての債権者に
　　　　対する効力 ………………… 145
詐害行為取消権 ……………………… 126
　　――債務者及び他の債権者の訴訟参加
　　　　……………………………… 147
　　――事実上の優先弁済 ………… 127
　　――支払不能 …………………… 137
　　――訴訟告知 …………………… 142
　　――通謀的害意 ………………… 138
詐害行為取消しの効果
　　――折衷説の維持 ……………… 131
　　――相対的無効構成の修正 …… 130
　　――取消債権者の負う取立金返還債

務の仮差押え ……………………… 134	相 殺 …………………………………… 203
詐害行為類型 ……………………… 135	——自働債権と受働債権の牽連関係
錯誤取消し ………………………… 200	……………………………… 212,215,256
差押えと相殺→相殺と差押え	相殺権の濫用 ……………………… 108,129
差押え前の原因 …………………… 208	相殺と債権譲渡 …………………… 213,252,256
事業のために負担した（する）債務 …… 173	——前の原因に基づく債権 ………… 256
時効障害事由 ……………………… 44	相殺と差押え ……………………… 204
時効の完成猶予 …………………… 44	——差押え前の原因 ………………… 208
——仮差押え等 …………………… 50	——制限説が採られなかった理由 …… 206
——協議を行う旨の合意 ………… 53	相当の対価を得てした財産の処分行為 … 140
——裁判上の催告 ………………… 45	訴訟告知 …………………………… 109,142
——裁判上の請求等 ……………… 45	訴訟参加 …………………………… 114
時効の更新 ………………………… 44	損害拡大防止義務 ………………… 71
事実上の優先弁済 ………………… 105,127	損害担保約束 ……………………… 182
自動変動型の固定制 ……………… 17	損害賠償債務の免責事由 ………… 62
支払不能 …………………………… 137	
修補請求権等に関する特約 ……… 329	**タ　行**
修補等が必要な場合における報酬請求	大規模火災 ………………………… 67
権の発生 …………………… 328	代金減額請求権 …………………… 306
修補等に代わる損害賠償 ………… 323	——減額の算定 …………………… 308
——他の手段との関係 …………… 326	——損害賠償請求権との関係 …… 307
主観的起算点 ……………………… 33,360	代償請求権 ………………………… 364
受領拒否に基づく損害賠償請求・解除 …… 79	多数当事者の債権債務関係 ……… 152
商事消滅時効 ……………………… 43	短期消滅時効 ……………………… 40
情報提供義務 ……………………… 183	遅発性損害 ………………………… 28
消滅時効 …………………………… 33,359	中間利息控除 ……………………… 24
——客観的起算点 ………………… 33,360	「注文者が受ける利益」の算定 …… 337
——主観的起算点 ………………… 33,360	賃金等請求権 ……………………… 41
将来債権譲渡 ……………………… 248	賃借人保証 ………………………… 177
除斥期間 …………………………… 37	追完請求権等 ……………………… 5

368

──期間制限 ………………… 310	表明保証 ……………………… 182
──内容 …………………… 302	不意打ち条項規制 …………… 285
通常生ずべき損害 ……………… 69	不可抗力 ………………………… 68
通謀的害意 …………………… 138	不真正連帯債務 ……………… 155
定型約款 ……………………… 270	不当条項規制 ………………… 278
──該当性 …………… 273,291	──不意打ち的要素の位置づけ … 286
──組入除外要件 ……………… 278	不特定の債務 ………………… 174
──組入要件 ………………… 275	不特定物の契約不適合 ……… 313
──内容の表示義務 ………… 280	不特定物の売買 ……………… 299
──内容の表示義務（合意後の不履行）	不特定物売買の危険の移転 … 315
……………………………… 289	不能・軽微性判断と契約目的 … 358
──不当条項規制と公序良俗違反又は	不法行為債務の消滅時効 ……… 37
信義則違反との関係 ……… 282	不法行為に基づく損害賠償債務 … 22
定型約款に該当しない約款 …… 291	並立説（独立説） ……………… 85
動機の錯誤 ……………………… 4	返済計画・返済原資 ………… 188
当事者意思の解釈 …………… 348	法定利率 ………………………… 12
特定の債権者に対する担保の供与等の特則	──完全変動制 ………………… 17
……………………………… 140	──施行日の前後 ……………… 29
特別事情の予見可能性 ………… 71	──出発点としての3％ ……… 14
特別の事情によって生じた損害 … 73	──自動変動型の固定制 ……… 17
取消債権者の負う取立金返還債務の仮	──変動制とした理由 ………… 13
差押え ……………………… 133	──緩やかな変動制 …………… 18
取引上の社会通念 ……………… 57	法定利率が機能する場面 … 12,15
取引上の社会通念や商慣習の位置づけ … 346	暴利行為 ……………………… 364
	他の債務の有無・その額・履行状況 …… 187
ハ 行	保証意思宣明公正証書 ……… 178
	──損害担保約束，表明保証 … 182
売 買 ………………………… 298	──取締役 …………………… 178
人の生命又は身体の侵害による損害賠	──配偶者 …………………… 180
償請求権	保証契約
──時効期間 …………………… 37	

──錯誤取消し ……………………… 200
　──情報提供義務 ……………………… 183
　　　──キャッシュフロー情報 …… 186
　　　──誤　認 ……………………… 191
　　　──誤認による保証契約締結 … 191
　　　──債権者の悪意・有過失 …… 193
　　　──財産の時価評価額 ………… 183
　　　──返済計画・返済原資 ……… 188
　　　──他の債務の有無・その額・
　　　　　履行状況 ………………… 187
保証契約取消権 ……………………… 183
補充的契約解釈 ……………………… 59

マ　行

無催告解除 …………………………… 96

ヤ　行

約　款→定型約款
　　　──従来の議論 ………………… 271
緩やかな変動制 ……………………… 18

ラ　行

履行に代わる損害賠償 ……………… 324
履行不能 ……………………………… 57
　　　──社会経済的 ………………… 60
　　　──履行・追完に過分の費用を要す
　　　　　る場合 …………………… 61
利息を生ずべき債権 ………………… 20
類似必要的共同訴訟 ………………… 117
連帯債権 ……………………………… 153

連帯債務
　　　──他の債務者に対する求償 ………… 156
連帯債務者の1人に生じた事由の効力 … 156
連帯債務者の1人に対する免除 ………… 157
連帯債務者の1人に対する連帯の免除 … 162
連帯債務者間の求償関係 ………………… 160
労働基準法 …………………………………… 41

債権法改正と実務上の課題

Practical issues on the reform of
the law of obligation

2019年11月10日　初版第1刷発行

編著者　道垣内弘人・中井康之
発行者　江草貞治
発行所　株式会社 有斐閣
　　　　〒101-0051 東京都千代田区
　　　　神田神保町 2-17
電話　　03-3264-1314（編集）
　　　　03-3265-6811（営業）
http://www.yuhikaku.co.jp/

デザイン　キタダデザイン
印刷　　　株式会社暁印刷
製本　　　大口製本印刷株式会社

©2019, DOGAUCHI Hiroto,
NAKAI Yasuyuki. Printed in Japan

落丁・乱丁本はお取り替えいたします。
ISBN 978-4-641-13815-5

本書の無断複写（コピー）は、著作権法上での例外を除き、禁じられています。複写される場合は、そのつど事前に、(一社)出版者著作権管理機構（電話 03-5244-5088, FAX03-5244-5089, e-mail:info@jcopy.or.jp）の許諾を得てください。

YUHIKAKU

本書のコピー, スキャン, デジタル化等の無断複製は著作権法上での例外を除き禁じられています。本書を代行業者等の第三者に依頼してスキャンやデジタル化することは, たとえ個人や家庭内での利用でも著作権法違反です。